Horst Neeb

Gerhard Tersteegen
und die Pilgerhütte Otterbeck
in Heiligenhaus

Horst Neeb

Gerhard Tersteegen und die Pilgerhütte Otterbeck in Heiligenhaus

1709 – 1969

Geschichte und Tersteegen-Briefe an die Bewohner

Düsseldorf 1998

Archiv der Evangelischen Kirche im Rheinland

Schriften des Archivs der Evangelischen Kirche im Rheinland
Nr. 15

Die Herausgabe dieses Buches wurde ermöglicht durch Spenden.
Ein besonderer Dank gilt
Herrn Friedhelm Loh, Dietzhölztal,
dem Kirchenkreis An der Agger,
der Evangelischen Kirchengemeinde Heiligenhaus,
dem Heiligenhauser Geschichtsverein und
der Sparkasse Heiligenhaus.

Titelbild:
Tersteegenhaus Otterbeck, Straßenseite
(Foto: Stadtarchiv Heiligenhaus)

Rückwärtiger Einband:
Tersteegenhaus Otterbeck, Hofseite
(Foto Nr. 664, Stadtarchiv Heiligenhaus,
Aufnahme von 1964)

Gesamtherstellung: Druckerei Blech, Mülheim/Ruhr
ISBN: 3–930250–21–7

Inhaltsverzeichnis

I. Zum Geleit III

II. Vorbemerkungen IV

Das Haus und seine Bewohner

III. Die alte Otterbeck 1
- a. Das Hofgut Otterbeck in Archivakten 1
- b. Das Hofgut Otterbeck und seine Bewohner 4

IV. Rütger Otterbeck und seine Familie 8

V. Rütger Otterbeck und das neue Haus 17

VI. Die Otterbeck als Pilgerhütte 20

VII. Das Ephrata-Kloster in Pennsylvania 32

VIII. Wer lebte in Tersteegens Pilgerhütte? 36

IX. Hausvater Zollinger 46

X. Eine neue Ordnung durch den Freundeskreis 57

XI. Familie Mühlenbeck als Besitzer 65
- a. Wirtschaftliche und Grundstücksfragen 65
- b. Johann Hermann Lindermann 67

XII. Verkauf an Hermann Heinrich Grafe 69

XIII. Aktivitäten des Evangelischen Brüdervereins 75
- a. Literatur 75
- b. Vereinsgründung 75
- c. Schwierigkeiten am Anfang - positiver Fortgang 76
- d. Bedeutung der Otterbeck für die Arbeit 78
- e. Gottesdienste nicht ohne staatliche Genehmigung 78
- f. Der Bote Theophil Wilms 80
- g. Anträge und Antragsteller 80
- h. Die Kirche und die „Separatisten“ 81

XIII. i. Der erste Gottesdienst des Brüdervereins 82
(Einladung und Berichte) ....
k. Rede des Hilfspredigers Ribbeck 82
l. Abraham Schergens 85
m. Johannes Schergens 86
n. Wilhelm und Martha Müller 86

XIV. Probleme nach dem Tod des Ehepaars Grafe 92

XV. Die Otterbeck im 20. Jahrhundert bis zum Abbruch 97
a. Jubiläum 1909 98
b. Die 30er Jahre 98
c. Festfeier 1950 99
d. Hauseltern 101
e. Bauangelegenheiten und Gebäudeakten 103
f. Das Ende der Pilgerhütte 107

XVI. Das Erbe Tersteegens in Rölefeld 113

XVII. Nachwort 116

Die Briefe Gerhard Tersteegens

XVIII. Tersteegen-Briefe an Bewohner der Otterbeck 117
a. Bearbeitungshinweise 117
b. Texte der Briefe 119
c. Verzeichnis der Adressaten 255

Anhang

A Die Otterbeck in der Forschung 258

B Quellen und Literatur 266

C Genealogische Übersichten 272

D Namenregister 278

I. Zum Geleit

Es ist für mich als Vorsitzenden des Evangelischen Brüdervereins eine große Freude, die Veröffentlichung von Herrn Horst Neeb mit Worten des Dankes und der Anerkennung zu begleiten. Die „Pilgerhütte" Otterbeck in Heiligenhaus ist eine Stätte gewesen, in der Menschen des Glaubens als ständige Gemeinschaft gelebt haben, um ihr Leben ganz in den Dienst Gottes zu stellen.

Hier ist Gerhard Tersteegen eingekehrt. Er hat die Frömmigkeit seiner Glaubensbrüder tief geprägt. Hier ist der Versammlungsort der vielen Frommen des Bergischen Landes gewesen, die sich Tersteegen in besonderer Weise verbunden fühlten. Und dazu zählten auch die Geschwister des Evangelischen Brüdervereins.

Meine Gedanken gehen zurück in das Jahr 1950, als ich - damals noch Schüler - zum ersten Mal diese „heilige" Stätte besuchte, von der ich von meinem Vater, dem langjährigen Prediger und Vorsitzenden des Brüdervereins, so viel gehört hatte. Mit welcher Ehrfurcht habe ich den kleinen Raum betreten, der die Bibliothek und das übrige Traditionsgut aufgenommen hatte. Mit welchem Interesse habe ich in dem sogenannten Album der Pilger, dem Gästebuch, geblättert, in das Besucher sich seit dem Jahr 1854 eingetragen haben.

Trotz aller Kenntnisse blieb unser Wissen über die Pilgerhütte doch recht bruchstückhaft. Zum ersten Mal liegt nun eine Untersuchung vor, die unter Auswertung aller noch vorhandenen erreichbaren Quellen die Geschichte dieses Hauses des Segens und seiner Bewohner zeichnet: wissenschaftlich, sehr lesbar und ansprechend zugleich. Unser besonderes Interesse findet naturgemäß die Zusammenstellung der mehr als 90 Tersteegen-Briefe: Ein wertvolles nachträgliches Geschenk zum Tersteegen-Jahr 1997. Herr Neeb hat viel Kraft und Zeit investiert, um dieses Werk zu schaffen. Mit nicht nachlassender Passion ist er sachkundig und mit viel Spürsinn Einzelfragen nachgegangen und hat sie für uns erhellt. Das Werk macht uns alle reicher. Um so tiefer ist der Dank, den wir dem Autor sagen. Möge diese Geschichte dazu beitragen, daß wir die Wolke der Zeugen, von der der Hebräer-Brief spricht, besser verstehen. Möge sie uns stärken in dem Auftrag, ihr bleibendes Zeugnis in unsere zum Teil so ganz anders gewordene Welt hineinzubringen, damit Menschen sich auf den Weg der Wahrheit machen.

Waldbröl, im Frühjahr 1998 Dr. Hans Horn

II. Vorbemerkungen

„Auf dem Wege von Mülheim nach Elberfeld liegt ein Haus, das der Familie Mühlenbeck gehörte, nahe bei Heiligenhaus, genannt auf der Otterbeck, wo Tersteegen und andre Freunde zu übernachten pflegten; es hieß die Pilgerhütte."

So beschreibt Dr. Gerhard Kerlen[1] aus Mülheim an der Ruhr im Jahr 1851 das Anwesen, das Gegenstand dieses Buches sein soll[2].

Max Goebel[3] berichtet etwas ausführlicher wie folgt: „Zwischen dem Flußgebiet der Ruhr und der Wupper, auf der Höhe des damals üblichen Reit- und Fußpfades zwischen Mülheim und Elberfeld liegt noch heutiges Tages das kleine Ackergut Otterbeck genannt, jetzt an der Chaussee zwischen Heiligenhaus und Velbert, von dem einen Orte ungefähr eine halbe und von dem andern eine ganze Stunde entfernt. Dieses Haus mit seinem Garten gehörte damals einem Freund Tersteegens, Otterbeck, und vielleicht auch dessen Schwester Elsgen, an welche Beide Tersteegen viele innigst vertrauliche Briefe gerichtet hat[4]."

Die Geschichte wurde von späteren Chronisten mit weiteren Details versehen. Von Pfarrer Buddeberg in Heiligenhaus[5] stammt die folgende Version aus dem Jahr 1907: „Die Otterbeck war ein kleines Gehöft, auf dem Wege nach Velbert gelegen, eine halbe Stunde vom Orte Heiligenhaus entfernt. Dort hatte sich im Jahre 1709 ein stiller Christ namens Rütger Otterbeck, ein Schmied aus Duisburg mit seiner Schwester Elsgen angesiedelt, welche mit Tersteegen in Mülheim a.d. Ruhr in trautem Freundschaftsverkehr standen[6]."

Schließlich sei noch ein Zitat angefügt aus dem wohl ausführlichsten Bericht über die Otterbeck: „Des Gerhard Tersteegen Pilgerhütte an der Otterbeck", von Friedrich Haarmann, erschienen 1936 in „Der Säemann", einer Wochenschrift

---

1 Gerhard Kerlen wurde am 30.Mai 1804 in Münster geboren. Er studierte in Halle und promovierte 1825. 1826-1828 war er Lehrer am Gymnasium Hamm, danach in Siegen (siehe Kruse; S. 123). Von Pädagogium Siegen kommend, wurde Kerlen am 17.11.1835 in Mülheim/Ruhr in sein Amt als Rektor der höheren Bürgerschule eingeführt. Er starb auf einer Reise am 5. August 1871 in Erkrath. (Inform. Stadtarchiv Mülheim vom 25.11.1997).

Literatur zu Kerlen (Stadtarchiv Siegen Schr.v.27.11.1997)]: Hans Kruse: Geschichte des höheren Schulwesens in Siegen 1536-1936. Festschrift zum 400jährigen Jubiläum des Realgymnasiums Siegen, Siegen 1936. S. 118-126.

Lothar Irle: Siegerländer Persönlichkeiten- und Geschlechter-Lexikon, Siegen 1974. S. 172.

Hans Rudi Vitt: Siegerländer Bibliographie, Siegen 1972. S. 390. (hier Hinweis auf W. Krafft: Gerhard Kerlen in: Allgem. Dt. Biographie. Bd. 15. Leipzig 1882. S. 629/630).

2 Zitiert nach Kerlen: Gerhard Tersteegen, 2. Aufl.; Mülheim 1853. S. 57.

3 Maximilian Friedrich Wilhelm Goebel (1811-1857).

4 Max Goebel / Theodor Link: Geschichte des christlichen Lebens III, Coblenz 1860. S. 377.

5 Ernst Ludwig Buddeberg (* 11.09.1873 Köln; † 09.01.1949 Liebenzell) war von 1901-1908 Pfarrer der reformierten Gemeinde Heiligenhaus.

6 E. Buddeberg: Geschichte der reformierten Gemeinde Heiligenhaus, Heiligenhaus 1907. S. 62. f.

des evangelischen Brüdervereins[7]. „So hatte sich im Jahre 1709 ein Duisburger Schmied, Rütger Otterbeck, dort [an der Landwehr] angebaut. Er betrieb hier sein Handwerk. Seine Schwester Elsgen führte ihm das Haus, da er unverheiratet war. Dieser fromme Schmied stand mit Gerhard Tersteegen in brüderlichem Verkehr."

Leider haben die vorstehend zitierten Chronisten keine Quellenangaben gemacht. Auch in der übrigen älteren Sekundärliteratur fehlen weitgehend Hinweise auf die Herkunft der Informationen. Im Vertrauen auf die Richtigkeit der Aussagen wurde von vielen späteren Rednern und Biographen in Vorträgen und Veröffentlichungen das Vorgefundene ungeprüft übernommen. So gewinnt der Forscher manchmal den Eindruck, daß auf Kosten der historischen Genauigkeit auch viel dichterische Freiheit in die Berichte eingeflossen ist. Auf der einen Seite werden Tersteegen-Freunde die mündlichen Überlieferungen idealisiert haben. Auf der anderen Seite dürfte bei der eher negativen Einstellung der offiziellen Kirche zu Tersteegen kaum Interesse bestanden haben, nach Fakten zu forschen, diese festzuhalten und weiterzugeben.

Will man heute die Geschichte der Tersteegenschen Pilgerhütte in der Otterbeck neu schreiben, dann setzt dies eine gründliche Forschung nach frühen Quellen und Dokumenten voraus. Ich bekenne, daß es mir nicht gelungen ist, in dieser Dokumentation eine lückenlose und fehlerfreie Darstellung der Geschichte zu veröffentlichen. Leider fehlen aus der Region sowohl einige Kirchenbücher, wie auch andere frühe Aufzeichnungen. Ich konnte jedoch verschiedene, bis jetzt gar nicht oder nur wenig bekannte Quellen sowohl der alten als auch der späteren Geschichte des Hauses entdecken und bearbeiten. Aufgrund der Auswertung sind einige frühere Darstellungen in verschiedenen Punkten zu korrigieren. Als Beispiel verweise ich hier vorab auf die Tatsache, daß Rütger Otterbeck vermutlich nicht aus Duisburg kam, daß er auch nicht Junggeselle sondern verheiratet war. Elsgen war nicht seine Schwester sondern seine Tochter. Dazu werden in nachfolgenden Kapiteln nähere Einzelheiten berichtet.

Neben vielen geschichtlichen Details bilden die mehr als 90 Briefe Tersteegens an Bewohner der Otterbeck den eigentlichen Kern dieser Veröffentlichung. Wenn in den früher gedruckten Briefen - und hier sei vor allem hingewiesen auf „Geistliche und erbauliche Briefe" aus den Jahren 1773 und 1775, die Peter Daniel Schmitz und Christian Pool in Solingen verlegt haben - von den Herausgebern manche Kürzungen vorgenommen wurden, um dem Leser vor allem den geistlichen und seelsorglichen Teil zu vermitteln, so gewinnen die Abdrucke von Handschriften, die dem Forscher teilweise erst seit kurzem zur Verfügung stehen, gerade daher eine besondere Bedeutung, weil hier viele Informationen aus dem

---

7 86. Jahrgang, Heft 9 - 12 , S. 276.

Alltag erhalten geblieben sind. Wo der Vergleich zwischen Handschrift und Druckvorlage möglich ist (es werden entgegen der allgemeinen Gepflogenheit beide Versionen abgedruckt), erhält der Leser einen guten Einblick in die redaktionelle Arbeit der früheren Herausgeber. Verschiedene Handschriften sind nur Abschriften. Eine genaue Unterscheidung zwischen Original und Abschrift bedarf noch weiterer Untersuchungen.

Ein Hinweis zu den Quellenangaben in den Anmerkungen: Archivalien, die mit „Barmen", „Barmen-Gemarke" oder „Nachlaß Goeters" bezeichnet sind, habe ich im Archiv der Evangelischen Kirche im Rheinland in Düsseldorf eingesehen.

Manche hilfreiche Anregung und Unterstützung ist mir zuteil geworden durch Herrn Professor Dr. Klaus Goebel (Dortmund und Wuppertal), Frau Professor Dr. Dr. Christa Habrich (Gießen und München), Herrn Dr. Hans Horn (Waldbröl), Herrn Professor Dr. Hans-Jürgen Schrader (Genf) sowie Herrn Archivdirektor Dr. Dietrich Meyer (Düsseldorf). Ihnen sowie vielen Leitern und Mitarbeitern in kirchlichen, staatlichen und städtischen Archiven gilt mein besonderer Dank.

Frau Dr. Beate Magen (Düsseldorf) hat mir entscheidend geholfen bei Formatierungsfragen des Textes und bei der Vorbereitung für den Druck. Auch ihr gilt ein herzlicher Dank.

Nicht zuletzt sei auch all denen gedankt, die durch einen Druckkostenzuschuß die Herausgabe dieser Dokumentation ermöglicht haben.

Haan, Frühjahr 1998 Horst Neeb

III. Die alte Otterbeck

III a. Das Hofgut Otterbeck in Archivakten

Lange bevor Tersteegens spätere Pilgerhütte an der Otterbeck gebaut wurde, gab es in Heiligenhaus bereits ein Hofgut mit diesem Namen. Heute liegt der Hof „Otterbeck", von dem offenbar nur der Name, nicht aber die alte Bausubstanz erhalten ist, an der Wülfrather Straße, die von Heiligenhaus nach Flandersbach führt. Der Ursprung des Namens „Otterbeck" wird zurückzuführen sein auf einen Bachlauf, der, von ergiebigen Quellen gespeist, sich ins Angerbachtal schlängelte und den dort lebenden Ottern genügend Nahrung bot. „Otterbeck" ist also ein „Otterbach".

Dittmaier[1] nennt zu „Otterbeck bei Flandersbach" die nachstehenden frühen Quellen:

a) Lacomblet, Archiv für die Geschichte des Niederrheins; Band VI; Cöln 1867; Seite 121.

Im Kapitel „Heberegister der Höfe des Stifts Gerresheim (1218-1231) dürfte sich die älteste Nennung finden. Hier heißt es: „In festo Martini soluet harleyf de vterenbeke quinque solidos et ei reddetur obulus." [Zum Fest Martini (November) soll Harleyf von Uterenbeke fünf solidos (Goldmünzen) bezahlen und ein Obulus ist ihm zurückzugeben].

b) Zeitschrift des Bergischen Geschichtsvereins Band 8, 1872; S. 221.

Prof. Dr. W. Crecelius zitiert aus dem Verzeichnis der zur Herrschaft Hardenberg gehörenden Güter und Einkünfte (im Jahr 1356): „Item otterberch echt schillinghe, jnd zoe dem anderen jair eyn swyn, jnd alle jair zwey scheepel haueren, jnd alle jair eyn wiin vore van hittorpe, jnd eyne korn vore van hattenechghe." [also „acht Schillinge", „ein Schwein", „zwei Scheffel Hafer" usw.]

c) In „Rheinische Urbare" Herausgegeben von Rudolf Kötzschke; Bonn 1906 „Die Urbare der Abtei Werden"; Die Otterbeck, östl. Heiligenhaus II, S. 790... Pacht- oder Rentenbuch des Stifts Werden von Abt Heinrich Duden. 1589/90.

Aus diesem Buch zitiert Kötzschke die Abgabenpflicht von 15 Höfen in Hetterscheidt wie folgt:

§ 74

[Bl. 346[b]] Vairtyns up dach s. Andree in den hoff Hetterscheit van den ingehoerigen havesguderen desselvigen haves.

1. Herbergen dat havesgudt: 5 hoe.; s. tit. Hetterscheit nr. 4.

---

1 Dr. Heinrich Dittmaier, Siedlungsnamen und Siedlungsgeschichte des Bergischen Landes in ZBGV, Bd. 74; 1956, S. 172

2. Oevertuschen dat havesguidt in dessen hoff Hetterscheit gehoerich: 1 ½ hl. * beh. hav. ti. Ludger der Voiß alleyn.
3. Nedertuschen: 1 ½ hl.; desem gift men 1 hoen wederumb. * beh. hav. Jacob Horn.
[Bl. 347[a]] 4. Roemmerscheit: 2 hoe. beh. Ludger upm Roemmerscheit u. Fr.
5. Tem Wercke: 1 ½ alb. Col. 1 hoe. * co. beh. hav. Wilhelm Reinckens son.
[Bl. 347[b]] 6. Upm Berge: 1 ½ alb. Col. 2 hoe. * co. beh. hav. Aleff † Heintgens soen upm Berge u. Fr.
7. Nuckels kaite ader die Nucke up dem Angeren gelegen: 10 hl. * beh. ti. dieselben.
[Bl. 348[a]] 8. Darrenhuis: 5 hoe., s. tit. Hetterscheit nr. 10. * beh. hav. co. pa. Hannes Dorre u. Fr.
9. Loubeck dat havesguidt, wurdt in dem lehengudt thu Loubeck ingebauwet: 8 hl. 4 hoe. * beh. hav. ti. der wailgeborner her Wyrich van Dhune, graif thu Falckenstein etc. und Broich.
[Bl. 348[b]] 10. Duymckens huiß: 4 alb. Col. 3 hoe., * co. beh. hav. Johan Duymcken u. Fr. [...] syn twee verscheiden coirmoidige havesguder, die nhu in eyns und thusamen gebauwet werden; und gildt dem lantfursten dubbelen schat und dem pastoir thu Born dubbele mishaver; dat eine is gehieten Dumckenshuiß, dat ander die Otterbeeck. [Dümkensgut u. Otterbeck]
11. Kolcke upm Angeren: 2 alb. 3 hoe. * co. beh. Anna die weduwe die Lolckers mit unben. Hd.
[Bl 349[a]] 12. Conraitzhuis, eine Hälfte, u. im Schuirhawe die andre: 2 hoe. (s. Hett. nr. 6 u. 7).
13. Hulsbeeck: 3 alb. 3 hoe. * co. beh. hav. Hinrich ebd. u. Fr.
[349[b]] 14. Einloiß [b] [[b] = Fußnote: vgl. Bl. 381a :Eynlois off Teynhuis] dat froenengudt, behält den zins als 4 hoe. voer syn vronenampt. * beh. hav. Johan to Eynhuyß der vroen.
15. Loepe Gut in der Molleners Loopen, eyn loepich: 8 hl. 9 hoe.; s. tit Kettwich 9 [...]
Hd.[2] : Summa pullorum levandorum 38 stuck, pecunie - 18 alb. 5 hl..
Erklärungen:
* Hd. = Angabe, wieviel Hände am Gut oder Grundstück man winnen und werven, untphangen soll, zu wieviel Hden. ein Gut stehen soll.
dz = Handgewinn mit doppeltem Zins.
* co. beh. pa. = to coirmoidigen behandtz und pachtrechten
co. beh. ti. = to coirmoidigen behandtz und tynsrecht
co beh. hav. = to coirmoidigen behandtz und havesrechten
beh. = behandet u. ä. mit einem Gut, Grundstück u.a.
hoe = Huhn — u. Fr. = und Frau
hl. = Heller — alb. = Albus
Col. = Kölnisch

Hier wird erstmals auf die Zusammengehörigkeit von Dümckensgut und Otterbeck hingewiesen. Diese gemeinsame Erwähnung habe ich bis 1799 verfolgt. Aufschlußreich sind in diesem Zusammenhang Protokollnotizen in den Akten des Hauptstaatsarchivs Düsseldorf[2] über die Sattelhöfe in Hetterscheid, von denen ich nachstehend eine kleine Auswahl wiedergebe.

a) „Ao 1593 Hermann Duimckens impetram [vermutlich impetrabat oder impetravit] de nobis unam manum pro sua persona per mortem Joannis Duimckens nobis cessam, de duobus mansis -. licet Dümckens et Otterbeck..“ [Im Jahre 1593 erlangte Hermann Duimckens für seine Person eine Hand, welche uns durch den Tod Johann Duimckens überlassen worden war, von zwei verbliebenen - Dümckens und Otterbeck.].

b) „Anno 1623 d. 25. 8[Okto]bris ist auff absterben Hermann Dümckens, welcher mit den zweyen hobßgütern benentlich Duimckens gutt, undt Die Otterbeck, so ein absonderlicher Kotten ist [„absonderlich“ kann ebenso „ungewöhnlich“ wie auch „abgesondert, separat“ bedeuten], und von anderen bewohnet wirdt...“ [Die Hand wurde an Sohn Jan abgegeben].

c) Am 19. April 1686 wurde bewilligt, daß Wilhelm Dümkens zur „Rettung seiner Schulden“ das Dümkensgut an Johan in der Leubeck verkaufen durfte.

d) Vom 31. Mai 1687 liegen zwei Protokollnotizen vor. Die eine lautet wie folgt: „Anno 1687, den 31^{t} May ist mit diesem gutt behandiget worden ahn platz Wilhelm Dümkens des Käuffers Jan in der Leybeck Sohn Wilhelm, undt deßen muttern Trin mit der frauen handt.“ Die zweite Notiz kommt von Abt Ferdinandt, der folgendes bestimmt hat: „Von gotteß gnaden Wir Ferdinandt Cit Abtt. verkündigen undt bekennen mit diesem unserem versiegelten Brieff, daß wir auff die, mit unsern gnädigen consent undt Bewilligung, von Wilhelm Dümkenß, ahn Johan auß der Leybeck Beschehene käuffliche transportation, unser undt unsers Stifftes zweyen Hobßgütern daß eine genandt Düymkens guth, undt daß ander geheißen die Otterbeck, nun wiederum behandiget haben, undt behandigen krafft dieses, obgenannten Käuffers Sohn Wilhelm mit der hüldigen manshandt, und deßen mutter [...], mit der verhüldigen frauen handt[...]“

e) Am 11. Februar 1698 erklärt Jan auß der Leybeck modo Dümkenß neben seinem Beystandt Johan Holtsiepen, daß die Otterbeck verkauft worden sey. Im Anschluß daran wird am 22. Februar 1698 berichtet, daß Jan auß der Leybeck sich mit Heinen auff der Otterbeck verglichen habe. Zuvor muß es seitens des Hein einen Wutausbruch gegeben haben, dessen Anlaß nicht zu erkennen ist.

2 Stifts- und Klosterarchive Akten Werden; IX b Sattelhöfe; 4) Hetterscheid; Bd. XIV Dumke und Otterbeck zu Hetterscheid. Akten. S. 65-83

f) Vom 13. Februar 1712 gibt es ein Behandigungsschreiben des Abtes Coelestinus aus Werden, vom 24. Januar 1761 ein solches von Abt Anselmus.

g) Vorübergehend muß Johann Adolph Hülsbeck[3] im Besitz der Güter gewesen sein; denn vom 24. Februar 1764 liegt ein Behandigungsschreiben des Abtes Anselmus vor, in dem folgendes geschrieben steht: „Wir verkündigen und bekennen mit diesem unserem versiegelten brief, daß Wir auf absterben Johann Adolphen Hülsbeck nun wieder behandiget haben und behandigen krafft dieses Annam Mariam Duymken zur unhüldigen frawenhand, an, undt mit unserm undt Unseres Stifts zweyen Hobts-güteren, das eine Düymkens-guth, und das andere die Otterbeck genant, in unseren und Unseres Stifts-Sattelhof Hetterscheid gehörig und dingpflichtig, zu Churmündigen-Hobts behandet und jus-Rechten, Woran mit derthüldiger Mannshand derselben Ehemann Johann Duymken an noch berechtiget stehet[...]"
Abtey Werden den 24ten february 1764.

h) Schließlich sei noch erwähnt ein Behandigungsbrief des Abtes Beda vom 23. November 1799, in dem festgelegt wird, daß Wirich Sauberg und dessen künftige Ehefrau behandigt werden. „[...] die churmunden und Hände sind accordirt und in ansehung der betrübten Kriegszeiten gnädig belaßen für 46 Kronenthaler."

Im Güterverzeichnis des Katasters Velbert[4] von 1816/17 wird Wirich Sauberg nur als Besitzer von Dümges genannt, für die Otterbeck jedoch Peter Otterbeck.

III b. Das Hofgut Otterbeck und seine Bewohner

Die alte Otterbeck wurde vermutlich von mehreren Familien bewohnt und bearbeitet. Wenn bereits 1623 festgestellt wird, daß neben den Dümckens auch „Andere" auf dem Hof waren, dann ist es naheliegend, daß zu ihnen auch jene Familien gehörten, die sich später nach dem Hofesnamen „Otterbeck" nannten. So war vielleicht der 1698 erwähnte Hein auff der Otterbeck Pächter eines Teiles des Hofgutes, das aus mehreren Gebäudesektionen bestand.

Auf einer alten Flurkarte von 1824[5] wie auch im Güter-Auszug des Katasters von 1816/17[6] erscheint neben Otterbeck auch der Name Grünendyk bzw. Grü-

---

3 Einige Daten zu Hülsbeck:
16.09.1732 Johannes Hülsbeck ~ [Johannes Adolphy].
30.09.1732 Lißbeth zu Hülsbeck, die Mutter und Witwe ±.
Johann Adolph Hülsbeck ist offenbar nur 32 Jahre alt geworden.

4 Güter-Verzeichnis 1816/17, Bürgermeisterey Velbert, Gemeinde Leubeck; B 357; HStA Düsseldorf / Kalkum.

5 Kartenaufnahme der Rheinlande von Müffling 1824-1825; aufgenommen und gezeichnet von Lieutnant Witte; Nachdruck Landesvermessungsamt NRW 1987.

6 Güter-Auszüge der Gemeinde Leubeck, Bürgermeisterey Velbert; B 356; Sections-Nummern 266 - 268.

nenteich. Das gesamte Objekt Grünenteich gehörte damals Peter Otterbeck. Schon 1740 gab es einen „Willem zu Grünendiek“. Ältere von mir befragte Nachbarn erinnern sich noch an den Abriß des Hauses Grünendiek, an dessen Stelle heute eine große Remise steht. Dem Flurbuch von 1860[7] ist zu entnehmen, daß das gesamte Objekt Otterbeck/Grünendiek zu dieser Zeit im Besitz von drei Familien war: Peter Otterbeck, Wilhelm Otterbeck und Wilhelm Mintert[8].

Wenn der Hof im vorigen Jahrhundert drei Familien ernähren konnte, dann ist es sehr naheliegend, daß auch in früherer Zeit mehrere Familien auf der Otterbeck gelebt haben.

Schließlich sei noch hingewiesen auf „Otterbecks Backhaus“. Bereits 1704 wird im Heiligenhauser Taufbuch „Otterbeck im Backhaus“ genannt, und im Sterbebuch steht am 07.05.1802 eine Catarin Gertrud Raemenes, die im Alter von 73 Jahren gestorben ist, „wohnhaft in Otterbecks Backhaus“. In diesem Haus gab es offenbar neben der Backstube noch einen bewohnbaren Teil.

Da die Familien im Raum Heiligenhaus / Ratingen noch bis zur Mitte des 18. Jahrhunderts meist nach dem Hofesnamen benannt wurden und vielfach keinen gesonderten Familiennamen hatten, ist die Zuordnung zu den einzelnen Stämmen sehr erschwert und in manchen Fällen nicht möglich.

Im Zusammenhang mit der Otterbeck - und hier gehe ich davon aus, daß es sich um den alten Hof handelt, der zu Dümckens gehörte - werden an verschiedenen Stellen in frühen Quellen die folgenden Namen genannt:

Am 23. Oktober 1664 kommt es in der Reformierten Gemeinde in Velbert zu einer Vereinbarung, die u.a. von Jan in der Otterbeck unterschrieben wurde[9].

In den Jahren 1667-1669 wurde in Velbert ein Prozeß gegen die Calvinisten geführt. Eine Rechnung ist von Kersgen im Wüstenhofe ausgestellt worden. Bei den Unterschriften findet man „Der Ottenbecker“[10].

Nach einer Reparatur der Velberter Kirche erscheint auf Rechnungen der Jahre 1671 zu Ostern bis 1675 u.a. „Jacoben uf der Otterbeck“[11].

Ein Schuldschein von Martini 1677 hat folgenden Inhalt: „Hindruch zu Deytzhaus bekennt für sich und seine Kinder, seinem Schwager und Ohm Jacob uff der Otterbeck u.s. Frau Entgen 50 Rtlt zu schulden.

Unterschr. Hindr. zu Deitzhaus, Cordt zu Hanshaus.“

Die Rückzahlung erfolgte am 22.06.1699: „Jacob auf der Otterbeck bekennt, von Johannes zu Ditzhaus diesen Betrag erhalten zu haben

Unterschr. Gerh. zu Hanshaus.“[12]

7 Kataster Leubeck; Flur IV, Nummern 38-70; Katasterstelle bei der Kreisverwaltung Mettmann.

8 Als Wohnort wird angegeben: Wilhelm Mintert: Leubeck 113; Peter Otterbeck: Grünendiek 114; Wilhelm Otterbeck: Otterbeck 115.

9 Archiv der Evangelischen Kirchengemeinde Velbert Nr. 1038.

10 Archiv der Evangelischen Kirchengemeinde Velbert Nr. 1046/1047.

11 Archiv der Evangelischen Kirchengemeinde Velbert Nr. 1051.

Anläßlich der 23. Generalsynode in Duisburg[13] im Juli 1689 wurde beschlossen, daß die Gemeinden Velbert und Heiligenhaus sich im Falle wirtschaftlicher Notlagen kombinieren sollten, „bis daran sie in einen besseren Zustand kommen". Wenn im Protokoll der Bergischen Synode vom 7.-9.Mai 1680 in Elberfeld[14] bei einem Lucas Otterbick angeführt wird, daß er Ältester in Velbert war, dann schließt dies nicht aus, daß er aus Heiligenhaus kam.

In den Konsistorial-Protokollen der Reformierten Gemeinde Heiligenhaus von 1683-1701 werden verschiedene Namen von Mitgliedern des Konsistoriums genannt, die alle mit dem Zusatz versehen sind „Bauer in der Otterbeck".

Da sind G. vom Eickbosch, Moritz Batz, Wirich zu Hülsbeck und auch Wilhelm in der Otterbeck. Er war vielleicht Rütgers Vater. Am 21.11.1688 wurde Lauw in der Otterbeck zum Provisor gewählt. Am 17.11.1690 ist er ausgeschieden, vermutlich aber später wieder berufen worden, da er bei den Sitzungen des Konsistoriums am 25.01.1697 und 05.04.1697 anwesend war. Er wohnte später in Schwartenhaus und wurde am 13.08.1718 in Heiligenhaus begraben.

Ab 1701 erscheint zwar in der Regel der Familienname Otterbeck, vornehmlich in Verbindung mit der Familie des Rütger Otterbeck. Es gibt jedoch auch Hinweise darauf, daß nicht alle Otterbecks zur Familie Otterbeck an der Heiligenhauser Landwehr gehörten, sondern der alten Otterbeck zuzuordnen sind. Da erscheinen z.B. in den Kirchenbüchern Arndt Stiefges, genannt Otterbeck, und Conradus Nieß auf der Otterbeck. Bei ihnen ist, abgesehen von Stiefges, der mit Maria, einer Tochter des Rütger Otterbeck verheiratet war, keine eindeutige Verwandtschaft mit Rütger Otterbeck festzustellen.

Wenn auch einige Taufdaten nicht ermittelt werden konnten, so ist doch der größte Teil der genealogischen Daten des Rütger Otterbeck und seiner Familie weitgehend gesichert.

Bevor wir uns dieser Familie zuwenden, dürfte noch der Hinweis von Bedeutung sein, daß auf der Karte von Ploennies[15] aus dem Jahre 1715 schon beide „Otterbecks" eingezeichnet sind, die eine (bei Ploennies „Otterbag") am Weg von Velbert nach Heiligenhaus, die andere (bei Ploennies „Otterbach") in gerin-

12 Archiv der Evangelischen Kirchengemeinde Velbert Nr. 1053.

13 Rosenkranz: Generalsynodenbuch 1610-1698. Düsseldorf 1966.

14 Rosenkranz: Die reformierten Bergischen Synoden, III. Band. Düsseldorf 1967.

15 Erich Philipp Ploennies, Topographia Ducatus Montani, 1715 „Das Ambt Ratingen"; nach dem Original im Hauptstaatsarchiv Düsseldorf, Karte 3500, herausgegeben von Burkhard Dietz, Neustadt/Aisch 1988.

ger Entfernung davon in etwa südlicher Richtung, neben dem bereits erwähnten Hofgut Grünendick[16].

AUSSCHNITT AUS KARTE 4607
HERAUSGEGEBEN VOM LANDESVERMESSUNGSAMT NRW 1993
(ORIGINAL IN STAATSBIBLIOTHEK BERLIN- PREUSSISCHER KULTURBESITZ)

16 Grünendiek erscheint noch in den Flurbüchern aus der Mitte des vorigen Jahrhunderts. Auf neueren Karten ist der Name nicht mehr eingetragen.

IV. Rütger Otterbeck und seine Familie.

Daß Rütger Otterbeck aus Duisburg kam, wie viele Chronisten meinen, ist meines Erachtens sehr unwahrscheinlich. Die Durchsicht sämtlicher Kirchenbücher aller Konfessionen von Duisburg und seinen Vororten, (Salvatorgemeinde ab 1612, Meiderich ab 1640, Marienkirche ab 1665) ergab, daß der Name Otterbeck dort erst ab 1737 erscheint. Auch in den Bürgeraufnahmen von 1600-1655 kommt der Name Otterbeck nicht vor. Es wurde auch, ohne Ergebnis, Einsicht genommen in das Namenregister zu Duisburger Urkunden (z.B. Stadtrechnungen usw.) ab 1400[1].

Eine Formulierung im Zusammenhang mit dem Grunderwerb, auf die noch zurückzukommen ist, läßt eher darauf schließen, daß Rütger ein Einheimischer von Heiligenhaus oder Velbert gewesen ist.

Leider gehen die Velberter Kirchenbücher nicht ins 17. Jahrhundert zurück, so daß hier keine entsprechenden Daten zu ermitteln sind. In den Büchern von Heiligenhaus gibt es zwar einige wenige Eintragungen vom Ende des 17. Jahrhunderts. Diese sind jedoch offenbar nicht vollständig, da in der fraglichen Zeit Velbert und Heiligenhaus, wie bereits an anderer Stelle angedeutet, vermutlich zeitweise einen gemeinsamen Pastor hatten, der dann Taufen von Kindern aus Heiligenhaus in Velbert eingetragen haben könnte[2].

Aus diversen Quellen hat Kurt Wesoly[3] ermittelt, daß sich 1677 erstmals ein reformierter Pastor in Heiligenhaus niedergelassen hat, der jedoch nach einigen Monaten seinen Sitz in Velbert nehmen mußte.
Im Jahr 1683 hatte Heiligenhaus einen eigenen reformierten Pastor. Die Gemeinde war zwar unabhängig von Velbert, doch läßt das in den Anmerkungen zitierte Protokoll der Generalsynode von Duisburg aus dem Jahr 1689 darauf schließen, daß die völlige Selbständigkeit nicht unbedingt vorausgesetzt werden kann.

Informationen über den Versuch der Selbständigkeit von Heiligenhaus und Velbert entnehmen wir auch dem Protokoll der Elberfelder Classis vom 4.

---

1 Stadtarchiv Duisburg: Bestand 1 - Urkunden ab 1400; hierzu Namenregister vom 01.08.1996.

2 Siehe: Rosenkranz: Generalsynodenbuch; Die Akten der Generalsynoden von Jülich, Kleve, Berg und Mark 1610-1793. Düsseldorf 1966; S. 229: „[...]so siehet Synodus für gut an, daß, sobald eine oder andere von besagten Gemeinden durch Absterben, Wegberuffung des Predigers oder sonsten vacant wird, Classes et Synodus Provincialis daran seie, damit die Gemeinden Dünn und Olpe, sodan Felbert und Heiligenhaus und dergleichen so lang combiniret werden, bis daran sie in einen besseren Zustand kommen.“ (23. Generalsynode in Duisburg, 14.-? Juli 1689).

3 Rheinischer Städteatlas Heiligenhaus, Hrsg Landschaftsverband Rheinland. Köln 1994. Lfg. XI/1994, Nr. 60. Seite 9.

Oktober 1683. Der Zustand zwischen diesen reformierten Gemeinden im Blick auf die Besetzung der Pfarrstellen wird mit Sorge verfolgt. Schließlich entscheidet die Synode wie folgt[4]: „Obwohl Conventus diese Separation nicht gerne gesehen, dennoch, weil die Sache so weit gekommen und die vom Heiligenhaus so bestendig angelobt, ihrem Prediger ein ehrlig Gehalt zu verschaffen, daß kein Klagen darüber gehöret werden solle, so hat wohl gemehlter Conventus dieses vor diesmahl wollen geschehen lassen..“ Heiligenhaus hatte am 24. August 1683 D. Carpentier[5], der von der „Academie zu Duisburg“ gekommen war, berufen. Ob er bis zu seinem Tod im Jahre 1701 in Heiligenhaus tätig war, ist ungewiß.

Die Lutherische Heiligenhauser Gemeinde hat sich erst 1714 von Velbert gelöst.

Dies vorausgeschickt mag erklären, daß etliche Lebensdaten nicht mehr erreichbar sind.

Es folgt nun, was ich über die Otterbeck-Familie ermitteln konnte.

Rütger [Rötger; Rüdger] [in; ahn; auf] [der] Otterbeck ist vermutlich um 1670 geboren und wurde am 13.01.1728 in Heiligenhaus begraben. Er war verheiratet mit Agnes Klein-Selbeck.

Die Höfe Klein-Selbeck und Groß-Selbeck liegen nahe bei Heiligenhaus. Gemäß Mitteilung des Stadtarchivs Heiligenhaus vom 04.09.1997 haben die Höfe in der Honschaft Hasselbeck eine lange Geschichte[6]. Für Groß-Selbeck beginnt sie im 11. bis 13. Jahrhundert, für Klein-Selbeck im 14. bis 15. Jahrhundert. In den Jahren 1739/1740 war Jan Wilhelm zu Selbeck Besitzer von Groß-Selbeck. Die Grundfläche betrug mehr als 115 Morgen. Wilhelm zu Selbeck war der Eigentümer von Klein-Selbeck mit einem Besitz von mehr als 83 Morgen.

Für 1755/56 wird wieder ein Wilhelm Klein-Selbeck genannt, der jedoch vermutlich der Enkel des vorerwähnten ist.

Den Urbaren Werden[7] sind die folgenden Namen als Besitzer zu entnehmen: Hans zu Selbeck, Heinrich, Wilhelm, Heinrich, Wilhelm [jeweils Selbeck].

Eintragungen zu den Familien findet man in den Kirchenbüchern von Heiligenhaus. Wilhelm zu Selbeck war 1718 Pate bei Wilhelm Adolph Otterbeck. Kinder von Wilhelm Klein-Selbeck, der mit Elßgen vom Closter verheiratet war, wurden getauft in den Jahren 1732-1759.

---

4 Albert Rosenkranz: Die reformierten Bergischen Synoden, III. Band, Düsseldorf 1967. S. 181/182.

5 * 1659.

6 Siehe auch Kötzschke: Rheinische Urbare, Bonn 1906: Urbare Werden I u. II.

7 HSTA Düsseldorf JB III RAA II 64 fol 72v.

Agnes Otterbeck, geborene Klein-Selbeck, die „wittib von Rütger Otterbeck“, wurde am 06.09.1730 in Heiligenhaus begraben

Gerhard Tersteegen war offenbar mit der Familie Klein-Selbeck befreundet. Gemäß mündlicher Überlieferung in der Familie soll ein Raum im ältesten Teil des Hofes dem Gerhard Tersteegen als Andachtsstube gedient haben. Die Treppe zu diesem Raum sowie die Deckenbalken gehören noch zur alten Bausubstanz. Eine Jahreszahl „1752“ blieb erhalten, befindet sich aber nicht mehr an der ursprünglichen Stelle.

Man wird davon ausgehen können, daß die Eheleute Otterbeck neun Kinder hatten. Die Taufdaten der drei ältesten konnten nicht ermittelt werden, wohl aber die Daten ihrer Konfirmation in Heiligenhaus.

1. Kind: Catharina [Cathrin] Otterbeck ist vermutlich um 1692 geboren. Sie wurde am 19.10.1708 konfirmiert.

2. Kind: Johann Henrich Otterbeck ist vermutlich um 1697 geboren. Er wurde in Heiligenhaus am 11.06.1715 konfirmiert. Er gehört zu den engen Freunden Tersteegens. Einem Dokument von 1801 entnehmen wir, daß Johann Henrich sein Elternhaus den Tersteegen-Freunden geschenkt hat. In einem „Plan Otterbeck“ vom 23. Januar 1801 heißt es, daß man tun will, „was der seel. J. Henrich Otterbeck, der dieses Haus den Freunden unter gewissen Bedingungen geschenket, haben wollen.“[8] Diese Schenkung war wohl möglich, da er vielleicht als der älteste Sohn das Haus geerbt hat.

Johann Henrich blieb, wie sein Freund Tersteegen, unverheiratet. Gemeinsam mit Georg Hendrik Fischer, mit Gerhard Tersteegen (04.05. bis 08.07. 1732)[9], mit Johann Peter Schmitz aus Solingen (1738), vielleicht auch mit Wilhelm Weck aus Wald und anderen reiste er mehrfach nach Holland. Er hat eine ganze Anzahl Briefe von Tersteegen erhalten und kommt auch in anderen Briefen immer wieder vor.

Johann Henrich wurde am 16. Januar 1744 in Heiligenhaus begraben.

3. Kind: Maria Otterbeck. Sie könnte 1699 geboren sein. Ihr Konfirmationsdatum in Heiligenhaus ist der 23.10.1715. Am 09.06.1717 heiratete sie Arndt Stiefges. Bei Stiefges findet sich in den Kirchenbüchern der Zusatz „genannt Otterbeck“.

8 Bestand Merz, Engelskirchen; vollständiger Text in Kapitel 10.

9 Siehe auch unter VII den Hinweis auf Tersteegens Tagebuch von einer gemeinsamen Reise.

Hof
Klein-Selbeck
(Alte Giebelmauer)

Tersteegens Bet-Saal

(Fotos: H. Neeb)

Die Stiefges kamen vermutlich aus Mettmann. Dort haben am 4. Dezember 1722 Conradus zu Stieffges und Johann Gerhardt Stieffges die Berufungsurkunde für den neugewählten Prediger Katterberg unterschrieben.[9] Maria wurde am 22.08.1722 in Heiligenhaus begraben.

Stiefges ging eine zweite Ehe ein. Er wurde am 16.04.1726 mit Sibylla (Beel) Busenhauß getraut. Die Geburt nachstehender Kinder konnte ermittelt werden: Johannes Wilhelmus wurde am 07.04.1727 getauft, Sophia am 10.05.1734 und Arnoldus am 17.09.1736.

Vielleicht gehörte auch noch ein weiteres Kind zur Familie Stiefges. Im Taufbuch werden am 26.04.1739 als Eltern eines Johannes 'der Arnold in der Otterbeck und Beel' genannt. Eine Anna Christin auf der Otterbeck, die vermutlich vor 1700 geboren ist, war Patin.

Bei dem nachstehenden Sterbeeintrag ist der Name der Kinder nicht vermerkt:

01.10.1758 Arndt Stiefges Tochter begraben lassen
14.10.1758 Arndt Stiefges Sohn begraben lassen

Am 05.06.1759 wurde Beel in der Otterbeck, des Arndts Ehefrau, begraben, und am 18.03.1760 war das Begräbnis von Arndt Stiefges in der Otterbeck.

Vermutlich hatten die Eheleute Stiefges noch einen Sohn Diedrich Wilhelm. Es gibt hier zwar einige Unklarheiten wegen der Namensbezeichnungen. Aber man wird davon ausgehen können, daß es sich bei der Eheschließung am 01.07.1760 von Diedrich Wilhelm in der Otterbeck mit Agnes auf dem Stinder in Velbert um Diedrich Wilhelm Stiefges handelt.

Man wird auch, trotz unterschiedlicher Benennungen davon ausgehen können, daß die nachstehenden Kirchenbucheintragungen dieses Ehepaar betreffen:

Johannes Petrus ~ 27.05.1761
Eltern: Diedrich Wilhelm Stiefges und Agnes von den Steinen

Söhnlein (kein Name) ± 09.02.1762
Vater: Diedrich Wilhelm Stiefges genannt Otterbeck

Söhnlein (kein Name) ± 16.02.1763
Vater: Diedrich Wilhelm Stiefges

[Dieses Kind könnte ungetauft kurz nach der Geburt gestorben sein].

Johannes Petrus ~ 27.04.1764
Eltern: Diedrich Wilhelm in der Otterbeck und Agnes auf dem Stinder (Velbert)

Johannes Adolphus ~ 16.10.1766
Eltern: Diedrich Wilhelm Stiefges und Agnes

9 C. Doll: Geschichte der evangelischen Gemeinde Mettmann, Mettmann 1880. Nachtrag II; S. 97-99.

Johannes Adolphus ~ 16.10.1766
Eltern: Diedrich Wilhelm Stiefges und Agnes
Anna Catharina ~ 24.08.1771
Eltern: Diedrich Wilhelm in der Otterbeck und Agnes (aus Velbert)

Vielleicht gehört in die Familie noch ein Johannes Wilhelmus. Die zeitliche Zuordnung macht allerdings einige Schwierigkeiten, wenn die nachstehende Eintragung im Sterbebuch stimmt:

± 29.07.1791 Johannes Wilhelmus, losledigen Standes, ehel. Sohn des Dieterich Wilhelm Otterbeck. Er wohnte hieselbst am Butzenhaus, gestorben am 22. im Alter von 30 Jahren und 6 Monaten. Wenn das Alter stimmt, könnte es sich eher um Johannes Petrus handeln.

4. Kind: Margareth Gerdruit Otterbeck. Sie wurde am 12.05.1701 in Heiligenhaus getauft. Ihre Geburt und die Taufe von weiteren drei Kindern sind ein Hinweis darauf, daß Rütger Otterbeck nicht erst 1709 nach Heiligenhaus zugezogen ist, wie einige Chronisten berichten.

Auf den Konfirmationslisten erscheint Gertrud aus der Otterbeck am 20.03.1717 und im April 1719.

Margareth Gertrud wurde am 20.05.1722 in Heiligenhaus mit Fritz Peter Lomberg aus Langenberg getraut. Im Blick auf dieses Heiratsdatum ist schwer verständlich der Eintrag im Kirchenbuch vom 29.09.1723: „Friedrich Peter Lomberg und deß Ehefrau wegen zu früher fleischlicher Vermischung ihre Buße bezeuget, auch ihr Glaubensbekenntnis abgelegt."

Den Eheleuten wurden drei Kinder geschenkt:

Johannes Lomberg ~ 02.03.1725
Sophia Margaretha Lomberg ~ 04.03.1727
Elßgen Lomberg ~ 01.12.1731

Gemäß Eintrag im Kirchenbuch der Reform. Gemeinde Mettmann ist der Schlosser Peter Lomberg am 29.11.1782 gestorben, seine Frau vermutlich schon etwa 1752-1755.

5. Kind: Agnes[ß] Otterbeck. Sie wurde am 15.10.1703 getauft und am 30.10.1703 begraben. Beim Sterbeeintrag wird der Name nicht genannt. Wenn es jedoch heißt: „Rütgers Kind in der Otterbeck so neulich getauft, begraben", dann kann es sich nur um Agnes handeln.

Dieser Eintrag ist auch insofern von Bedeutung, als daraus hervorgeht, daß Rütger im Jahr 1703 auf dem Hofgut Otterbeck, also in Heiligenhaus, gewohnt hat.

6. Kind: Els[ß]e Catharin Otterbeck. Sie wurde am 01.11.1704 getauft. Am 29.09.1723 hat sie ihr Glaubensbekenntnis abgelegt (Konfirmation). Else Catharina ist das „Elsgen", das nach den Berichten verschiedener Chronisten ihrem Bruder Rütger das Haus führte. Wie später noch näher ausgeführt wird, hatte sie jedoch keinen Bruder mit dem Namen Rütger. Rütger war ihr Vater. Und den Haushalt führte sie ihrem Bruder Johann Henrich, mit dem sie eine zeitlang im Elternhaus zusammenlebte.

Else heiratete in Homberg am 14.06.1744 Stephan Schönenbeck, Sohn der Eheleute Cornelis Schönenbeck und Elisabeth Böckers.

Einem Brief Tersteegens an Georg Hendrik Fischer vom 15.07.1745 entnehmen wir nachstehenden Hinweis: „daß Elßken glücklich entbunden, dafür seye Gottes Name gelobet! [...] daß aber das töchterlein so bald wieder gestorben, thut mir zwar ihrentwegen leyd, hoffe aber sie werde mit Gottes willen sich zufrieden stellen, als der ohne zweifel voraus gesehen, daß dem kinde ein längeres leben nicht gut würde gewesen seyn."

Dieses Kind wurde am 13.07.1745 auf den Namen Anna Maria getauft. Es ist vermutlich einen Tag später gestorben. Den Eheleuten wurde zwei Jahre später ein weiters Kind geschenkt. In Heiligenhaus findet sich unterm 08.06.1747 der Taufeintrag einer Anna Gertrud. Offenbar starb dieses Mädchen etwa im Alter von einem Jahr; denn am 28.11.1748 steht im Heiligenhauser Sterbebuch: „Stephan Schönenbeck ein Töchterlein begraben lassen." Elsgen wurde am 27.04.1750 in Heiligenhaus begraben.

7. Kind: Gerhardus Henricus Otterbeck. Er wurde am 09.12.1708 getauft und am 28.03.1718 begraben.

8. Kind: Johann Wilhelm Otterbeck, getauft am 06.10.1712, begraben am 02.07.1736. Er war nicht verheiratet.

9. Kind: Wilhelm Adolph Otterbeck. Seine Taufe finden wir in Heiligenhaus am 29.08.1718.

Am 25.09.1742 heiratete er Anna Gertrud Sanders[10] aus Mülheim an der Ruhr. Ihre Eltern waren Wilhelmus Sanders und Helena Denkhaus.

Die Familie lebte in Mülheim. Dort wurden vier Kinder getauft:

Anna Gertrud Magdalena	~ 12.09.1743	
Anna Maria Elisabeth	~ 01.11.1744	
Mattheis	~ 18.01.1746	± 24.04.1801
Maria Elisabeth	~ 17.08.1752	± 15.04.1801.

10 In Mülheim getauft am 01.03.1726.

Wenn Tersteegen in Briefen an die Otterbeck um 1732 einen Adolf grüßt, dann dürfte es sich um diesen Wilhelm Adolf handeln, denn Kontakte Tersteegens zu Adolf Bäumer sind erst ab 1737 nachweisbar.

Wilhelm Adolf ist am 12.05.1795 in Mülheim begraben worden, seine Frau Anna Gertrud am 23.01.1794.

Als hilfreich bei der Erforschung der Otterbeckschen genealogischen Daten erwies sich ein Brief, den Johann Henrich Otterbeck am 24. Mai 1738 an Wilhelm Weck in Solingen-Wald gerichtet hat[12].

Es geht um eine geplante Reise nach Holland. Man wollte am 09.06.1738 an der Otterbeck aufbrechen. Johann Henrich schreibt dann: „[...] alwo mein Schwager Fritz Peter Lomberg [Mann der Margaretha Gertrud Otterbeck] uns soll aufladen u[nd] bis Nimwegen fahren. So ist unsere Abrede, daß Br. Schmitz [Johann Henrich Schmitz aus Solingen] mit seiner Tochter [Anna Maria Elisabeth Schmitz], u[nd] ich mit meinem Bruder [vermutlich Wilhelm Adolf] oder Schwester Elsgen, wie die Jgfr. Schmitz hoffet, uns auf die Karre setzen wollen".

In den Jahren 1704 - 1719 erscheinen in den Taufbüchern von Heiligenhaus neben Rütger Otterbeck auch noch Peter in der Otterbeck, Johannes auf der Otterbeck und Otterbeck im Backhaus.

In Mettmann lebten in dieser Zeit Heinrich Otterbeck und Anton von der Otterbeck

Heinrich Otterbeck und seine Frau Margret ließen am 12.03.1705 in Mettmann eine Tochter taufen, die sie Agnes nannten. In Heiligenhaus finden wir am 27.01.1719 die Taufe einer Agneß. Ihr Vater war Peter in der Otterbeck. Vielleicht hat eine der beiden als junges Mädchen eine Zeit in Rütgers Familie verbracht. Es ist naheliegend, daß Tersteegens Grüße an Agnes um 1731 an sie gerichtet waren. Am 11.05.1739 heiratete Godfried Jaspers aus Kettwig eine Agnes Otterbeck, offenbar eine der beiden Vorgenannten. Um welche Agnes Otterbeck es sich bei dem Sterbeeintrag in Heiligenhaus vom 08.05.1743 handelt, ist nicht mit Sicherheit festzustellen.

Vielleicht haben wir aber auch bei der Agnes mit einer Tochter von Rütger Otterbeck zu rechnen, für die kein Taufeintrag vorliegt. Dies ist umso naheliegender als abgesehen von der 1703 geborenen und kurz danach gestorbenen Agnes kein Kind den Namen der Mutter trug.

---

12 Geistliches Blumenfeld, 9. Teil; Nr. 255.

Von größerer Wichtigkeit erscheint es, die Linie des Johannes Otterbeck zu verfolgen, da er und seine Nachkommen in der späteren Geschichte der Tersteegenschen Otterbeck einen bedeutenden Platz einnehmen. In den Taufbüchern der Mettmanner Reformierten Gemeinde finden wir am 07.06.1706 den Eintrag, daß ein Johannes Otterbeck, Sohn des Anton von der Otterbeck und Catrin, getauft worden ist. Man darf vermuten, daß Anton von der Otterbeck ein Bruder oder Vetter des Rütger Otterbeck gewesen ist.

Am 25.03.1727 bekam Johannes ein Kirchenzeugnis nach Ratingen. In den Jahren 1731-1734 war er Lehrer in Gruiten. Von dort wurde er als Lehrer nach Duisburg-Hamborn berufen. Er heiratete am 23.12.1736 Anna Agneta Roshoff aus Mülheim an der Ruhr. Seine Tochter Sibilla Helena Otterbeck heiratete am 28.04.1773 in Mülheim an der Ruhr den Hermann Mühlenbeck, der in einer Steuerrolle der Honschaft Hetterscheid von 1807 als Besitzer der Otterbeck eingetragen wurde. Über ihn und andere Mitglieder der Familien wird an anderer Stelle noch zu berichten sein.

GEDENKTAFEL VOM TERSTEEGENHAUS AN DER OTTERBECK
(HS 731, STADTARCHIV HEILIGENHAUS
AUFN.: GOTTLIEB FAHRENBACH, VELBERT)

V. Rütger Otterbeck und das neue Haus.

Das von Rütger Otterbeck zur Bebauung vorgesehene Grundstück befand sich im Bereich der Heiligenhauser Landwehren.

Landwehren waren Schutzwälle. Während der ehemalige Velberter Friedensrichter A. Fahne die irrige Auffassung vertritt, daß die Landwehren römischen Ursprungs sind[1], ist Wilhelm Engels der Meinung, daß die Landwehren erst im 14. und 15. Jahrhundert errichtet worden sind[2].

Gert Ritter[3] weist darauf hin, daß in manchen Gebieten die Landwehren bereits im 16. Jahrhundert wieder eingeebnet wurden. Um das vernachlässigte Land einer sinnvollen Nutzung zuzuführen, wurden Teile der Landwehren zur Bebauung und Bewirtschaftung freigegeben und verpachtet. Die Siedler erhielten das Land unter günstigen Bedingungen. Neben der billigen Erbpacht war mit dem Erwerb verbunden die Freiheit von Jagddiensten, Gewinn- und Gewerbesteuern, Familiengeldern, Wachten sowie Kriegs- und anderen Lasten. Andererseits kam auch der Kurfürst auf seine Kosten, da die Pacht seine regelmäßigen Einkünfte vermehrte.

Zu den Antragstellern auf ein Stück Land an der Heiligenhauser Landwehr gehörte auch Rütger Otterbeck. Das Schreiben an den Kurfüsten befindet sich im Hauptstaatsarchiv Düsseldorf[4] und hat folgenden Wortlaut:

„Dürchleüchtigster Chürfürste. Gnädigster Herr C[5]
Demnegst In Erfarhung kommen, wie daß Ew. Chürfürst auß höchstrühmligst tragent vätterlicher Vorsorg, und Vermehrung der Comercy und Unterthanen, schon viellen äüßwendigen und frembten, die hohe Gnade gethan, und äüff der Landwehr, bey dem also genandten dorff Hilgenhaüß, In dem Ambt Angermont, zü deren handwerckß gebraüch und Comercy Vermehrung, und aüfrichtung nothwendiger behaüsüng, so viell platz, alß vor haüß, werckstat, und garthen von nöthen geweßen, einraümen laßen, worinnen deren frembten und aüßländische handwerckßleüthe ahn zahlt schon zimblich zügenohmen, aüch dabey dero Interessen ein mercklicheß vermehret werden."

[Anmerkung: Wenn Rütger Otterbeck seinen Antrag mit der Tatsache begründet, daß die Auswärtigen und Fremden bereits bei der Landvergabe berücksichtigt worden sind, dann muß man wohl davon ausgehen, daß er nicht zu ihnen gehörte und daß er auch nicht von Duisburg kam - wie manche behaupten - sondern ein in Heiligenhaus Ansässiger war.]

1 A. Fahne „Die Landwehr" in ZBGV 14, 1878. S.138 ff.

2 Wilhelm Engels „Die Landwehren in den Randgebieten des Herzogtums Berg" in ZGBV 60, 1938. S. 70 ff.

3 Gert Ritter: Velbert-Heiligenhaus-Tönisheide, Ratingen 1965.

4 Bestand Jülich-Berg III; Nr. 1097.

5 Der „Churfürst" war Johann Wilhelm [Jan Wellem], Kurfürst von der Pfalz, Herzog von Jülich-Berg in Düsseldorf. * 19.04.1658 in Düsseldorf, dort auch gestorben am 08.06.1716. [siehe auch: H. Kühn - Steinhausen „Johann Wilhelm..."; Düsseldorf 1958].

„Derohalben dan Ich, alß Ein geringer handwerckßman gesinnet bin, mich der orthen ungefehr bey den alda new gebawten haüsere, umb Mein handwerck desto besser vortzüsetzen, und ein Stück brodt vor Meine Kinder zü verdienen, niederzüschlagen, aüch würcklich Ein orth |: welcheß doch enjetzo gantz oed, wild, voller hecken und staüden ist, auch niehmahlen Ihro Chürfürstl. Dhl. ist waß gereuthet :| gefunden alwo da willenß bin, negst hecken= Staüden und strauch aüßrottung, Eine wohnstatt, mit Schmiede, und ettwahiger ferner meinem nohtwendige behüft, aüffzübawen."

[Anmerkung: Aus dieser Passage geht hervor, daß Rütger Otterbeck nicht Junggeselle war. Er war verheiratet und wollte mit dem Neubau bessere wirtschaftliche Voraussetzungen schaffen zur Versorgung seiner Kinder.]

„Dannenhero bitte Ew. Chürfüstl. Dhl. [...] dieselbe gerüht, mir hierüber die hohe Gnade zü thünn, gleich obigen new angetretenen Unterthanen geschehe, ein heuer und Ewig wehrendeß freypatent, von allen lasten und züfällen mitt zütheilen, und dero Kelnner Ambtß Angermond hierüber, daß derselbe mit |: In dieser schmaller landwehr In etwa 50 rüthen anweisen, und gegen Er Jährlicher erlegung pro Canone et Interesse hcr^{mi} jährlich anderhalben oder Meisten 2 g gld. :| seinem pthllo inheriren, und dabey contra quoscunqu. kräftigst zu manuteniren.

In Gnaden ahnzübefehlen.

Daruhn Ew. Chürfüstl. Dhl. Unterthenigster
Rütger Otterbeck."

Anschreiben hierzu:
„Unterthenigster Ahntrag und höchstfliehentlichst bit pro Mandato ahn Kellnere zü Angermondt Mein

Rüttger Otterbeck
Schmuckhandwercker
HoffCammer
A. Angermondt
11"

Der Antrag wurde vermutlich persönlich überreicht, da mit anderer Schrift vermerkt ist: „Pr[...] Düsseld. den 8. Novemb. 1709."

Der „Kellner" in Angermund, P. Weitz, beauftragte am gleichen Tag einen Geometer, das Grundstück zu besichtigen und zu vermessen. Daraufhin berichtet Weitz dem Kurfürsten am 21. November 1709, das von Rütger Otterbeck ins Auge gefaßte Grundstück sei 60 Ruten lang und dritte halb Ruten breit. Er sei allerdings der Meinung, daß die Pacht eigentlich vier Goldgulden betragen müßte. Rütger habe sich aber darauf nicht eingelassen und verschiedene Dinge genannt, die den Wert des Grundstücks minderten. Schließlich hat man sich auf eine Jahrespacht von 2 Goldgulden geeinigt. Wilhelm zum Einß wurde am gleichen Tag ein kleineres Nachbargrundstück übertragen zu 1 ¼ Goldgulden.

In den Jahren 1706 bis 1711 sind mehr als 20 Pachtverträge mit verschiedenen Familien abgeschlossen worden. Die Antragsteller waren vorwiegend Landwirte. Daneben gab es noch zwei Schmiede und einen Krämer. Da weitere Verträge erst ab 1767 vorliegen, ist davon auszugehen, daß viele verloren gegangen sind.

Ein Dokument über den Zeitpunkt der Fertigstellung des Hauses konnte ich nicht ermitteln. Ebenso fand ich keine Archivalie, aus der hervorgeht, daß Rütger Otterbeck mit Gerhard Tersteegen in persönlicher Verbindung stand. Nach den mir zugänglichen Quellen haben erst Rütgers Kinder die Kontakte zu Tersteegen vermittelt.

Welche Bedeutung Georg Hendrik Fischer in dieser Frage zukommt, ist kaum feststellbar, da ich weder in Kirchenbüchern noch in anderen Dokumenten seine Herkunft ermitteln konnte. Möglicherweise stammte er aus Velbert. Er war jedoch ab 1731 neben Johann Henrich Otterbeck der Hauptansprechpartner Tersteegens in der Pilgerhütte Otterbeck.

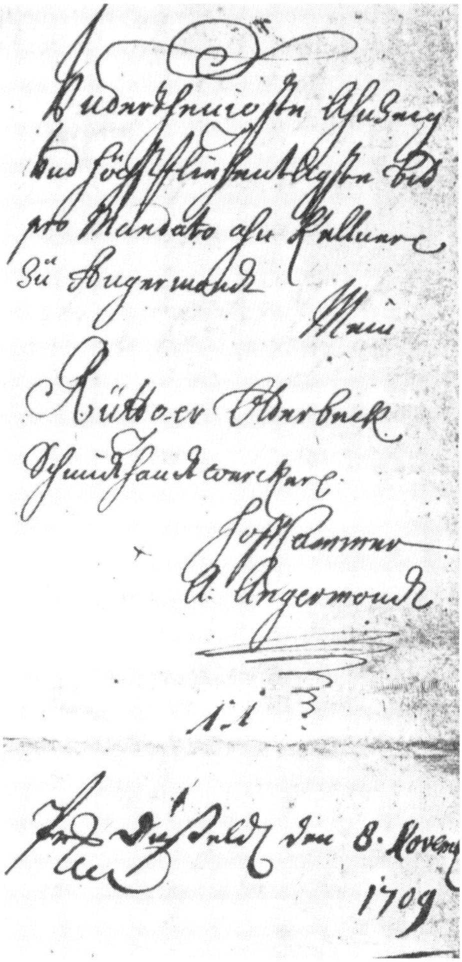
pro Mandato
Rütger Otterbeck
Angermund
Düsseldorf den 8. Novemb
1709

SCHREIBEN DES RÜTGER OTTERBECK WEGEN ZUTEILUNG VON BAULAND AN DER HEILIGENHAUSER LANDWEHR

(HStA Düsseldorf;
Bestand Jülich Berg III; 1097)

VI. Die Otterbeck als Pilgerhütte

Wann die Umwidmung des Hauses vom Familienbesitz in eine Pilgerhütte erfolgt ist, kann man nur vermuten. Vielleicht stand die Veränderung in einem zeitlichen Zusammenhang mit dem Tod der Eltern Otterbeck. Rütger war im Januar 1728 gestorben, seine Frau Agnes im September 1730.

Ein weiteres Datum ergibt sich aus den Briefen, die Tersteegen an Elsgen und Johann Henrich Otterbeck geschrieben hat[1]. Vielleicht ist im Zusammenhang mit diesen Kontakten aus den Jahren 1727-1731 bei Tersteegen der Plan zu einer geistlichen Wohngemeinschaft gereift, zu der ab 1731 Georg Hendrik Fischer gehörte.

Es ist denkbar, daß erste Angehörige einer geistlichen Gemeinschaft schon 1727 im Haus Otterbeck gewohnt haben. Aus einem Brief Tersteegens an Elsgen Otterbeck vom 30.06.1727 geht hervor, daß Elsgen sich offenbar mit der Haushaltführung überfordert sah. Tersteegen sagt, daß sie nicht unbedingt bleiben müsse. Elsgen hat dann vermutlich in Agnes eine Verstärkung erhalten. Wie schon an anderer Stelle berichtet, kann nicht mit Sicherheit gesagt werden, ob Agnes eine Schwester von Elsgen war oder eine andere Verwandte. Im Jahr 1731 plante Agnes offenbar, das Haus zu verlassen und eine andere Arbeitsstelle zu suchen. In verschiedenen Briefen Tersteegens an Fischer wird die Angelegenheit erwähnt.

Wenn Tersteegen am 09.02.1731 in seinem Brief an Fischer auch die „Hausgenossen“ grüßt, dann werden damit nicht nur die Angehörigen der Familie Otterbeck gemeint sein. Vermutlich waren zu diesem Zeitpunkt bereits mehrere andere Freunde in das Haus an der Heiligenhauser Landwehr eingezogen. Hier ist vor allem an Johann Ritterskamp zu denken.

Vergeblich sucht man in der „Lebensbeschreibung des seligen Gerhard Tersteegen“[2] nach einem Hinweis auf die Otterbeck. Die „Pilgerhütte“ in Mülheim wird erwähnt, nicht aber die in Heiligenhaus.

In der „Lebensbeschreibung“ liest man vom Beginn der Verkündigung Tersteegens in Privat-Versammlungen. Zunächst heißt es von dem Candidaten Wilhelm Hofmann: „[...] dieser redete nicht allein in der Versammlung, die der gottselige Prediger Theodor Undereick zu Mülheim gestiftet, sondern auch bei andern Gelegenheiten, die er etwa ums Jahr 1725 besonders 1727, da in dasigen Gegenden, vorzüglich im Bergischen, viele Seelen erweckt wurden, fand.“

Es heißt dann weiter: „Weil nun Hofmann Tersteegens gegründete Einsicht und Erfahrung kannte, so drung er ihn zu Mülheim und anderwärts ein Wort der Erbauung vorzutragen; mit wie vielem Segen das geschah, bewies die Frucht.“ Es kam zu gründlichen und dauerhaften Bekehrungen. „Viel Erweckte wurden durch

1 Siehe zweiter Satz im Brief Nr. 6 vom 6. Juni 1728 an Johann Heinrich Otterbeck

2 Geistliche Briefe Zweiter Band, III.Teil. Solingen 1775. S. 3ff.

seine süsse Reden so eingenommen, daß sie in allerley Versuchungen, Proben und Anfechtungen mit dem größten Zutrauen sich bey Ihm Raths holten; wobey sie durch seine weise Anleitung in ihrem Zutrauen gestärkt wurden."

Diese Aussagen wird man umso mehr verstehen können, wenn man sich die Situation der damaligen offiziellen Kirche vor Augen führt. Pfarrer E. Buddeberg aus Heiligenhaus schreibt dazu: „Im Laufe des 18. Jahrhunderts war das christliche Leben auch in der bergischen Kirche vielfach ermattet. Das Christentum war mehr kirchlich-fromme Sitte geworden und trug gesetzlichen Charakter. Es fehlte vielfach das persönliche Glaubensleben, die persönliche Erfahrung des Heils in Christo." Buddeberg fährt fort: „Unsere bergischen Gemeinden haben die meisten Lebensanregungen durch die stillen Kreise empfangen, die sich um den gottinnigen Liederdichter und Seelenführer Tersteegen aus Mülheim a. d. Ruhr scharten. Auch in Heiligenhaus war ein solcher Kreis an der Otterbeck.[3]"

Durch die Versammlungen sind viele persönliche Kontakte mit geistlich aufgeschlossenen Menschen entstanden, die sich eine dauerhafte Verbindung mit Tersteegen wünschten. Im Gespräch und in der Korrespondenz wird Tersteegen empfunden haben, daß manchem seiner Partner eine Zeit der Absonderung und Stille gut tun würde, - so, wie er sie selbst praktizierte. Da mag die Bereitschaft von Johann Heinrich Otterbeck, sein Haus einer solchen Aufgabe zu widmen, für Tersteegen ein besonderes Geschenk gewesen sein.

Dennoch, die „Lebensbeschreibung" erwähnt diese Arbeit mit keinem Satz. Da gibt es nur einen einzigen Hinweis auf Heiligenhaus, wo es heißt: „Ausser den vielen Bekanntschaften, die Tersteegen im Bergischen, zu Mettmann, Homberg, Heiligenhaus, und mehreren Orten hatte, wurde er auch im Barmen näher bekannt."

Selbst in dem Rundschreiben von 1734: „Ein Brüderlich Lehr- Trost und Ermahnungs-Schreiben" wird Heiligenhaus nicht genannt. Da lesen wir nur: „Gerichtet An alle erweckte Seelen im Bergischen Lande, Sonderlich im Waldischen[4] / Solingen / Elberfeld, im Metmanschen, und da Herum."[5]

Auch die Consistorial-Protokolle der evangelischen Gemeinden in Heiligenhaus scheiden als Informationsquelle aus. Pfarrer Buddeburg schreibt: „Über das Verhältnis der Otterbeck zu der reformierten Gemeinde Heiligenhaus wissen wir leider nichts. Die Brüder waren äußerlich der Gemeinde angeschlossen. Ob sie innere Beziehungen dazu unterhalten haben, steht in Frage. In Protokollen oder sonstigen Erinnerungen finden wir keine Spuren, daß bemerkenswerte Lebensanregungen von der Otterbeck in die Gemeinde ausgegangen sind. 'Die stillen Inwohner des Herzens und Beiwohner Gottes' haben ihr Augenmerk mehr auf das eigene innere Leben gerichtet und wenig über die Mauer hinausgeblickt.[6]"

---

3 Buddeberg: Geschichte der reformierten Gemeinde Heiligenhaus, 1907. S. 62

4 Gemeint: Solingen-Wald

5 „gedruckt von einem, 'der Jesum in sich suchet'". Der Text wird später Stück 11 in „Weg der Wahrheit".[vielleicht so zu deuten: Jesum in sich suchet, - J s s = Johann Schmitz Solingen]

6 Siehe Brief Nr. 58 (Verhaltungs-Regeln für die Bruderschaft).

Wenn auch die offizielle Kirche in Heiligenhaus die Aktivitäten in der Otterbeck nicht protokolliert hat, so gibt es doch ein eindrucksvolles Zeugnis über Tersteegens Wirken dort. Der lutherische Pastor Johann Gangolf Wilhelm Forstmann[7] aus Solingen schrieb am 17. Juni 1737 an den Grafen von Zinzendorf[8]:

„Ter Steegens geheiligte Persohn habe Ich seither dem Jahre 1733 gekannt, und kann von Ihm mit Wahrheit versichern, daß Er ein lebendiges Bild des Heylands ist, das seine Klarheit siehet mit aufgedecktem Angesichte. Er ist dießmahl mit seinem Collegen Hoffmann, auch einem Schooßjünger Jesus, am 1. und 2. Pfingsttage auf der Otterbeck (es ist ein einzeln Haus 5 Stunden von hier) gewesen, und hat daselbst auf öffentlichem Felde unter blauem Himmel Versammlung gehalten, woselbst wohl 150 Seelen gegenwärtig gewesen."

Eustachius Kürschner aus Solingen erklärte u.a. im Jahr 1737 bei einem richterlichen Verhör im Zusammenhang mit dem Besuch des Grafen von Castell in Solingen auf die Frage, „ob nicht einer von Mülheim ahn der Ruhr, Namens Tersteegen, bey dem hiesigen Prediger Forstm: vor einige Zeit gewesen" und ob Tersteegen da auch geredet habe: „wie er gehöret, solle derselb zu Mülheim ahn der Ruhr auch Übung halten, auch bißweilen auf Otterbeck, so beym Heiligenhaus gelegen, hinkommen und Übung halten."[9]

Neben diesen wenigen Zeugnissen aus der Umgebung von Heiligenhaus bleiben als wertvolle Informationsquellen vor allem die Briefe, die in diese Veröffentlichung aufgenommen wurden.

Ein erstes Schreiben an die in der Otterbeck lebende Gemeinschaft datiert vom 27.Mai 1731[10]. Hier äußert sich Tersteegen ganz allgemein über das Grüßen im Namen Jesu.

Im Jahr 1732 arbeitet Tersteegen an einer Ordnung für die Hausgemeinschaft. Am 06.03.1732 schreibt er an Fischer: „[...]weil mein überkommen ungewiß, ists am besten, daß mir der bewusten ordnung anlangende noch berichtet werde, was dabey zu erinnern." Probleme bereitet offenbar Elsken, deren Anwesenheit berücksichtigt werden muß. So lesen wir in dem Brief vom 19.04.1732 an Fischer: „Mit Elsken habe noch nicht allein können sprechen, sonst will sehen, wie es mit warnehmung der haußregulen inzwischen am besten zu ordiniren."

7 1706-1759.

8 Archiv der Evangelischen Gemeinde Solingen.

9 „Verhandlungen betreffend die Heimlichen Zusammenkünfte mit dem Reichs-Grafen von Castell". HStA Düsseldorf, Bestand Cleve Mark, Akten, Nr. 1486).

10 Geistliche Briefe II. Teil, Nr.113.

Bereits 1735 klingen erste sorgenvolle Töne bei Tersteegen an. Er schreibt am 05. August 1735 an die Gemeinschaft in der Otterbeck: „Ich bleib äußerlich schwach, und innerlich bekümmert euretwegen, als wanns nicht wohl mit euch stünde“. [...] „Wann werdet ihr GOTT, und wann werdet ihr meine Seele erfreuen ?“ Es folgen dann Worte der Ermahnung, die jedoch offenbar ihr Ziel verfehlt haben.

So läßt der Brief vom 26. Januar 1737[11] vermehrt die Enttäuschung und Trauer Tersteegens darüber erkennen, daß das Zusammenleben nicht seinen Erwartungen und Hoffnungen entspricht.

Das Schreiben beginnt mit den folgenden Sätzen[12]: „Ach, ihr liebe Seelen ! Wie bin ich euretwegen so bekümmert und betrübt ! Ich liebe euch alle hertzlich, und es ist mir eben um dieser Liebe willen gar nicht gleichgültig, wie es um eure Seelen stehet. Hätte ich euch nicht lieb, so wolte ich euch kein Wort sagen; dann ich sage es euch mit Schmertzen, ja mit Thränen, daß ich euch nicht so erkenne und sehe, wie ich euch gern sehen wolte und auch sehen könte, wo ihr anderst die Zeit, die Gelegenheit und die Gnade treulich angewandt hättet, die der HErr euch vor so vielen anderen geschencket hat.“

Es geht geistlich nicht voran bei den Bewohnern der Otterbeck, obwohl die äußeren Voraussetzungen kaum besser sein könnten zu einem Leben der herzlichen Gemeinschaft untereinander und mit ihrem Herrn im Himmel. Tersteegen beklagt, daß da „keine hertzliche Fassung, Liebe und Vereinigung untereinander“ vorhanden ist. Schon um der Nachbarn willen sollte ihr Leben ein solches unter der Zucht und Leitung des Geistes Gottes sein: „Viele sehen auf euch da im Hause: Ach daß ihr allen ein Licht im HErrn werden mögtet !“

Die Handschrift mit den von Tersteegen erstellten Verhaltens-Regeln für eine beisammen wohnende Bruderschaft ist undatiert. Vielleicht wurde die Ordnung schon 1732 erstellt. Es liegt jedoch nahe, daß sie als Anlage zu dem vorstehenden Brief einzuordnen ist. In diesen Verhaltens-Regeln formuliert Tersteegen noch einmal ganz deutlich die Zielsetzung des Hauses. Er schreibt: „gedencket, daß euer Haus und Hertz eine Wohnung GOttes, des Allerhöchsten, seyn soll.“ Weiter lesen wir unter Punkt XI.: „Bedencke aber ein jeder wohl, und lasse sich durch die Gnade tief eindrucken den eigentlichen Zweck, worzu ihn GOtt insonderheit in dieses Haus geführt habe, nemlich ihm darin zu dienen, und in der Heiligung geübt zu werden.“

Ganz konkrete Verhaltens-Regeln entnehmen wir einem leider undatierten Brief an Adolf Bäumer[13]. Offenbar hatte Bäumer Anlaß zu Unstimmigkeiten gegeben. Tersteegen schreibt: „Ich will nur auf deine Person kommen, lieber Bruder; und gebe demnach folgende Erinnerungen:

11 Geistliche Briefe II.Teil, Nr. 113 und Handschrift.

12 Zitiert nach der Briefausgabe.

13 Geistliche Briefe I.Teil, Nr. 62.

1. Glaube bey dir selbst, und in deinem Gewissen, vor vest und unstreitig, daß keiner im gantzen Haus verkehrter, ärmer, blinder und untüchtiger sey im Leiblichen und Geistlichen, als eben du; Sage solches keinem Menschen, sondern glaube es in aller Einfalt vor Gott."

Dem 4. Punkt entnehmen wir, daß Bäumer offensichtlich nicht in der Leitung der Otterbeck stand, wie manche Chronisten berichten. Tersteegen sagt: „was anderer ihre Pflicht ist, darüber bekümmere dich nicht sonderlich, weil du kein Vorsteher des Hauses bist."

Auch Johannes Ritterskamp war betroffen von den Problemen im Haus. In einem Brief vom 20. April 1735 an ihn lesen wir[14]: „Ich hatte schon etwas von denen Verdrießlichkeiten im Hause gehöret, aber weder Zeit noch Gelegenheit gehabt, darüber zu schreiben. Nun ist mirs lieb, daß es so weit wieder beygeleget worden; vertraue auch, es werde sich ferner schon geben, wo an der einen oder andern Seite noch etwa zurück geblieben wäre. [...] In einer brüderlichen Zusammen-Wohnung giebt es allerhand schöne Mittel zur Prüfung und Heiligung".

Schließlich sei noch zitiert aus einem Brief vom 31. Oktober 1753 an Elisabet zur Kuhlen[15]. Sie war wohl auf Empfehlung von Bruder Sommer zur Otterbeck gegangen, wahrscheinlich als Hilfe in der Hauswirtschaft. Tersteegen macht ihr Mut zu dem Dienst und schreibt: „Der Herr stärcke, erquicke und heilige dich, durch und bei denen neuen lectionen, die dir bey dortigen umständen vorkommen werden. [...] werde nicht so bald verzagt, wann gleich ein pröbgen oder beschwer kommt. [...] du darfs im äußeren von niemand als vom bruder Fischer daselbst abhangen". Sollten Schwierigkeiten auftreten, dann möge sie es zunächst Bruder Fischer sagen, ggf. auch dem Bruder Sommer.

Aus diesen Zeugnissen gewinnt man den Eindruck, daß die Atmosphäre in der Pilgerhütte häufig belastet war.

Es können jedoch auch eine große Anzahl von Beispielen angeführt werden, die die Otterbeck in einem anderen Licht erscheinen lassen. Hier haben Menschen unter der Anleitung Tersteegens erfahren, wie ein Leben in der Heiligung aussieht. Und sie haben Hilfe empfangen zur Förderung und Vertiefung ihres Gebetslebens. Insofern ist die Briefsammlung auch für den heutigen Leser noch eine wertvolle Anregung und Anleitung zu geistlichen Übungen mancherlei Art.

Für die in der „Otterbeck" lebenden Brüder hat Tersteegen zwei Gebete verfaßt[16]. Leider wurden von unbekannter Hand zwei Seiten (153/154) entfernt, so daß das Abendgebet nur als Fragment abgedruckt werden kann.

---

14 Geistliche Briefe II.Teil 2, Nr. 77.

15 Beglaubigte Abschrift im Nachlaß Goeters.

16 „Folgen noch 2 wichtige Gebäter, welche vom Autore einer Brudergesellschaft zum Täglichen gemeinschafftlichen Gebrauch sind aufgesetzet worden" in „Noch einige Nach gesammelte und ungedruckte geistliche Briefe"; Handschrift von 1794, vermutlich von Joh. Vieth in Wermelskirchen abgeschrieben. Nachlaß Goeters. (In der fraglichen Zeit lebten in Wermelskirchen drei

Gemäß einer handschriftlichen Notiz von Gerhard Kerlen sind diese Gebete auf das Jahr 1732 zu datieren.

„Morgen - Gebät
auf alle Tage in der Wochen.

Heiliger Gott ! Du Vatter der Lichter, von welchem alle gute Gaben, von oben herab kommen;

Erleuchte unsere dunckele Gemüths-Augen, mit dem reinen Licht Deines Heiligen Geistes, das wir Dich, und Deine göttliche wahrheiten Lebendig erkennen, herzlich lieben, und treülich uns daran ergeben mögen, Durch den beistand Deiner Gnade, warum wir Dich Einmüthiglich anruffen.

Danck sei Deiner Langmuth und Güte, das Du uns noch einen neüen Tag der Gnaden, neue Kräffte, und neüen Anlaß giebest, Dir zu dienen, vor viel Tausend andern Menschenkindern.

Ach ! Das wir auch mit neüem Ernst und Andacht, uns Dir zum Morgen-Opfer schencken mögten, mit allen Kräften unseres leibes und der Seelen, Dir zu dienen, von dieser stunde an, bis in alle Ewigkeit.

Gib uns nach Deiner Barmhertzigkeit, daß wir diesen Tag vor Deinen Augen wandeln mögen, wie es Deinen Kindern, und Haußgenossen geziemet, in aller aufrichtigkeit, unschuld und liebe, gegen Dich, und untereinander.

Sei Du allein der Urheber und Endzweck aller unserer Geistlichen und Leiblichen verrichtungen, damit wir lauter, und unanstössig wandeln mögen.

Verleihe uns Deine Gnade, das wir immermehr absterben der Welt, allen Neigungen unserer natur, und unserm eigenen leben, damit das Leben Jesu in uns offenbahr werde.

Mache eingezogen alle unsere Sinnen, damit wir aus fleischlichen Geistliche Menschen werden mögen. Gib uns stille heilige Gedancken, die nur zu Dir gerichtet sein.

Nimm hin unsern gantzen Willen, daß er lediglich von Dir abhange, und sich um Deinentwillen auch gerne alle Menschen unterwerfen möge.

Schenk uns ein Demüthiges und abgestehntes Hertz, das Dich allein, und über alle Dinge Ehret und liebet unverrückt. Damit Du alleiniges höchstes Gut unsern Geist erfüllen mögest, mit Dir selbst , und Deinem Göttlichen Frieden, der allen Verstand übertrifft.

Also heilige und vollende uns in Dir, O Du Vatter der Barmhertzigkeit, um Deines Sohnes Jesu willen, welchem mit Dir, und dem heiligen Geiste seye, lob, Ehre, u[nd] anbätung, nun u[nd] in die Ewigkeiten. Amen !"

„Johannes Vieth": 1. auf der Eich, † 18.08.1802, 38 J 7 T.; 2. Oberstraße; † 04.09.1808, 41 J 3 M.; 3. Johannes Peter Vieth, Hilverkusen, † 12.10.1808, 69 J 9 M.)

„Abend - Gebät.

Nun Dir sey Lob und Danck gesagt, Du gnädiger und menschliebender GOTT, daß Du uns auch heüte diesen Tag so gnädiglich beschützet, so langmüthig getragen, und nach Leib und Seele mehr Gutes und Gnade erzeiget, als wir glauben, und Dir verdancken können.

Bereite Dir selbst unser Herz, zu Deinem Ewigen Lob und Dankopfer, damit wir Dich durch Deinen Heiligen Geist, in der Wahrheit anbäten, lieben großmachen, und uns Dir dahin geben. Weil Du ein so guter |: Gnädiger :| und höchst vollkommener GOTT bist, und weil Du [auch] so vieles, an uns Deinen armen Kindern gethan hast.

Ach ! das wir Dich auch hertzlicher geliebet, treüer gedienet, und kindlicher gewandelt hätten in Deiner göttlichen Gegenwart. vergib uns, und tilge aus alle unsere abweichungen und fehler, durch das verdienst, und die kraft des Blutes JESU Christi, unsres Heylandes , und mache [...]"

Fortsetzung auf den fehlenden Seiten 153/54.

Gerhard Kerlen hat das Morgen-Gebet in ein Büchlein aufgenommen mit dem Titel „Tersteegens Gebete für Bergleute und Schiffer"[17]. Nachstehend wird auch diese Version abgedruckt.

Morgengebet.
Heiliger Gott, Du Vater des Lichtes, von welchem alle gute Gaben von oben herab kommen ! Erleuchte unsere dunkeln Gemüthsaugen mit dem reinen Licht Deines heiligen Geistes, daß wir Dich und Deine göttlichen Wahrheiten lebendig erkennen , herzlich lieben und treulich uns daran ergeben mögen, durch den Beistand Deiner Gnade, worum wir Dich einmüthiglich anrufen. Dank sei Deiner Langmuth und Güte, daß Du uns noch einen neuen Tag der Gnaden, neue Kräfte und neuen Anlaß gibst zu Deinem Dienste vor viel tausend andern Menschenkindern. Ach ! daß wir auch mit neuem Ernst und Andacht uns Dir zum Morgenopfer schenken möchten, mit allen Kräften unseres Leibes und unserer Seele Dir zu dienen von dieser Stunde an bis in alle Ewigkeit. Gib uns nach Deiner Barmherzigkeit, daß wir diesen Tag vor Deinen Augen wandeln mögen, wie es Deinen Kindern und Hausgenossen geziemet, in aller Aufrichtigkeit, Unschuld und Liebe gegen Dich und unter einander. Sei Du allein der Urheber und der Endzweck aller unserer geistlichen und leiblichen Verrichtungen, damit wir lauter und unanstößig wandeln mögen. Verleih uns Deine Gnade, daß wir immer mehr absterben der Welt, allen Neigungen unserer Natur und unserm eigenen Leben, damit das Leben Jesu in uns offenbar werde. Mache eingezogen alle unsere Sinne,

17 Mülheim, 1855, S. 21 (Zugaben).

damit wir aus fleischlichen geistliche Menschen werden mögen. Gib uns stille und heilige Gedanken, die nur zu Dir gerichtet seien. Nimm hin unsern ganzen Willen, daß er lediglich von Dir abhange und sich um Deinetwillen auch gern allen Menschen unterwerfen möge. Schenk uns ein demüthiges und abgeliebet Herz, das Dich allein und über alle Dinge ehret und unverrückt; damit Du, o Du alleiniges höchstes Gut, unsern Geist erfüllen mögest mit Dir selbst und mit Deinem göttlichen Frieden, der allen Verstand übertrifft. Also heilige und vollende uns in Dir, o Du Vater der Barmherzigkeit, um Deines Sohnes Jesu willen, welchem mit Dir und dem heiligen Geiste sei Lob, Ehre und Anbetung, nun und in die Ewigkeiten. Amen.

(Tersteegen.)

Nur wenige Briefe vermitteln einen konkreten Eindruck von den praktischen Tätigkeiten der Bewohner im Alltag des Hauses.

Es ist nicht sicher, ob der Tagesablauf dem entsprach, den Tersteegen einige Jahre lang in Mülheim gemeinsam mit Bruder Sommer praktiziert hat: „Des Morgens um 6 Uhr kamen sie zusammen und arbeiteten bis 11 Uhr; hierauf sonderten sie sich ein Stündchen ab, um dem Gebeth obzuliegen. Um 1 Uhr gingen sie wieder an die Arbeit, die bis Abends 6 Uhr währete, demnächst machten sie Feier-Abend, und verwendeten abermal ein Stündgen zur Absonderung, und zum Gebethe".[18] Nach 6 Uhr hat Tersteegen Bücher übersetzt und sich dem Dichten seiner Geistlichen Lieder gewidmet.

Welche Aktivitäten haben die Bewohner der Otterbeck ausgeübt ? Mit großer Wahrscheinlichkeit saßen einige am Webstuhl. Man darf davon ausgehen, daß in der Otterbeck ein Bandwebstuhl stand, vielleicht auch mehrere. Johann Heinrich Otterbeck und Georg Hendrik Fischer waren Kaufleute, die die in der Otterbeck hergestellten Waren verkauften. Einem Brief vom 23. Februar 1733 ist zu entnehmen, daß die Brüder auch Webprodukte von Sommer und Tersteegen aus Mülheim mitgenommen haben. Es hat den Anschein, daß die Abnehmer der Produkte vor allem in Holland lebten. Da werden in dem vorstehend erwähnten Brief Tersteegens vom 23. Februar 1733 an die Brüder Otterbeck und Fischer[19] die Namen De Wilde und Simon Hereveen genannt, bei denen Produkte abzuliefern waren.

In dem gleichen Brief kommen Bänder vor in verschiedenen Breiten in Leinen und Seide. Tersteegen gibt dazu Anweisungen über den Wert der Ware wegen der Verzollung.

Am 3. April 1733 unterrichtet Tersteegen die beiden Brüdern, wie sie sich als reisende Kaufleute zu verhalten haben. Tersteegen weiß, daß solche Reisen Unruhe mit sich bringen und daß man sich rasch verstricken kann in die Händel der

18 Lebensbeschreibung. In: Geistliche Briefe II, 3. Teil. S. 13.
19 Nach Abschrift eines Briefes von Ulrich Bister.

Welt. Er rechtfertigt die Reisen mit dem Hinweis darauf, daß sie letztlich um Jesu willen unternommen werden. Und er rät: „Versäumet nicht, nach Möglichkeit einige Zeit zum Gebät auszukaufen, weil ihr viel Gnade nöthig habt, euch unter der Welt unbefleckt von der Welt zu bewahren. [...] Lasset euch düncken, ihr seyd wie ein paar Klosterbrüder, welche auf der Reise und über den Strassen sich nicht schämen, ihre HORAS oder Gebäte zu lesen: Also macht ihrs auch!"

Auch der Brief vom 23. April 1733 ist an die beiden Reisenden Fischer und Otterbeck gerichtet, die sich zu diesem Zeitpunkt in Amsterdam aufhielten.

Für den Bereich textiler Produkte der Otterbeck werden auch Leinwand und Mützen genannt[20].

Es ist naheliegend, daß im Garten des Hauses Schafe gehalten wurden. Tersteegen möchte von Elsgen Otterbeck gekämmte Wolle haben, gewaschen oder auch ungewaschen. Man soll zunächst schon mal 10 Pfund abwiegen. Man könne später mit dem Pferd ein weiteres Quantum nachliefern. So in einem Brief vom 9. Februar 1731 an Georg Hendrik Fischer[21].

Rütger Otterbeck war vermutlich kein Huf- und Wagenschmied. Er bezeichnet sich ja selbst in dem Schreiben an den Kurfürsten in Düsseldorf als Schmuckhandwerker. Dementsprechend war wohl auch seine Schmiede ausgestattet. Wer dort nach Rütgers Tod gearbeitet hat, wird uns nicht berichtet. Die Schmiede wurde jedoch offensichtlich genutzt. Da schreibt Tersteegen am 19. April 1732 an Fischer[22]: „Die blechplätger sind gut geschnitten, doch müssen sie auch ja nicht breiter fallen; wan sie wie beykommendes sind, so sind sie am besten. Nur möchten wir wol gern |: nebst denen die du dort hast :| ein paar Platten zerschnitten haben."

Tersteegens Wortbildungen entsprechen nicht immer der korrekten Orthographie. So ergeben sich insbesondere bei Fachausdrücken hin und wieder Übertragungsschwierigkeiten. Trotz vielseitiger Recherchen konnte ich lange Zeit nicht feststellen, was Tersteegen mit „syet" gemeint hat. Da schickt er mit dem Brief vom 23. Februar 1733 „syet und garn" nach Heiligenhaus. Wenige Monate später[23] bittet er: „Wir hätten mit erstem noch gern was mehr blech zu syet geschnitten." Ein weiteres mal erbittet er syetten und seyden blech[24]. Schließlich lesen wir in einem undatierten Brief an Fischer: „Der Blech ist zu syetten riemen gut, hätte aber gerne mehr. Nur müssen wir diese Woche zu seidenen riemen[25] blech haben: ist nun diese Woche keine gelegenheit hierhin, so soll Hendrich künftigen sontag

20 Brief vom 20. Juli 1732 an Georg Hendrik Fischer; Bestand Merz, Engelskirchen.

21 Bestand Merz, Engelskirchen.

22 Bestand Merz, Engelskirchen.

23 Brief vom 23. September 1733 an Georg Hendrik Fischer; Bestand Merz, Engelskirchen.

24 Brief vom 2. Januar 1735 an Georg Hendrik Fischer; Bestand Merz, Engelskirchen.

25 Jacob Grimm: Deutsches Wörterbuch, S. 928: „[...] unter riemendreher werden (namentlich in Barmen) diejenigen arbeiter verstanden, welche die sogenannten 'riementische', d.h. durch riemenübertragung bewegbare tische bedienen, auf welchen besatzartikel (litzen und kordeln) in mechanischer weise geflochten werden."

um 11 uhr von hier aus gehen, mit ersuchen, daß einer aus dem hause Ihm den blech auf halbem wege bringe, auch nachricht gebe wanehr etwas nach Holland geschickt werden könne."

Nach Einfügung eines „a" machte das Wort schließlich Sinn: „Sayette". Zedler[26]erklärt das Wort wie folgt: „Sayette ist ein schlechter wollener Zeug, der bisweilen mit ein wenig Seide vermengt ist. [...] Sayette ist auch eine schlechte wollene Sarsche [Serge]". Wenn Tersteegen das Wort gebraucht, dann meint er vermutlich ein Band aus Wolle oder Baumwolle mit Seide.

Einer der Brüder auf der Otterbeck war mit Sicherheit Schmied. Er wird diese Blecharbeiten ausgeführt haben. Dem Sterbebuch von Heiligenhaus entnehmen wir, daß „Johannes der Schmied auf der Otterbeck" am 28.10.1746 begraben wurde.

Es wurden Bibeln eingebunden, vermutlich großformatige. Tersteegen ist verärgert, daß einige entgegen seiner Anordnung mit Brettern und Krämpfen gebunden wurden[27].

Weiter waren Brüder beschäftigt mit der Herstellung von Medikamenten für Tersteegens Hausapotheke. So wird Georg Hendrik Fischer gebeten, Grünöl herzustellen. Die Zusammensetzung erfährt er in einem Brief vom 15. Juli 1745[28].

Die Bewohner der Otterbeck waren jedoch nicht nur handwerklich tätig. Es gab auch eine wichtige geistig-geistliche Beschäftigung: In der Pilgerhütte ließ Tersteegen Texte für seine „Auserwählte Lebensbeschreibungen Heiliger Seelen" abschreiben. Abgesehen von dem praktischen Wert der Arbeit wurden die Brüder in der Otterbeck auf diese Weise auch vertraut mit dem Leben von Menschen, die ihnen ein Vorbild sein konnten und sollten.

1731 wird „Johannes vom Kreuz" erwähnt, 1732 der „Markgraf von Renty" und „Maria von der Menschwerdung". So bittet Tersteegen seinen Freund Georg Hendrik Fischer bei der Übersendung des Anfangs zu diesem Werk: „Schreibe nicht zu geschwind, sondern bedächtlich, damit es auch so viel accurater werde; dan weil mirs aus dem gedächtniß bald wieder entfällt, werd ichs sonst schwerlich wieder corrigiren können." In einem späteren Brief bittet Tersteegen um Mithilfe bei der inhaltlichen Gestaltung: „Notire mirs einst was du etwa in dem lebenslauf der Maria gern weiter ausgeführet sehen möchtest." [29] Im Januar 1735 schreibt Tersteegen: „Ich schicke eine Lebensbeschr[eibung] zum Abschreiben, so bald du kanst; doch nicht, daß du die nöthige ruhe oder Arbeit darüber versäumen solt."

26 Johann Heinrich Zedler: Großes vollständiges Universal-Lexikon, Leipzig und Halle 1742. S. 460.

27 Brief Nr. 28.

28 Bestand Merz, Engelskirchen.

29 Briefe Nr. 12; 30, 33, 36 (hier auch „Theresa von Jesu"), 42, 46 („Gertrud aus Sachsen"), 47 („Katharina von Siena").

Ein langer Brief vom 23. November 1740 an Georg Hendrik Fischer beginnt mit den Worten: „Ich bin gar nicht im Stand, viel und deutlich mich zu können erklären: Meine innere Beschaffenheit und äussere Schwachheit lassens beyde nicht zu; und deine Frage ist mit so kurtzen Worten nicht zu beantworten: Die Schriften erleuchteter Seelen, die du überflüssig hast, können dich darin besser vergnügen, als mein Schreiben." Zu diesem Zeitpunkt konnte Fischer sowohl auf die noch in der Otterbeck befindlichen handschriftlichen Konzepte zurückgreifen als auch auf die Druckausgabe des ersten Teiles.

Es fällt auf, daß nach 1745 nur noch wenige Briefe Tersteegens an Menschen in der Otterbeck gerichtet wurden. Dies mag daran liegen, daß die Brüder der „ersten Stunde" nicht mehr da waren. Johann Henrich Otterbeck war 1744 gestorben, Elsgen hatte 1744 geheiratet, Wilhelm Adolph Otterbeck schon 1742. Wenn es sich bei Adolff, dem „ledigen Gesell auf der Otterbeck", um Adolf Bäumer handelt, dann war dieser schon 1739 in die Ewigkeit abgerufen worden. So blieben Fischer und Ritterskamp, der dann auch 1759 gestorben ist.

Hatte Tersteegen mit dem Tod der Brüder sein Interesse an der Otterbeck verloren ? Hatte er nicht mehr die Kraft zur Fortsetzung seines Experimentes eines „evangelischen Klosters" ?

Man gewinnt den Eindruck, daß für die Arbeit in der Otterbeck andere Schwerpunkte gesetzt wurden. Das Haus ist, wie es 1801 von einem Bruderkreis formuliert wurde, ein „Gasthaus der Frommen" geworden, dem ein „Gastwirt" vorstand. Man spricht von „aus- und eingehenden Pilgern". Ein Haus der Stille sollte es wohl bleiben. Aber die von Tersteegen aufgestellten Regeln für eine beisammen wohnende Bruderschaft hatten offenbar nur noch bedingt Gültigkeit.

Auf die Otterbeck als Gasthaus, in dem Reisende von Mülheim nach Barmen eine Rast hielten oder übernachteten, weisen zwei Briefe hin, die Johann Engelbert Evertsen geschrieben hat[30].

Am 11. Mai 1766 zitiert Evertsen in einem Schreiben an Anna Maria Rittershaus[31] aus einem Brief Tersteegens vom 9. Mai[32]: „Es war und bleibt mir angenehm, daß ich unsere Maria mit der Frau L. noch einst persöhnlich grüßen mögen, hat mir aber recht wehe gethan, daß sie es zwischen Kettwig und Otterbeck so sauer gehabt, und gahr durchs Wasser waden müßen, wodurch die Maria leicht schaden nehmen können." Die beiden Frauen haben nach dieser schwierigen Wegstrecke zweifellos in der Pilgerhütte übernachtet.

30 Archiv Barmen-Gemarke.

31 1725-1797.

32 An anderer Stelle habe ich diesen Brief nicht ermitteln können.

Am 2. Ostertag 1773 schreibt Evertsen an seinen Freund Johannes Dahlmann in Mülheim-Saarn, der ihn vermutlich eingeladen hatte: „ich bin zwar Gott lob so gut im stande wie ich der zeit im sommer ware, du weißt aber daß mich ein ritt von 1 ¼ stunde gantz ermüdete und nach der Otterbeck ist dreymal fünf viertel stund."

Es darf nicht unerwähnt bleiben, daß Tersteegen in den Jahren 1735-1741 in Verbindung stand mit einer anderen geistlichen Wohngemeinschaft, die von Charles Hector Marquis St. George de Marsay (1688-1753) auf der Wasserburg Hainchen im Siegerland betreut wurde. Im Blick auf die noch vorhandenen 16 Briefe Tersteegens an Mitglieder der Gemeinschaft wird eine Dokumentation zu diesem Freundeskreis von besonderer Bedeutung sein, da Tersteegen hier als „Seelenführer" von Menschen erscheint, die soziologisch einen völlig anderen Hintergrund hatten als die Freunde auf der Otterbeck. Auf der Otterbeck waren es die einfachen Menschen mit meist bäuerlicher Herkunft, auf der Burg Hainchen die Adelsleute de Marsay, von Fleischbein und Prüschenck von Lindenhoff, der Hofmarschall des Burggrafen von Kirchberg, Graf von Sayn-Wittgenstein[33] war.

33 Siehe auch: Horst Neeb: Gerhard Tersteegen und die Familien Schmitz in Solingen, Düsseldorf 1997. S. 222-223.

VII. Das Ephrata-Kloster in Pennsylvanien

Wenn auch die Kommunität in Ephrata von der Entstehungsgeschichte, von ihrer geistlichen Ausrichtung und auch von ihrer Größenordnung her in manchen Aspekten anders geartet war als die Arbeit in der Pilgerhütte Tersteegens, so ist jene Einrichtung in Amerika doch eins der wenigen Beispiele dafür, daß auch auf dem anderen Kontinent eine Offenheit bestand für kommunitäres Leben unter evangelisch geprägten Christen. Schließlich erlebte Ephrata seine Blüte in den Jahren 1735-1765, etwa zeitgleich mit der Pilgerhütte in Deutschland. Und es waren Pietisten aus Deutschland, die der Einrichtung in Amerika ihre Prägung gaben.

Friedrich Nieper hat in seinem Buch über die ersten deutschen Auswanderer von Krefeld nach Pennsylvanien dem Ephrata-Kloster ein ganzes Kapitel gewidmet[1]. Auch Max Goebel[2], A. Gregg Roeber[3] und Heinz Renkewitz[4] erwähnen Ephrata, desgleichen Donald F. Durnbaugh[5].

Eine knappe Zusammenfassung über die wesentlichen Zielsetzungen gibt Trevor John Saxby[6], wenn er schreibt [aus dem Englischen übersetzt]: „Ephrata und die Labadisten stimmten überein in Fragen der Gütergemeinschaft, des Gehorsams, der Arbeit, des Handels, der Heiligung, Trennung der Geschlechter sowie einer Probezeit für neue Mitglieder. Sie waren uneins beim Sabbat, den Ephrata in allen fast übertriebenen Einzelheiten beachtete, sowie in der Fage der Eheschließung, denn in Ephrata galt das Zölibat.“

Eine ausführliche Dokumentation über die Geschichte der Kommunität mit einer Analyse der aus Ephrata noch vorhandenen Manuskripte und Bücher hat Everett Gordon Alderfer (* 1915) im Jahr 1985 veröffentlicht[7]. Bei den nachstehenden Ausführungen stütze ich mich im wesentlichen auf Alderfer.

Die wechselvolle Geschichte der Kommunität von Ephrata ist eng verbunden mit der Person von Conrad Beissel, der am 1. März 1690 in Eberbach am Neckar geboren wurde. Er starb am 6. Juli 1768 in Ephrata.

---

1 Friedrich Nieper: Die ersten deutschen Auswanderer von Krefeld nach Pennsylvanien, Neukirchen 1940. S. 152-200.

2 Max Goebel: Geschichte des christlichen Lebens, Band III, Gießen 1992. S. 264-266.

3 A. Gregg Roeber: Der Pietismus in Nordamerika in: Geschichte des Pietismus Bd. 2. Göttingen 1995. S. 678.

4 Heinz Renkewitz: Hochmann von Hohenau, Witten 1969. S. 286-289.

5 Donald F. Durnbaugh: Die Kirche der Brüder, Stuttgart 1971. S. 20.

6 Trevor John Saxby: The Quest for the new Jerusalem, Dordrecht 1987. S. 308 und 389 (Anm. 789).

7 Everett Gordon Alderfer: The Ephrata Commune. An Early American Counterculture, Pittsburgh 1995.

Beissel war ein lebensfroher Mensch. Er erlernte das Bäckerhandwerk und empfing nach Abschluß der Lehrzeit von seiner Zunft ein Wanderbuch. Stationen seiner Wanderschaft waren Straßburg, Heidelberg und Schwarzenau.

Bereits während seiner Lehrzeit kam er unter den Einfluß der pietistischen Bewegung, für die er große Offenheit zeigte. Vermutlich in Straßburg wurde er bekannt mit der Literatur von Jakob Boehme (1575-1624), Johann Georg Gichtel (1638-1710), Philipp Jakob Spener (1635-1705) und Gottfried Arnold (1666-1714). Aber auch in das System der jüdischen Kabbala wurde er dort eingeführt. Schließlich dürfte vor allem die Zusammenarbeit mit dem fanatischen Johann Friedrich Rock (1678-1749) einen nachhaltigen Einfluß auf Beissel ausgeübt haben.

Peter Becker (1687-1758), der spätere Führer der Neutäufer in Germantown, und seine Glaubensgenossen mögen in Beissel den Wunsch geweckt haben, in die Neue Welt auszuwandern. Beissel und einige Freunde erreichten Germantown im Herbst 1720.

Dort war schon 1694 unter der Leitung von Johannes Kelpius (1673-1708) und Heinrich Bernard Köster eine Einsiedelei entstanden. Diese war Conrad Beissels Ziel. Es waren aber nach dem Tod von Kelpius nur noch wenige Mitglieder dieser mystischen Gemeinschaft in ihren Zellen, sodaß Beissel über eine Alternative nachdenken mußte. Zunächst bot Peter Becker dem Neuankömmling einen Platz in seinem Haus und eine Lehrstelle als Weber an.

Auf die Dauer boten Beissel jedoch die von einem materialistischen Virus infizierten und auf wirtschaftlichen Erfolg orientierten Freunde Beckers in Germantown nicht die von ihm gesuchte Gemeinschaft. So zog Beissel, begleitet von Jakob Stuntz, in die Einsamkeit an die Grenze von Conestoga. Am Ufer des Mühlbachs errichteten sie eine Hütte, und in den folgenden Monaten erbauten sie eine Schule für die Kinder der deutschen Nachbarn: die erste kostenfreie Schule der Region, die von den Betreibern als reine Arbeit der Liebe betrachtet wurde.

Es folgen in vielerlei Hinsicht wechselvolle Jahre, in denen es persönliche Enttäuschungen und Rückschläge gab, verursacht durch andere Christen, die Beissel nicht verstanden und ihn zeitweise sogar bekämpften, aber auch durch die Obrigkeit, die von der Siedlungspolitik William Penns (1644-1718) abrückte und eine dominante deutschstämmige Bevölkerung in jener Gegend verhindern wollte. Im Jahr 1728 waren drei Fünftel der Bevölkerung Deutsche.

Man wird 1724 als das Gründungsjahr der Conestoga-Gemeinschaft ansehen dürfen. Beissel wurde als der von „Gott erwählte“ Leiter bestätigt. 1725 hielt Beissel einen ersten Taufgottesdienst.

Man hatte die Einsamkeit gesucht, aber die Gemeinschaft wuchs ständig durch neue Siedler bis auf etwa 200 an, nach Durnbaugh sogar 350. Trotz dieser großen Zahl achtete man auf die Einhaltung wichtiger Prinzipien. Man war verpflichtet zur Aufgabe des „Weges der Welt“ und des Ehebettes, d.h. man lebte zölibatär.

Um dem Klatsch wegen angeblicher Liebesaffären entgegenzutreten, wurden für einige Frauen separate Hütten gebaut. Diese räumliche Trennung war der Beginn einer Schwesternschaft.

1727 ist der Chorgesang eingeführt worden, der Beginn einer großen Musiktradition in Ephrata.

Benjamin Franklin (1706-1790) druckte 1729 drei von Beissel verfaßte richtungweisende Werke mit den deutschen Titeln „Mystische und sehr geheyme Sprüche“, „Göttliche Liebes und Lobes Gethöne“ sowie „Die Ehe das Zuchthaus fleischlicher Menschen“.

In Ephrata feierte man den Sabbat, was zu Konfrontationen mit den Behörden führte, die die Sonntagsarbeit bekämpften. Sittlichkeit und Moral hatten einen hohen Stellenwert. Eine mystische Frömmigkeit entfaltete sich in den Liedern.

Die Gemeinschaft suchte den Weg des Friedens und lehnte die Gewalt ab. Abgelehnt wurden auch „unreine“ Speisen. Armut betrachtete man als geistliche Notwendigkeit.

Alle diese Regeln waren für die Gemeinschaft in Germantown nicht akzeptabel. So kam es zu bleibenden Spannungen zwischen diesen Gruppen.

Nach der inneren Ordnung begann Beissel, die Gemeinschaft auch in ihrer äußeren Form zu organisieren. Es gab drei Bereiche: 1) die verheirateten Householders [Haushalter], 2) die Bruderschaft der Engel und 3) die Geistlichen Jungfrauen[8]. Diese für die damaligen Verhältnisse geniale Struktur bewährte sich über zweidrittel eines Jahrhunderts.

Die Mitglieder der Siedlung nannten ihre Niederlassung das Lager der Einsamen. Obwohl zunächst nicht auf Dauer angelegt, konnte die Gemeinschaft durch Landerwerb vier Regionen einrichten:

„Kadesh“ ist das heutige Kloster-Grundstück. „Zoar“ war die Gegend um das Dorf Reamstown. „Hebron“ war der Name eines späteren klösterlichen Hauses, und „Massa“ ist vermutlich das Land zwischen dem heutigen Ephrata und Denver. So entstand eine der bemerkenswertesten Kommunitäten des frühen Amerika.

Die erste öffentliche Erwähnung des Namens Ephrata wird man auf 1736 datieren müssen. Das Vorwort eines neuen Liederbuches schließt mit der Unterschrift: „Ephrata in der Gegend Canestoga , den 27. April, 1736.“

Viele Siedler waren beeindruckt vom Leben in Ephrata. So hat auch der dem Grafen von Zinzendorf nahestehende August Gottlieb Spangenberg (1704-1792) seine Faszination zum Ausdruck gebracht. Er war beeindruckt von den Liebes-

8 Bei Durnbaugh werden sie als „Mönche“ und „Nonnen“ bezeichnet.

mahl-Feiern und den nächtlichen mehrstündigen Andachten, von der freien Schule und den verschiedenen Liebesdiensten für neuankommende Siedler (Hausbau, Getreidemühle, Getreidesilo), vom Mystizismus der Zion-Bruderschaft, vom alternativen Lebensstil in der Einsamkeit und auch von der in Ephrata üblichen Taufpraxis. Weltliche Autoritäten wurden von der Gemeinschaft nicht anerkannt, da man ja „erlöst war von der Welt" und ihren Machthabern, um Gott allein zu dienen.

Zu den mystischen Erfahrungen der Kommunität gehörten Visionen, Träume, Zeichen und andere parapsychologische Phänomene. Um 1760 kam es zu einer Eskalation dieser Art mystischer Erlebnisse. Damit verlor Ephrata seine wahre geistliche Mitte.

Das kurze Leben Ephratas mindert nicht seine Bedeutung. So schreibt Alderfer in einem Nachwort: „In Ephrata herrschte die volle Kraft des Zion-Bewußtseins nur eine Generation - von der Formulierung einer kommunalen Einheit um 1733, man kann sagen, bis zum Beginn von Conrad Beissels körperlichem Verfall um 1766. [...] Obwohl es für eine weitere Generation als lebendige Erinnerung fortbestand - zum Beispiel im Geist eines Peter Miller - so wird man sagen müssen, daß Ephrata nur von 1733 bis 1766 ein Zeichen gesetzt hat als einzigartiges konterkulturelles Beispiel in Amerikas Kolonialzeit. Danach war es nur ein merkwürdiger Anachronismus, gegen den die Umwelt ankämpfte."

VIII. Wer lebte in Tersteegens Pilgerhütte ?

Es gibt manche Berichte über das Leben der Bruderschaft. Vermutlich wurden sie häufig aus mündlicher Überlieferung verfaßt oder von früheren Autoren übernommen.

So schreibt Max Goebel[1], daß zu Tersteegens Zeiten acht Brüder einsam und für sich im Hause lebten und nur zu den gemeinsamen Mahlzeiten und Andachten auf den Ruf einer noch vorhandenen Glocke sich versammelten.

Aus dem „Säemann" von 1853 zitiere ich nachstehende Passagen des Jahresberichtes 1853[2], zu denen der Redakteur kommentiert, daß ihm dieser geschichtliche Bericht aus Freundeshand übermittelt worden ist.

„Das Haus liegt nicht weit von Heiligenhaus und war, seit einem Jahrhundert, eine Pilgerhütte für viele Gläubige, die von der Ruhr nach Wupperthale reisten oder von Barmen nach Mülheim wanderten; es waren dies namentlich Tersteegen und seine zahlreichen Freunde, welche einen Bruderbund unter sich bildeten. Auf der Otterbek wurde übernachtet, und diese führte auch den Namen Pilgerhütte, wie Tersteegen auch eine solche Pilgerhütte zu Mülheim hatte, wo seine Wohnung für seine zahlreichen Besucher nicht ausreichte. Er, ein Freund der Mühlenbek'schen Familie, in deren Besitz die Otterbek war, beabsichtigte, dort eine Gesellschaft stiller frommer Männer wohnen zu lassen, die ein zurückgezogenes Leben in Ehrbarkeit und Gottseligkeit führen sollten. Sein Freund, der Kaufmann Fischer, zog schon frühe hin, dann Bäumer, Ritterskamp u. a.

Tersteegen schrieb ihnen mit Liebe und Sorgsamkeit ihre Hausordnung als väterlicher Freund vor, auch durch viele Briefe, von denen mehrere abgedruckt sind. Kam er hin, so hielt er Versammlungen, und es war die Einrichtung getroffen, daß man ihn in 6 Stuben hören konnte. Nach seinem Tode wurde das gute Verhältnis gestört; doch blieb die Otterbek ein Wohnort frommer Männer und ein Zufluchtsort für fromme Reisende. Wir wollen hier nur den Heidelberger Zollinger nennen, den die Leser des Säemanns, aus Bruchstücken seines Tagebuchs, als einen Stillen im Lande kennen gelernt haben. Er war von Wald dahin gezogen. Dann den Engel (Engelbert) Vetten[3], einen sehr geschätzten Tersteegianer, der in hohem Alter daselbst vor einigen Jahren starb."

In einer Reisebeschreibung des Rektors Johann Gerhard Hasenkamp aus Duisburg[4] erfahren wir einiges über die auf der Otterbeck lebenden Brüder Fischer und Zollinger. Hasencamp hatte seine Reise am 11. Juli 1774 begonnen. Er

1 Geschichte des christlichen Lebens, III. S. 378.

2 Der Säemann, Nr. 28 v. 14.07.1853. S. 220.

3 Engel Vetten lebte 1795 in Spelldorf. Johann Engelbert Evertsen schreibt an ihn am 10. Dezember und gibt Anweisung zu finanziellen Abwicklungen. 1803 wird er als Bote erwähnt zwischen Mülheim und Barmen.

4 Landeskirchenarchiv Düsseldorf; Provinzial-Kirchenarchiv; A I Ic 12, S. 7 u. 8

wollte Johann Caspar Lavater[5] aus Zürich treffen und mit ihm verschiedene Besuche im Bergischen machen. Er schreibt:

„Lavater wollte mir in Mühlheim am Rhein begegnen, ich ersuchte meinen Freund Collenbusch[6], mit dahin zu reisen, der Ausleger meiner Wünsche zu seyn, wenn mir etwa, wegen des noch anhaltenden Hustens das Reden zu schwehr fallen mögte. Wir beschloßen, allenfalls nach Ems[7] zu reisen, um desto mehr Zeit zu haben, mit einem der nützlichsten Schriftsteller zu reden und dazu beyzutragen, daß er noch nützlicher würde. Nach dem Lavaterschen Schreiben hätte ich allenfalls bis den 22 oder 23sten Julius Zeit gehabt; eher meynte er nicht in Mühlheim zu seyn. Allein, ich weiß nicht, woher mir der Gedancke zusetzte: Reise über Wichlinghausen[8], nimm Deinen Freund Müller[9] mit, diesen Meister der Verbindung der Klugheit mit der Treue, und überlege noch dort in Gemeinschaft der Heiligen, was das Nöthigste und Nützlichste mit Lavater zu reden seyn möge. Ich prüfte den Einfall und fand ihn thunlich. Durch meinen Freund Snettlage und meine Brüder besorgte ich meine Amts-Geschäfte und ritt den 15ten Julius bis auf die Otterbeck zu dem alten Bruder Fischer, einem meiner besten Freunde unter denen von der Terstegenschen Denkungs-Art, vielleicht daher, weil er vor Anderen die Bengelsche[10] Arbeit am Worte des Herrn mit Terstegen's Lehrweise zu verbinden weiß. Hier fand ich anmuthige Gesellschaft, in welcher Fürbitte ich mich empfahl und dadurch gestärkt wurde. Hier schmeckte ich das Vergnügen der gemeinnützigen Bruderliebe und danckte Gotte für die Freundschaft Seiner Kinder. Ich erstaunte über die Wißenschaft und die geübte Urtheilskraft eines — hier in der Stille wohnenden Pfälzers, Christoph Zollinger[11], gebürtig von Heidelberg. Wie scharfsinnig wußte er rechten Gebrauch der Vernunft vom naseweisen Eigendünckel, weise Anwendung des Dichtungs-Vermögens und der Einbildungs-Kraft von Schwärmerey und heillosen Witzes-Spiele zu unterscheiden ! Kloppstock[12] und Lavater hätten sich nicht schämen dürfen, hier Lehren zu hören, so wahr ist es, daß die Unmündigen |: welchen der Herr des Himmels und der Erde die Geheimnisse Seines Reichs aufschließt, wann Er sie den Selbst-Weisen und Klugen verbirgt :| bey ihrer Tauben-Einfalt die Klugheit der Gerechten in Klugheit der Schlangen über können und sollen."

Mit letzter Sicherheit wird man kaum alle Menschen ermitteln können, die in der „Otterbeck" für kürzere oder längere Zeit gelebt haben.

5 Johann Kaspar Lavater (1741-1801); Pfarrer und Schriftsteller der Empfindsamkeit.
6 Samuel Collenbusch, Arzt; Lutheraner (1724-1803).
7 Bad Ems an der Lahn.
8 Heute Stadtteil von Wuppertal.
9 Theodor Arnold Müller (1732-1775); lutherischer Pfarrer in Wichlinghausen (heute Wuppertal)
10 Johann Albrecht Bengel (1687-1752); Repräsentant des württembergischen Pietismus.
11 Siehe das folgende Kapitel.
12 Friedrich Gottlieb Klopstock (1724-1803), deutscher Dichter.

Abgesehen von den Freunden, mit denen Gerhard Tersteegen korrespondiert hat (Ritterskamp, Elsgen und Johann Henrich Otterbeck, Georg Hendrik Fischer, und Adolf Bäumer), sollen im folgenden einige Namen von Personen genannt werden, die in Verbindung mit der Pilgerhütte standen.

Zuvor muß erwähnt werden, daß zwischen den Bewohnern der Otterbeck und dem Solinger Messerfabrikanten Wilhelm Weck persönliche und wohl auch, im Blick auf verschiedene gemeinsame Reisen in die Niederlande[13], geschäftliche Verbindungen bestanden.

Neben Tersteegens Tagebuch von Mai bis Juli 1734 ist dies zwei Briefen von Johann Henrich Otterbeck zu entnehmen, die sich im Geistlichen Blumenfeld 9. Teil von Wilhelm Weck befinden. Die Reise gemäß Brief vom 24. Mai 1738 wurde bereits unter IV. erwähnt. Hier folgt ein weiteres Schreiben, das Johann Henrich Otterbeck am 20. Oktober 1741 aus Heiligenhaus an Weck[14] gerichtet hat:

„Lieber Bruder Weck !
Dein Geliebtes samt Päcklein habe erhalten, werde mit erster und beßter Occasie[15] besorgen. — Sende auch sämtlich – – – [Striche in der Handschrift] zum Andenken für mich (statt meiner) selbst über, welches nun diesen Winter wohl nicht geschehen wird: denn meine gewöhnliche Winterschwachheit befinde wieder, da es für mich nach Leib und Gemüth nicht besser ist, als *in een hoekje, met of sonder boekje* [niederl.: als in einer Hütte, mit oder ohne Buch]. Der l[iebe] Br[uder] *Tersteegen* hat uns neulich ein Mittel zur Glückseligkeit übersandt, womit ich auch euch bediene[16]. Braucht es nur mit mir viel: denn wo jemals eine *Universal - Medicin* gewesen, so ist es diese *Medicin.* Ich grüße euch sämtlich samt meinen übrigen Hausgenossen. Verbleibe dein armer Bruder
Joh. Henr. Otterbeck.“

Dem Heiligenhauser Sterbebuch habe ich folgende Angaben entnommen:

1) 22.05.1739 Alff [Adolf], so bey Joh. Henr. Otterbeck als ein lediger Gesell gewohnt.

Ob das Adolf Bäumer war ? Der letzte Brief Tersteegens an ihn datiert vom 22.11.1737. In diesem Brief geht Tersteegen ein auf die Leibes-Schwachheit Bäumers. Auch in einem der undatierten Briefe[17] schreibt Tersteegen: „Ich sehe aus deinem Schreiben deine äussere Leibes-Schwächlichkeit, womit der HErr

13 Siehe auch Tersteegens Tagebuch über eine Reise in die Niederlande mit Johann Henrich Otterbeck in: Ich bete an die Macht der Liebe, Hrsg. Dietrich Meyer, Gießen 1997. S. 11-34.

14 „Geistliches Blumenfeld 9. Teil“, Nr. 253.

15 Okkasion = Gelegenheit.

16 Die hier erwähnte Anlage zum Brief konnte nicht ermittelt werden.

17 Geistliche Briefe I, Teil 1, Nr. 63.

dich besucht hat; ich nehme mit Theil daran, und vertraue dem HErrn, daß er dabey alle nöthige Kraft und Segen auch darreichen werde."

Aufgrund dieser Hinweise ist es naheliegend, daß Bäumer ernstlich erkrankt war und daß der Sterbeeintrag ihn betreffen könnte.

2) 29.01.1740 Söhnlein des Joh. Henrich Haußmann, wohnend im Häußgen bei Joh. Heinrich Otterbeck.
29.03.1745 Haußmann im Häusgen an der Otterbeck; ein Töchterlein begraben.

Jan Hendrich Haußmann kam aus Gruiten[18]. Er war verheiratet mit Margareth von Reinerts[19]. Als am 23.04.1729 der Sohn Adolf Peter getauft wurde, wohnten die Eheleute im Bracken bei Gruiten. Adolf Reinerts aus Mettmann war Pate. Die weiteren Kinder finden wir im Taufbuch von Heiligenhaus:

29.09.1736	Diedrich
24.10.1738	Christina
04.09.1741	Agnes
09.05.1743	Margaretha

3) 28.09.1746 Johannes der Schmidt auf der Otterbeck.

Ohne Kenntnis des Familiennamens sind weitere Ermittlungen nicht möglich. Aus der Berufsangabe des Verstorbenen darf geschlossen werden, daß die Schmiede von Rütger Otterbeck zumindest bis zu dieser Zeit noch benutzt wurde. Anfang der 30er Jahre sind hier noch Bleche geschnitten worden. Vielleicht hat man auch Uhren gebaut. So schreibt Tersteegen am 2. Januar 1735 an Georg Hendrik Fischer[20]: „Es soll kein Uhrwerck hierhin, solches ist übel verstanden".

4) 06.01.1751 ein Schneider, so auf der Otterbeck im Häußgen gestorben

Es könnte sich hier um Johann Henrich Haußmann handeln. Jedoch ist das nicht mit Sicherheit zu sagen.

5) 29.08.1754 ein junger Steinbach, so an der Otterbeck sich aufgehalten und daselbst gestorben.

Ohne weitere Hinweise ist die Identität kaum zu ermitteln.

6) 24.09.1757 Pitter Scharrenbeck, so an der Otterbeck sich aufgehalten und gestorben.

Auch von ihm konnte ich keine weiteren Hinweise finden.

---

18 Gehört heute zu Haan.
19 Sie stammte offenbar von dem Gut Reinerts bei Mettmann.
20 Handschrift, Bestand Merz, Engelskirchen.

7) Zu dem nachstehenden Eintrag kann man nur Vermutungen anstellen:

03.07.1756 Fischer an der Otterbeck; Töchterlein begraben lassen.

Wer war Fischer ? Es gibt keinen Hinweis darauf, daß Georg Hendrik Fischer verheiratet war. Wohl aber hatte Fischer einen verheirateten Bruder. Tersteegen schreibt 1762 an Johann Engelbert Evertsen[21]:
„br[uder] Fischer (dessen Brud[er] und frau hier gewesen, und mit denen er nicht in der Liebe stehet) will auch noch diese Woche hierhinkommen".
Es könnte sich also bei dem Sterbeeintrag um eine Nichte von Georg Hendrik Fischer handeln.

Als weitere Bewohner der Otterbeck habe ich die folgenden ermittelt:

Johann Engelbert Flasch

Genaueres über seine Herkunft konnte ich noch nicht feststellen. Ein Johann Hendrich Flasche ließ sich am 01.12.1799 in der lutherischen Gemeinde Heiligenhaus mit Maria Christina Brockhoff aus Ratingen trauen. In der gleichen Gemeinde ließ ein Schneider Diedrich Flasche aus Homberg in den Jahren 1804 und 1807 ein Kind taufen. Ob diese beiden mit Johann Engelbert Flasch verwandt waren, muß offen bleiben.

Flasch stand in brieflicher Verbindung mit Johann Engelbert Evertsen.
Am 24. März 1802 schreibt Evertsen[22]:

„Herzlich geliebter Bruder.
Jesus ist ein Friedens-König; der segne Dich mit seinem Gottes-Frieden. Ich meinte ein schreiben in diesem Jahr zu haben, finde doch nun Dein geliebtes vom 21.9b [November]; Deine beruhigte faßung an der Otterbeck höre oft vergnügt von den reisenden. Daß Du mit Deiner arbeit noch nicht in ruhe, ersehe aus Deinem schreiben an schw[ester] Lüdorf[23], die Dich liebend grüßet, das schreiben ist ihr zu schwer. Daß Dich die nacht-furcht so überfallen, ware eine probe Deiner schwachheit. Die Otterbeck ist nun von außen arm, wo nichts zu erbeuten; durch gebet, glauben und liebe kanst Du innerlich reich werden, u[nd] den Reichthum suchet die Welt nicht. Sey nur getrost, mein Bruder, der Herr, der Gott Israel ist bey Dir drinnen, der ist [ist; zweimal geschrieben] Dir Trost, schutz und hülfe; in Dir ist angst, in Ihm ist friede; suche viel mit ihm zu tauschen, so wirst Du in der schwachheit starck, in der Armuth reich werden.

21 Archiv Barmen-Gemarke; 04.11.1762.

22 Archiv Barmen-Gemarke.

23 Einem Brief Evertsens (Archiv Barmen Gemarke) vom 16.03.1802 ist zu entnehmen, daß Lüdorfs und Steffens bei Evertsen als Mägde gedient haben.

Die Witterung macht, daß ich nicht viel kan, mit Dancken u[nd] Liebe bin viel bey Dir, u[nd] mein Gott in Gnaden u[nd] wollwollen.

Ich grüße Dich mit Lied 197 V.3 O süßer Gott Du seliges gut, welches den abend vor Dein vers habe. Seel u[nd] leben.

Ich grüße Dich in alter u[nd] neuer liebe. Alle grüßen Dich durch mich,

Dein geneigter bruder Johann Engelbert Evertsen."

„N S d[en] 31.
So eben beim Caffe erhalte Dein schr[eiben] vom 27 ten. Deine anstöse ersehe mitleidig. Durch Br[uder] Rohshof[24] sende vor Ostern die [...nicht lesbar] 7 [...nicht lesbar], dann kanst Du am ende die machine wo an einen dürftigen verschenken. Du bist der 35. Mann woran diß jahr schon schreibe im 80 jahr.
Gott sey Danck."

Ein weiterer Brief datiert vom 8. Oktober 1803:
„Dem Freunde Johann Engelbert Flasch, an der Otterbeck." Evertsen hatte im laufenden Jahr noch nicht geschrieben. Er dankt für den Brief vom 13. Juni. Er macht Flasch Mut, sein Päcklein zu tragen. „Unser Gott ist allwissend [...] Der weiß, was uns nützet, auch was wir vermögen zu tragen. [...] Von den reisenden ihren freuden hast auch Du freude."
„Danck, ewiger Danck sey dem gütigsten Vater, daß Er mir diß Leben so lang erhalten, u[nd] den eingang ins ewge so erweitert; in dieser weite grüßet u[nd] segnet mein Herze, Dich l[ieber] Br[uder], den Br[uder] Schultze[25] & meine l[iebe] schw[ester] Anna Margreta u[nd] ihre l[iebe] Mutter Anna Maria zur Ehren[26] Joh. Engelb. Evertsen."

Schließlich gibt es noch einen Brief vom 25. Oktober 1805:
„Dem geliebten Johann Engelbert Flasch in der Otterbeck beim Heiligenhaus."
„Daß Deine schreiben nicht beantwortet, hat mich so viel mehr erinnert, waren mir heute noch Freude, auch der Gretchen[27] ihr schreiben ware mir Freude. Br[uder] Schulz war auf der geistlichen schiffart, Er hüte sich mehr vor den Klippen der Eigenheit."

24 Vermutlich Bernhard Roßhof aus Mülheim/Ruhr - Spelldorf; Sohn von Bernhardus Roßhof und Anna Maria zu Denkhausen (oo 19.04.1733). Taufe von Bernhardus Hermanus am 01.02.1742. Bernhard Roßhof heiratete am 05.05.1765 Anna Gertraud Tops, die am 13.02.1816 in Mülheim begraben wurde (79 Jahre). Bernhard Roßhof wurde am 23.12.1819 begraben. vgl. Anm. unter XI.

25 Christoph August Schultz, Hausvater in der Otterbeck.

26 Siehe die folgenden Hinweise zu ihr.

27 Anna Margreta zur Ehren.

Anna Maria zur Ehren

Daß sie auf der Otterbeck lebte, ergibt sich aus dem obigen Brief. Sie wurde als Kind der Eheleute Johannes und Entgen zur Ehren am 14.10.1735 in Heiligenhaus getauft.

Wir besitzen die Abschrift eines Briefes von Johann Engelbert Evertsen aus Barmen[28] an die „Liebe Herzens-Schwester Anna Maria zur Ehren b[ei] Heiligenhaus“, datiert vom 23. Februar 1806. Evertsen schreibt u.a.: „Ich habe ein recht gesegnetes Alter, besonders jetzt; nach dem Gemüthe habe ich es gut: Der Vater hat mir den Sohn, meinen Jesum geschenkt, und in demselben genieße ich Versöhnung, Heil und Gnade, so mich auf's Neue in das liebende Vater-Herz einführet, und so ausgebreitet wird es Gott Dir auch geben, und das thut er, wenn wir uns im Sohne dem Vater anvertrauen und loslassen.“

Dieser Brief ist, wie auch viele andere, ein Zeugnis dafür, wie Johann Engelbert Evertsen nach dem Tode Tersteegens sich verantwortlich wußte für die seelsorgliche Betreuung der Freunde.

Gemäß einer Eintragung des Wilhelm Kleinselbeck aus Heiligenhaus in ein Exemplar von Tersteegens „Blumengärtlein“, das sich heute in Privatbesitz in Heiligenhaus befindet, ist Anna Maria zur Ehren am 5. Juni 1809 gestorben: „Anna Maria zur Ehren ist aus dieser mühsamer Welt in die Ewige himlische freud und herlichkeit wie ich glaube und festiglich hofe übergangen d. 5. Juni 1809. W. S.“

Die Eheschließung und die Taufe der Tochter Anna Margreta [Gretchen] konnte ich bis jetzt nicht ermitteln.

Ebenso fehlen mir noch Hinweise auf mögliche familiäre Verbindungen zu Ermina [Irmgard] zur Ehren, die von Gerhard Tersteegen zwei Briefe erhalten hat.[29] Auch fand ich keine Angaben über einen möglichen Aufenthalt in der Pilgerhütte. Die Briefe wurden am 23. März 1767 bzw. am 15. Februar 1768 geschrieben. Dem Inhalt ist zu entnehmen, daß Ermina zur Ehren ernstlich und langwierig krank war. Tersteegen hat sie mit Arzneien versorgt und ihren Blick auf die Ewigkeit gerichtet: „der Herr ist mit dir, und auch meine brüderliche Fürbitte. Es wird nicht lange mehr währen, dann ist alles vollbracht. Amen, Halleluja“. Ermina ist 1768 gestorben[30].

---

28 Bestand Merz, Engelskirchen „Varia“.

29 Briefausgabe IV. Teil, Nr. 99 und 106.

30 Für dich sei ganz mein Herz und Leben, Hrsg. Ulrich Bister u. Michael Knieriem. Gießen 1997. S. 243.

Anna Margaretha aus der Eu

Ihr Aufenthalt auf der Otterbeck ist zwei Briefen von Johann Engelbert Evertsen[31] zu entnehmen.

„Der geliebten freundin Anna Margaretha aus der Eü an der Otterbeck". Das ist die Adresse eines Schreibens vom 16. November 1803. Der letzte Briefwechsel war Weihnachten 1802. „Viele Gnaden habe diß Jahr genoßen zum Lobe Gottes, viele leiden habe durchgehen müßen zur Tötung meiner Eigenheit, beides segne Gott. Die Brüder Flasch und Schultz grüße nebst Dir hertzlich, Joh. Engelb. Evertsen."

Der zweite Brief wurde am 24. November 1804 in Barmen geschrieben. Er ist eine Antwort auf ein Schreiben vom Vortag. Evertsen erinnert daran, daß er schon 60 Jahre auf dem „Pilgerwege" ist. Er bezieht sich damit auf seine Bekehrung, über die er am 22. März 1805 an den Konsistorialrath Kosegarten schrieb[32]: „1744, d. 2 ten Mai, starb mein frommer Bruder Isaac, dessen Tod bediente sich der Herr,mich zum Leben zu erwecken."

Im „Geistlichen Blumenfeld 9. Teil" von Wilhelm Weck befinden sich fünf Briefe einer Wittib van der Eu[33]. Ob sie identisch ist mit Anna Margaretha aus der Eu, konnte noch nicht ermittelt werden. Es ist eher unwahrscheinlich, da ein Brief von 1789 mit dem Vermerk versehen wurde: „Eine 80-jährige l[iebe] Witwe." Bei dem letzten Evertsen-Brief wäre sie 96 Jahre alt gewesen.

Johann Adolf Hülsdell

Gemäß einer Eintragung der Maria Catharina Bredt in Barmen[34] starb Adolf Hülsdell auf der Otterbeck am 17.11.1791 im Alter von 75 Jahren. Im Sterbebuch von Heiligenhaus wird das Datum seiner Beerdigung angegeben mit 21.11.1791. Hülsdell war ledig, wohnte „auf der Straße" [das ist Otterbeck] und war 74 Jahre und 8 Monate alt.

Am 25. Oktober 1774 schrieb Hülsdell von der Otterbeck an Wilhelm Weck auf dem Rolsberg in Wald[35] und sandte ihm ein „Körbgen Äpfel". Er hätte gerne mehr gesandt, konnte aber den Träger nicht stärker belasten.

Offenbar war Hülsdell insbesondere diakonisch tätig. Besorgt erkundigt er sich nach dem Ergehen der Schwester Deuß[36] und berichtet gleichzeitg davon,

---

31 Archiv Barmen-Gemarke.

32 Archiv Barmen-Gemarke.

33 Archiv der reformierten Gemeinde Gemarke; Brief-Nummern 40, 54, 80, 138, 140.

34 Frau Bredt, Bandwirkerin, * 30.8.1745, (nach dem Gemarker Sterbebuch * 28.11.1745) † 25.3.1799 (Gemarke) gehörte zum Freudeskreis von Johann Engelbert Evertsen in Barmen. Sie hat die Sterbedaten von 66 Personen aufgelistet aus der Zeit von 1782-1797, Menschen, mit denen sie befreundet und offensichtlich auch geistlich verbunden war. Archiv Barmen-Gemarke.

35 Archiv Barmen-Gemarke.

36 Anna Maria Deuß (1729-1780); lebte bei Wilhelm Weck auf dem Rolsberg in Wald.

daß er verschiedene Kranke in der Nachbarschaft besucht hat. Einer der Nachbarn lebte in einem „Hippenstall“ [Ziegenstall]: „[...]da sah ich eins herum, da sah ich mit Verwunderung, da ware der Hippenstall, Küch, stube, daß all war ein gemach. Der Kranke saß zur Linken seite am ofen, die Hippe zur rechten seite...“

Ein undatierter Brief[37] ist vermutlich an Schwester Deuß gerichtet. Hülsdell spricht, ebenso wie in dem vorigen, das Brustleiden der Schwester an und zitiert das Tersteegen-Gedicht „Das Stäublein in der Sonnen“ aus dem „Geistlichen Blumen-Gärtlein“ Erster Teil. Der Brief schließt mit den Worten: „Lebt wohl, L[iebe] schw[ester]. Ich befähle euch Gott, auf das ihr immer möcht schweben in seiner Gnade. Amen. Der Hertzliebe Bruder Johan im Dale[38] Läßt Euch sehr hertzinnigst grüßen. Auch alle Mülheimer Kinder, apart der Liebe Vetter[39] Ter Steegen. Gestern bin ich von Mülheim kommen. J. A. Hülsdell.“

Catharina Dormans

Von Frau Bredt ist ein Hinweis auf diese Frau überliefert: „Catharina Dormanns auf der Otterbeck gestorben“. Das war im Jahr 1788. Im Heiligenhauser Sterbebuch kommt in der fraglichen Zeit der Name Dormanns nicht vor, wohl aber die Eintragung, daß Catharina Haberkamp am 23. August 1788 begraben worden ist. Es ist vermerkt, daß sie aus dem Mühlheimischen an der Ruhr gebürtig war, daß sie auf der Otterbeck als Leserin[40] gedient hat und daß sie dort am 21. August im Alter von 57 Jahren gestorben ist. Frau Bredt hat mit „Dormanns“ vermutlich den Mädchennamen angegeben.

Sophia auf der Otterbeck

Auch dieser Name findet sich bei Frau Bredt. Sophia ist am 30. Dezember 1796 im Alter von 28 Jahren auf der Otterbeck gestorben.

Vermutlich liegt hier ein Irrtum von Frau Bredt vor.

Im Alter von 21 Jahren verstorben, wurde am 30.11.1796 begraben: Ermgard, die eheliche Tochter des Moritz von zum Hoff und Anna Sophia Otterbeck, auf der Otterbeck wohnhaft.

---

37 Archiv Barmen-Gemarke.

38 Vielleicht lebte Johan im Dahl auch vorübergehend in der Otterbeck. Nähere Hinweise auf ihn konnte ich noch nicht ermitteln. Gem. Aufzeichnung der Maria Catharina Bredt starb im Jahr 1788 „Margretchen im Dahl bey Wald.“ Im Februar 1792 wurde ein Wilhelm im Dahl in Heiligenhaus begraben, der im Alter von 70 Jahren gestorben war.

39 Vermutlich ist Gerhard Tersteegen gemeint. Vetter wurde damals nicht immer im heutigen Sinn gebraucht.

40 Auf der Otterbeck war das Vorlesen geistlicher Literatur üblich. 1782 schreibt Zollinger an Weck: „Wir lasen gestern und heute die Rede am 2ten Pfingsttage, von dem seel[igen] Tersteegen gehalten.“

Ferner wurde in Heiligenhaus am 31.12.1796 eine Sophia Metzges, wohnhaft „auf der Straßen“ [Otterbeck] begraben, die im Alter von 50 Jahren gestorben ist. Frau Bredt dürfte diese Sophia gemeint haben.

Eine weitere Sophia von der Otterbeck, bei der „Otterbeck“ als Wohnsitz angegeben ist, starb im Alter von 70 Jahren am 17. Januar 1810.

Elisabet zur Kuhlen

An sie ist der Brief Tersteegens vom 31.10.1753 gerichtet. Da sie wahrscheinlich von Bruder Sommer empfohlen worden ist, liegt es nahe, daß sie aus Mülheim/Ruhr kam. In den Jahren von 1715 bis 1731 sind in Mülheim fünf Taufen einer Elisabeth von der Kuhlen eingetragen. Aufgrund dieser Tatsache ist eine genaue Bestimmung der Identität nicht möglich.

Johann Kleinselbeck

Sein Name mit dem Zusatz „zur Zeit auf der Otterbeck wohnhaft“ findet sich in den Heiligenhauser Taufbüchern. So haben er und seine Frau Anna Maria zum Hof am 14.04.1800 ihre Tochter Sophia Gertrud und am 09.08.1801 ihre Tochter Maria Christine taufen lassen.

TERSTEEGEN-ZIMMER IN DER PILGERHÜTTE OTTERBECK
(Foto in Rölefeld)

IX. Hausvater Zollinger

Johann Christoph Zollinger wurde am 24. Juni 1733 in Heidelberg geboren und am 26. Juni 1733 in der Reformierten Gemeinde St. Peter und Providenz getauft. Seine Eltern waren Daniel Zollinger[1], Bürger und Webermeister, und Maria Catharina geb. Baumgärtner[2]. Ihre Hochzeit war am 9. Mai 1730.

Daniel Zollinger starb 1743 nach einem Unfall. Im Sterbebuch findet man den Eintrag: „Er fiel von einem Kastanienbaum und starb 3 Wochen danach."

Gemäß Eintrag im Kirchenbuch starb die Mutter am 19. September 1762. Es heißt hier knapp: „Frau Zollingerin, Weberin, 70 J."

Zollinger hatte einen Bruder, Georg Adam[3], der jedoch bereits im Säuglingsalter verstarb.

Auch über die Großeltern väterlicherseits gibt es einige Hinweise. Valentin Zollinger und Anna Barbara Coblet waren vermutlich aus dem Kraichgau nach Heidelberg gezogen. Die Heirat konnte nicht festgestellt werden, wohl aber ihr Ableben. Der Bürger und Webermeister Valentin Zollinger verstarb am 14. Januar 1732 im Alter von 72 Jahren, Anna Barbara Zollinger am 08.02.1730 im Alter von 71 Jahren[4].

Nur wenige Monate vor dem Tod der Ehefrau verkauften der Bürger und Leineweber Valentin Zollinger und seine Ehefrau Barbara geb. Coblet am 2. Mai 1732 einen Weinberg[5].

Nach dem Tod dieser Eheleute kam es zu einem Erbschaftsvergleich[6] zwischen Daniel Zollinger, und seiner Schwester Maria Sybille Hofmann, dem Vater und der Tante von Johann Christoph.

Johann Christoph Zollinger hat ein mehrbändiges Tagebuch hinterlassen, das sich im Archiv des Evangelischen Brüdervereins in Rölefeld befindet: „Erinnerungen bestehend in Einsamer Herzensgespräche mit Gott und mit sich selbst. Vom 30ten April 1757 bis 30ten 9[Novem]bris 1762. Erster Band. Mühlenbeck in Saarn." In den weiteren fünf Bänden sind die Jahre 1762-1783 erfaßt.

Nach dem Durchlesen seiner Aufzeichnungen hat Zollinger diese zu einem späteren Zeitpunkt an einigen Stellen ergänzt.

Das Tagebuch ist aufschlußreich sowohl im Blick auf Zollingers Verhältnis zu Gott als auch im Blick auf seinen Lebensweg.

---

1 * 31. Oktober 1697 (Bd. 9/34) gestorben am 28.10.1743; gem. Mitteilung des Evangelischen Kirchengemeindeamtes Heidelberg vom 15.04.1997.

2 Gem. Mitteilung des Evangelischen Kirchengemeindeamtes Heidelberg waren ihre Eltern Jacob Baumgärtner, Bürger und Zimmermann und Anna Maria, vermutlich aus der Schweiz zugewandert. Es konnte nur der Sterbeeintrag von Anna Maria Baumgärtner ermittelt werden: 21. April 1729 (Band 53/215). Das Ehepaar hatte noch zwei weitere Kinder.

3 * 16.10.1735.

4 Evang. Gemeinde Heidelberg; Band 53/226a bzw. Band 53/219.

5 Stadtarchiv Heidelberg, Contractenbuch Band IV, S. 737.

6 Stadtarchiv Heidelberg, Contractenbuch Band IV, S. 1050.

Auf der ersten Seite lesen wir die folgenden Sätze: „Gedenke der vorigen Zeit bis daher-. Darum gedenke ich an die Thaten des Herrn, ja ich gedenke an deine vorige Wunder. Und rede von allen deinen Werken, und sage von deinem Thun. Gott, dein Weg ist heilig: Wo ist so ein mächtiger Gott, als du, Gott bist ?
5. b. Mos. 32,7. Psalm 77, 12-14."

Das Vorwort trägt das Datum: „Wald, d. 14ten März 1767." Es ist abgedruckt in „Der Säemann" Nr. 47/1853, S. 371-376. Die Erinnerungen von 1757 stehen in „Der Säemann" 33/1853 S. 262-264.

Zur Person Zollingers wird im „Säemann" im Anschluß an die Aufzeichnungen folgendes berichtet: „Von seinen Lebensumständen erfahren wir, durch die Freundlichkeit eines lieben Bruders in S., Folgendes: 'Zollinger, der im Jahr 1763 von seiner Geburtsstadt Heidelberg nach Wald kam, lebte daselbst sehr zurückgezogen und soll es nicht gut haben vertragen können, daß die Erweckten soviel nach Mülheim zu einem sterblichen Menschen gegangen, bis er endlich sich entschlossen, den Mann, von dem so viel Aufhebens gemacht wurde, doch auch kennen zu lernen. Bei seiner Rückkunft soll er denn gesagt haben: nun verdenke er es Niemandem; er habe weit mehr gefunden, als er erwartet hätte. Da Tersteegen im Jahr 1769 gestorben ist, so scheint Zollinger wenigstens nicht lange mit ihm bekannt gewesen zu sein. In einem Verzeichnisse derjenigen Personen, an welche die Briefe von Tersteegen geschrieben sind, finde ich auch keinen einzigen an Zollinger. Da er aber lange an der Otterbeck gewohnt hat, so ist er mit den Freunden Tersteegens vertraut gewesen.'"

Die folgenden Ereignisse aus Zollingers Leben habe ich seinem Tagebuch entnommen.

Im Jahr 1756 hat Zollinger sich seinem Heiland Jesus Christus in ähnlicher Weise verschrieben, wie dies auch von Gerhard Tersteegen bekannt ist. Vermutlich geschah diese Verschreibung am 23. September; denn Zollinger notiert 1759: „Heidelberg, d. 23. Sept. als ein nun seit 3 Jahren stets, ja mein ganz Leben lang merckwüdiger Tag."

Am 15. Januar 1758 berichtet Zollinger von der zunehmenden Gebrechlichkeit seiner nun 66 Jahre alten Mutter. Die Mutter hätte es gerne gesehen, wenn ihr einziger Sohn geheiratet hätte. Johann Christoph wagte jedoch nicht, seiner Mutter den Grund zu offenbaren, warum er noch ledig war. Er schreibt: „Es waren allbereit schon 2 Jahr daß ich meinem Gott und Heilande Jesu Treue zugesagt und dem ordinairen Welt-Leben formel abgeschworen". Wegen seines Gelübdes blieb Zollinger ehelos.

Bei dem Eintrag vom 5. Hornung [Februar] 1758 findet sich der spätere Zusatz: „In deme ich dies nochmalen lese, so betrachtete daß es nun 37 volle Jahre als mirs damalen geschrieben und kan zum Preise meines Gottes sagen: daß durch alle diese Zeit unter seinem Schutz sicher gewohnet habe. Lob und Danck, verherrlichung und Anbätung seye ihme. an der Otterbeck 1795, im 32. Jahre meiner fremdlingschaft."

Im Jahr 1763 hat Zollinger seine Heimatstadt Heidelberg verlassen. So notiert er am 29.04.1763: „Diß war nun der letzte Abend, und war alles bereit, den morgenden Tag abzureisen. Da meine Beschäftigung seit 6 Monaten gewesen, alles nach und nach zu verkaufen. Zuletzt wurde mein Haus offentlich den 12ten April auch verkauft." Am nächsten Morgen schreibt er:

„Endlich, endlich, endlich ist ein Tag angebrochen, der meine lang gewünschte Freyheit mit bringen wird. Lobe dann den Herrn meine Seele, und vergiß nimmermehr, was er dir Gutes gethan hat. Er hat alle die Tage des trübseligen Seufzens hinweg gebracht und denjenigen Morgen kommen lassen, den du so unzählig gewünschet. Lobe den Herrn, meine Seele, und vergiß es nimmermehr.
Heidelberg, den 30. April 1763 morgens halb sieben uhr."

Als NB fügt Zollinger hinzu: „Ich schlief diese Nacht ruhig, als ich aber um 4 Uhr aufwachte und mein Unternehmen bedachte, und das dieses die letzte Nacht, in meinem Haus zu schlafen, so wolte mirs doch fürchterlich zu scheinen; ich wandte mich zu meinem Gott, und wartete in Hoffnung bis man auf stund. Ich mußte mich steif an Gott halten und an diejenige Merkmälern der Versicherung, daß er bisher mein helfender Gott war. Als meine Nichte in die Stube kam, mußte mich so halten, daß sie keinen Verdacht fassen konte. Sie fragte, ob sie auf den Markt gehen solte, um Stöße[7] zu kaufen, weil es Sambst[ag] und also Markttag. Nun hatte ich mir solches zum Kennzeichen gestelt, wann sie nehmlich selber fragen würde, daß meine Unternehmungen gelingen werde. Als sie hinweg, und alles bestimmt und bestelt, der Mann war so gleich da, so mir einen Coffer mußte wegführen. Nun in den letzten Augenblicken, als ich zum Abreisen aus dem Haus tratt, ergriff ich noch die Feder und schrieb kniend obige Zeilen, schloß alles zu und gab dem Mann, der es gekauft die Schlüßel, ging fort, und kam ohne einen bekannten Menschen angetroffen zu haben, aus der Stadt."

Am 30. April schrieb Zollinger abends in Worms: „Nachdeme ich freudig dankend 8 Stunden zurück geleget und um 5 uhr allhier ankomen; nahm ich mein Quartier im besten Gasthaus zum Schwannen, ließ mir sogleich ein Zimmer allein geben, darauf kommende, war das erste daß ich meinem Gott fußfällig dankte."

Am 3. und 4. Mai war Zollinger in Mainz, am 9. und 10. Mai in Köln. Er war dankbar, daß er manche Widerwärtigkeiten, die er in Heildelberg ausgestanden hatte, vergessen konnte und betete: „Laß, höchster Gott mich solches gerne thun, damit ich so viel ungehinderter an dich und an die Ewigkeit gedenken möge, und dir so viel ungehinderter anzuhangen. Solches seye dasjenige warum ich mein Vaterland verlassen, meine Reise beschleunige, in der guten Hoffnung baldigst einen Ort zu finden, um in Einsamkeit mein Leben dir gewidmet zu verbringen."

---

7 Nahrungsmittel.

Am 20. Mai 1763 bekennt Zollinger: „Ich kan nicht anderst als bekennen müssen von dir, O mein Gott geleitet worden zu seyn. Betrachte ich meine vorige Zeit und Zustand, und wie ich so lange gesäufzt und mich jetzt so sehe, daß mein Verlangen Anfängt gestillet zu werden, da ich mich heute das erste mal in einem einsamen Kämmerlein befinde, um also den Anfang meiner Einsamkeit zu machen. Den 30ten April war es, da ich gleichsam flüchtig geworden, ohne daß ich wisen konnte, wo ich hinkommen werde." Nun, nach 21 Tagen hat er „göttliche Freunde" angetroffen, „die mich willig aufgenommen und auch sorgen helfen, daß ich eine Wohnung bekomme." Das hat Zollinger in Solingen-Wald auf dem Rolsberg geschrieben, nachdem Wilhelm Weck ihn aufgenommen hatte.

Zollinger ist im September 1763 noch einmal nach Heidelberg gereist. Der 6. September war der letzte Tag auf dem Rolsberg. Er hat Heidelberg aber am 10. Oktober wieder verlassen und ging am 11. Oktober morgens um 8 Uhr auf ein Schiff, das ihn zunächst nach Mannheim brachte. Nach 10tägiger Reise war er wieder in Wald. Dort schreibt er in sein Tagebuch: „Bißher hatte ich noch keine eigene beständige Kammer, sondern war auf dem Rolsberg nur freundschaftlich aufgenommen."

Zollinger fand eine Bleibe in Scheuren, „ohnweit des Dorfs Wald." Dort hat er die Feindseligkeit einiger Prediger erfahren müssen, die ihn in dieser Gegend nicht dulden wollten. Schließlich konnte er dort aber seine Wohnung behalten.

Im Juli 1770 erfahren wir von einer erneuten Reise nach Heidelberg. „Nachdeme 7 Jahre in der Fremdlingschaft, ohne einmal in meiner Vaterstadt gewesen zu seyn. Da sich aber nun meine äussern Umständen so wendeten, daß ich als genöthiget eine Reise dahin zu thun, um persönlich da zu seyn, so mußte mich entschließen es zu thun." Auf dem Heidelberger Schloß schreibt er am 18. Juli in sein Tagebuch: „Meine Vaterstadt ist mir jetzt so gut als eine Fremdlingschaft." Am 26. August war er zurück in Wald.

Im Jahr 1772 beginnen Fragen, ob Zollinger Wald verlassen und zur Otterbeck nach Heiligenhaus ziehen sollte. Vielleicht hat Wilhelm Weck diese Fragen ausgelöst. Sehr aufschlußreich ist die Eintragung vom 2. August 1772:

„Seit einem halben Jahr hatte ich allerley Proben wegen Veränderung meiner Wonung nach der Otterbeck. Diß unternehmen schien mir oft als gewiß zu, um daß es nach Gottes Willen, ofte aber sahe es wieder ganz anders aus; da kamen allerley zweiffel und bedenklichkeiten. Zu allem konte ich keinen einzigen Menschen, auch nicht meine allerbeste Freunde fragen. Auch nicht einmal darüber reden. Dann wann ich in die Vernunft ging und zweifelhaft war, so wurde alles finster und da ware nicht nöthig durch Fragen noch mehr Unruhe zu verursachen. War es aber wieder Lichte im Gemüthe das ich in der Einfalt stund und allein auf Gott sahe, so mußte es wagen und es blieb mir ruhig. Es kostete viel bis ich zum Entschluß kam, weilen doch das Ja Wort einmal mußte gegeben seyn. Nun kan mich erinnern, als es auf die bestimte Zeit kam solches zu thun, so war es mir im Gemüth ganz still, und ich konte ruhig zusagen, welches mir zu einiger Versicherung diente, und woran mich immer halten mußte; dann es kamen bald wieder die alte Zweifel sonderlich, daß da wo war im vertrieben und dieses aus freien Wahl gethan, unterdessen war es mir so: daß nach etlichen Jahren in diesem Haus doch veranderung vorfielen, da dann leichte auf andere Wonung mußte bedacht seyn. Dagegen die Otterbecker Gelegenheit beständiger anschien. Doch diß alles half nichts, ich mußte zwischen Furcht und Hoffnung hinleben, es gab nur Gelegenheit rechtschaffen zu beten und öfters Tag und Nacht Säufzen. Daß es ja Gott wußte, wie ich nicht anders als nach seinem allein heilig und guten Willen leben und thun wolte.... Sahe ich auf die vergangene Zeit zurück so mußte ich seine Hand über mir erkennen und alles gut heissen. Nun dises mußte mir mit zur Starkung dienen, es werde künftig auch noch gut gehen, ob gleich nichts sehen, ja das Gegentheil vermuthen mußte. So im Dunklen und Ungewissen kamen die Tage, wo auf einpacken bedacht seyn mußte weil den 4. dieses Monats Aug[ust] die Fuhre bestimmt. ich mußte mich zu aller damit verpaarte Unruhen witmen, weilen allein und mir niemand sonderlich helfen konte. ich war heute als am Samstag zimlich damit zu Stand und witmete den Morgen als Sontag ganz dem Herrn. Lobe ihn du, O meine Seele.“

Am letzten Sonntag auf seiner Kammer in Wald las Zollinger Psalm 40,17 und 18: „Es müssen sich freuen und frolich seyn, alle, die nach dir, O mein Gott fragen, und die dein Heil lieben müssen sagen alle wege: Der Herr sey hochgelobet; denn ich bin arm und elend, der Herr aber sorget für mich: Du bist mein Helfer und mein Erretter, mein Gott, verzeuch nicht.“ Mit diesem Wort ging er auf die Reise, um, wie er schreibt, „eine andere Wonung zu beziehen welche 4 Stund von hier entfernt. Jetzt bin auch wieder ein Fremdling hier, und wo ich hin komme, bin ich wieder ein neuer.“

Nach dem Abschiednehmen von einigen Freunden erinnert Zollinger sich in einer stillen Stunde am Abend an die zurückliegende Zeit: „Ich habe nun 9 Jahren dieses orts gewohnet, einsam und als ein Fremdtling, entfernt vom Getümmel der Welt. Ich habe viel gutes, so geist- als leiblich von Gott genossen, und aber vorzüglich die gnadige Bewahr und Erhaltung meiner Einsamkeit, welche ich über alles schätze. Ich bin wunderlich hieher kommen, und kan nicht anderst als glauben, du, mein Gott, habest mich hieher gebracht, und mir diese Wonungen beschieden. Ich erkenne deine Hand ganz deutlich, du warest mein Helfer. Ich bin ganz beschämt über alle Treue von dir genossen, es beuget mich zur Dankbarkeit, und werde kühner, mich dir ferner als meinen gnadig und versorgenden Gott zu verschreiben. Ich werde wohl mein ganzes Leben als ein Fremdling in dieser Welt zu bringen. Wie wunderlich aber ist doch, wann bedenke, daß ich noch in meiner Vaterstadt wohl 7, 8 Jahren nach einem solchen Leben der Einsamkeit und Fremdlingschaft gehungert, wie ich alda dem Gemüthe nach würklich schon nicht mehr da war, wie nur alles zurief: Wir haben hier keine bleibende Städte, sondern die zukünftig, das Ewige ists, so ich suche.

Mein Gott, schenke mir ferner deine Gnade, daß ich meine Pilgrimschaft doch aufrichtig möge fort sezen. Nichts, nichts müßte mir mein Ziel verrücken, noch aufzuhalten vermögend seyn. Bei allem, was mir auch aufstößet, soll ich

nun denken wie ein Reisender, welcher nichts als Nachtherberge genieset, und am Morgen wieder weiter geht. Solte auch meine Wallfart noch allerhand Sturmwinden und wieder wärtigkeiten zustossen, so sollen sie nur alle dienen, meine Zuflucht zu Gott zu nehmen. Ich will ihn in dem Namen Jesu bitten um seinen beistand, solches hat er befohlen, und versprochen zu helfen. und ich hoffe dereinst mit noch mehrerem Nachdruck und Gewißheit aus obigen sagen zu können: Der Herr sey hoch gelobet, denn ich bin arm und elend, der Herr aber sorget für mich.
Amen
Wald, d. 2ten aug[ust]."

Erst am 6. August 1772 schreibt Zollinger in seiner neuen Wohnung in der Otterbeck: „Als ich nahe allhier und das Haus die Otterbeck ansichtig war, so wurde es so, daß mit Ernst mich nochmalen zu Gott kehrte ihn bittende um seinen Beistand, da nun ganz allein, so zog den Kleinen Kempis[8] aus der Tasche und wolte sehen, was mir daraus zu Theil würde auf diesen mir so merkwürdigen Zeitpunct, ich kriegte dann mit dem Daumen der rechten Hand das 295te Sprüchlein lautend:

'Wer sich in viel Sorgen mischet, der thut sich selbst Schaden: Wer aber das Eine, welches über alles ist, alleine suchet, den wird sein Gewissen in vielem Frieden bewahren und erhalten. Alle Dinge nach seinem Begriffe haben wollen, ist irrig und unmöglich. Wilt du ein guter und vollkommener Christ seyn, so wünsche in allem nicht deinen, sondern Gottes Willen.'

Es ist wahr, solches war mir ungemein beruhigend, und ich darf sagen: O mein Gott, du weissests, daß solches meine Haupt absichten sind. warum ich einsam lebe. Gib Gnade, ein rechter Einsamer zu werden, den die ganze Welt nichts mehr angehet. Gib mir ein Hertze, welches die Stille dahin verwendet um sich unverrückt an dich zu halten. Laß meinen Willen sterben, damit dein Wille geschehe. ich möchte gerne für alles deiner Hand dancken, auch für das Bittre und Wiederwärtige dann solches gehöret dazu. Was etwa für Trübsal in dieser meiner neuen Wohnung auf mich warten mögte, soll ich lernen als von deiner Hand annehmen. Da ich weiß, daß mir ferner, wie bißher, alles zum Besten dienen wird. Ich glaube solches zwar, aber Herr Jesu, komm zu hilf meinem Unglauben !"

Zollinger blieb von Trübsal nicht verschont. Im Jahr 1772 war er ernstlich krank, aber Gott richtete ihn wieder auf. Im November 1772 bekam er Geld von Mannheim, das dringend nötig war. Nach der Rückkehr von der Beerdigung des

8 Thomas à Kempis, Von der Nachfolge Christi; im „Kleinen Kempis" nur eine Auswahl. In der 1752 bei Schmitz in Solingen erschienenen Ausgabe heißt es im Titel: „Kurze Sprüche und Gebetlein, aus dem meistens unbekannten Werklein des Thomae a Kempis, zusammengetragen zur Erbauung der Kleinen". (nach Rudolf Zwetz; im Stadtarchiv Solingen).

Dr. Lauterbach[9] in Gruiten am 6. März 1773 gab es eine unliebsame Auseinandersetzung mit Georg Hendrik Fischer.

Im Juni 1773 ist ein Freund in die Ewigkeit abgerufen worden. Nur neun Tage vor seinem Ende hatte Zollinger noch einen Brief von ihm erhalten. Im Juli 1773 hatte es wieder Ärger gegeben wegen „böser Sachen" im Haus.

So kann Zollinger am Schluß des Jahres 1773 schreiben: „ Es ist wahr, in diesem Jahr sind mir sehr wunderliche Vorfälle aufgestossen, welche auf meinen Pilger Wege nicht vermuthet. In allen Drangsalen und Leidenszeiten warest Du mein Gott, ob ichs gleich nicht mit schuldigster Gedult angenommen. Aber ich war auch ofte selber Schuld daran, und ich bin ein solch armer Tropf."

Im Jahr 1774 war Zollinger noch einmal in Heidelberg. Auch machte er kürzere Reisen und Besuche in der näheren Umgebung. Er berichtet von einem achttägigen Besuch auf der Gemarcke[10], wo er Freunde aufgesucht hat.

Eindrucksvoll war für ihn das Sterben eines 35jährigen Freundes in Wald: Abraham Kreuder. Kreuder war an der Auszehrung erkrankt. Zollinger wollte ihn besuchen. Auf die Nachricht hin, daß der Kranke sehr schwach werde, machte sich Zollinger unverzüglich auf den Weg. Er kam einige Stunden vor dem Ende des Freundes an. Zollinger schreibt: „Ich traf ihn sehr schwach an, er ging aber doch selbst noch aus dem bett in Stuhl sitzen. [...] Ich gab ihm deutlich zu verstehen, daß sein Leben bald zu Ende sein dürfte. Er bezeugte sich gelassen, alles Gott befehlende, wünschende in der Liebe Jesu und dessen Erbarmen zu sterben. Er sagte mir noch den Ort, wo er meine Briefe, so an ihn geschrieben, verwahrt hergelegt hatte, daß sie wieder zurück nehmen könte."

Der letzte Dienst, den Zollinger seinem Freunde nur wenige Stunden vor dessen Ende tun konnte, war das Vorlesen einiger Verse aus Tersteegens „Blumengärtlein":

„Noch ein wenig im Elende, bald nimt alle Last ein Ende;
Noch ein wenig Creutz und Noth, bald erquickt ein sel'ger Todt;
Noch ein wenig im Verlangen, bald wirst du das Ziel erlangen;
Noch ein wenig halte aus, bald ist unser Geist zu Haus.
Noch ein wenig, noch ein wenig, bald nimmt dich der Friedenskönig
In sein Friedens Element, ewig, ewig ohne End."

Der Freund ist kurz danach still eingeschlafen[11].

---

9 Jacob Lauterbach; * 11.04.1713 in Haan; Arzt in Gruiten; gehörte zum Tersteegenschen Freundeskreis. ± 5. März 1773. Siehe auch Horst Neeb: Gerhard Tersteegen und die Familien Schmitz in Solingen, Düsseldorf 1997. S. 218-220.

10 Barmen-Gemarke. Hier lebten Johann Engelbert Evertsen und andere Tersteegen-Freunde.

11 Aufgrund der Eintragungen in den Walder Kirchenbüchern muß es sich um den am 23.09.1740 getauften Schneidergesellen Johann Abraham Kreuder handeln. Seine Eltern waren der Schneider Abraham Kreuder und Anna Catharina Hammes, die auch beide 1775 gestorben sind. Johann Abraham Kreuder wurde am 05.06.1775 begraben.

Zollinger erinnert sich daran, wie er mit Abraham Kreuder bekannt geworden war. Obwohl er sein nächster Nachbar war, kannte er ihn kaum. Gemeinsam mit einigen Kameraden erkannte Kreuder eines Tages die Liebe Gottes in Jesus Christus. Zollinger schreibt: „Er hatte so gleich keine Lust mehr an seinem vorigen Leben und der Welt Eitelkeiten, sondern war um seiner Seelen Wohlseyn bekümmert." Zollinger hat ihn im Gebet begleitet, ihn immer wieder aufgerichtet, wenn er mutlos und verzagt war und hat ihn auch angehalten zu tätiger Nächstenliebe. So kann er auch nach seinem Ableben vergnügt an einen Menschen denken, dessen „Walfahrt" zu Ende ist und der nun bei Gott sein darf.

Die Jahre auf der Otterbeck waren für Zollinger nicht leicht. In einem Bericht über das Jahresfest vom 27. Juli 1854 auf der Otterbeck[12] wird ein Brief Zollingers an einen Freund erwähnt, in dem er berichtet: „Gegenwärtig sieht's nicht anders aus, als ob eine dicke Finsterniß auf dem Hause läge. Ich meine aber noch immer, weil der selige Tersteegen seine Hand mit drinnen hatte, als ob noch in einer Ecke sein lieber Jesus-Geist verborgen stecket, der, wenn das Ungewitter teuflischer Bosheit vorüber,* doch wieder hervorkommen wird.
* Anmerkung: Es zielt damit auf eine unartige, herrschsüchtige Haushälterin, wodurch die Freunde geübt würden."

Es ist jedoch auch denkbar, daß Georg Hendrik Fischer Veranlassung gegeben hat zu dieser Aussage über den Geist des Hauses; denn H. F. Cleß[13] schreibt am 17. September 1781 aus Amsterdam an seinen Freund Wilhelm Weck in Solingen[14]: „Br[uder] F[ischer] vernehme ich, ist ebenfalls in die Ewigkeit übergegangen[15]. Daß es auf der O[tterbeck] jetzt besser geht, war mir herzl[ich] lieb zu vernehmen; ich habe nun auch mündlich gute Zeugnisse von dortigem Br[uder] Z[ollinger] gehört. Das aber thut mir herzlich leid, daß unser alter Br[uder] F[ischer] da nicht ausgehalten, u[nd] seine Brüder nicht bis ans Ende lieb behalten hat."

Johann Christoph Zollinger war bis zu seinem Tod[16] am 23. Oktober 1800 „Gastwirt" auf der Otterbeck. So wird er bezeichnet in dem Berufungsschreiben an seinen Nachfolger, Christoph August Schultz vom 6. Februar 1801[17]. Sein Dienst geschah in großer Treue und im Segen.

---

12 „Der Säemann" Nr. 32 vom 09.08.1854. S. 249.

13 Heinrich Friedrich Cleß (später in den Niederlanden: Hendrik Frederik Cless) wurde am 26.01.1735 in Rommelshausen / Württ. getauft. Er lebte später als Bevollmächtigter des Bankhauses de Smeth in Amsterdam. In Amsterdamer Archiven befinden sich von Cleß unterzeichnete Darlehnsverträge über hfl. 2 Millionen zugunsten der russischen Zarin Catharina II. Cleß starb 1786 und wurde am 27.05.1786 in Amsterdam begraben. [schriftliche Auskunft des Gemeentearchief Amsterdam vom 08.01.1998]

14 „Geistliches Blumenfeld 9. Teil", Nr. 191.

15 Gestorben in Velbert am 11.09.1781. Sein „Leichtext": Psalm 37,18.

16 Begraben am 27. Oktober 1800; im Sterbebuch Heiligenhaus heißt es:„ein Privatmann auf der Strasse, oder Otterbeck genannt." Er war ledigen Standes.

17 Bestand Merz, Engelskirchen.

Im „Geistlichen Blumenfeld 7. Teil“ befinden sich nachstehende Briefe von Zollinger an Wilhelm Weck in Solingen[18]: Nr. 91 von 1782; Nr. 142 von Dez.1784 (auch von St. Scheid); Nr. 244 von Mai 1782 und Nr. 250 von April 1782.

Man kann in diesen Briefen, wie ja auch in Zollingers Tagebuch erkennen, daß die wirtschaftliche Enge, die Zollinger auf der Otterbeck erlebt, ihn immer wieder in besonderer Weise anregt zur Beschäftigung mit der äußeren Armut um Jesu willen. Als Beispiel dafür mag der Auszug aus dem folgenden Brief von 1784 an Wilhelm Weck dienen[19]:

„Gott sei gelobet, daß seine Kinder sich in Ihm erfreuen können. Der l[iebe] N. thut wohl, daß er sich der Weltl[ichen] Dinge u[nd] Dienste entschlägt, um sein übriges Leben ganz dem Herren zu widmen. Gott wird seine gute Absichten Segnen. Ich habe damahls schon den Verfolg dieser Stiftung vernommen[...]Jesus Christus unser Oberhaupt und Vorgänger liebte die Armut und Niedrigkeit[...]Er befiehlet seinen Nachfolgern: Habt Glauben ! [...]sehet die Lilien auf dem Felde, die Vögel unter dem Himmel etc. Euer himml[ischer] Vater weiß daß ihr dies alles bedürfet. Trachtet am ersten nach dem Reich Gottes und nach seiner Gerechtigkeit.

‘Taulerus[20] sagt: Die wahre Armut sey einem rechten Christen sein Reichthum; wenn ich kein Lehrer wäre, und wäre gerufen zum Spinnen, ich würde spinnen und im übrigen Gott die Sorge befehlen. Dann die Noth würde mich dan schon bethen lehren.’

Bey den großen Weltl[ichen] Stifftungen ist selten der Geist Jesu. biß hierher hat der L[iebe] Gott noch so treulich für uns gesorget, ob es gleich voraus nicht zu sehen war. jetzt können wir auch in Warheit sagen: Soli Deo Gloria ! Von allen Dingen ab, die nicht mitgehn ins Grab. Dis singet eins mit mir.“

Ob es Fragen der knappen Finanzen oder ob es Fragen der schwachen Gesundheit sind: Zollinger findet immer wieder Anlässe genug, um bei alledem noch Gott zu loben. In dieser Haltung war er sicher ein wertvoller Mitarbeiter in der Pilgerhütte.

Von besonders notvollen Erfahrungen zeugt der folgende Brief[21]:

---

18 Nachlaß Goeters, Bonn: Abschrift eines Registers von Joh. Peter Ronsdorf. Wilhelm Weck (1714 - 1789) war der Onkel von Johann Peter Ronsdorf.

19 „Geistliches Blumenfeld 7. Teil“, Nr. 142/ 3. S. 313-314.

20 Johannes Tauler; Vertreter der deutschen Mystik, Schüler von Meister Eckart. Prediger in Köln und Straßburg; dort 1361 gestorben.

21 Der Brief ist im Besitz von Ulrich Bister, Herborn und wird abgedruckt nach einer Veröffentlichung von Michael Knieriem in „Romerike Berge“, 47. Jg., Heft 3, 1997. S. 12/13.

An der Otterbeck, den 30. Jenner 1797

Herr[n] und J[un]gfer Otterbeck[22]
Insonders christlich geliebte Freunde.

Heute hab[e] [ich] durch den Freund Kochersch[eidt][23] Ihren freundschaftlichen Gruß erhalten, also auch sogleich Ihres guten Ergehens vernommen, so mir sehr angenehm war, und zwar sonderlich, daß sich der starke Fluß im Gesichte[24] wieder verloren [hat]. So haben Sie auch durch diesen Freund erfahren, wie es hier steht. Daß wir zwar noch so ziemlich gesund, aber um und um mit Kriegern besetzt [sind], und man weiß nicht, was es geben oder sein soll. Ich habe jetzt wieder ein[en] Pfälzer Reiter, ein[en] Sergeanten, der schon einmal sieben Wochen lang hier lag, und gestern bekam [ich] auch zwei Franz[os]en. Die Bauern sind sonderlich für unser Haus hier besorgt, daß es nicht ledig bleibt. Und ich nehme daher Gelegenheit, daß ich deswegen niemand[em] bös[e] werden darf. Ja, im Gegenteil, ich muß den Befehl unseres Heilandes soviel ernsthafter befolgen, wenn er sagt: „Liebet eure Feinde, segnet diejenigen, die euch fluchen, tut wohl denjenigen, die euch beleidigen und verfolgen."[25] Bittet für sie. Ich kann nicht sagen, daß mir die Leute sonderlich feind sein sollten, aber es ist ein Art Neid und Mißgunst, daß man so stille lebt....Unterdessen macht [es] mir doch große Unruhe und ungemeine Kosten, weil man alles kaufen muß, wie leicht zu erachten. Die letzten drei Mann aßen lauter Weißbrot, täglich Fleisch, Branntwein, Bier. Hat es mich vorige Woche 24 Maß gekostet, weil sie öfters von Kameraden Auftrag [erhielten]. Diesen Nachmittag tranken fünf mit uns. Ein Sergeant-Major[26] der bei xxxxxxxx[27] liegt, ein Fourier[28] und drei andere, [es] ging aber alles freundschaftlich zu, wie / mit allen, die noch hier waren. Das große Haus macht, daß [ich] von den Fremden als Kaufmann ausgescholten werde, und es hilft nicht, dagegen etwas zu sagen. Daher wird meine Kassa nun eher ledig, und [ich] bin genötigt, das bei Ihnen nach Abrechnung Übrige ablangen zu lassen. Und [ich] ersuche [Sie] also, daß Sie belieben, diese hier wieder zurückkommende drei Rechnungen abzuziehen und mir das Übrige durch diesen [Boten, Überbringer] mitzusenden. Wogegen dann hiermit die Anweisung von Freund Sieper an Sie

22 Es handelt sich um den Kaufmann Matthias Otterbeck in Saarn, der am 17. Aug. 1746 in Mülheim/Ruhr getauft wurde und am 24. April 1801 in Saarn starb, sowie um seine ledig gebliebene Schwester Maria Elisabeth. [am 15.04.1801 in Mülheim begraben; mehrere Briefe aus ihrer Korrespondenz mit Johann Engelbert Evertsen in Barmen von 1778 bis Januar 1801 sind erhalten im Archiv Barmen-Gemarke].

23 Gerhard Kocherscheidt.

24 Nach Grimm, Deutsches Wörterbuch, Leipzig 1862, Bd. 3, Spalte 1856, in der Bedeutung von Entzündung.

25 Vgl. Luk. 6, 27-35.

26 Dienstgrad in der französischen Armee; entspricht etwa einem Hauptfeldwebel.

27 Der Name ist nicht zu entziffern.

28 Ein für die Verpflegung, Futter und Unterkunft zuständiger Unteroffizier.

überkommt. Wenn Sie mir auch etwas Münze mitsenden, ist [es] ganz gut. Um das zu verbergen, kann in das Säcklein für einen Reichsthaler Reis getan werden, und ich werde es richtig erhalten. Da es spät am Abend, so muß [ich] schließen. [Ich] empfehle Sie göttlichen Schutzes und [bin] nebst freundlicher Begrüßung auch an Herrn Schwager Mölenb[eck][29] so auch von uns allen verbleibend Ihr christlicher Freund zu aller Liebe verbunden

Christ[oph] Zollinger.

N[ach] S[chrift]. Diesen Nachmittag sind wieder Mannschaften von der Nordarmee an[ge]kommen, die sich sehr vom Rhein heraufdrängt, weil sie allda zu 20 bis 60 in einem Haus gelegen. Unser Nachbar Brügel hat zehn Mann und zur Heyden[30] zwölf, weil gestern Kohl[31] da war. Es liegt aber alles sehr ungleich .//

Herrn
Herrn M. Otterbeck
Kaufhändler in Saarn

[Siegelumschrift:] Die Vorsicht wacht. Ch[ristoph] Z[ollinger. Das Siegelbild ist kaum zu erkennen]: Ein abgezäuntes Feld mit kleinen Bäumen bewachsen, wahrscheinlich einen Pferch darstellend.

---

29 Hermann Möhlenbeck, der in Mülheim/Ruhr am 28. April 1773 die Helena Otterbeck geheiratet hatte.

30 Wilhelm zu Heyden (1750-1803), Bauer in Heiligenhaus.

31 Offenbar war eine große Lieferung Weißkohls für die Verpflegung der Truppen angekommen.

X. Eine neue Ordnung durch den Freundeskreis.

Nach Zollingers Tod traf sich ein Kreis von Freunden der Otterbeck in Mülheim-Saarn bei dem alten Bruder Johannes Dahlmann, um über den Fortgang der Arbeit zu beraten.

Als Ergebnis wurde die nachstehende Ordnung[1] festgelegt.

Plan Otterbeck

Im Nahmen und zu Ehren unsers preißwürdigen Herrn und Heilandes Jesu Christi Amen.

Indem wir ends unterschriebene Mitglieder und Freunde der Freunden **JESU die Otterbeck** das Gasthaus der Frommen wieder von neuem Einrichten, und der ersten Stiftung desselben gemäß anwendbar machen wollen, thun wir nichts neues, sondern thun eben das was der seel. **J. Henrich Otterbeck**, der dieses Haus den Freunden unter gewissen Bedingen[2] geschenket, haben wollen, und was unsere seelige Vorfahren **Gerhard Tersteegen und Peter Bungert**[3] und ihre Nachfolger biß auf unsern jetzt noch lebenden Bruder **Hr. Johann Engelbert Evertsen** auch gethan haben. Dem gemäß wollen wir, nachdem wir uns vorher zur Liebe und Eintracht in Gottes Nahmen verbunden haben, nunmehro Eintrachtiglich:

1.) Erstens. Das Gasthaus der Frommen, die Otterbeck und Bewohner desselben sollen unter Vorsteher oder Verwaltern stehen, derer jedesmahl 2 oder 3 seyn müßen, und welche jetzt von uns sämtlich, folgends aber, wann einer derselben mit Todt abgienge, oder sein Amt niederlägte von den noch stehenden Verwaltern, und denen **Deputirten der Otterbeck** gewählet werden sollen. Diese Vorsteher hat der Gastwirth der Otterbeck, und die sonst auf derselben wohnen, für seine Obern oder Vorgesetzten anzusehen, deren Vorschriften sie zu befolgen haben.

2.) Zweitens. Den Vorstehern soll die Aufsicht über die **Otterbeck** über das Gebäude, und was demselben anhängig ist, über den Gastwirth, und die Bewirthung der daselbst aus und eingehenden Pilger, und die sonst im Hause und Nebenhäusern wohnen, übergeben und anvertrauet seyn. Diesen ihre Sorge soll hauptsächlich dahin gehen, daß daselbst alles zweckmäßig zur Ehre Gottes, und zur gehörigen Verpflegung der aus- und eingehenden Pilger eingerichtet, und so

1 Handschrift; Bestand Merz, Engelskirchen.

2 Soll wohl „Bedingungen“ heißen.

3 Hier wird Peter Bünger gemeint sein, der aufgrund dieses Hinweises vermutlich zeitweise in der Hausleitung der Pilgerhütte gestanden hat.

wie eine ruhige Thätigkeit, gesetzet, also auch in derselben erhalten bleiben möge.

3.) Drittens. Denen Vorstehern ihre Amtslast zu erleichtern, sollen Deputirten angeordnet und gesetzet werden, in allen Gegenden wo Freunde wohnen, die zur Otterbeck beitragen, die so wie jetzt von uns sämtlich, also folgends, wann einer von denselben abgienge von den Vorstehern gewählet werden sollen. Diese Deputirten sollen in erforderlichem Fall in allen Stücken auf Begehren der Verwalter oder Vorsteher, denen selben beistehen, und durch helfen Sorge tragen, daß das Einkommen der **Otterbeck** erhalten und noch vermehret werde, dieselbe kräftigst unterstützen und zu ermuntern suchen. Insbesondere soll denenselben obliegen, die Gelder des Einkommens der Otterbeck jeder an seinem Ort einzusammlen, und den Verwaltern zur Anwendung für die Otterbeck zur behörigen Zeit einzubringen.

4.) Viertens. Die Verwalter oder Vorsteher mit den Deputirten besorgen allezeit die Erwählung des Gastwirths und der andern Persohnen, so die Otterbeck bewohnen sollen, sind sie aber einmahl eingerichtet, so stehet alles unter der Aufsicht der Vorsteher allein biß wieder der Gastwirth abgehet, und ein neuer solle gewählet werden: Und wänn man dabei dann nicht einstimmig wäre, soll es durch die Mehrheit der Stimmen entschieden werden, dabey jeder Vorsteher allemal zwey Stimmen hat.

5.) Fünftens. Der Gastwirth muß sich besonders auf wahre Frömmigkeit legen, und ein frommes und unsträfliches Leben führen, und so müßen auch alle, die dieses Haus bewohnen, solches mit ihm thun, und dabei jener so wohl als diese ungeheyrathete Personen seyn und bleiben.

6.) Sechstens. Die Vorsteher und Deputirten, müßen alle Dienste, die sie für diese Brüderherberge thun, ohne Eigennutz unentgeltlich und treulich thun, und denken, daß sie dieselben dem Herrn thun. Auch mit möglichstem Fleiß dahin sorgen, daß dieses Gasthaus zur allgemeinen Erbauung für immer bestehen, um von ihnen allemal den Nachkömmlingen in gutem Stande überliefert werde. Und solte es wider Vermuthen, aus Mangel eines frommen Gastwirths nicht länger erhalten werden können, oder wie früher unser werther Bruder, Herr Joh: Engelb: **Evertsen** in seiner Verbindung an die Otterbeck ausdrückt: nicht mehr von einem Freunde bewohnet und von Freunden verwaltet werden: so lieget es ihnen auf, dahin zu sorgen, daß nicht allein die **Mobilien** und **Capitalien** der **Otterbeck** gesichert, sondern dieselben auch in des seel. **Tersteegens** und **Sommers** Liebeskasten[4] oder gemäß der Bestimmung der darzu gegebenen Capitalien-Scheine, für die dürftigen Frommen ausgeliefert und übergeben werden.

7.) Siebentens. Müßen die Vorsteher auf einen gewissen darzu bestimmten Tag, jährlich in Gegenwart der Deputirten ihre Rechnung Specificirt darlegen, damit von jedem gesehen werde, was vor Einkommen und Ausgaben des Jahres gewesen sind, und damit dan über das etwa übrige oder fehlende gemeinschaftlich das nöthige verfüget werde.

8.) Achtens. Die Vorsteher müßen zuweilen abwechselnd die Otterbeck besuchen, und ihr Amt sorgfältig in eigner Person, und nicht durch andere, oder wenigstens nicht durch solche, die nicht für die Erhaltung der Otterbeck gesinnet sind, verwalten. Und wenn einer der Vorsteher, wegen Alter oder Schwachheit, oder würcklicher Krankheit darzu untüchtig wäre, soll er es denen andern Vorstehern, vor die Zeit übertragen, so lange seine Pflichten mit wahrzunehmen, biß sich seine Umstände wieder geändert, und er es in eigner Person wieder selber thun könne. Doch soll von den andern vor die Zeit, daß sie seine Pflichten mit wahrnehmen, mit ihm darüber zu rath gegangen werden.

Daß dieses alles unser Einträchtiger Schluß und Wille also sey, bezeugen wir mit unserer Eigenhändigen Unterschrift. Geschehen Saarn Bei unserm alten 81 jährigen Bruder **Johannes Dahlmann.**
den 23ten Ja[nu]ar 1801".

[Es folgen die nachstehenden Unterschriften:]
„Johannes Dahlmann - Vorsteher.
Bernhard Rohshof, Vorsteher.
Wilhelm Gros Selbeck. Vorsteher.
Matthias Mellinghoff Diepetirte
Matthias aus dem briem Deputirter
Wm Rohshof Deputirter
Joh. Bernh. Rohshof, Deputirte.
Herman ober Kuhlman Deputirte
Frantz Daniel Keiser Diputirte
Wilhelm Hamerstein Deputirter
Wilhelm Buscherbruch
Dominicus Krings

4 Bedeutung und Inhalt des „Liebeskastens" sind nicht eindeutig zu ermitteln. Vielleicht haben wir es mit Verpflichtungserklärungen zu tun, die gesammelt und von Heinrich Sommer verwahrt wurden. Nachstehende Quittung befand sich im Nachlaß von Professor Goeters. Vielleicht ging es hier um eine Spende für den „Liebeskasten": „Daß heute dato der Ehrsame Bruckhauß oder Krumbeck mir endes unterschriebenen für rechnung meines hausgenossen Hendrich Sommer gezahlet neun, sage 9. schildlouis d'or, solches bescheinige hiemit. Mülheim an der ruhr, den 19. May 1762. G. Tersteegen."

Wilhelm Rommel
Dieterich Meisenkoten
Herm. Lindermann
Joh. Herm^{n} Rohshof. Deputierter
Georg Wilh^{m} Metzger Deputirte.
Gerhard Kocherscheid Deputirter
Peter Ludwig Krupp Deputirter"

Wenige Tage nach Abfassung dieser Ordnung wurde ein Berufungsschreiben an Christoph August Schultz in Kettwig[5] versandt. Schultz war zuvor einstimmig als neuer Hauswirt gewählt worden.

Das Schreiben hat folgenden Wortlaut:

„Beruf = schein an den lieben Bruder **Christoph August Schultz** dermahlen
noch zu Kettwig.[6]

In Gottes Nahmen, Amen.

Nachdem unser geliebter Gastwirth, Bruder **Christoph ZOLLINGER**, von seinem Posten auf der Otterbeck durch einen seeligen Todt abgerufen worden, und die Freunde der Otterbeck gerne gesehen hätten, daß dieser Platz durch einen dazu tüchtigen ledigen Bruder wieder mögte besetzet werden, so sind dieselbe zu diesem Ende den 23ten.Ja[nu]ar oder besagtem Tage vorigen Monats bei unserm alten Bruder **Johannes Dahlmann** in Saarn beisammen gekommen. Es brauchte dißmahl nicht lange eine Wahl gehalten zu werden, wer der Gastwirth nun seyn solle, alle sagten Einhellig **Schultz** zu Kettwig.

Wir berufen Euch dann nun geliebter Bruder Christoph August Schultz hierdurch in Gottes Nahmen nach der Otterbeck in unser Gasthaus, um daselbst ledigen Standes, unser Gastwirth zu seyn. Und damit Ihr wisset, was unsers Gastwirths Sache sey, und was er dagegen zu geniessen hat, so höret folgendes.

---

5 Gemäß Mitteilung der Evang.-Lutherischen Kirchengemeinde Neustadt an der Orla vom 16.10.1997 befindet sich im Taufbuch Jg. 1752 S. 37 der folgende Eintrag: „1752 den 4. September ist Meister Martin Schultze, Bürger und Tuchscherer allhier, ein Sohn getauft worden mit Namen Christoph Augustus." Eine Dimission liegt nicht vor.

Über den Tod von Schultze gibt es eine Eintragung im Sterbebuch der Reformierten Gemeinde Velbert von Januar 1816 unter 3).: „d. 11. starb und den 13. wurde stille beerdigt Christoph August Schulze an der Straße im Hetterscheid, unverehelicht, gebürtig aus Neustadt an der Orla in Sachsen. Er war lange Jahre schwächlich, Alt 63 Jahre."

Johann Engelbert Evertsen hat Schultze in seinem Testament (25.02.1804 vor Notar Behrens) mit 50 Rt bedacht.

6 Handschrift; Bestand Merz, Engelskirchen.

Er muß die frommen Pilger, die daselbst einkehren, erquicken, und wann sie es begehren herbergen, auch die Frommen, die Ihn besuchen, oder die sich da untereinander besuchen wollen, liebend aufnehmen, ihnen ihre Freyheit, einander nach Verlangen zu sprechen, einräumen, und geneigt bewirthen.

Und weil dieses Haus insbesonder zur Ehre Gottes geschenket, gewidmet, und nun aufs neue bestimmt worden, so muß auch der Gastwirth in eigner Person vor die Ehre Gottes stehen, und durch ein frommes und unsträfliches Leben denen die mit ihm daselbst wohnen, und denen die Ihn besuchen und daselbst aus und eingehen, vorleuchten.

Und weil die gantze Otterbeck nun unter Vorsteher stehet, die über alles die Aufsicht haben, und vor alle fromme Ordnung, so wie vor ale Bedürfnüßen sorgen müßen, so muß der Gastwirth so wohl, als auch die andern, die Ihm zu Dienste sind, dieselbe als seine Obern ansehen und erkennen und sich ihren heilsamen Vorschriften, zur Erreichung der Absicht, in der Erhaltung der Otterbeck und Anwendung derselben christlich unterwerfen.

Endlich hat er von allem, was er von Zeit zu Zeit bedarf, auch nahmentlich, was vor Freünde und Freundinnen sich bei ihm aufwarten laßen, und wie lange; also von allen Bedürfnißen, und für welche Personen er (als Hausvater und Gastwirth) so sorgen gehabt, Specificirte Anzeige zu thun. Verehret dieser oder jener was in die Haushaltung, es sey Caffeebohnen, Zucker, oder was es sonst sey, daß muß er in der Specificirten Anzeige anzeigen und in der Haushaltung verwenden. Verehret Ihm aber jemand ein stücklein Geld, oder was es sonst sey, das er für sich selber haben solle, das schweiget er in der Anzeige und hält es für sich.

Kommt unser Gastwirth diesem allem durch den Beistand Gottes treulich nach, so sollen ihm die Lebensmittel und sonstige Bedürfnissen, die er sich nicht aus dem Garten oder sonstiger Anlage der Otterbeck machen kan, und die er doch für sich selber, und für die, die in seinem Dienste stehen, und für die Frommen, die daselbst aus und eingehen , bedarf, entweder in Natura von den Vorstehern zugestellet, oder wann er es durch Auftrag oder Bewilligung der Vorsteher sich selber zuwege bringet, das Geld dafür gegeben werden.

Schließlich unser Gastwirth wohnet auf der Otterbeck frey von eignen Bürgerlichen Abgaben, solte aber wieder von neuem Kriegsunruhen entstehen, und das Hauß seine Einquartirungen bekommen, wie es (obschon mit Unrecht) in diesem jetzigen Kriege gethan hat, so muß sich unser Gastwirth sowohl als jeder andere Hauswirth, dem dieses überkommt, diese Beschwerde gefallen laßen, hat aber die Kosten, die ihm dadurch gemacht werden, wie oben genau zu Specificiren, die ihm von den Vorstehern wieder gegeben werden.

Ihr sehet also lieber Bruder **Schultz**, aus diesem Berufschein beides was unser Gastwirth auf der Otterbeck zu thun und zu genießen hat. Damit Ihr nun völlig überzeugt seyn möget, daß unser aller Einhelliger Wunsch sey, diesen Platz durch Euch wieder besetzt zu sehen, gleichwie Ihr uns auch dieses Brüderlich und geneigt unterm 31ten v.M. durch eine schriftliche Antwort zugesagt, so schicken wir Euch diesen Berufschein durch unsern mit=Deputirten **Hermannes Ober=Kuhlmann** zu, nachdem wir sämtliche Vorsteher und Deputirten der Otterbeck denselben Eigenhändig unterschrieben haben.

Geschehen **Saarn** bei unserm alten Bruder **Johannes Dahlmann**
den **6. Febr. 1801.**

Johannes Dahlmann - Vorsteher
Bernhard Rohshof Vorsteher
Wilhelm Gros Selbeck Vorsteher
Matthias Mellinghoff Deputirter
Mattheis aus dem briem Deputirten
Wm Rohshof Deputirten
Joh. Bernh. Rohshof Deputirte
Herman ober Kuhlman Deputirte
Frantz Daniel Keiser Deputirte
Wilhelmus Hammerstein - Deputirter
Gerhard Kocherscheid Deputirter
Johann Hermann Rohshof Deputirter
Georg Wilhelm Metzger Deputirter
P. L. Krupp Deputirten".

Ein weiteres Berufungsschreiben aus dem Jahr 1839 ist erhalten[7]. Es ist an Heinrich Spankus gerichtet und hat folgenden Wortlaut:

„In JEsu Namen

Nachdem es Gott gefallen hat, den Bruder Pet. Melchior Wolf[8] durch einen seel. Tod von seinem Posten, als Vorsteher des Haushalts in der Pilgerhütte an der Otterbeck, abzurufen, sind Sie lieber Bruder Heinrich Spankus - unter gemeinschaftlichem Aufsehen zum Erzbischof und Hirten unserer Seelen - am Himmelfahrts Tage Jesu, den 9 May d. J. in genannter Pilgerhütte, von den anwesenden Committé Mitgliedern, den beiden Vorstehern der Anstalt, Wilh. Selbeck und W.A. Mühlenbeck, und den Deputirten Heinr. Bungert, Pet: Kaiser, Joh: Henckel, Joh: Meisenheim, und G. Olmesdahl, ganz einhellig zum Hausvorsteher dieser, der Ehre Gottes, und dem Dienste Seiner Kinder, gewidmeten Anstallt, ernannt.

Wir berufen Sie dann geliebter Bruder hierdurch in unseres Herrn Jesu Namen nach der Pilgerhütte an der Otterbeck, um daselbst ledigen Standes unser Hausvorsteher zu seyn.

---

7 Handschrift; Bestand Merz, Engelskirchen.

8 Peter Melchior Wolf wurde am 15.03.1839 in Velbert begraben.

Die dort ein und ausgehenden Pilger einfach zu Bewirthen, und nach Umständen zu Herbergen, die dort Besuchende alle christliche bescheidene Freyheit zu gestatten, und wenn einer den andern besonders Sprechen, für seine Persohn die Einsamkeit benutzen, oder ein gutes Buch zu Lesen wünschen mögte, solches nach Möglichkeit zu fördern, besonders aber durch ein erbauliches Exempel in Wort und Wandel vorzugehen.

Bey dem Frühstück morgens, mit stillem oder lautem Gebet den Anfang zu machen, nach oder bey demselben ein Capitel aus dem Worte Gottes vorzulesen oder vorlesen zu lassen, einem jeden ein Loos aus Tersteegens Ziehkästchen, zum stillen Lesen für sich, zu verabreichen, auch allenfalls während dessen Aufenthalt für den Tag, oder die Zeit, wenn es gewünscht wird, zu belassen; dann mit Gebet zu beschließen.

Auch nach Belieben beym Frühstück, Mittag= und Abendessen aus einem erbaulichen Liede zu Singen, alles aber in ungestörter christbrüderlicher Freyheit. Auch monathlich, oder nach Bedürfniß öfterer, Versammlung zu halten, wo vorzugsweise aus Tersteegens Schriften, auch wohl aus sonst einem recht christlichen erbauungs Buche gelesen wird. Jedoch außer der Zeit des kirchlichen Gottesdienstes, damit keiner am Besuchen desselben verhindert werde.

Dagegen haben Sie geliebter Bruder freye Wohnung, den Theil des Gartens und Wiese, überhaupt dasjenige was die Haushaltung der Pilger jetzt in Nutzniesung hat, zum freyen Gebrauch, so wie auch die Miethe der Bewohner, sowohl im Hause als neben Häuscher zu ziehen, und die Beiträge in der hinzustellenden Büchse, so wie alles was zur Unterhaltung dieser Einrichtung von Freunden derselben einkommen möchte, zum Nutzen und besten des Haushalts dieser Anstalt frey zu verwenden - wenn den Geschencken keine besondere Bestimmung gegeben wird - falls aber mehr einkommen mögte, als die Haushaltung bedürfte, so verbleibt ein solcher Ueberschuß der Anstalt.

Da nun aber diese Pilgerhütte und ihre Einrichtung unter Vorsteher steht, welche über das Ganze Aufsicht haben, so haben Sie l[ie]b[e]r auch solche in dieser Beziehung als Ihre und der Anstalt Oberen zu erkennen, wenn es verlangt wird, Rechnung über Einnahme und Ausgabe zu legen, und überhaupt bey vorkommenden Fällen mit denselben sich zu berathen und deren Anordnung brüderlich zu unterwerfen.

Uebrigens aber sind Sie l[ieber] br[uder] nicht verpflichtet, von Ihrem privat Einkommen dieser Anstalt etwas zuzuwenden und vom allenfalsigen Verdienst Ihres Handwercks, besonders dann nicht: Wenn unter Gottes Seegen der Haushalt vermittelst der milden Beiträge bestehen kann, als was Ihnen Ihre freye liebes Neigung einflößen möchte.

Dagegen stehet es dann auch den Vorstehern sowohl wie Ihnen frey, wenn die Zukunft es zeigen sollte, daß diese Anstalt einer Veränderung unterworfen, oder es Ihnen nicht gemüthlich werden möchte, länger dem Haushalt vorzustehen, dieses Verhältnis nach gegenseitiger, Ein oder auch Halbjähriger, Kündigung aufzulösen.

Die Anstalt der Pilgerhütte ist arm, und muß es damit im Vertrauen auf Gottes väterliche Vorsorge versucht werden, wie es Ihm belieben mag, solche noch ferner bestehen zu lassen: Laßt uns in kindlicher Abhänglichkeit auf Seine Leitung merken, so wird Seine Ehre am mehrsten gefördert, und wir mit beunruhigender Aengstlichkeit verschont werden.

Der Herr bedarf unserer und unserer Anstalt nicht, es ist nur Seine herablassende Güte, wenn Er uns nicht ganz verschmähet.

Er schencke Ihnen dann ein großes Maas recht ausgebreiteter Liebe zu Seinen Kindern, so wie Weisheit und Gnade, die Besuchenden mit liebevoller schonender Tragsamkeit, als wie auch mit besserndem Ernste - nach eines jeden Erforderniß - zu begegnen und mache Sie zum Licht und Salz in ihrer Mitte, damit die kleine Heerde auch dorten gebauet und gepfleget werde, und man es spüre: Die Otterbeck sey eine Hütte Gottes bey den Menschen, ja Er mache sie zu einer Rehde, wo die Pilger auf dem ungestümen Weltmeer ihr Lebensschiflein zuweilen vor Ancker legen, um neu gestärckt, ihre Pilgerfahrt so viel muthiger fortzusetzen, und mit mehrerer Willigkeit ihr Kreuz auf sich zu nehmen, dem Herrn Jesu in Liebe und Treue nachzufolgen, um endlich den Hafen der ewigen Ruhe glücklich zu erreichen.

In Hoffnung, daß Sie uns mit einer baldigen Zusage erfreuen, grüßen und zeichnen im Namen des Committes

Die Vorsteher

Saarn und Homberg
d. 29 ten May 1839

Wilhelm Gros Selbeck
W.A. Mühlenbeck

Der Deputirte P.C. Hammacher welchem ich dieses mittheilte, stimmte der Wahl gleich den hierinn benannten Deputirten völlig bey, und ist in obigem Gruß und Wunsch als Committe Mitglied mit eingeschlossen".

XI. Familie Mühlenbeck als Besitzer

a. Wirtschaftliche und Grundstücksfragen

Mit den Zuwendungen von Johann Engelbert Evertsen in Barmen zur Unterhaltung der „Otterbeck“ konnten mit der Zeit die anfallenden Kosten nicht mehr gedeckt werden. Die Quelle versiegte völlig mit Evertsens Tod im Jahre 1807.

Zwar bemühten sich die Freunde um Spenden, wie dies aus einem Schreiben vom 21.01.1806 von Bernhard Roßhof[1] aus Spelldorf an Wilhelm Roßhof in Heißen hervorgeht[2]:

„Daß eure Kirchensteuer nach der Otterbeck wieder so reichlich ausgefallen, dafür danke ich mit dir dem lieben Gott, der die Herzen lenket, und geneigt machet zu geben von dem, was Er zuvor gegeben hat. Er segne ferner einen jeden nach allen Bedürfnissen, und schenke ihnen Speise zu würken, nicht die da vergehet, sondern die da bleibet in das ewige Leben. Joh.6,27. Die Otterbeck hält also durch die gütige Vorsorge Gottes auch noch ihr Bestehen, und zwar mit Ruhm und Beifall, wofür wir gleichfalls dem lieben Gott vielen Dank schuldig sind.“

Wenn 1801 sich noch die „Mitglieder und Freunde der Freunde Jesu die Otterbeck“ verantwortlich wußten für die Weiterführung des Hauses, dann wird man davon ausgehen müssen, daß um 1806 Hermann Mühlenbeck Eigentümer der „Otterbeck“ geworden ist. Einen entsprechenden Vertrag konnte ich nicht ermitteln. Aber in der ersten Steuerrolle vom 29. September 1807 steht Hermann

1 Brief im Archiv Barmen-Gemarke. Bernhardus Hermanus Rohshof war der Sohn der Eheleute Bernhardus Roshof und Anna Maria zu Denkhausen [oo 19.04.1733]. Bernhard wurde als 4. Kind am 01.02.1742 in Mülheim/Ruhr getauft. Er heiratete am 05.05.1765 die Anna Gerdrut Tops und war zu diesem Zeitpunkt Schulmeister in Spelldorf. Anna Gerdrut wurde am 13.02.1816 in Mülheim begraben [79 Jahre alt], Bernhard Roßhoff am 23.12.1819. [Die Schreibweise des Namens in den Kirchenbüchern variiert mehrfach]. Bernhard Roßhoff hat 1798/99 die zweite Auflage der Geistlichen und erbaulichen Briefe Tersteegens herausgebracht. [Spelldorf bei Mülheim an der Ruhr, bei Bernh. Roßhof und Comp.] Vermutlich war Johann Engelbert Eversen aus Barmen an dieser Ausgabe beteiligt. Evertsen schrieb am 22.03.1805 an den Consistorial Rath Kosegarten auf Rügen [auch Professor in Greifswald], daß er nach Tersteegens Tod mehrmals jährlich die Freunde in Mülheim besucht habe, „bis zu 1776, da der Bernhard Roßhof zur Gnade berufen war, und seither ein fleißiger Arbeiter in des Herrn Weinberg gewesen. [...] Ich habe einen kleinen Wirkungskreis, Bernhard Roßhof einen großen und viele Seelen.“ Nachstehende Briefe von Bernhard Roßhof sind erhalten: 28.04.1780 an Peter Ronsdorf in Wald; 17.02.1781 an Maria Otterbeck in Saarn; 23.02.1790 vermutlich an Peter Ronsdorf; 31.05.1791 mit Sicherheit an Peter Ronsdorf [alle Archiv Barmen-Gemarke]. Die persönlichen Kontakte werden bestätigt durch eine Tagebuchnotiz des Peter Ronsdorf vom 31.08.1787: „trat eine 9 tägige Reise nach Mülheim, Saarn, Speldorf und Homberg an.“(Bestand Merz, Engelskirchen). Vgl. Anm. bei Johann Engelbert Flasch.

Siehe auch Anmerkung auf Seite 41.

2 Archiv Barmen-Gemarke. Da es mehrere Wilhelm Roßhof in Mülheim gibt, konnte der hier angeschriebene noch nicht ermittelt werden. Vermutlich wohnte er in Heißen, da Frau M.C. Bredt aus Barmen am 30.11.1795 an einen Wilhelm Roßhof in Heißen geschrieben hat: „Wie es eurem Vetter Rohßof hier geht, werdet ihr von eurem Br[uder] in Speldorf vernommen haben.“

„Müllenbeck“ als Besitzer des Grundstücks Otterbeck. Als „Declarant“ der Schätzung hat C. A. Schultze unterschrieben, der zu dieser Zeit Hausvater der Pilgerhütte war[3].

Etwa 1817 wurde für die Bürgermeisterei Velbert, Gemeinde Hetterscheid, Abteilung II eine Flurkarte aufgenommen. Die Landmesser waren Reichard und Fohren. Die Parzellen 190-196 werden Hermann Mühlenbeck zugeschrieben.

Im Ur-Flurbuch[4] von 1827 ist für die Gewann „Otterbeck“ [rot durchgestrichen und ersetzt durch „Sarren“] Hermann Mühlenbeck als Eigentümer angegeben. Hier sind die Parzellen aufgeteilt in 190, 190 a, 190 b und dann weiter bis 196. Als Grundstücksgröße sind eingetragen 1 Morgen, 179 Ruthen, 20 Fuß.

Die Katasterakten wurden korrekt fortgeschrieben: 1854 auf Kaufmann Hermann Heinrich Grafe, 1903 auf Haarhaus & Co OHG, Elberfeld.

Wenn verschiedene Biographen die Übertragung der Pilgerhütte von Rütger Otterbeck auf die Mühlenbeck'sche Familie bereits auf das Jahr 1727 datieren[5], dann ist dies äußerst unwahrscheinlich. Naheliegend ist, wie bereits gesagt, die Zeit um 1806/07.

Unwahrscheinlich ist auch eine Verwandtschaft zwischen den Familien Otterbeck und Mühlenbeck um 1727. Bei meinen Nachforschungen zur Familie Mühlenbeck fand ich erst 1773 eine Heirat zwischen diesen Familien. Hier war es Hermann Mühlenbeck, der vorgenannte Besitzer der „Otterbeck“, der am 28.04.1773 eine Helena Otterbeck geheiratet hat. Sibilla Helena Otterbeck ist am 06.08.1742 als Tochter der Eheleute Johann Otterbeck, Schulmeister zu Hamborn, und Anna Agneta Roßhoff in Duisburg-Beeck getauft worden.

Sie war die Mutter der Geschwister Anna Gerdrut und Wilhelm Adolph Mühlenbeck, die die Pilgerhütte an Hermann Heinrich Grafe verkauft haben. Eine kurze genealogische Übersicht der Familien Otterbeck und Mühlenbeck wird am Ende dieser Dokumentation veröffentlicht.

Im Jahr 1839 war Wilhelm Adolf Mühlenbeck einer der beiden Vorsteher der Pilgerhütte. Vermutlich kannte er die Familie Lindermann aus Mülheim an der

3 „Amt Angermund; Num. 27; Besitzer Hermann Müllenbeck, Gemeinde Honnschaft Hetterscheid. Geschehen zu Hetterscheid den 29ten Sept. 1807. Heute erschiene vor der zur Verfertigung der Steuerrollen in der Gemeinde des Kirchspiels Heiligenhaus ernannten Commission Herman Müllenbeck als Besitzer nachbenannter in gedachter Gemeinde gelegenen Grundstücke. Gemäß der eigenen Schätzung gab er die Größe und Eigenschaft der Stücke folgender Gestalt an:“ In einer Tabelle folgt dann die Angabe: Otterbeck, Haus, Hof und Garten 1 Morgen; noch eine kleine Wiese 75 Ruthen.

4 Katasteramt Mettmann.

5 Hohensee, Vortrag 1973 beim Geschichtsverein Heiligenhaus gehalten; 1976, in c i s hilinciweg veröffentlicht: „Im Jahre 1727 wurde das Landhaus an Mühlenbeck, einen Verwandten der Otterbecks und Freund Tersteegens aus Saarn, übertragen.“[S. 24] - Säemann; 86. Jg. S. 277: „Diese Überschreibung fand 1727 statt, und zwar auf den Namen des Saarner Freundes und Verwandten des Rütger Otterbeck, namens Mühlenbeck.“

Ruhr. Ein Hermann Lindermann war ja bereits 1801 in Erscheinung getreten bei der Verabschiedung der neuen Ordnung. Einer seiner Verwandten, Johann Hermann Lindermann, war Kolporteuer bei der Evangelischen Gesellschaft. Ihm wurde in der Otterbeck ein befristetes Wohnrecht eingeräumt.

b. Johann Hermann Lindermann[6]

„Im Jahr 1850 wohnte Lindermann mit seiner großen Familie in der Pilgerhütte in der Otterbeck. Dort wurde ihnen am 'ersten October diesen Jahres des Abends um elf Uhr in der unter Nummer vier und vierzig in der Gemeinde Hetterscheid gelegenen und auf der Otterbeck genannten Behausung ein Kind weiblichen Geschlechts geboren, welchem Kinde der Vorname Lydia beigelegt wurde.' [Text der Geburtsurkunde][7]

Die Geburtsurkunde ist unterschrieben von dem Deklarenten J. H. Lindermann und den drei Zeugen: Johann Sprungmann, Friedrich Meckenstock und J. Fr. Wies.

Lindermann fühlte sich in der Otterbeck dermaßen zuhause, daß er in einer Auflistung seiner Sonntagsgottesdienste, die er im Rahmen des Evangelischen Brüdervereins abhielt, schrieb: 'jeden 3. Sonntag im Monat in meinem Hause in Heiligenhaus.'

Nach seinem Austritt aus dem Evangelischen Brüderverein blieb er dort wohnen und wirkte von hier aus 'separatistisch', wie seine Widersacher zu sagen pflegten. Er betreute seine ihm vom Evangelischen Brüderverein überlassenen Kreise und drang zunehmend auf die Glaubenstaufe, nachdem er Anfangs 1852 selber getauft worden war. Ab Dezember 1852 meldete Lindermann 'Getaufte-Christen-Gemeinden' in Heiligenhaus, Mettmann, Urdenbach, Haan, Wald u.a. an, wobei er seinen Wohnort stets mit 'Otterbeck' angab. Einige Pfarrer, die diese Gründungen kritisierten, nannten ihn: den Separatisten Lindermann aus der Pilgerhütte in der Otterbeck.

Lindermann wohnte mit seiner Familie bis zum Sommer 1853 in der Otterbeck und verzog dann nach Elberfeld auf den Nützenberg. Unmittelbar darauf zog Abraham Schergens (?-1870) mit seiner Familie dort ein, um das Haus für Zwecke des Evangelischen Brüdervereins zuzubereiten."

---

6 Den folgenden Bericht hat Pastor i.R. August Jung in Iserlohn vor Veröffentlichung seiner Recherchen zu Lindermann für diese Dokumentation freundlicherweise zur Verfügung gestellt.

7 In den Kirchenbüchern der ref. Gem. Heiligenhaus wird als Geburtsdatum der 08.10.1850 angegeben, als Tauftag der 12.12.1850. Die Mutter der Lydia Lindermann war Elisabeth Buchmüller. Paten: Peter Oberbeck, Weber; Oberschwarzbach; Friedr. Strunck, Kupferschläger; Velbert.

In „Evangelische Kirchen-Zeitung“ wird 1854 in mehreren Fortsetzungen unter der Überschrift „Die sectirerischen Bewegungen in Berg und Mark“ u.a. ausführlich über die Aktivitäten von Lindermann berichtet[8].

Nachstehend soll als Beispiel für die Gemeindegründungsaktionen der Antrag an die Gemeinde Haan wiedergegeben werden[9]:

„Dem Königl[ich] Wohllöbl[ichen] Bürgermeister-Amt in Haan.
Dem Königl[ich] Wohllöbl[ichen] Bürgermeister-Amte erlauben sich die Unterzeichneten die gehorsamste Anzeige zu machen, daß sie sich zu einer Gemeinde, unter der Benennung ‘Getaufte-Christen-Gemeinde’ zu Haan constituirt, und als solche das beifolgende Glaubensbekenntniß und Statut angenommen haben. Zum Lehrer und Missionar der Gemeinde wurde J. H. Lindermann zu Heiligenhaus und W. Siepmann in Haarzopf, zum Vorstand Joh. Pet. Drinnhaus auf der Teschen, K. Pasthaus [Paashaus] zu Sonnborn und W. Voosholz[10] an der Quallenheidt gewählt. Die Gemeinde wird ihre öffentlichen religiösen Versammlungen jeden Sonntag Morgen 9 und Nachmittags 2 Uhr bei J. P. Drinnhaus abhalten.
Teschen, den 21. Decemb[er] 1852
Hochachtungsvoll und Gehorsamste“
Es folgen dann 20 Unterschriften. Die gedruckten Statuten waren beigefügt.

Nicht zuletzt die Erfahrungen mit Lindermann dürften Wilhelm Adolf Mühlenbeck dazu veranlaßt haben, beim Verkauf an Hermann Heinrich Grafe in den Vertrag den Passus aufzunehmen, daß die künftige Arbeit in der Otterbeck ohne separatistische Nebenmeinungen zu geschehen habe.

8 Berlin 1854; S. 408; 413-416; 423-424; 430-432; 445-448; 452-456; 459-464; 467-472. Redakteur der Zeitung war Professor Dr. Hengstenberg (Universitäts-und Landesbibliothek Bonn).

9 Veröffentlicht in Festschrift zum 100jährigen Bestehen der Freien evangelischen Gemeinde Haan; 1993 nach Acta 450 betr. Sectenwesen im HStA Düsseldorf.

10 Johann Wilhelm Voosholz von der Quallenheide hat am 17.02.1857 vor dem Notar Carl Joseph Koch in Solingen Wald seinen Kirchenaustritt erklärt. (Rep. 4385; Fotokopie ohne Hinweis auf ein HStA.).

XII. Verkauf an Hermann Heinrich Grafe

Anläßlich der Mitgliedersitzung des Evangelischen Brüdervereins vom 11. September 1852 teilte Hermann Heinrich Grafe (1818-1869) den anwesenden Brüdern mit, daß die „Pilgerhütte“ an der Otterbeck auf den Verein übertragen worden sei.

Der Protokollführer Carl Brockhaus (1822-1899) hat dazu das Folgende festgehalten[1]:

„Br[uder] Grafe machte die Mittheilung, daß die sogenannte „Pilgerhütte“ an der Otterbeck ihm von dem bisherigen Besitzer rechtskräftig übertragen worden sei u[nd] daß dieses Eigenthum von nun an zu einer Hauptstation des evang[elischen] Brüdervereins dienen solle. Er theilte ferner mit, daß die Otterbeck schon seit über 100 Jahren der Sammelpunkt jener Stillen im Lande gewesen sei, die unter dem Namen „Terstegianer“ od[er] „Tersteegens Freunde“ in der vielfach todten Kirche innere Mission getrieben und dadurch der ganzen Gegend des berg[ischen] Landes u[nd] über dessen Grenzen hinaus von sehr großem Segen für die wahre Kirche Christi gewesen wären, daß ferner diese Tersteegens Freunde nun meinten, daß der ev[angelische] Brüderverein und seine Bestrebungen so große Ähnlichkeit mit dem Wirken Tersteegens hätte, daß sie glaubten, vollkommen im Sinne dieses frommen Mannes zu handeln, wenn sie jene Stiftung der Otterbeck als eine thatsächliche Anerkennung der geistigen Gemeinschaft zwischen ihnen u[nd] dem Brüderverein einem Mitgliede desselben übertrügen. Der Verein erkannte in diesem Anerbieten die Hand Gottes u[nd] ging gern auf den Vorschlag ein, um so viel mehr, als das Andenken und die Geschichte jenes Gottesmannes die Brüder des Vereins in ihrer Arbeit wohl zu trösten u[nd] zu stärken vermag, wenn von Seiten der Landeskirchlichen ihre freie Liebesthätigkeit auf dem Gebiete der inneren Mission, verkannt, verunglimpft u[nd] wenn möglich gern unterdrückt wird.“

Aufgrund dieser Formulierung ist man seither immer davon ausgegangen, daß Wilhelm Adolf Mühlenbeck, der selbst Mitglied im Evangelischen Brüderverein war, das Anwesen verschenkt hat. Da der Verein keine Körperschaftsrechte besaß, war die Übertragung auf ein Mitglied in einem Verein - hier Hermann Heinrich Grafe - damals ein normaler Vorgang. Es sollte jedoch später aufgrund dieser Überschreibung auf Grafe zu unangenehmen Auseinandersetzungen kommen, über die an anderer Stelle berichtet wird. (Kap. XIV)

Bei der Suche nach einem Übertragungsdokument bin ich bei den Repertorien der Notare im Hauptstaatsarchiv Düsseldorf auf bedeutsame Urkunden gestoßen,

1 Handschriftliche Protokolle S. 56/57; im Besitz des Archivs der Freien evangelischen Gemeinde Barmen, Unterdörnen.

die nachstehend veröffentlicht werden[2]. Hieraus ergibt sich, daß die „Otterbeck“ dem Brüderverein nicht geschenkt worden ist, sondern daß Grafe aus seinem Privatvermögen - vielleicht auch ergänzt durch Spenden von Freunden - dafür 550 Taler gezahlt hat, die jedoch vermutlich als Schenkung an den Verein gedacht waren. Man wird Grafe nicht unterstellen können, er habe beim Kauf der Otterbeck Privateigentum erwerben wollen.

Es liegen zwei Vertragsausfertigungen vor. Bei der einen handelt es sich um zwei beschriebene Seiten mit den Unterschriften der vertragschließenden Parteien. Die andere ist die notarielle Reinschrift auf sechs Seiten.

Angefügt ist jeweils ein Vertrag auf zwei bzw. vier Seiten, in dem Gertrud Mühlenbeck[3] ihrem Bruder Wilhelm Adolph[4] Vollmacht erteilt, sie bei allen Geschäften zu vertreten, bei denen sie normalerweise hinzugezogen werden müßte.

Für die Veröffentlichung habe ich die gut lesbare Reinschrift gewählt und wie folgt transkribiert:

I) Gedruckter Vorspann mit preußischem Hoheitszeichen (Adler).
„WIR
FRIEDRICH WILHELM
von Gottes Gnaden
König von Preußen
& c. & c. & c.
allen Gegenwärtigen und Zukünftigen unsern Gruhs
Thun kund und fügen hiermit zu wissen
dass“
II) handschriftlich eingetragen:
„Unser hiernachbenannter Notar
folgende Urkunde aufgenommen hat
N° 1213
Repertorii
25. August 1852.“
III) Vertragstext:

„Vor dem unterzeichneten, in der Stadt Elberfeld wohnenden Königlichen Notar Heinrich Albert Bunge erschienen heute:
1. Wilhelm Adolph Mühlenbeck ohne Geschäft wohnhaft zu Saarn Bürgermeisterei Mülheim an der Ruhr, für sich und als Bevollmächtigter seiner Schwester Anna Gertrud Mühlenbeck, ohne Geschäft, wohnhaft in Saarn,

2 Bestand: Not. Rep. 2360 Nr. 1213; Jg. 1852.

3 Anna Gerdruit Mühlenbeck, Tochter der Eheleute Hermann Mühlenbeck und Helena Otterbeck, ~ 14.06.1775 in Mülheim/Ruhr; † 08.02.1865, Evang. Gem. Saarn.

4 Wilhelm Adolph Mühlenbeck, Sohn der Eheleute Hermann Mühlenbeck und Helena Otterbeck, ~ 15.04.1783 in Mülheim/Ruhr; † 15.11.1871, Evang. Gem. Saarn.

als Verkäufer,
2. Hermann Heinrich Grafe Fabrikant und Kaufmann wohnhaft in Elberfeld
als Ankäufer.

Die Erschienenen erklärten: Wir schließen hierdurch folgenden Vertrag mit einander ab:
Wilhelm Adolph Mühlenbeck in eigenem Namen und als Vertreter seiner Schwester Anna Gertrud Mühlenbeck, verkauft für den Preis von fünf hundert fünfzig Preußischen Thalern folgende ihnen als einzigen Erben ihres verlebten Vaters Specereihändler Hermann Mühlenbeck zu Saarn eigen zugehörige, an der Otterbeck Gemeinde Hetterscheid Bürgermeisterei Velbert gelegene, im Cataster unter Artikel dreißig wie folgt mit einem Gesamtflächenraum[5] von einem Morgen hundert neun und siebenzig Ruthen zwanzig Fuß aufgeführte Immobilien an den dieses annehmenden Hermann Heinrich Grafe zu dessen vollen Eigenthum, nämlich:
1. Ein Haus und ein aus Wohnung und Stallung bestehendes Nebenhaus und ein kleiner Stall, sammt drei und zwanzig Ruthen dreißig Fuß Unter- und Umlage, Nummer Hundertneunzig und Hundert neunzig [a].
2. drei und sechszig Ruthen zwanzig Fuß Baumhof, Nummer Hundertneunzig [b].
3. acht und sechszig Ruthen sechszig Fuß Garten, Nummer Hundert ein und neunzig,
4. vier und siebenzig Ruthen fünfzig Fuß Acker, Nummer Hundert zwei und neunzig,
5. zehn Ruthen vierzig Fuß Garten Nummer Hundert drei und neunzig,
6. neun und zwanzig Ruthen achtzig Fuß Garten, Nummer Hundertvier und neunzig,
7. ein und siebenzig Ruthen fünfzig Fuß Baumhof, Nummer hundert fünf und neunzig,
8. vierzehn Ruthen neunzig Fuß Schlagholz, Nummer Hundertsechs und neunzig,
mit allen Zubehörungen, Rechten und Gerechtsamen, allen activen und passiven Dienstbarkeiten, gerade so wie das Immobilar bisher besessen und benutzt worden ist oder wie dies doch rechtlich hätte geschehen dürfen.

Der Ankäufer verpflichtet sich, das Immobilar seiner ursprünglichen Bestimmung gemäß zur Beförderung des lauteren und unparteiischen evangelischen Christenthums ohne alle konfessionellen oder separatischen[6] Nebenmeinungen zu benutzen.

Die Überlieferung an den Ankäufer erfolgt am ersten November achtzehn Hundert zwei und fünfzig, vom nämlichen Tage ab fallen demselben die Staats- und Gemeinde Steuern anheim.

5 Im Archiv Rölefeld befindet sich ein Lageplan, den der Düsseldorfer Landmesser Fohren im Jahr 1817 angefertigt hat.

6 Schreibfehler; in der anderen Handschrift heißt es richtig „separatistischen".

Den Kaufpreis von fünf hundert fünfzig Thalern hat Ankäufer schon baar gezahlt und ertheilt ihm Verkäufer für sich und seine Schwester hierüber Quittung.

Für die Zahlung des Kaufpreises vor der Ueberlieferung hat der Ankäufer von den Verkäufern eine Vergütung erhalten. Wegen etwa vorhandener Mehr- oder Minder- Maße der Grundstücke findet von keinem Theile ein Anspruch statt, im Uebrigen aber wird gegenseitig jede rechtliche Gewähr geleistet, namentlich das Immobilar frei von Schulden und Renten verkauft, worüber Ankäufer indeß Beweise nicht verlangt.

Comparenten acceptirten wechselseitig alles Vorstehende und Mühlenbeck überreichte zu seiner Legitimation eine beglaubigte Ausfertigung einer für ihn vor dem Gerichte zu Broich am dreißigsten September achtzehn hundert dreißig ausgestellten Vollmacht welche der gegenwärtigen Urschrift beigefügt wurde.

Worüber Urkunde welche im Beisein nachgenannter Zeugen den Comparenten vorgelesen, von denselben genehmigt und von ihnen, den Zeugen und dem Notar, welchem alle hier anwesende Personen nach Namen, Stand und Wohnort bekannt sind, auf dieser Urschrift unterschrieben ist.

So geschehen zu Elberfeld in der Amtstube des unterzeichneten Notars am fünf und zwanzigsten August achtzehn hundertzwei und fünfzig im Beisein der Zeugen: Georg Preuss Kleidermacher und Anton Steinhaus Schreiner beide in Elberfeld wohnhaft.

Gez: Wm Adolph Mühlenbeck
Gez: H. H. Grafe
Gez: Georg Preuss
Gez: Steinhaus
Gez: Bunge Notar.

Zur gegenwärtigen Urschrift wurde heute für fünf und einen halben Thaler Stempel kassirt. [auf Seite 3 befindet sich ein Stempel über „Ein Drittel Thaler 10 Gr.“; auf Seite 5 ein Stempel über „Ein Sechstel Thaler 5 Gr.“.]
Elberfeld den fünf und zwanzigsten August achtzehn hundertzwei und fünfzig.
Gez: Bunge“

IV) Die beigefügte Vollmacht hat folgenden Wortlaut:

„Vom Fürstlichen Gerichte der Herrschaft Broich wird die von einer Deputation desselben auf einen fünfzehn Groschen Stempel aufgenommene General- und Special-Vollmacht wörtlich lautend, wie folgt:

Actum Saarn in der Behausung der Geschwister Mühlenbeck den
30. September 1830.

Vor der unterzeichneten Gericht-Deputation, welche sich, zufolge Auftrags de hodierno[7] hierher verfügt hatte, erschien die hierselbst wohnende und von Person sehr wohl bekannte Demoiselle Gertrud Mühlenbeck.

7 von heute.

Dieselbe versicherte, in der freien Disposition über ihr Vermögen auf keine Weise beschränkt zu sein und erklärte, daß sie eine General- und Special-Vollmacht auf ihren Bruder, den Kaufmann Herrn Wilhelm Adolph Mühlenbeck, auszustellen wünsche und deshalb gestern um Ernennung einer Gericht-Deputation habe antragen lassen, vor der sie die desfallsige Verhandlung zu Protokoll erklären könne.

Da nun diesem Gesuche nichts entgegen stand, so wurde mit Aufnahme der Vollmacht verfahren, welche Comparentin frei und wohlbedachtlich folgendermassen zu Protokoll erklärte.

Ich Endesunterschriebene bekenne hiermit, daß ich meinen Bruder, den Kaufmann Herrn Wilhelm Adolph Mühlenbeck dahier hierdurch ausdrücklich bevollmächtige, alle meine Angelegenheiten wahrzunehmen, namentlich:

1. Gelder für mich, sowohl aus gerichtlichen Depositio, als außer Gericht, in Empfang zu nehmen und darüber zu quittieren,
2. Ausstehende Forderungen einzuziehen und in die Löschung eingetragener zu willigen;
3. Capitalien auszuleihen, und bereits ausgeliehene zu cediren;
4. Grundstücke zu kaufen und zu verkaufen;
5. Ueber streitige Forderungen und Rechte Prozesse zu führen, Namens meiner Mandatarien zu bestellen, Eide zu erlassen und für geschworen anzunehmen, und überhaupt alle und jede Geschäfte vorzunehmen, wozu, abgesehen von diesem Vollmacht - Auftrage, meine persönliche Zuziehung erforderlich wäre.

Zugleich ertheile ich meinem genannten Bruder hiermit die Befugnis, da, wo er es nöthig finden möchte, Namens seiner einen Andern zu substituiren.

Alles was nun gedachter, mein Bevollmächtigter kraft dieses ihm ertheilten Auftrages vornehmen wird, verspreche ich dergestalt unverbrüchlich zu halten als ob ich die Verhandlung selbst vorgenommen hätte.

Endlich verspreche ich auch, meinen Bevollmächtigten wegen aller aus dieser Vollmacht ihm erwachsenen Kosten und Auslagen schadlos zu halten.

Comparentin hat hierauf den ganzen Inhalt der vorstehenden General- und Special-Vollmacht nach vorheriger Vorlesung zur eigenen Durchsicht genehmigt und eigenhändig unterschrieben.

Gertraud Mühlenbeck.

a. u. s.

Schönstedt, Assessor, Rühl, Aktuar.

hierdurch glaubhaft ausgefertiget.
Urkundlich unter des Gerichts-Unterschrift und Insiegel.

Broich, den 2. Oktober 1830.
Fürstliches Gericht der Herrschaft Broich
Gezeichn.: WZeughaus.
L. S.

Kosten 8 Thlr. 3 sqr. 9 Pfg. S. C. N° 1652
E. N° 5638.“

V) Nachsatz
„Wir befehlen und verordnen allen dazu ersuchten Gerichtsvollziehern Gegenwärtiges zu vollstrecken; Unserm General-Prokurator und den Prokuratoren bei den Königlichen Landgerichten auf diese Vollstreckung zu halten; Allen Befehlshabern und Beamten der öffentlichen Macht auf gehöriges Ersuchen starke Hand dazu zu leisten.

Zur Beurkundung dessen haben Wir Gegenwärtiges von dem Notar besiegeln und unterschreiben lassen. Für gleichlautende erste Haupt-Ausfertigung, welche dem Herrn Grafe auf Ersuchen hiermit ertheilt wird.

Der Königl. Notar.

[Siegel] gez. Bunge.“

HERMANN HEINRICH GRAFE
(1818-1869)
(Archiv H. Neeb)

XIII. Aktivitäten des Evangelischen Brüdervereins

Ausführlich auf die Geschichte des Evangelischen Brüdervereins einzugehen, würde den Rahmen dieser Veröffentlichung sprengen. Deshalb sollen nur einige wenige Hinweise gegeben werden zur Gründung und zur Zielsetzung des Vereins. Ein breiterer Raum wird daran anschließend einer Dokumentation gewidmet über die Arbeit des Vereins in Verbindung mit der „Otterbeck".

a. Literatur

Die folgenden Veröffentlichungen beziehen sich auf die Geschichte des Vereins:

1. Hans Horn: Der Evangelische Brüderverein. Zur Geschichte eines Missionsvereins zwischen Landeskirche und Freikirchen[1].
2. Hans Horn: Wilhelm Alberts (1823-1865). Ein Vorkämpfer der sog. Brüderbewegung aus dem Oberbergischen[2].
3. Wolfgang Dietrich (Hrsg.): Ein Act des Gewissens, Band 1: Erinnerungen an Hermann Heinrich Grafe. Witten 1988.
4. Wolfgang Dietrich (Hrsg.): Ein Act des Gewissens, Band 2: Dokumente zur Frühgeschichte der Freien evangelischen Gemeinden. Witten 1988.
5. Zeitschrift des Evangelischen Brüdervereins: „Der Säemann", „Eine Wochenschrift für Mission in der Heimath und häusliche Erbauung"; Elberfeld, ab 1851.[3]
6. Festschrift: Hundert Jahre Ev. Brüderverein 1850-1950. In: Der Säemann. 99. Jg., Juni 1950.
7. Wolfgang Heinrichs: Der Evangelische Brüderverein[4].
8. Hermann Kelm: Das Archiv des Evangelischen Brüdervereins[5].

b. Vereinsgründung

Der Evangelische Brüderverein wurde am 19. Juni 1850 in Wuppertal-Vohwinkel gegründet. Ein von den Männern der ersten Stunde verfaßter Aufruf gibt am besten Aufschluß über ihre Motivationen:

„Die betrübenden Erfahrungen der letzten zwei Jahre [Revolution von 1848 und ihre Folgen] haben gelehrt, daß der Verfall in Kirche wie Staat eine nie ge-

1 In: Monatshefte für Evangelische Kirchengeschichte des Rheinlandes, 24. Jg. 1975.

2 In: Monatshefte für Evangelische Kirchengeschichte des Rheinlandes, 26. Jg. 1977.

3 u.a. im Archiv des Evangelischen Brüdervereins in Rölefeld bei Waldbröl. Die Nr. 1 erschien 1851 in Elberfeld. Herausgeber und Verleger war K.W. Bouterwek. Er schreibt über die Zielsetzung in Nr. 1 vom 27.02.1851: „Der Säemann ist kein Confessionsmann; d.h. er ist nicht evangelisch-reformirt, noch evangelisch-lutherisch, auch nicht evangelisch-unirt, sondern möchte gern nur einfältig evangelisch sein."

4 Schriftenreihe des Vereins für Rheinische Kirchengeschichte Nr. 80. Köln 1984, S. 317-323.

5 In Monatshefte für Evangelische Kirchengeschichte des Rheinlandes, 36. Jg. 1987.

ahnte Höhe erreicht hat und alle Vorkehrungen menschlicher Weisheit und Erfindung nicht ausreichen, der immer weiter um sich greifenden Zersetzung unserer bürgerlichen und kirchlichen Verhältnisse wirksamen Einhalt zu tun. Auch in den zeitgemäßen Veränderungen der Staats- und Kirchenverfassungen liegt nicht das Mittel, eine ausreichende Heilung der immer unzweideutiger hervorbrechenden Übel der Menschheit zu bewirken.

Wie aber für den einzelnen Menschen in Christo allein das Heil ruht, und wir in keinem anderen Namen können selig werden, also ist auch für ganze Gemeinden, ganze Völker, ja die ganze Menschheit kein anderer Heiland zu finden, weder im Himmel noch auf Erden, denn Jesus Christus, der hochgelobte Sohn Gottes. Wer an den von Herzen glaubt, der hat das Leben und ist wahrhaft frei.[6]“

Der Brüderverein wollte „in Gemeinschaft mit den gläubigen Predigern im Amte, nach dem Maß der Gnade, die uns gegeben ist, mithelfen, daß die Todten zum Leben gebracht und der Leib Christi erbauet werde.[7]“

Dem Vorstand gehörten an:

Dr. Bouterwek, Elberfeld
H. H. Grafe, Elberfeld
F. W. von den Steinen, Wülfrath
C. W. Neviandt, Mettmann
A. Schoel, Guiten.[8]

c. Schwierigkeiten am Anfang - positiver Fortgang.

Eine erste Krise wegen Lehrstreitigkeiten im Jahr 1852 schwächte die Arbeit erheblich. Es ging um unterschiedliche Auffassungen zu Fragen der Gemeindegründung, der Erwachsenentaufe und einer perfektionistischen Heiligungstheorie. Von elf angestellten „arbeitenden Brüdern“ sind acht ausgeschieden. Aber der Verein erholte sich wieder. Der Vorstand wurde auf 17 Mitglieder erweitert und für die Generalversammlung im Dezember 1852 eine Instruktion für die arbeitenden Brüder entworfen. Ein „Statut des evangelischen Brüdervereins“ sowie die „Instructionen für die arbeitenden Brüder“ erschienen als Beilage zum „Säemann“ Nr. 53 vom 30.12.1852.

Nach 5jährigem Bestehen war in der inneren Entwicklung des Vereins eine größere Ruhe eingetreten. Die Mitglieder einte das vorrangige Ziel, Menschen für Jesus Christus zu gewinnen: „die Bekehrung des Sünders zu Christus.“

6 100 Jahre Evangelischer Brüderverein; S. 9 f.

7 Der Säemann; 19.07.1854.

8 Carl Wilhelm Bouterwek (1809-1868); Hermann Heinrich Grafe (1818-1869); Friedrich von den Steinen (1801- ?); Carl Wilhelm Neviandt (1792-1870); Albert Schoel (1811-1880).

Es folgten gesegnete Jahrzehnte missionarischer Arbeit in Verbindung mit landeskirchlichen wie auch freikirchlichen Kreisen. Die Berichte der Mitarbeiter im „Säemann" zeigen die Schwierigkeiten auf, unter denen die Brüder zu leiden hatten, aber sie weisen auch hin auf viele positive Erfahrungen und Erlebnisse bei der Verteilung von Traktaten, Bibeln und in Verbindung mit Verkündigungsdiensten.

Anläßlich eines Jahresberichtes in „Der Säemann" Nr. 34 für die Zeit von Juni 1858 bis Juni 1859 werden Zahlen genannt über die Aktivitäten von neun arbeitenden Brüdern[9]. Wir können heute nur beschämt staunen über den Einsatz und Fleiß der damaligen Boten des Brüdervereins.

Allein durch Bruder Müller[10] von der Otterbeck wurden 116 Bibelstunden bzw. Erbauungsversammlungen gehalten. Müller hat in dem Berichtszeitraum von 12 Monaten insgesamt 1242 Hausbesuche gemacht. Dabei verteilte er:

2110 Handblätter
104 Tractate
5 Liederbüchelschen
1 Malan's Predigt
31 Rochat's Betrachtungen
82 Alte Hefte „Säemann"
22 Bibeln
15 Neue Testamente
9 Verschiedene Erbauungsschriften.

Insgesamt wurden mehr als 35.000 Handblätter und Traktate verbreitet und etwa 750 Bibeln und Neue Testamente.

„Es ist für den Brüderverein [...] eine schwierige und mühevolle Aufgabe geblieben, entsprechend dem proklamierten Selbstverständnis ein unabhängiger Missionsverein zwischen Landeskirchen und Freikirchen zu sein. Daß er überhaupt seine Existenz wahren konnte, lag offensichtlich in dem tiefen Bewußtsein seiner Mitglieder begründet, als Botschafter Christi berufen zu sein," so konnte Hans Horn 125 Jahre nach der Gründung des Vereins konstatieren[11].

9 Seite 271.
10 Mehr über ihn an anderer Stelle: siehe XIII n.
11 Monatshefte für Evangelische Kirchengeschichte des Rheinlandes, 24. Jg. 1975; S. 231 f.

d. Bedeutung der „Otterbeck" für die Arbeit

Im Jahresbericht des Vereins von 1853[12] wird das Folgende berichtet: „Nach dem Plane des Vereins soll die Otterbek eine Hauptstation seiner Thätigkeit werden, zu welchem Ende nicht unbedeutende Reparaturen und Veränderungen im Innern der Gebäude vorgenommen wurden. Hoffentlich wird dasselbe im Laufe von ein Paar Monaten für seinen jetzigen Zweck so weit eingerichtet sein, daß es unter Gebet und Flehen zu dem Herrn, der seinem armen Volke viel Gutes thut, eingeweiht werden kann. Wir werden nicht ermangeln, die Brüder, seiner Zeit, davon zu benachrichtigen."

Nach einem Bericht über die Geschichte des Hauses, der an anderer Stelle dieser Dokumentation abgedruckt ist, fährt der Redakteur fort:

„Wie erquicklich wird es sein, wenn die Otterbeck nunmehr, durch Vermittlung des Brüdervereins, ihrer ursprünglichen Bestimmung möglichst nahe gebracht wird! Wenn wir dort auch kein „calvinisches Kloster", wie die Katholiken der Umgegend die Otterbek nennen, wieder einrichten wollen; so soll es doch, unter des Herrn Beistand nicht daran fehlen, daß in ihren Räumen wieder frei gepredigt wird von dem Heile in Christo allein ohne allen confessionellen Neid und Hader."

e. Gottesdienste nicht ohne staatliche Genehmigung

Das Abhalten der Gottesdienste war nicht möglich ohne polizeiliche Genehmigung. Im Stadtarchiv Velbert befindet sich eine größere Anzahl von Anträgen, die häufig auf einem vorgedruckten Formular mit folgendem Inhalt an den Bürgermeister bzw. an die Polizei in Velbert weitergeleitet wurden[13]:

„Der evangelische Brüder-Verein Elberfeld macht (unter nöthiger Einreichung seiner Statuten) bei der Ortspolizei zu .... hiermit die nach dem Gesetze vom 11. März 1850 (§ 1, 2 und 3) verlangte Anzeige, daß zu .... im Hause des .... am ....ten
....
....
von dem unterzeichneten Mitgliede des Brüder-Vereins eine religiöse Versammlung wird abgehalten werden. Zugleich wird um die nach demselben Gesetze vorgeschriebene obrigkeitliche Bescheinigung gebeten.

Namens des Vorstandes

H. H. Grafe, Vorsitzender
Pastor Rinck, Inspector

12 Der Säemann; Nr. 28 von 1853; S. 220.

13 Sign. IV d 4 Abhalten von Versammlungen; Sign. IV d 4, IX c, 2 Anträge für Versammlungen.

[diese Namen wurden verschiedentlich handschriftlich korrigiert und bei einem Nachdruck des Formulars der Name Rinck ersetzt durch „Pastor Heuser"]

Der Leiter der Versammlung:
.... den ...... ten .... 185 ...... "

Bei „im Hause des" erschien im Jahr 1853 der Name „Schergens", wobei dieser auch als Leiter der Versammlung genannt wurde. Ab 1856 heißt es „im Hause des" Wilhelm Müller.

Es fällt auf, daß die Anträge meist in der Zeit von Mitte Mai bis Anfang Juli gestellt wurden. Als Begründung wird mehrfach genannt „Gesangfest". Die Antragstellung wird häufig erweitert mit dem Hinweis „unter Mitbenutzung des durch eine Mauer abgeschlossenen Hofraumes."

Der erste Antrag betrifft die Versammlung vom 28.09.1853 zu Otterbeck im Haus Schergens, unterschrieben von H. H. Grafe und Pastor Heuser. Hier wird auch die Rednerliste mitgeteilt:

„Redner werden sein: Pastoren Künzel, Rinck, Hofius;
Prediger Köbner; Hülfsprediger Ribbeck, Neviandt;
Agent E. Roos."

Der nächste Antrag betrifft die Versammlung am 02.10.1853. Leiter der Versammlung war „A. Schergens, weiland Lehrer in Cöln."

Im folgenden werden auszugsweise eine Anzahl Daten festgehalten, aus denen deutlich wird, wie sehr das Gesetz zur Versammlungsfreiheit einerseits hilfreich war, andererseits jedoch durch die erforderlichen Formalitäten letztlich die Arbeit des Brüdervereins und darüberhinaus ganz allgemein der meisten außerkirchlichen Gemeinschaften behindert hat.

Antragstellung bzw. Tag der Versammlung am

16.10.1853	Leiter Schergens
07.06.1855	unterschrieben von H. H. Grafe
28.05.1856	unterschrieben von Grafe und Heuser
01.07.1857	unterschrieben von Grafe und Heuser
07.07.1858	unterschrieben von Pfarrer Heuser
06.07.1859	unterschrieben von Pfarrer Heuser
29.06.1860	unterschrieben von Pfarrer Heuser.

Weitere Daten:	28.05.1873	01.11.1879	26.06.1880	13.08.1880
	14.05.1881	06.10.1881	31.05.1882	

Am 24.08.1882 ergänzte Wilhelm Müller seinen Namen mit dem Zusatz „Missionar“ und kündigte an: „Ebenso alle 14 Tage Kinder-Gottesdienst, genannt „Sonntagschule“. Vielleicht markiert dieses Datum den Beginn einer gesegneten, langjährigen Sonntagschularbeit, die auch Müllers Tochter Martha viele Jahre durchgeführt hat.

Neben den religiösen Versammlungen in der Otterbeck gab es auch solche in Privathäuseren, die z. T. auch von Wilhelm Müller angemeldet wurden. Eine erste Ankündigung finden wir am 22.07.1861, wo das Haus der Witwe Vellemer in Heiligenhaus genannt wird. Am 03.05.1881 teilt Müller mit, daß am 08.05. und danach alle 8 Tage bei Johann Hornscheidt in Heiligenhaus eine Versammlung stattfinden sollte. Hier sprach am 15.06.1881 Theophil Wilms aus Düsseldorf[14].

f. Der Bote Theophil Wilms

Wilms war ein eifriger Bibelstundenhalter. Johannes Theophil Giffey schrieb 1930 in der Festschrift zum 50-jährigen Bestehen der Freien evangelischen Gemeinde in Düsseldorf: „Im Jahr 1863 hielt er durchschnittlich vier Bibelstunden in der Woche. Damals kam er auch nach der Otterbeck, der bei Heiligenhaus gelegenen „Pilgerhütte“ Gerhard Tersteegens, die 1852 dem Evangelischen Brüderverein übereignet worden war. Hier waltete seit 1854 der Bote des Vereins, Wilh[elm] Müller (gest. 1906) und machte von da aus seine Predigtfahrten an Rhein und Ruhr. Hier auf der Otterbeck hat der Brüderverein durch alle die Jahrzehnte hindurch Ende Juni sein Jahresfest abgehalten. Dort nun machte Theophil Wilms die Bekanntschaft der Leiter des Vereins, eines Grafe, Neviandt, Heuser, Rinck, Barthels usw.“ Im Jahr 1866 begründete Wilms ein eigenes Geschäft und handelte mit Baumaterialien und Kohlen. Von etwa 1870 bis 1888 war Wilms Vorstandsmitglied im Brüderverein.

g. Anträge und Antragsteller

Offenbar gab es ab 1883 eine Lockerung der gesetzlichen Verfügungen, denn am 15.01.1883 legte Hornscheidt dem Bürgermeister Thomas in Velbert einen Gesamtplan für das Jahr 1883 vor, der auch genehmigt wurde.

Mit einer Anzeige an die Velberter Polizei vom 17.05.1883 wird für den 20.05. nachmittags 2 ½ Uhr eine Versammlung angemeldet, die in einer Gastwirtschaft stattfinden sollte. Als Redner wird Pastor Heuser aus Elberfeld genannt.

Neben Müller erscheinen 1882 als Antragsteller auch August Achenbach, Joh. Wilhelm Felten, Fr. Wascheit und H. Mühlenkamp. Ein L. Möhlenkamp in

14 * 13.05.1832 zu Elberfeld; als 10jähriges Waisenkind kam er zu Pastor Pieper in Mettmann, der ihm eine ordentliche Schulbildung vermittelte; † 14.02.1896 in Erkrath.

Velbert und seine Frau gehörten am 22.08.1859 zu den Gründungsmitgliedern einer „Christen-Gemeinde“, deren Vorsteher J. H. Lindermann[15] aus Elberfeld war.

Es ist davon auszugehen, daß die jeweils angemeldeten Versammlungen immer bewilligt worden sind; denn es ist nicht bekannt, daß einmal eine Ablehnung erfolgte.

h. Die Kirche und die Separatisten

Aus den Verhandlungen der Niederbergischen Kreissynode zu Neviges[16] vom 21. September 1881 erfahren wir etwas über den inneren Zustand der offiziellen Kirche in jener Zeit:

Nachstehend werden einige Auszüge aus der Niederschrift abgedruckt:
„Die Betheiligung am öffentlichen Gottesdienste und an der Abendmahlsfeier ließ in allen visitirten Gemeinden viel zu wünschen übrig, wenn gleich eine eigentliche Abnahame nur in Velbert während der letzten drei Jahre constatirt werden mußte. Es ist der Mangel an Kirchlichkeit, an welchem sogar unsere christlich angeregten Kreise vielfach kranken, sehr zu beklagen und bei der Glaubensfrische und Begabung, mit welcher das Wort von manchen unserer Kanzeln verkündigt wird, schwer zu begreifen. Ist Unkirchlichkeit die Krankheit unserer Zeit oder ist unser bergisches Land, das von Alters her das lautere Wort auf seinen Kanzeln gehabt, satt geworden ?“

Es wird dann davon gesprochen, daß in der kirchlichen Bevölkerung die Neigung zu separatistischen Gelüsten zugenommen habe. Es haben in den vorangegangenen Monaten an verschiedenen Orten Versammlungen stattgefunden, wo man sich eingehend mit dem Verhalten beschäftigt hat, welches die Kirche den separatistischen Bewegungen und Bestrebungen einzunehmen hat. Hier wird besonders erwähnt ein Referat des Pastors Bockmühl[17] über die geschichtliche Entwicklung des Separatismus und den gegenwärtigen Stand desselben.

Offenbar wurde die Arbeit des Brüdervereins auch als separatistische Aktivität angesehen. In dem Protokoll der Synode heißt es im Zusammenhang mit Aufzählungen von Fällen der Separation in den Gemeinden: „In der Gemeinde Heiligenhaus hält der Brüderverein nicht nur wie seither an der Otterbeck, auch in letzter Zeit im Orte selbst seine Versammlungen ab und pflegt gesonderte Abendmahlsgemeinschaften.“ Etliche Gemeindeglieder sind zu den Darbysten[18] übergegangen; aber den Freunden des Brüdervereins bestätigt man, daß sie in der Mehrzahl treue Kirchenbesucher sind.

15 Siehe auch XI b), Seite 67.
16 Archiv der Evangelischen Gemeinde Velbert; Nr. 6077.
17 Wilhelm Peter Bockmühl (1852-1923).
18 Brüderbewegung, benannt nach dem Mitbegründer John Nelson Darby (1800-1882).

Es wird über die Grenzen der Toleranz diskutiert und gegenüber den separatistisch Geneigten und „Separirten" u.a. beschlossen: „Den aus der kirchlichen Gemeinschaft Ausgetretenen sowie den an außerkirchlichen Abendmahlsgemeinschaften sich dauernd Betheiligenden oder ihre kirchlichen Pflichten hartnäckig Versäumenden gegenüber hat die Kirche ihre Würde zu wahren und Solchen in Gemäßheit des Gesetzes vom 30. Juli 1880 wenigstens das aktive und passive Wahlrecht zu entziehen."

i. Der erste Gottesdienst des Brüdervereins (Einladung und Berichte)

Otterbeck

„Mittwoch den 28. September, Morgens um 10 Uhr, soll auf der Otterbeck die erste größere Versammlung, Seitens des evangelischen Brüdervereins, abgehalten werden. Ansprachen werden gehalten werden von folgenden Mitgliedern des Vereins: Pastor Rinck[19], Pastor Künzel[20], Pastor Hofius[21], Prediger Köbner[22], Hilfsprediger Ribbeck[23], Hilfsprediger Neviandt[24], und dem Agenten des Vereins: E. Roos[25]. Alle Freunde des Vereins und der Reichssache Gottes überhaupt werden zur Theilnahme an dieser Versammlung brüderlich eingeladen. Die zu singenden Lieder sind in der vom Vereine herausgegebenen kleinen Liedersammlung enthalten.[26]"

In den Nummern 42, 43 und 44 des „Säemann" aus dem Jahr 1853 wurde ausführlich, - mit teilweiser Wiedergabe der Ansprachen - über die erste Versammlung an der Otterbeck berichtet.

k. Rede des Hilfspredigers Ribbeck

Ein Auszug aus der Rede des Hilfspredigers Ferdinand Ribbeck soll nachstehend - gleichsam exemplarisch für die anderen - abgedruckt werden. Ribbeck hatte Psalm 107, V. 1 - 9 gelesen und führte dann folgendes aus:

„Laßt mich, theure Geschwister, im Anschluß an die Textworte, zu Euch reden über die Worte:

1) Pilgerhütte, 2) Brüderverein, 3) Otterbeck.

---

19 Heinrich Wilhelm Rinck (1822-1881).

20 Friedrich Adolf Heinrich Künzel (1810-1882)

21 Johann Karl Friedrich Hofius (1826-1892).

22 Julius Köbner (1806-1884).

23 August Ferdinand Ribbeck (1823-1874).

24 Friedrich Heinrich Neviandt (1827-1901).

25 Ernst Roos (1820-1896).

26 Der Säemann Nr. 37 vom 15. September 1853.

Wo wir hinschauen, Geliebte, werden wir daran erinnert, und diese Pilgerhütte, in welche unser theurer Herr Jesus uns so gnädig zusammengeführt hat, mahnt uns besonders daran, daß wir hier keine bleibende Stätte haben. Unsere Tage entfliehen, wie ein Schatten, unsere Jahre eilen schnell dahin, als flögen wir davon.

Werfen wir nun von dieser Pilgerhütte einen Blick zurück auf unser vergangenes Leben, was erblicken wir da, Geliebte? Unser Psalm antwortet darauf. 'Wir gingen irre in der Wüste, auf ungebahntem Wege, und fanden keine Statt, da wir wohnen konnten.' Ach wie lange Jahre gingen wir dahin in der Blindheit unseres Herzens nach dem Laufe dieser Welt, ohne Ruhe und Rast, angetrieben von den Lüsten unseres Fleisches; ohne Licht von Oben, folgend den Irrlichtern einer falschen Weisheit; ohne Trost und Frieden, ohne wahre Hoffnung; arme, gefallene, heimatlose Geschöpfe, denn wir kannten ja die Friedensstadt, die ewige Heimat droben nicht; elende verirrte, zerstreute Schafe, denn unser treuer Hirte und Heiland war unserm Herzen so fern. Wir suchten unsern Hunger zu stillen mit den Träbern der Welt, unsern Durst zu löschen an den löchrichten Brunnen; aber was half's? Unser Hunger blieb ungestillt, unser Durst wurde immer brennender, wir wurden immer elender; wir waren, wie der Psalm sagt: 'Hungrig und durstig, und unsere Seele verschmachtete.' Da, in der äußersten Noth, erbarmte sich Gott seiner verlornen Kinder. Er zerbrach unser hartes, eigengerechtes Herz, Er öffnete unsere blinden Augen, Er ließ uns einen Blick thun in unser namenloses Elend, daß wir erschraken und anfingen zu schreien zum Herrn in unserer Noth. Wir lernten beten! Und der Herr Jesus, der uns so lange, ohne daß wir es wußten, nachgegangen war, stand da, uns zu helfen: 'Er errettete uns von unsern Aengsten; Er führte uns den geraden Weg zu der Stadt, da wir wohnen sollten.' Noch sind wir zwar Pilger, noch wohnen wir in Hütten, aber wir haben doch jetzt das selige Ziel erkannt und gehen der ewigen Heimat entgegen. Darum, Geliebte, laßt uns 'danken dem Herrn für Seine Güte und für Seine Wunder, die Er an den Menschenkindern thut!' Welche Wunder! So Viele vom Aufgang und vom Niedergang, von Mitternacht und von Mittag sind hier versammelt im Namen Jesu, in dieser Pilgerhütte, wo der treue Heiland uns in lieblicher brüderlicher Gemeinschaft so reichlich erquickt und stärkt zu unserer weitern Pilgerfahrt, wo Er uns einen Vorschmack zu genießen gibt von der unendlichen, namenlosen Freude, die Er uns bereitet hat droben im Vaterhause. O, stimmt Alle ein in den Lobgesang der Erlösten: 'Danket dem Herrn, denn Er ist freundlich und Seine Güte währet ewiglich!'

Oder ist da oder dort eine Seele unter uns, die das neue Lied noch nicht mitsingen kann? Sind Herzen da, die noch keinen Frieden gefunden haben, weil sie den Herrn Jesum noch nicht als ihren Heiland kennen? O liebe Seele, hast Du nur einmal erkannt, daß Du verloren bist ohne den Heiland, daß Du Ihn haben mußt? Dann, wenn Du von Herzen ein armer Sünder geworden bist, wenn Du nichts Gutes mehr an Dir siehst, sondern lauter Sünde und Jammer, dann mach' es doch, wie es in unserm Text heißt: 'schreie zum Herrn in Deiner

Noth', laß nicht nach mit Schreien; und bald sollst auch Du erfahren, daß der Herr Jesus das Schreien der Elenden hört. Du wirst Ihn erkennen als Deinen Heiland, und mit einstimmen in den Lobgesang der Kinder Gottes, mit allen Erlösten preisen Seine Güte und Seine Wunder, die Er an den Menschenkindern thut. —

Ich habe 2) einige Worte zu reden über das Wort „Brüderverein." Wer uns so beisammen sieht, wie wir miteinander die lieblichen Lieder singen, von den großen Thaten Gottes reden, und Seinen heiligen Namen anrufen, der könnte leicht denken, wir seien Alle schon so ein recht eng verbundener, in der Liebe Jesu zusammengeschmolzener Brüderverein. Ach, es sollte wohl so sein; aber, die Hand auf's Herz, ist es so, theure Brüder und Schwestern? Kann die Welt an uns Allen erkennen, daß wir Jesu Jünger sind, durch unsere Liebe gegen alle Brüder? Kommt das 'Beißen und Fressen', das der Apostel an den Galatern so ernst straft, nicht auch noch unter uns vor? Geschieht es nicht noch fortwährend unter uns, daß Lutheraner an den Reformirten und umgekehrt, und Beide an den Baptisten sich stoßen, und ihnen die Bruderhand verweigern, blos um irgend eines verschiedenen Lehrbegriffs willen? Ach, wie sucht man da das Seine, die eigene Meinung u.s.w.und will das Werk Gottes nicht erkennen im Bruder, den doch der Herr Jesus angenommen hat. O, fragen wir doch nach dem Einen: 'Ist der Herr Jesus Dein Heiland geworden, und willst Du nur Ihm angehören?' Heißt die Antwort: 'Ja!' nun dann, da ist meine Bruderhand, und so laßt uns Hand in Hand und Herz an Herz als Kinder Eines Vaters, als Jünger Eines Heilands, als Bürger Einer Stadt fortpilgern nach dem Jerusalem droben, nach der seligen Heimat! Ach, wir haben uns versündigt; der Herr schenke uns Buße und brünstige Bruderliebe! Es thut Noth; denn der Kampf gegen die furchtbare Macht der Finsterniß erfordert Einigkeit.

3) Der Name Otterbek erinnert an die Mission, die der Herr diesem Hause gegeben hat. Der Mensch hat von Natur ein Otternherz, denn Otterngift ist unter seinen Lippen (Röm. 3,13). Nun denke ich mir, wenn hier in den Bibelstunden der Herr Jesus verkündigt wird, so fließt hier ein Bach vorbei, der angefüllt ist mit solchen Otternseelen, die noch keinen Heiland haben, und der Herr Jesus wirft dann Sein Netz aus, und fängt sich manche Seele zu Seinem seligen Eigenthum. Dazu wolle der Herr den lieben Bruder, den Er in dies Haus gesetzt hat, reichlich segnen, und salben mit Seinem heiligen Geiste, damit in dieser Gegend dem Herrn Jesu recht viele Seelen gewonnen werden. Der Herr werfe Sein Netz überall reichlich aus in diesen letzten Tagen, damit Sein Haus voll werde, und gebe in Gnaden, daß unser Keines einst dort fehlen möge im ewigen Vaterhause. Amen!"

Zwischen den Reden wurden vorwiegend Tersteegen-Lieder gesungen. Das Schlußwort sprach der Agent des Brüdervereins Ernst Roos. Nach einem freien Gebet sang die Festgemeinde als Schlußvers „Die wir uns allhier beisammen finden."

1. Abraham Schergens[27]

Er war der erste Hausvater der Pilgerhütte nach der Übernahme des Hauses durch den Brüderverein. Anläßlich der ersten Festversammlung hat er einiges aus seinem Leben berichtet[28]. Der Säemann schreibt: „Im Jülichschen geboren und in seinen Jugendjahren zum Herrn gezogen, brachte der liebe Bruder einige Jahre im gesegneten Wupperthale zu, und trat in das Missionshaus in Barmen ein, um sich zum Missionsberuf auszubilden, trat aber später zum Schulfach über, und brachte in diesem Berufe eine Reihe von Jahren in Altwied und zuletzt in Köln zu, wo er neben dem Schuldienst auf verschiedene Weise für das Reich Gottes thätig war, z.B. im Abhalten von Bibelstunden und Leitung des Jünglingsvereins. Den Antrag von Seiten des Brüdervereins, den gegenwärtigen Posten zu übernehmen, erkannte er als vom Herrn kommend, und ist somit wenige Tage vor diesem Feste mit seiner Familie in die Pilgerhütte eingezogen.“

Abraham Schergens versah seinen Dienst als Hausvater nur kurze Zeit. Im Jahresbericht 1854/55 lesen wir wie folgt[29]:

„Br[uder] Abraham Schergens, der früher an der Otterbek bei Heiligenhaus, in dem Hause des Brüdervereins, wohnte, und in der Umgegend thätig war, ist im Herbst vorigen Jahres in das Vereinslokal in Elberfeld eingezogen, um die Expedition des Säemanns zu besorgen und das Lager von Schriften des Vereins zu verwalten. Die übrige freie Zeit verwendet derselbe zu Bibelstunden und Hausbesuchen, zu welchem Zwecke er in letzter Zeit namentlich die Ruhrgegend von Hagen aus besucht hat. Er findet dort aber noch mancherlei Schwierigkeiten, die theils der Gleichgültigkeit, wenn nicht Feindschaft des Volks, theils in dem Entgegenwirken der kirchlichen und bürgerlichen Behörden ihren Grund haben.“

Dem Taufbuch der reformierten Gemeinde Heiligenhaus ist zu entnehmen, daß am 28.06.1854 Martha Schergens in Hetterscheidt geboren und am 03.08.1854 getauft wurde. Sie war die Tochter des Lehrer Abraham Schergens und der Pauline Schergens, geborene Quitmann. Maria Theresia Grafe geborene Neviandt ist als Patin eingetragen.

Im Jahresbericht 1855/56 berichtet der „Säemann“[30]: „Br. Abraham Schergens, früher Lehrer in Köln, hat wie bisher als Expedient des ‘Säemann’ und Verwalter des Schriften-Depôts seinen Wohnsitz im Vereinslokal zu Elberfeld gehabt. Die Zeit, die ihm diese Arbeiten, sowie die Correctur des ‘Säemann’ übrig ließen, hat er auf sein Arbeitsfeld, die Gegend von Schwelm bis Limburg[31] und Herdecke hin, mit solcher Treue verwendet, daß er noch 115 Bibelstunden

27 Abraham Schergens (? -1870).

28 Der Säemann Nr. 43; S. 343.

29 Der Säemann Nr. 28 vom 12. Juli 1855; S. 223.

30 Nr. 29 vom 17. Juli 1856; S. 232.

31 Da es unwahrscheinlich ist, daß Schergens bis Limburg/Lahn reiste, dürfte es sich bei ‘Limburg’ eher um ‘Hohenlimburg’ handeln.

gehalten, gegen 400 Hausbesuche gemacht und etwa 2200 Handblätter nebst 70 Tractaten verbreitet hat. Im Ganzen findet er jedoch in jener, den materiellen Interessen gar sehr hingegebenen Gegend noch immer erst geringen Eingang, wenn er auch an einzelnen Seelen manches Erfreuliche erfahren hat."

m. Johannes Schergens

An dieser Stelle darf hingewiesen werden auf einen Sohn von Abraham Schergens: Johannes Schergens[32]. Er gehörte zu den „Vätern" des „Christlichen Sängerbundes", der am 31. August 1879 in Elberfeld gegründetet worden war. In der Jubiläumsschrift „Fünfzig Jahre Christlicher Sängerbund 1879 -1929" schreibt Johannes Giffey[33]: „Einer von denen, deren Herz von Anfang an voll und warm für den Bund schlug, war Johannes Schergens in Bonn. Seine Wiege stand in Elberfeld, wo sein Vater Geschäftsführer des Evangelischen Brüdervereins war. Am 27. Dezember 1855 ward er geboren, absolvierte das Gymnasium und ging in die Buchhändlerlehre. Als er aber im Frühjahr 1877 Frieden in Jesu gefunden hatte, wollte er noch Theologie studieren, blieb dann aber seiner schwachen Gesundheit wegen doch bei seinem Berufe. Als 23-jähriger übernahm er eine Buchhandlung in Köln und gründete die Firma Johannes Schergens." Auf Veranlassung des evangelischen Theologieprofessors Theodor Christlieb, mit dem Schergens befreundet war, verlegte er sein Geschäft von Köln nach Bonn[34]. „Er versuchte aber nebenher verschiedentlich Zweiggeschäfte aufzumachen, so 1882-1883 in Gernsbach, 1896-1903 in Frankfurt a.M., 1909-1915 in Berlin, welch letzteres er wegen des Krieges nicht halten konnte. So hat er fleißig geschafft. Obwohl irdischer Wohlstand ihm versagt blieb, war es ihm doch eine Freude, schließlich in Bonn ein Haus erstehen zu können, welches gleichzeitig der Freien evangelischen Gemeinde ein Heim bot."

Schergens hat sich in verschiedenen Ämtern des Sängerbundes bewährt. Er starb am 2. März 1919.

n. Wilhelm und Martha Müller

Anstelle von Abraham Schergens wurde Wilhelm Müller (1822-1906) aus Wermelskirchen[35] zur Otterbeck berufen. Er begann seine Arbeit im Herbst 1854. Müller stand zuvor in Diensten des Erziehungsvereins in Neukirchen bei Moers.

---

32 Johannes Schergens (1855-1919).

33 Erschienen bei Christlicher Sängerbund e.V., 1929; S. 77.

34 Siehe auch: Otto Wenig, Buchdruck und Buchhandel in Bonn; Bonn 1968; S. 339/40, 370-72, 489.

35 Johann Wilhelm Müller war der Sohn des Papierhändlers Johann Wilhelm Müller in Wermelskirchen, zur Eich und der Anna Catharina Klein. Er wurde am 22.05.1822 geboren und am 03.06.1822 getauft (Ev.Gem. Wermelskirchen). Er war verheiratet mit Johanne Friederike Elisabeth Attern. Den Ort der Trauung konnte ich nicht ermitteln. Eine Heiratsurkunde wurde weder in der Kirchengemeinde Wermelskirchen noch in Neukirchen und Vluyn gefunden.

Im Jahresbericht 1854/55 wird mitgeteilt[36], daß Müller sein Arbeitsfeld von der Otterbeck aus nach dem Rhein hin hat, „während Wilhelm Schuffert[37] aus Rheinbaiern, der seit Januar d[ieses] J[ahres] ebenfalls an der Otterbek wohnt, auf der entgegengesetzten Seite, besonders in der Winzermark, thätig ist[38]. Beide Brüder, die gleich ihrem Vorgänger, Br[uder] Schergens, anfangs nur auf Hoffnung den Samen des Wortes ausstreuen konnten, indem sich gar wenig Empfänglichkeit der Herzen kund gab, haben in der jüngsten Zeit doch von sehr erfreulichen Regungen in den Gemüthern zu berichten, so daß wir hoffen dürfen, daß der Herr nach dieser Wildniß noch einen Garten bauen werde, voll Lieblichkeit und Wohlgeruch der Pflanzung seiner allmächtigen Hand."

Über den Besuchsdienst von Wilhelm Müller mit seiner Verkündigung und Kolportage wurde bereits weiter oben berichtet.

Es soll aber noch der nachstehende Bericht[39] weitergegeben werden von der Arbeit Müllers in den Jahren 1855/56, da wir hier eindrucksvolle Hinweise erhalten im Blick auf die soziale und kirchliche Lage der entsprechenden Region.:

„Br[uder] Wilhelm Müller aus Wermelskirchen wohnt als Hausvater in der vom Verein übernommenen Tersteegen'schen „Pilgerhütte" an der Otterbeck und besucht von dort aus besonders die an Heiligenhaus angrenzenden Bezirke, von Wimmersberg in der Gemeine Neviges bis nach Ratingen, Linnip und Kettwig hin. In letzterer Richtung findet er außer in dem sogenannten Kettwiger Busch leider noch gar wenig Verlangen nach dem Evangelium; erfreulicher steht's an den Grenzen von Wülfrath und Mettmann. In dem sehr verarmten und verkommenen Revier Wimmersberg hat er sich auch noch besonders der Kinder anzunehmen gesucht, mit denen er Samstags nachmittags eine biblische Geschichte bespricht. Obgleich die Bettelei und die Zuchtlosigkeit des häuslichen Lebens dem Einfluß des Wortes Gottes sehr hinderlich erscheinen, glaubt er sich doch einen Segen an den Kindern versprechen zu dürfen, durch den der Herr vielleicht noch am ersten die Herzen der Eltern gewinnen könnte. Sonst herrscht im Ganzen in der Umgegend der Otterbeck ein trauriger, geistlicher Tod, der sich auch da, wo noch ein schwacher Rest von Kirchlichkeit sich erhalten hat, in harter

36 Der Säemann Nr. 28 vom 12. Juli 1855; S 223.

37 Wilhelm Schuffert; Lebensdaten nicht ermittelt.

38 Über Wilhelm Schuffert erfahren wir im Jahresbericht für 1855/56: „Ferner haben wir den Dienst-Austritt von Br. Wilhelm Schuffert aus Rheinbaiern zu berichten. Derselbe hat sich nämlich gegen Ende April einer exclusiven Baptistengemeinde angeschlossen und, da er deßhalb nicht länger als arbeitender Bruder im Verein thätig sein konnte, sein Dienstverhältnis gelöst. Bisher hatte er seinen Wohnsitz in dem Vereinshause an der Otterbek und besuchte von da aus außer der näheren Umgegend besonders die Gegend von Hattingen bis nach Sprockhövel hin, wo er verzüglich in der Winzermark, im Holthauser Berg und Stiepeler Holz vollauf zu thun fand. Wir glauben dem scheidenden Bruder das Zeugniß nicht versagen zu dürfen, daß der Herr seine Thätigkeit dort mehrfach gesegnet hat. Nach seinen Berichten hat er in jenen 10 Monaten 98 Bibelstunden und 976 Hausbesuche gehalten, und ungefähr 3000 Handblätter, 257 Tractate, 99 Bibeln, 120 neue Testamente, 5 Psalter und 5 Liederbüchlein verbreitet." Der Säemann Nr. 29 vom 17. Juli 1856; S. 230 f.

39 Der Säemann Nr. 30/1856; S. 233 f.

Selbstgerechtigkeit und Mammonsdienst offenbart. Die Bibelstunden von Br[uder] Müller belaufen sich auf 128, die Hausbesuche auf fast 950; an Handblättern hat er über 1800, an Tractaten 183 verteilt; dazu 18 Bibeln, 40 neue Testamente und 19 Liederbücher."

Auch im 8. und 9. Jahresbericht erscheinen kurze Hinweise auf die Tätigkeit von Wilhelm Müller[40]. Nach 1860 habe ich nicht weiter in „Der Säemann" über Müller recherchiert.

Neu ist die Einrichtung einer Sonntagschule. Obwohl erst von 1882 ein entsprechender Antrag an die Behörden vorliegt, dürfte Müller bereits 1855 mit einer solchen Arbeit begonnen haben. Im Jahresbericht von 1855 heißt es[41]: „Es ist seit Kurzem der Versuch gemacht worden, an der Otterbeck durch Bruder Müller und seine Frau eine Sonntagsschule in's Leben zu rufen, wovon sich jetzt noch nicht viel sagen läßt."

Im Jahresbericht 1857 wird erwähnt[42], daß sich an der Otterbeck nur wenige Kinder zur Sonntagschule einfanden. Deshalb habe Wilhelm Müller an freien Nachmittagen besondere Stunden mit der Jugend in Wimmersberg und Eggerscheid eingerichtet. Die Brüder haben diesen Kindern zu Weihnachten mit einem Geschenk eine Freude bereitet.

Abschließende Würdigungen der Arbeit von Wilhelm Müller finden wir in der Festschrift zum 100jährigen Bestehen des Evangelischen Brüdervereins.[43]

„Im Jahre 1854 wurde als Hausvater der bekannte, sinnige und stille Bruder Müller aus Wermelskirchen an die Otterbeck berufen. Wer ihn gekannt hat, weiß sehr wohl, wie gerade er zum stillen Frieden dieses Hauses und Pilgerheims beigetragen hat. Etwa 50 Jahre hat Bruder Müller an der Otterbeck in gesegneter Arbeit gestanden. Als Bote des Evangeliums bereiste er das Vereinsgebiet der ganzen Umgegend bis Langenberg, Essen, Düsseldorf und über Mettmann hinaus.

Zur Seite stand ihm später seine Tochter, Fräulein Martha Müller[44]. Unter ihrem liebefrohen Wirken gedieh besonders die Sonntagsschule, in deren Arbeit bei den schönen unvergeßlichen Weihnachtsfeiern Schwestern und Brüder der treuen Hauswirtin helfend und dienend mit einspringen mußten."

Einer dieser Helfer war Herr Albert Küpperbusch. Er wurde am 09.02.1915 in der „Pilgerhütte" geboren. Anläßlich eines Besuches in seiner Wohnung in Heiligenhaus erzählte er mir aus seiner Jugend, die er in der Otterbeck verbracht hat. Er hat häufig im Tersteegen-Bett im Tersteegenzimmer geschlafen. Beson-

40 Der Säemann Nr. 30/1858; S. 236 und 34/1859; S. 270.

41 Der Säemann Nr. 29/1855; S. 227.

42 Der Säemann Nr. 31/1857; S. 246.

43 Juni 1950; S. 75 /76 + S. 49; Archiv der Freien evangelischen Gemeinde Wuppertal-Barmen, Unterdörnen.

44 Martha Müller: * 21.08.1863 in Heiligenhaus; † 10.04.1940 in Düsseldorf-Grafenberg; ± in Heiligenhaus.

ders eindrücklich waren für ihn die Erinnerungen an Martha Müller, von der er meinte, daß diese „Tante Martha“ - wie er sie nannte - entscheidend an seiner Erziehung mitgewirkt habe. Martha Müller hat Herrn Küpperbusch ihr Harmonium (Thuringia Organ Comp.) mit nachstehender Widmung geschenkt:

„Meinem lieben, jungen Freunde Albert Küpperbusch Heiligenhaus, Teichstr. schenkte und vermachte ich einige Zeit vor meinem Auszug aus der Otterbeck mein Harmonium, zum Dank für viel treue Hülfe und Anhänglichkeit, als dauerndes Andenken ! Möge ihm dasselbe noch viel Freude machen und er es treu benutzen ! Gottes Segen wünscht Dir von Herzen für Deinen ferneren Lebensweg Deine Tante Martha Müller !

Otterbeck b. Heiligenhaus, an seinem Geburtstag 9. Febr. 1931.“

Herr Küpperbusch kannte auch die anderen Kinder von Wilhelm Müller: Gotthilf[45], Hulda[46], Anna[47] und Hermann[48].

Emilie Müller[49] heiratete am 11.06.1886 in der Otterbeck den Missionar Fritz Kamp von der Neukirchener Mission. Sie kehrte 1909 krank aus Java zurück und starb am 14. Juni 1911 in Neukirchen.

Von Hermann Müller wußte Herr Küpperbusch zu berichten, daß er ein sehr begüterter Mann war, der auch im Jahre 1909 die Renovierung der „Pilgerhütte“ zum 200. Gründungstag bezahlt habe. Beim Börsenkrach an der Wallstreet vom 24.10.1929 und durch die folgende Weltwirtschaftskrise habe er so viel verloren, daß er bettelarm wurde.

Herr Küpperbusch erinnert sich gut an die Brüder Baumann[50] (ab 1928 Hausvater) und Siepermann (1871-1943); 1919-1943 Vereinsvorsitzender).

An der Festfeier zum 100jährigen Jubiläum des Brüdervereins am 14. Juni 1950 hat Herr Küpperbusch teilgenommen. Er half beim Zeltaufbau, in dem die Festversammlung stattfand, und er war nachhaltig beeindruckt vom Vortrag des Festredners D. Martin Niemöller.

„Am 20. November [1906] wird im 85. Lebensjahr, nach langem, schweren Leiden der Senior der im Dienst stehenden Boten, Br. Joh. Wilh. Müller in der Otterbeck bei Heiligenhaus abberufen. Mehr als 50 Jahre hatte er dem Verein in Treue und Hingebung an den oft mühsamen Evangelistenberuf unter dem Segen des Herrn gedient. Als ihm in den letzten Jahren die Kräfte zum Evangelistendienst versagt blieben, konnte unter seiner Leitung die Pilgerhütte an der Otter-

---

45 Gotthilf Friedrich Wilhelm Müller * 09.09.1853, ~ 16.10.1853 Neukirchen; † nicht ermittelt.

46 Hulda Wilhelmine: * 05.02.1862 Heiligenhaus; † 21.12.1930 Wuppertal Vohwinkel.

47 Anna Hulda: * 07.12.1858 Otterbeck/Heiligenhaus; † 18.10.1942 Wuppertal-Vohwinkel.

48 Gottfried Hermann: * 11.05.1857 Heiligenhaus; wohnhaft Düsseldorf; † 19.08.1932 Wuppertal-Vohwinkel.

49 Helene Emilie Müller * 02.03.1852 Neukirchen; † 14.06.1911 Neukirchen.

50 In der Vorstandssitzung des Evangelischen Brüdervereins vom 5. August 1935 kam es zu dem folgenden Beschluß: „Die Geschäftsstelle und Buchhandlung des Evgl. Brüdervereins wird ab 1. Oktober dss. Js. nach der Otterbeck verlegt und zum Geschäftsführer Evangelist Paul Baumann ernannt.“ (in: Der Säemann, 86. Jg. Heft 8, August 1936, S. 243.). Lebensdaten nicht ermittelt.

beck doch eine Stätte genannt werden, von der aus treue Mitarbeit im Dienste des Brüdervereins und seines Herrn ausging. Betende Hände wurden dort fleißig aufgehoben für den Fortgang des Werkes und der Reichsgottesarbeit überhaupt; und manchem müden Streiter des Herrn wurden durch seine treue Fürbitte die Hände gestärkt zu erfolgreicher Weiterarbeit."

Von Martha Müller befindet sich im Besitz von Frau Strassen - Zum Kolk in Heiligenhaus ein Schreibheft mit Gedichten. Eine Transkription des Heftes habe ich in mein Privatarchiv eingefügt.

Martha Müller hat ihre Gedichte zu verschiedenen Anlässen geschrieben: anläßlich eines Todesfalles, „Zum Totenfest", „Zum Geburtstag des heimgegangen theuren Kaisers 22.03.1888" [Wilhelm I.], „Zum Tode Kaiser Friedrichs", „Zur Konfirmation 1894" sowie zu Naturbeobachtungen und schließlich auch mit seelsorglichen und evangelistischen Inhalten.

Zwei Strophen sollen hier als Beispiele ihrer Poesie abgedruckt werden:

„Die Allmacht Gottes.
Ich geh' durch grünbesäte Fluren
Mit dankerfülltem Herzen hin;
Denn überall sieht man die Spuren
Der Allmacht Gottes durch sie ziehn,
Des Schöpfers dieser schönen Erde,
Des Vaters unsrer ganzen Welt,
Der durch ein einzig Wort: 'es werde!'
Dies Wunderwerk hat hingestellt."

„Zur Konfirmation 1894.
So naht sie nun, die festlich ernste Stunde
Für dich, du junge Konfirmandenschar,
Wo deinem Heiland du mit Herz und Munde
Dich weihen sollst am heiligen Altar !
Du willst ihn heute laut und frei bekennen;
Du übergiebst dich deinem Gott aufs neu.
Du willst ihn deinen Gott und Heiland nennen.
Ihm willst du schwören wahre Lieb' und Treu!"

Wie auch immer man Martha Müllers Poesie einschätzen mag, - sie selbst hat zweifellos den Kindern, die ihr in der Sonntagschule anvertraut waren, wertvolle geistliche Impulse vermittelt und bei ihnen einen bleibenden Eindruck hinterlassen.

Martha Müller hat die Otterbeck bis zum Jahre 1934 betreut.

HOCHZEIT CARL LEOPOLD BANSEMER UND FRIEDA KAMP AM 29.09.1920
AN DER HOFSEITE DER PILGERHÜTTE
(VORN LINKS HERMANN MÜLLER, 3.V.LINKS MARTHA MÜLLER)
(FOTO: ARCHIV H. NEEB / KÜPPERBUSCH)

XIV. Probleme nach dem Tod des Ehepaars Grafe

Hermann Heinrich Grafe starb am 25.12.1869, seine Frau Maria Theresia Grafe (geb. Neviandt) am 01.12.1871. Dieser Tod hatte Konsequenzen für die Otterbeck[1].

Das Königliche Amtsgericht Velbert schrieb am 19. April 1893 an das Oberbürgermeister-Amt zu Elberfeld wie folgt: „In Sachen betreffend Anlegung des Grundbuchs für die Gemeinde Hetterscheidt, ersuchen wir das Oberbürger- meisteramt um gefällige Namhaftmachung der Erben oder eines der Erben des Heinrich Hermann Grafe, Kaufmann in Elberfeld, ergebenst

gez. Hoeveler
Gerichtsassessor."

Der Eingangsstempel der Stadt Elberfeld zeigt das Datum 21. April 93.

Es folgen diverse handschriftliche Vermerke, z.B. „Fabrikant Hermann Grafe wohnt Auerstr. 15" ; „IV. Pol. Bez."; schließlich „Der Erbe des verstorbenen Grafe ist dessen Sohn Hermann, hier Auerstraße N° 15 wohnhaft. E. 29.4.93."

Das Schreiben ging am 1. Mai 1893 urschriftlich zurück an das Königliche Amtsgericht zu Velbert.

Am 5. Mai 1893 folgt ein weiteres Schreiben des Königlichen Amtsgerichts Velbert, Abteilung II, an das Königliche Amtsgericht zu Elberfeld. Es handelt sich um ein vorgedrucktes Formular, das handschriftlich ergänzt wurde:

„Im Grundsteuerflurbuch für die Gemeinde Hetterscheidt steht als Eigenthümer der unter Artikel 24 der Grundsteuermutterrolle aufgeführten Grundstücke die Erben des Kaufmanns Heinrich Hermann Grafe zu Elberfeld eingetragen. Nach den diesseits angestellten Ermittlungen ist der Erbe, dessen Sohn, Hermann Grafe zu Elberfeld, Auerstraße 15 wohnend.

Zum Zwecke der Anlegung des Grundbuchs wird das Königliche Amtsgericht ergebenst ersucht, den Vorgenannten und die im dortigen Bezirk etwa wohnenden Mitbetheiligten in Gemäßheit des § 44 des Gesetzes" [es folgen Hinweise auf Verordnungen] „zu vernehmen."

Am 27. Mai 1893 erschien auf Ladung beim Königlichen Amtsgericht Elberfeld der Kaufmann Hermann Grafe. Er erklärte „für sich und seine Miteigenthümer, deren Vollmachten er nachliefern werde:

Ich bin Eigenthümer der in dem Gemeindebezirk Hetterscheidt belegenen, unter No.[nicht ausgefüllt] der Gebäudesteuer-Rolle bezeichneten Gebäude: Wohnhaus [nicht ausgefüllt] sowie Eigenthümer der in dem anliegenden Auszuge aus der Grundsteuermutter-Rolle unter Artikel-Nummer 24 bezeichneten Grundstücke.

---

1 Meinen Ausführungen liegt zugrunde Akteneinsicht beim Amtsgericht Velbert (Grundbuch von Hetterscheidt) von 1893-1967; Seiten 1-103, sowie im Hauptstaatsarchiv Düsseldorf/Kalkum (Bestand Notare, Rep. 4333, Urk. 1023).

mit meinen Geschwistern:

1. Ehefrau Theodor Binterim, Fabrikant, Helene geborene Grafe zu Vaels bei Aachen;

2. Ehefrau des emeritierten Pfarrers Johannes Künzel, Anna geborene Grafe zu Wiesbaden;

3. Professor Eduard Grafe in Bonn.

Ich lebe mit meiner Ehefrau Auguste geborene Simons in Errungenschaftsgemeinschaft.

Den Auszug erkenne ich damit als richtig an."

Hermann Grafe gibt dann das Folgende zu Protokoll:

„Mein am 25. Dezember 1869 zu Elberfeld, an seinem Wohnsitze gestorbene Vater, der Kaufmann und Fabrikant Hermann Heinrich Grafe, hat die bezeichneten Grundstücke während der Ehe mit meiner am 1. Dezember 1871 ebenfalls zu Elberfeld gestorbenen Mutter, Maria Therese geborene Neviandt, durch Akt vor Notar Bunge hier am 25. August 1852 - Nr. 1213 Rep. von dem geschäftslosen Wilhelm Adolph Mühlenbeck zu Saarn und dessen Schwester Anna Gertrud Mühlenbeck daselbst gekauft. Meine Eltern haben meines Wissens in der gesetzlichen Gütergemeinschaft des rheinischen Rechts gelebt; dieselben haben meines Wissens eine letztwillige Verfügung nicht getroffen und als gesetzliche Erben nur ihre vorgenannten vier Kinder hinterlassen, was ich hiermit eidesstattlich versichere."

Die mir in Kopie vorliegende Grundsteuermutterrolle wurde am 13. April 1893 vom Katasteramt in Vohwinkel ausgefertigt. Hier sind fünf Parzellen in der Gemarkung Hetterscheid aufgeführt mit einem Flächeninhalt von insgesamt 36 Are, 16 Quadratmeter. Als Reinertrag wird festgestellt ein Thaler, vierundfünfzig Hundertstel.

Schon 1889 hatten sich die verantwortlichen Brüder des Brüdervereins um eine rechtliche Klärung bemüht. Das belegt der nachstehende Brief des Bruders Elsner[2] vom 21. März 1889, dessen Abschrift durch Pastor W. Heuser bestätigt wurde.

„Elberfeld, d. 21./3.89.

Herrn Wilhelm Müller
Otterbeck bei Heiligenhaus

2 Wilhelm Elsner war von 1879-1892 Bundesvorsitzender des Christlichen Sängerbundes in Elberfeld. Er starb 1892.

Mein lieber Freund !
Hiermit sende ich Dir die gewünschten Papiere zurück. Die vom Herrn Ortsvorsteher verlangten Namen der Erben des verstorbenen Herrn Heinr. Herm. Grafe sind:
1) Frau Helene Binterim, geb. Grafe, Ehefrau des Herrn Theodor Binterim in Vaals (Holland),
2) Frau Anna Künzel, geb. Grafe, Ehefrau des Herrn Pastor Künzel in Wiesbaden,
3) Herr Professor Dr. Eduard Grafe in Kiel,
4) Herr Heinrich Hermann Grafe, Kaufmann in Elberfeld.
Letzterer hat jedoch nur im Interesse des evang. Brüdervereins, mit Einvernehmen seiner Miterben (jedoch ohne notarielle Vollmacht), das gemeinsame formelle Eigenthumsrecht sich einstweilen gefallen lassen und somit auch die Aufbewahrung der anliegenden Kaufacte. Darnach hat ihr seliger Vater Heinrich Hermann Grafe das betr. Gut, die sogenannte „Pilgerhütte" an der Otterbeck, von den Geschwistern Mühlenbeck zu Saarn mit der Verpflichtung übernommen, das Immobilar seiner ursprünglichen Bestimmung gemäß „zur Beförderung des lauteren und unpartheiischen evangelischen Christenthums, ohne alle confessionellen oder separatistischen Nebenmeinungen zu benutzen." (S.4).

Da ihr seliger Vater, als Gründer und Vorsitzer des evang. Brüdervereins, welcher keine Corporationsrechte besitzt, die Verwaltung des betr. Gutes nur zur Benutzung für dessen evangelistische Bestrebungen übernommen hat, so sind die Erben als jetzige formelle Eigenthümer einstweilen ganz in dessen Verpflichtungen dem besagten Vereine gegenüber eingetreten. Dieselben haben jedoch darüber bisher noch keinerlei notarielle Festsetzung getroffen, und kann eine Vollmacht zur Zeit nicht füglich beschafft werden.

Indem Herr Heinrich Herm. Grafe Dir den betr. Kaufact hiermit für längstens 3 Monate anvertraut, ersucht er Dich, die Verhältnisse zum Behuf der Anfertigung des Grundbuches von Leubeck hiernach der betreffenden Behörde darzulegen.

Mit freundl. Gruß
Dein
(gez.) Elsner.

N B.
Ueber das Verhältnis des Evang. Brüdervereins zur Pilgerhütte an der Otterbeck:
Grafes Erklärungen im „Säemann" 1853, S. 219
entsprechend dem Protokoll des Ev. Br. V. 1853
u. Kaufact - Mühlenbeck-Grafe."

Offenbar haben die Kinder von Hermann Heinrich Grafe nicht anerkennen wollen, daß zum einen die von Mühlenbeck festgelegte Nutzungsbestimmung wesentlicher Bestandteil des Vertrages war und daß zum andern die Eintragung auf den Vater nur darum erfolgte, weil der Verein keine Korporationsrechte besaß und somit der Gründer und Mitvorsitzer des Vereins, Hermann Heinrich Grafe, als Erster für die grundbuchliche Eintragung in Frage kam.

Erst mehr als 30 Jahre nach dem Tod Grafes kam es schließlich zu der nachstehenden Auflassung:

„Reg.N° 1023/02
Auflassung vom 16. Mai 1902
Rep. 4333

Verhandelt in Elberfeld am 16. Mai 1902.

Vor dem unterzeichneten Emil Krumbiegel, Königlich Preußischem Notar für den Oberlandesgerichtsbezirk Köln mit dem Amtssitze zu Elberfeld erschienen:

1) Herr Hermann Grafe, Kaufmann in Elberfeld wohnend, handelnd in eigenem Namen und als bevollmächtigter von

a) Frau Wittwe Fabrikant Theodor Binterim, Helena geborene Grafe, ohne Geschäft, früher in Vaals bei Aachen, jetzt in Elberfeld wohnend,

b) Eheleuten Pfarrer Johann Künzel, und Anna geborenen Grafe, ohne Stand, beide in Wiesbaden wohnend,

c) Herr Professor Doctor Eduard Grafe zu Bonn wohnend, zufolge der hierzu hinterlegten Vollmachten vom 4. März 1902, 3. Oktober 1901 und 14. Oktober desselben Jahres,

2) Die Herren Friedrich Koch, Prediger und Carl Rahm, Fabrikant, beide in Barmen wohnend, handelnd hier als Vertreter der in Elberfeld bestehenden offenen Handelsgesellschaft u. Firma Haarhaus & Co[3].

Die Erschienen, dem Notar bekannt, ließen folgende zwischen ihnen vereinbarte Auflassung beurkunden.

Herr Grafe bewilligt die Eintragung der genannten Handelsgesellschaft in Firma Haarhaus & Cie. als Eigentümerin der im Grundbuche von Hetterscheidt Band 2 Blatt 76 eingetragenen Grundstücke Nummern 192, Sarren, Acker groß 10 Ar 5 Qu Meter, 1082/196, daselbst, Wiese, groß 2 Ar 12 Meter, 191, Hetterscheidt, haus, garten, groß 9 Ar 73 Meter, 193, daselbst, Hofraum und Hausgarten, groß 1 Ar 48 Meter und 868/190, daselbst, Hofraum, groß 12 Ar 26 Meter nebst allen aufstehenden Gebäulichkeiten in das Grundbuch.

3 Diese Firma Haarhaus war zwischenzeitlich gegründet worden als Treuhänder für Immobilien von verschiedenen christlichen Gemeinschaften und Gemeinden.

Herren Koch und Rahm beantragen diese Eintragung.
Die Benachrichtigungen werden an den fungierenden Notar erbeten.
Der Wert der aufgelassenen Grundstücke beträgt 5000 Mark.
Hierüber wurde diese Urkunde aufgenommen, von den Erschienenen genehmigt und von ihnen und dem Notar eigenhändig unterschrieben worden.
gez. Hermann Grafe
gez. Haarhaus & Cie
Fr. Koch, Pr.
Carl Rahm
gez. Krumbiegel

Am 28. Mai 1902 wurde der Firma Haarhaus & Cie zu Elberfeld die erste Ausfertigung stempelfrei ertheilt.
Der Königl. Notar
gez. Krumbiegel.“

Beigeheftet waren Vollmachten der Eheleute Johann und Anna Künzel, Professor Dr. Grafe, Frau Theodor Binterim.

Es ist davon auszugehen, daß keine Zahlung an die Erben Grafe erfolgte und daß der angegebene Grundstückswert in Höhe von 5000 Mark nur der Gebührenermittlung diente. Krumbiegel hat mit 5000 Mark günstig abgerechnet, da bei den Vollmachten von den jeweiligen Notaren der Wert der einzelnen Anteile mit 2000 Mark angegeben wurde.

Damit kam eine unerfreuliche Angelegenheit schließlich zu einem für den Brüderverein positiven Abschluß. Es ist noch anzumerken, daß es während des eigentumsrechtlichen Schwebezustandes keine Hinweise gibt auf eine Behinderung der Arbeit in der Otterbeck. Über die Aktivitäten im 20. Jahrhundert soll im folgenden Kapitel berichtet werden.

PILGERHÜTTE AN DER OTTERBECK
(JUBILÄUMSPOSTKARTE)
(Archiv H. Neeb/Küpperbusch)

XV. Die Otterbeck im 20. Jh. bis zum Abbruch 1969

a. Jubiläum 1909

Im Jahr 1909 darf das 200jährige Gedenken an den Bau des Hauses als besonderes Ereignis herausgestellt werden. Durch großzügige Spenden war eine gründliche Erneuerung des Anwesens möglich geworden, Grund genug, nun ein großes Fest zu feiern.

Anläßlich dieses Festes kam es zu einem Telegrammwechsel mit dem Kaiser[1]. Daran erinnert der folgende Text, der hinter Glas im Archiv aufbewahrt wird:

„Telegrammwechsel mit unserm geliebten Kaiser.

Am 30. Juni feierte der Evangelische Brüderverein sein 59. Jahresfest an der Otterbeck, verbunden mit der Zweihundertjahrfeier des dem Verein gehörenden Hauses dort, der sogenannten Pilgerhütte des seligen Tersteegen. Das Fest war sehr gut besucht und verlief recht gesegnet.

Infolge der hochgehenden Wogen der Feststimmung wurde der Vorschlag gemacht, an Seine Majestät unsern teuren Kaiser und König einen Huldigungsgruß zu senden. Der Vorschlag wurde freudig von den Versammelten begrüßt und folgendes Telegramm abgesandt:

‘ Aus Anlaß der Zweihundertjahrfeier der Pilgerhütte Gerhardt Tersteegens, an der Otterbeck, des Dichters des Liedes: Ich bete an die Macht der Liebe, erlauben sich die Versammelten Euer Majestät ehrerbietigen Gruß darzubringen und das Gelöbnis ehrfurchtsvoller Ergebenheit.’

Am nächstfolgenden Tage ging bei dem Vorsitzenden des Vereins, Prediger Koch[2] in Barmen, ein Danktelegramm folgenden Inhalts ein:

‘Seine Majestät der Kaiser und König lassen für Huldigungsgruß danken.

Der geheime Kabinettsrat von Valentini[3].’

Ich denke, daß dieser Telegrammwechsel allen Teilnehmern des Festes und allen Freunden des Vereins Freude bereiten wird.“

b. Die 30er Jahre

Bei Durchsicht der „Säemann“- Nummern aus den 30er Jahren fällt auf, daß in dieser Zeit bei den Aktivitäten des Evangelischen Brüdervereins die „Otterbeck“ häufiger erscheint als in den Jahren davor. In diesen Jahren war Rektor i.R. Friedrich Haarmann[4] aus Oberhausen Inspektor des Vereins. Er war auch ver-

1 Wilhelm II. (1859-1941).

2 Friedrich Koch (1847-1919).

3 Rudolf von Valentini; geb. 01.10.1855 in Augusthof bei Crussow, gest. 18.12.1925 in Hameln. (Schriftliche Information der Staatsbibliothek zu Berlin vom 23.01.1998).

4 Friedrich Haarmann (1870-1947).

antwortlich für den Inhalt des „Säemann“. Im Jahresbericht 1936/37 findet man die Vereinssatzung und eine Auflistung der mitarbeitenden Brüder[5].

Es wird eingeladen zu größeren Versammlungen: Evangelisten-Tagungen, Erbauungsversammlungen, Jahreshauptversammlungen und zu Festen.

In der Juli-Nummer von 1934 lädt der Vorstand des Evgl. Brüdervereins zum Besuch der „Otterbeck“ ein und fügt eine Kartenskizze der Umgebung bei:

„Christlichen Vereinen und Gemeinschaften des unteren Ruhr-, Rhein- und Wuppergebietes empfehlen wir unsere alte, trauliche Tersteegensstätte Otterbeck für Ausflüge. Das Haus kann bis zu 200 Personen aufnehmen und Kaffee und Brot nach Wunsch liefern. Anmeldungen sind zu richten an die Hausverwaltung, Evangelist Baumann[6], Otterbeck bei Heiligenhaus, die auch gerne nähere Auskunft erteilt. - Nach Velbert und Heiligenhaus besteht Straßenbahnverbindung.“

Offenbar ist es gerade in der politisch schwierigen Zeit des Dritten Reiches zu einer Belebung der Arbeit gekommen.

Umso schmerzlicher traf den Brüderverein dann das Verbot seiner Zeitschrift im Jahr 1939. Zehn Jahre lang war der Kontakt zu den Mitgliedern unterbrochen. Erst ab 1949 konnte man anknüpfen an die jahrzehntelange Tradition, zunächst mit dem Blatt „Unser Dienst“, ab 1950 wieder mit „Der Säemann“. So gab der Verein in der März-Nummer 1950 mit großer Freude bekannt[7], daß ab Juni des Jahres „Der Säemann“ wieder erscheint. Johannes Waffenschmidt[8] aus Waldbröl schreibt: „'Zum 100jährigen Bestehen des Evangel. Brüder -Vereins am 14. Juni dieses Jahres - vergl. Voranzeige in dieser Nummer - erscheint wieder „Der Säemann“, der erstmalig im Februar 1851 herausgegeben wurde. Direktor A. Bouterwek-Elberfeld war der erste Schriftleiter; ihm folgten: Heinrich Grafe, und zuletzt Haarmann. Im 88. Jahre seines Erscheinens wurde er durch Verfügung der Geheimen Staatspolizei von 22. Juni 1939 wegen einer Betrachtung über ein alttestamentliches Wort verboten.

Er hat also nicht auf Grund allgemeiner Einschränkungsbestimmungen sein Erscheinen einstellen müssen, sondern ist wegen seines uneingeschränkten Festhaltens an der ganzen biblischen Wahrheit verboten worden. Umso mehr ist sein Neuerscheinen legitimiert.“

c. Festfeier 1950

Das Fest zum 100jährigen Bestehen des Evangelischen Brüdervereins am 14. Juni 1950 stand unter dem Wort: „Handelt, bis daß ich wiederkomme!“

5 „Der Säemann“; Heft 8, August 1937.
6 Paul Baumanns Lebensdaten konnten noch nicht ermittelt werden.
7 „Unser Dienst“, 1. Jahrgang, Nr. 12
8 Regierungsrat Johannes Waffenschmidt (1893-1962).

Verantwortlich für den Inhalt der Festschrift war Reg.-Rat Joh. Waffenschmidt, Waldbröl[9].

Die Einladung zum Fest hatte folgenden Wortlaut:

„Einladung zur
Festfeier
aus Anlaß des 100jährigen Bestehens
des Evangelischen Brüdervereins
am Mittwoch, dem 14. Juni 1950.

Wir begehen den Festtag unter dem Wort: Handelt, bis daß ich wiederkomme!" (Lukas 19, 13b) und gedenken dabei der Väter des Evangelischen Brüdervereins und lassen uns aufrufen durch ihr Losungswort: 'Darum, meine lieben Brüder, seid fest, unbeweglich, und nehmet immer zu in dem Werk des Herrn, sintemal ihr wisset, daß eure Arbeit nicht vergeblich ist in dem Herrn.' (1. Kor. 15,58)

Festfolge:

9.30 Uhr	Gebetsgemeinschaft	Tersteegenhaus
10.00 Uhr	Festgottesdienst (Pastor Kirchhoff[10], W.-Barmen)	Missionszelt
11.30 Uhr	„Unser Dienst" (Berichte der arbeitenden Brüder)	Missionszelt
15.00 Uhr	Festversammlung	Missionszelt

Grußworte:

der Vertreter der Rheinischen Kirche
des Bundes Freier evangel. Gemeinden
der Evangelischen Gesellschaft u.a.

Die Festansprache hält Kirchenpräsident D. Martin NIEMÖLLER[11].

Die Veranstaltungen finden im Missionszelt der Deutschen Zeltmission, das gegenüber dem Tersteegenhaus an der Otterbeck aufgestellt ist, statt. Das Tersteegenhaus an der Otterbeck liegt unweit Heiligenhaus an der Straße nach Velbert (Velberterstr. 31).

---

9 wie vor.

10 Pastor Erich Hans Kirchhoff (1903-1983); bis 1968 Direktor des Erziehungs-Vereins Neukirchen.

11 Martin Niemöller (1892-1984).

Heiligenhaus ist erreichbar: mit der Bundesbahn Strecke W.-Vohwinkel - Velbert - Kettwig; mit dem Post-Autobus Düsseldorf-Velbert; mit der Straßenbahn Velbert-Heiligenhaus.
Gelegenheit zum Mittagstisch und Kaffeetrinken ist im Tersteegenhaus gegeben.[12]"

Weitere 100Jahrfeiern fanden u.a. statt am 1. Pfingsttag in Waldbröl, am 6. August in Winterbach, am 13. August in Langenlonsheim, am 3. September in Eckweiler.

In dem für das Jubiläum an der Otterbeck aufgestellten Zelt fanden vom 28. Mai bis 18. Juni 1950 Evangelisationsvorträge statt. Redner waren Prediger H. Ellmann[13] aus Homberg, Pastor Hans Bruns[14] aus Marburg und Prediger Paul Walter Schäfer[15] aus Waldbröl.

d. Hauseltern

Ich konnte nicht feststellen, ob nach dem Tod von Wilhelm Müller am 20.11.1906 sofort neue Hauseltern berufen worden sind oder ob Müllers Tochter Martha den Dienst allein versehen hat.

Im Jahresbericht von 1910/1911 aus dem „Säemann" erfahren wir das folgende[16]:

„Die 'Otterbeck' und nächste Umgebung ist neu besetzt durch Bruder Schuffert und Frau". Bruder Schuffert[17] hatte zuvor versucht, das 'Erbe' von Bruder Brökelschen[18] im Mülheimer Gebiet auszubauen. Schuffert gehörte auch 1913 noch zu den „arbeitenden Brüdern". Die folgenden 15 Jahre müßten noch recherchiert werden.

Mit Sicherheit übernahmen im Oktober 1928 die Geschwister Paul Baumann[19] und Frau aus Essen die Stelle der Hauseltern. In der Jubiläumsschrift von 1950 heißt es weiter[20]: „Bruder Baumann richtete dazu den Dienst eines Evangelisten aus." 1932 wird berichtet: „Von Bruder Baumann's Tätigkeit ist zu sagen, daß er zunächst unseres Hauses Otterbeck vorbildlich-treuer und guter Verwalter ist. Er dient auch in Kettwig, Heiligenhaus und Essen mit dem Wort und läßt sich

---

12 Festschrift S. 79; Archiv der Freien evangelischen Gemeinde Wuppertal-Unterdörnen.

13 Prediger Hermann Ellmann (1905 - ?); ab 1950 Internats-Leiter der Stursberg-Schule Neukirchen.

14 Hans Bruns (1895-1971).

15 Prediger Paul Walter Schäfer (* 1921)

16 „Der Säemann" Nr. 35, 61. Jg. 1911; S. 278.

17 Bruder Schuffert, Lebensdaten nicht ermittelt.

18 Bruder Brökelschen; Lebensdaten nicht ermittelt.

19 Siehe auch Anm. unter XII. n.

20 S. 76.

besonders die Pflege der Sonntagschule an der Otterbeck angelegen sein, die gut und gerne besucht wird[21]." „Als nun 1935 unter dem Vorsitzenden E. Siepermann, Wuppertal-Barmen, die Geschäftsstelle nach der Otterbeck verlegt wurde, da übernahm er in selbstloser Weise auch noch die vielseitige Arbeit der Geschäftsführung[22]." Ergänzend hierzu wird an anderer Stelle der Festschrift folgendes festgehalten[23]:

„Am 1. Oktober 1935 wird die Geschäftsstelle des Brüdervereins von W.-Elberfeld, Hellerstraße, in das Tersteegenhaus an der Otterbeck bei Heiligenhaus verlegt. Dem Beschluß des Vorstandes entnehmen wir folgende bemerkenswerte Worte: 'Daß uns die Entschließung zur Verlegung der Geschäftsstelle nicht leicht geworden ist, kann daraus entnommen werden, daß diese Frage den Vorstand zwei Jahre lang in vielen Sitzungen beschäftigt hat. Der Vorstand ist sich der Verantwortung in dieser Frage von Anfang an bewußt gewesen. Nach dem Willen Gottes glaubt er gehandelt zu haben, wenn er den schon vorher gefaßten Beschluß bekräftigt.'

Br[uder] Baumann wird gleichzeitig als Geschäftsführer bestellt."

„Nach dem Heimgang von Bruder Baumann hat vorübergehend Frau Kufe[24] die Hausverwaltung versehen, bis im Jahre 1946 Bruder Schmidt[25] mit seiner inzwischen heimgegangenen Gattin die Betreuung des Hauses übernahm. Br[uder] Schmidt hatte bald wieder Leben ins Haus gebracht. Sonntagsschule und Bibelstunden finden wieder regelmäßig statt. An den schönen Sommertagen wird die Segensstätte oftmals von den christlichen Vereinen der Nachbarstädte besucht. Im Saale ist z. Zt. der Kindergarten der Evgl. Gemeinde Heiligenhaus untergebracht. Zur 100Jahrfeier wird das Haus in sauberem bergischen Gewand die Festbesucher grüßen.[26]"

Bruder Wilhelm Schmidt schrieb selbst über seine Arbeit[27]: „Seit September 1946 darf ich den Dienst in der Pilgerhütte, Tersteegenhaus an der Otterbeck, versehen. Mein Vorgänger war Br[uder] Baumann. Der erste Hausvater, Br[uder] Müller, hat bis in sein hohes Alter seinen Dienst getan. Immer wieder erzählen mir ältere Leute von den Segnungen, die Br[uder] Müller auch in ihrem Leben hinterlassen durfte. Etwa sechs Jahre hat die Arbeit hier vollständig brach gelegen. Sämtliche Verbindungen waren gelöst. Nur langsam war es mir möglich, das Vertrauen einzelner Kreise wiederzugewinnen.

Die Orte, in denen ich ständig Dienst tun darf, sind: Otterbeck mit Sonntagschule und wöchentlicher Bibelstunde. Meine Frau hatte sich einen Kreis gläubi-

21 S. 61.

22 S. 76.

23 S. 63.

24 Frau Kufe; Lebensdaten noch nicht ermittelt.

25 Wilhelm Schmidt; Lebensdaten noch nicht ermittelt.

26 S.76.

27 S.67

ger Frauen gesammelt zu einer monatlichen Frauen-Missions-Gebetsstunde, die auch nach ihrem Heimgang hier weiter gehalten wird. In der landeskirchlichen Gemeinschaft Werden, Brandterstr., halte ich jeden Dienstag Bibelstunde und monatlich zwei- bis dreimal sonntäglich Versammlung. Außerdem diene ich monatlich an zwei Stellen in Velbert. Durchschnittlich halte ich monatlich 20 - 24 Versammlungen einschl. Sonntagsschule und Bibelstunden. Die Zahl der Hausbesuche beläuft sich auf etwa 30 im Monat. Hier und da halte ich vertretungsweise Gottesdienste. Das Wort wird teilweise gut abgenommen."

e. Bauangelegenheiten und Gebäudeakten

Zweifellos mußten bereits im 19. Jahrhundert nicht unbedeutende finanzielle Mittel aufgebracht werden zur Erhaltung der Immobilie Otterbeck. Je älter das Haus wurde, umso mehr zeigten sich Alterserscheinungen, die zu beseitigen waren. Verständlicherweise hatte sich der Vorstand des Brüdervereins immer wieder zu prüfen, ob die Aufwendungen zu verantworten waren. Nun stand man vor einem besonderen Jubiläum: das Haus wurde 200 Jahre alt. Einige Informationen zu dem Fest wurden bereits unter a. mitgeteilt.

Ergänzend soll nun ein Auszug folgen aus einem Bericht, der 1909 in „Der Säemann" veröffentlicht wurde[28]:

„Zuletzt können wir noch ein sehr erfreuliches Erlebnis mitteilen. Alle unsere näheren Freunde kennen die 'Otterbeck', das Anwesen aus Tersteegens Zeit (das zur Zeit[29] unserem Verein durch Schenkung zufiel), wo früher stets unser alter Br. Müller stationiert war, und wo unsere Jahresfeste abgehalten wurden. Dieses Gebäude war mit der Zeit sehr baufällig geworden - es zählt jetzt gerade sein 200stes Jahr (1709-1909) - und unser Vorstand hatte Bedenken, fort und fort schwere Reparaturen zu leisten, konnte sich auch von der alten ehrwürdigen 'Otterbeck' andererseits schlecht trennen. Da gab der Herr es einigen Freunden unseres Vereins ins Herz, die alte Otterbeck unter Schonung ihrer bekannten Form und Gestalt gründlich zu renovieren, so daß es äußerlich besehen beim alten blieb, und doch das Anwesen auf lange Jahre hinaus weiter bestehen könnte. Diese Arbeit haben die Freunde nun in der letztvergangenen Zeit aufs beste besorgt; keine Mühe noch Kosten daran gespart, und sich dadurch den besonderen Dank des Vereins und aller Freunde Tersteegens und der Besucher dieser 'Pilgerhütte' erworben. Wir haben also die Freude, unser Jahresfest heute, zugleich mit der zweihundertjährigen Feier des Bestehens der Otterbeck, in den gründlich und schön wiederhergestellten Mauern und Räumen zu feiern; und dafür sind wir dem Herrn und diesen Freunden herzlich dankbar, denn die Arbeit und die Kosten dazu waren nicht gering !"

28 Der Säemann; 59 Jg., Nr. 29; 1909. S. 230.
29 gemeint ist „seinerzeit".

Der Verfasser der dann folgenden Verse ist nicht erwähnt. Vielleicht stammen sie von Martha Müller:

„Seid uns aufs neue gegrüßt, ihr lieblichen Mauern,
In denen die Stille und Innigkeit thront,
Mögt ihr noch lange, sehr lange dauern
Für das Volk Gottes, das gern in euch wohnt.-
Daß friedliche Scharen stets zu euch wallen,
Innige Lieder weiter erschallen,
So wird Tersteegens Gott geehrt,
Und s e i n e Sache recht gemehrt !“

Die Freude über die gelungene Restaurierung war nicht von Dauer. Die Beschäftigung mit der Otterbeck erforderte einen hohen Aufwand an Zeit und Geld.

Bei den Gebäudeakten im Archiv Rölefeld befinden sich mehrere Dokumente zu Käufen, Verkäufen, Baugesuchen und Veranlagungen durch die örtlichen Behörden. Zu diesen Akten gehört auch ein Baugesuch der Firma Haarhaus, der Treuhänderin für die „Pilgerhütte“, aus dem Jahre 1919 mit den entsprechenden Bauplänen.

Erst 1922 wurden diese Bauabsichten öffentlich diskutiert. Das entnehmen wir einem Aufruf an die Mitglieder und Freunde des Evangelischen Brüdervereins, der in „Der Säemann“ Nr. 1[30] von 1922 abgedruckt ist. Er wird nachstehend ungekürzt abgedruckt.

„Die Not der Zeit zwingt uns, die Blicke unserer lieben Mitglieder und Freunde einmal auf die O t t e r b e c k b e i H e i l i g e n h a u s zu lenken.

Dieses an der Straße von Velbert nach Heiligenhaus gelegene kleine Besitztum von etwa 2 Morgen Größe stammt aus der Zeit Tersteegens (Pilgerhütte benannt) und ist durch Vermittlung der Familie H. Grafe, Elberfeld, seit den 50er Jahren des vorigen Jahrhunderts in den Besitz des Brüdervereins gelangt. Bis gegen Ende des vorigen Jahrhunderts diente die Otterbeck als Evangelisations-Station des Vereins, dann aber bedeutete sie mehr und mehr für den Verein nur eine lieb gewordene historische Erinnerung an die Tersteegensche Zeit und wurde in ihr, außer einigen kleinen Versammlungen, nur das J a h r e s f e s t d e s V e r e i n s gefeiert.

Allen Teilnehmern dieses Jahresfestes ist ja nun wohl die Otterbeck stets als ein trautes Heim des Vereins und schöne Erinnerungsstätte früherer Zeiten erschienen, unseren Vorstand nicht ausgeschlossen.

Die Sache hat aber auch eine Kehrseite, die weniger erfreulich ist.

Die Otterbeck ist von jeher das Schmerzenskind des Vereins gewesen insofern, als ihre bauliche Unterhaltung stets größere Opfer erforderlich machten, und es tauchte innerhalb des Vorstandes des öfteren die Frage auf, ob es recht sei vor

30 Es muß „7“ heißen; so auch auf einem Exemplar im Archiv Ewersbach korrigiert.

dem Herrn, die Mittel, die uns von unseren Freunden und Brüdern für die Evangelisationsarbeit des Vereins dargereicht werden, zum Zwecke der baulichen Instandhaltung des alten, stets reparaturbedürftigen Gebäudes der Otterbeck zu verwenden.

Diese Frage verdichtete sich nun vor etwa 13 bis 14 Jahren innerhalb des Vorstandes zu dem Entschluß, die Otterbeck entweder abzureißen und an ihre Stelle einen kleinen zeitentsprechenden Neubau zu errichten (der Bauplan liegt noch bei unseren Akten und sollte etwa 10 bis 12 000 Mk. kosten), oder sie zu veräußern, womöglich an irgend ein Unternehmen der inneren Mission. Als diese Absicht indes bekannt wurde, traten einige liebe, zum Teil schon heimgegangene kapitalkräftige Brüder hervor, die sich erboten, die Kosten einer gründlichen Renovierung der Otterbeck zu tragen, bzw. die erforderlichen Arbeiten für ihre Rechnung auszuführen, weil sie der festen Meinung waren, daß diese historische Stätte in seiner jetzigen Form dem Verein erhalten bleiben möchte.

Diesem freundlichen Angebot der Brüder konnte natürlich der Vorstand nicht ablehnend gegenüberstehen, obgleich er sich sagte, daß für die Aufwendungen, welche die Brüder damals für die Instandsetzung der Otterbeck machen mußten, der bereits geplante kleine Neubau hätte errichtet werden können. Auch befürchtete der Vorstand damals, daß trotz der gründlichen Reparatur in wenigen Jahren doch wieder die alten Forderungen bezüglich Instandhaltung des Gebäudes an ihn herantreten würden.

Diese Befürchtungen sind auch voll und ganz eingetroffen, und die Aufwendungen für die Otterbeck sind geblieben, wenn sie auch unsere Kasse nicht direkt belasten, da sie meist von lieben Brüdern getragen wurden.

Nun stehen wir jetzt wieder vor großen Aufwendungen zur baulichen Unterhaltung der Otterbeck (Anstrich von vier Fronten) und weiteren Reparaturen, die bei den heutigen Teuerungsverhältnissen einen Betrag von mindestens 15 000 Mk. erfordern dürften. An laufenden Ausgaben für Steuern, Feuerversicherung sind für dieses Jahr etwa 800 bis 1000 Mk. aufzubringen, denen eine bisherige Mietseinnahme von rund 400 Mk. gegenübersteht. Angesichts dieser Tatsachen drängt sich nun dem Vorstand wieder die eingangs erwähnte Frage auf: was soll mit der Otterbeck werden ?

Bei der Wichtigkeit dieser Frage möchte der Vorstand sich nun an den gesamten großen Mitglieder- und Freundeskreis des Brüdervereins wenden und ihn bitten, uns mündlich oder schriftlich seine Ansicht in dieser Frage wissen zu lassen. Soll die Otterbeck dem Verein erhalten bleiben, was auch dem Vorstand in seiner Mehrheit sicherlich recht und angenehm sein wird, so müssen uns größere Mittel zur Verfügung gestellt werden mit der besonderen Willensäußerung der betreffenden Darreicher, daß sie für die Erhaltung der Otterbeck verwendet werden dürfen. Gaben für diesen Zweck werden, soweit sie nicht persönlich an unsere Vorstandsmitglieder und die Boten unseres Vereins übergeben werden, am besten mittels Zahlkarte auf unser Postscheckkonto Köln 34668 eingezahlt mit dem Vermerk „für die Otterbeck".

Möge der Herr uns nun auch in dieser Frage den rechten Weg zeigen.
Mit brüderlichem Gruß
Der Vorstand des Evang. Brüdervereins.
Elberfeld, Ende Juni 1922.“

Vermutlich gingen ausreichende Spenden und Voten für die Erhaltung des Hauses ein, sodaß am 1. Juli 1925 in gewohnter Weise das 75jährige Bestehen des Evangelischen Brüdervereins in der Otterbeck gefeiert werden konnte.

Kaum nachvollziehbar ist ein Schreiben des Bürgermeisters von Heiligenhaus vom 30.12.1929, in dem mitgeteilt wird, daß die Grundstücke an der Otterbeck „noch auf den Namen von Beictevein Theodor Ehefrau, Helene geb. Grafe und 3 Miteigentümer zu Vaals in Holland eingetragen sind.“ Es wird die Absicht bekundet, eine Umschreibung auf die Gemeinde Heiligenhaus vorzunehmen. Offenbar hatte man in Heiligenhaus nichts von der schon 1902 erfolgten Grundstücksübertragung an die Firma Haarhaus & Co. erfahren.

Ab 1925 findet man mehrere Beschwerdebriefe an die Reichsbahn, da die Erschütterungen durch vorbeifahrende Züge zu Gebäudeschäden führten. Am 10.05.1938 wird der Reichsbahn-Direktion Wuppertal-Elberfeld noch einmal deutlich vor Augen gestellt, daß im Zuge des verstärkten Bahnverkehrs auf den am Gebäude vorbeilaufenden Gleisen mit schwereren Lokomotiven ständig Gebäudeschäden auftreten, deren Beseitigung dem Verein nicht zugemutet werden können. Die Bahn hat jedoch kategorisch abgelehnt, finanziell für Reparaturarbeiten aufzukommen. Auch eine Intervention des Vorsitzenden, Herrn Siepermann, vom 11.05.1938 an den Landeshauptmann der Rheinprovinz in Düsseldorf blieb ohne Ergebnis. Im Jahr 1960 ist der Personenverkehr der Bahn eingestellt worden, einige Jahre später auch der Güterverkehr. Für die Otterbeck hatte diese Entscheidung keine Bedeutung mehr, da das Haus im Jahr 1969 abgebrochen wurde.

An dieser Stelle darf eine Episode eingefügt werden, die Frau Milli Jansen[31] berichtet hat. „Wir waren als Kinder oft im Tersteegen-Haus zu Besuch, da meine Tante Martha Müller das Haus viele Jahre betreute. Das Haus in der Otterbeck lag unterhalb der Bahnlinie, sodaß wir die Koffer aus dem fahrenden Zug in den Garten werfen konnten. Tante Martha sammelte die Gepäckstücke ein, und somit war unser Weg vom Bahnhof zur Otterbeck erleichtert.“

Bis zum Jahre 1934 wurden im Grundbuch , Abteilung I., insgesamt 26 Bestands- und Änderungseintragungen vorgenommen.

---

31 Frau Jansen ist die am 02.07.1921 in Java geborene, heute in Marienheide lebende Tochter des Missionars Karl Leopold Bansemer, mit Familie Müller verwandt. [Schr.v.23.01.1998 u. Archiv der Neukirchner Mission].

Unter Abtheilung III. Hypotheken steht nur eine einzige Belastung, und zwar für die Grundstücksnummern 21, 25, 26 in Höhe von „Zehntausend Goldmark, eine Goldmark gleich dem Preis von 1/2790 kg Feingold, mindestens aber gleich einer Reichsmark. Grundschuld für die Firma Haarhaus u. Co. offene Handelsgesellschaft in W. Elberfeld mit 5 v.H. Jahreszinsen, sofort vollstreckbar gegen jeden Eigentümer, mit Bezug auf die Bewilligung vom 29. April 1933, eingetragen am 23. Mai 1934

gez. Breuer gez. Hohagen."

f. Das Ende der Pilgerhütte

Schließlich ist an dieser Stelle über das Ende der Pilgerhütte zu berichten. Zu den konkreten Anlässen, das Anwesen zu verkaufen, wird man sicher vor allem den vom Land Nordrhein-Westfalen geplanten Ausbau der Straße zwischen Velbert und Heiligenhaus, der B 227, nennen müssen. Hier stand das Haus in der geplanten Trasse und sollte darum weichen. Aber es ist auch zu fragen, ob nicht einerseits mangelndes Interesse an der Fortsetzung der Tradition der „Pilgerhütte" und andererseits fehlende finanzielle Mittel zur Substanzerhaltung des alten Hauses letztlich für den Evangelischen Brüderverein ausschlaggebend waren, sich von dem Objekt zu trennen, zumal man aus früheren Jahren weiß, wie bei knapper Kasse die Sanierungen immer wieder zu der Frage führten, ob die hierfür notwendigen Gelder verantwortet werden konnten.

Die Verkaufsabsichten wurden in der Presse diskutiert und kritisiert. Die „Neue Ruhr Zeitung" schrieb am 19.04.1967 (Nr. 92) wie folgt[32]:

„Alarm für Tersteegen-Freunde

Wertvolle Sammlung zieht nach Waldbröl.

b. Mülheim. Eine alarmierende Nachricht für historisch interessierte Mülheimer drang in diesen Tagen in die NRZ-Redaktion: Eine kleine, aber dennoch wertvolle Tersteegen-Sammlung in Hetterscheidt bei Heiligenhaus (Rheinland), droht „verloren zu gehen". Straßenneubau macht den Abbruch des dortigen Tersteegenhauses erforderlich. Die Besitzer der Sammlung wollen - so verlautet - die Erinnerungsstücke nach Waldbröl oder zur Mennonitengemeinde nach Krefeld bringen.

Das „Pilgerhaus an der Otterbeck" diente dem reformierten Liederdichter Gerhard Tersteegen auf seinen Zügen von Mülheim aus ins Bergische Land als ständige Unterkunft. Ein „Brüderverein" unter dem Vorsitz des Bürgermeisters a.D. Horn[33] nahm sich der Pflege der Tersteegenrelikte an. Das Haus wird außer-

32 Stadtarchiv Mülheim/Ruhr.

33 Ewald Horn in Grünenbach (1898-1983).

dem noch von der Evangelischen Gesellschaft für Deutschland für Versammlungs- und Schulungszwecke genutzt. Jetzt soll das renovierbedürftige Haus abgerissen werden. Das Landesstraßenbauamt Düsseldorf plant dort eine neue Trasse für eine Landstraße.

In Mülheim sollte man sich angesichts der Situation die Frage stellen, ob die Tersteegen-Andenken von Hetterscheidt nicht besser hier im Tersteegenhaus aufgehoben sein würden, als etwa in Grünebach bei Waldbröl, wo Bürgermeister a.D. Horn seinen Wohnsitz hat. Die Sammlung besteht aus altem Mobiliar, einigen Büchern und Schriften. Das alles ist in dem Zimmer untergebracht, in dem Gerhard Tersteegen zu übernachten pflegte.

Der Landschaftsverband Rheinland in Köln hat ebensowenig wie das Landesstraßenbauamt ein Interesse gezeigt an der Erhaltung des Hauses an der Otterbeck. Bei der Verwaltung der Gemeinde Heiligenhaus fand die Tersteegen-Sammlung ebenfalls wenig Gegenliebe. Nur Pastor Jochums[34] von der Evangelischen Gesellschaft für Deutschland betonte gegenüber der NRZ: „Wenn ich für die Tersteegen-Sammlung verantwortlich wäre, ich hätte alles darangesetzt, das Haus zu erhalten."

Nachdem, wie wir lesen, mehrere Behörden zum Ausdruck gebracht hatten, daß sie nicht bereit waren, die zweifellos nicht geringen Kosten für die Erhaltung des Objektes aufzubringen, kann man sicher die Entscheidung des Evangelischen Brüdervereins nachvollziehen, sich von dem Anwesen zu trennen.

Gemäß Handelsregister-Auszug des Amtsgerichts Waldbröl war am 14.02.1967 eine Umschreibung erfolgt von HRA 339 auf HRA 113.

Zu diesem Zeitpunkt hatte die Firma Haarhaus & Co. ihren Sitz in Waldbröl. Unter der Rubrik „Geschäftsinhaber, Persönlich haftender Gesellschafter, Vorstand, Abwickler" werden genannt:

Dr. Horst Waffenschmidt[35], Assessor in Waldbröl,
Ewald Horn, Bürgermeister in Grünenbach,
Eugen Gerlach[36], Ingenieur in Hillerscheid,
Fritz Schallenberg[37], Kaufmann in Mülheim/Ruhr.

Unter „Rechtsverhältnisse" lesen wir: „Offene Handelsgesellschaft. Die Gesellschaft hat am 31.12.1887 begonnen. Zur Vertretung sind je zwei Gesellschafter gemeinschaftlich ermächtigt. Der Sitz der Gesellschaft ist von Heiligenhaus nach Waldbröl verlegt.

34 Pastor Heinrich Wilhelm Jochums (1904-1986).

35 Dr. Horst Waffenschmidt (* 1933)

36 Eugen Gerlach; Daten noch nicht ermittelt.

37 Fritz Schallenberg; Daten noch nicht ermittelt.

Eugen Gerlach, Ingenieur in Litterscheid, und Fritz Schallenberg, Kaufmann in Mülheim/Ruhr, sind als persönliche haftende Gesellschafter in die Gesellschaft eingetreten."

Vor dem Verkauf der „Otterbeck" hat Dr. Horst Waffenschmidt aus Waldbröl am 21. November 1967 nachstehende Vollmacht ausgestellt:

Vollmacht

Hiermit bevollmächtige ich Herrn Prediger Ewald Horn aus Grünenbach,
Gemeinde Denklingen, für mich beim Amtsgericht Velbert aufzutreten
zwecks Abschluß des Grundstückskaufvertrages
Fa. Haarhaus & Co. oHG, ./. Landschaftsverband Rheinland, Köln-Deutz,
betr. Verkauf des Tersteegenhauses an der Otterbeck in Heiligenhaus
und rechtsverbindliche Erklärungen abzugeben.

gez. Dr. Horst Waffenschmidt

Der Kaufvertrag wurde am 23.11.1967 abgeschlossen und wird nachstehend abgedruckt[38].

Tagebuch-Nr. 4182
Verhandelt
zu Velbert (Rhld.) am 23. Nov. 1967
Vor mir, dem Unterzeichneten Richter beim Amtsgericht Velbert, Amtsgerichtsrat Biermann, erschienen:

1.) für Haarhaus & Co. o. H. G. in Waldbröhl als gemeinschaftlich
vertretungsberechtigte Gesellschafter
für Herrn Gemeindedirektor Dr. Horst Waffenschmidt in 522 Waldbröhl, Kaiserstr.,
Herr Ewald Horn, Bäckermeister in 5226 Grünenbach Post Denklingen
Herr Eugen Gerlach, Ingenieur in Hillerscheid

- Verkäufer -

2.) für den Landschaftsverband Rheinland, dieser vertreten durch seinen
Direktor in Köln, für diesen handelnd als Vertreter mit Vollmacht
Herr Landesinspektor Werner Skrzypczak,
Landesstrassenbauamt Düsseldorf, Düsseldorf-Nord, Tersteegenstr. 19,

- Käufer -

von Person bekannt - ausgewiesen durch Vorlage ihrer Personalausweise.

Die Erschienenen erklärten :

Wir schließen folgenden

38 Amtsgericht Velbert, Grundbuchamt.

Kaufvertrag

§ 1

Für den Bau der Landstrasse 617 kauft der Landschaftsverband Rheinland von dem Verkäufer das aus dem im Grundbuch von Hetterscheid Band 6 Blatt 213 auf den Namen der Haarhaus & Co., offene Handelsgesellschaft in Waldbröhl eingetragene Grundstück Gemarkung Hetterscheid, Flur 1, Flurstück 257, gross 3600 qm. Über die örtliche Lage dieser Fläche sind die Vertragspartner sich einig. Im beigefügten Lageplan, der Bestandteil dieses Vertrages ist, ist die gekaufte Fläche rot angelegt.

§ 2

Der Kaufpreis für das in § 1 genannte Grundstück beträgt insgesamt 126.000,-- DM, in Worten: Hundertsechsundzwanzigtausend Deutsche Mark.

§ 3

Der Landschaftsverband Rheinland kauft außerdem das aufstehende Haus Velberter Straße 31 - Tersteegenhaus - zu einem Festpreis von 50.800,-- DM, in Worten: Fünfzigtausendachthundert Deutsche Mark.

§ 4

Für alle mit der Veräusserung der Grundfläche, der Anlage und dem Betrieb der Landstrasse verbundenen Nachteile, insbesondere für den Umzug, die Verlagerung und zwischenzeitliche Auslagerung von Urkunden, antiken Büchern, Plänen usw. erhält Verkäufer eine Nebenentschädigung von 3.200,-- DM, in Worten: Dreitausendzweihundert Deutsche Mark.

§ 5

Die für das aufstehende Gebäude und die Verlagerung der musealen Gegenstände zu zahlenden Entschädigungen werden mit dem Kaufpreis zinslos fällig (§ 7)

§ 6

Durch die Zahlung des Kaufpreises und der Nebenentschädigungen erklärt sich Verkäufer für alle Ansprüche aus dem Verkauf der Grundfläche, der Anlage und dem Betrieb der Landstrasse für endgültig abgefunden.

§ 7

Der Kaufpreis wird nach schulden- und lastenfreier Umschreibung fällig. Eine Verzinsung des Kaufpreises erfolgt nicht. Die Zahlungen sind zu leisten an: Firma Haarhaus & Co. o. H.G. in Waldbröl Postscheckamt Köln 343668.

§ 8

Die Fläche wird frei von allen Schulden und Lasten verkauft. Verkäufer leistet auch dafür Gewähr, dass der Grundbesitz frei wird von allen nicht übernommenen Lasten, Steuern und Abgaben sowie von Hypothekengewinn- und Lastenausgleichsabgaben; er übernimmt die Ablösung etwaiger Miet- oder Pachtrechte. Die Freistellung von allen dinglichen und obligatorischen Rechten hat der Verkäufer bis zur Auflassung herbeizuführen. Verkäufer leistet keine Gewähr für die Beschaffenheit der Fläche.

§ 9

Der Landschaftsverband Rheinland ist berechtigt, sofort mit den Bauarbeiten zu beginnen. Besitz, Nutzungen und Gefahr gehen sofort auf den Käufer über.
Der Verkäufer verpflichtet sich, das Haus bis zum 31. Dezember 1967 zu räumen und herauszugeben.
Die öffentlichen Abgaben hat Verkäufer bis zum 1. des Monats zu zahlen, der auf die Umschreibung im Grundbuch folgt.

§ 10

Die Vertragspartner sind darüber einig, dass das Eigentum an dem Kaufgrundstück auf den Käufer übergeht. Sie bewilligen und beantragen die Eintragung dieser Eigentumsänderung in das Grundbuch.

Ferner beantragen die Vertragspartner die Löschung der in Abt. II und III des Grundbuchs eingetragenen Belastungen und Beschränkungen bzw. die Freigabe der mit diesen Rechten belasteten Grundstücke aus der Mithaft gemäss den Bewilligungen der Berechtigten. Der Verkäufer bewilligt die Löschung des zu seinen Gunsten in Abt. III unter N 1 eingetragenen Rechte von 10 000,- Goldmark.

§ 11

Die Kosten dieses Vertrages und seiner Ausführung, auch die Vermessungskosten sowie eine etwaige Grunderwerbsteuer, trägt der Käufer.

Käufer beantragt Befreiung von der Grunderwerbsteuer und den Gerichtsgebühren, da die Abtretungsflächen zur Anlage einer öffentlichen Strasse erworben werden.

Nach § 19 Abs. 5 Ziffer 2 Bundesbaugesetz und § 4 Ziff. 1 Grundstücksverkehrsgesetz bedürfen Verträge, an denen öffentlich-rechtliche Körperschaften beteiligt sind, nicht der in diesen Gesetzen vorgesehenen Genehmigung.

§ 12

Grundbuchnachrichten, Kostenrechnungen, eventuelle Steuerbescheide und sonstige Mitteilungen zum Vertrage sind zu richten an das Landesstrassenbauamt Düsseldorf, 4 Düsseldorf - Nord, Tersteegenstrasse 19, Az.: V4 - 642 - 82/8/617 (D2).

§ 13

Sind einzelne Vereinbarungen dieses Vertrages nichtig, so soll dadurch die Gültigkeit der übrigen nicht berührt werden.

Diese Urkunde wurde den Erschienenen vorgelesen, von ihnen genehmigt und wie folgt eigenhändig unterschrieben.
gez. Ewald Horn
gez. Eugen Gerlach
gez. Werner Skrzypcak
gez. Biermann

Einer Notiz des Stadtarchivs Heiligenhaus zufolge ist das Haus im Jahr 1969 abgerissen worden.

TERSTEEGEN-BIBLIOTHEK AUS DER PILGERHÜTTE OTTERBECK
IN RÖLEFELD B. WALDBRÖL
(Foto: H. Neeb)

TERSTEEGEN-BIBLIOTHEK AUS DER PILGERHÜTTE OTTERBECK
IN RÖLEFELD B. WALDBRÖL
(auf dem Regal Berleburger Bibeln, verschlossen mit „Krämpfen"; s. Brief Nr. 28)
(Foto: H. Neeb)

XVI. Das Erbe Tersteegens in Rölefeld

Im Jahr 1936 brachte „Der Säemann", die Wochenschrift des Evangelischen Brüdervereins, in mehreren Fortsetzungen[1] einen Bericht mit dem Titel „Des Gerhard Tersteegen Pilgerhütte an der Otterbeck". Verfasser war vermutlich Inspektor Friedrich Haarmann.

Das 7. Kapitel ist überschrieben: „Tersteegen-Erinnerungen der Pilgerhütte an der Otterbeck in unserer Zeit". Die in den Ausführungen genannten Objekte, zu denen neben Tersteegens Bett, Tisch und Lehnstuhl vor allem die wertvollen Buchbestände gehören, wurden vor dem Abbruch der „Otterbeck" ausgelagert. Sie befinden sich heute im „Tersteegenhaus" in Rölefeld bei Waldbröl. Dort werden sie in sauberen Räumen aufbewahrt und liebevoll betreut von Herrn Dr. Hans Horn[2] aus Waldbröl. Erhebliche Kosten wurden vor allem in die Sanierung des Buchbestandes investiert, der durch unsachgemäße Lagerung gelitten hatte.

Im Jahr 1987 hat Pfarrer i.R. Hermann Kelm[3], Archivpfleger des Kirchenkreises An der Agger, den Bestand gesichtet und ein Findbuch angelegt[4]. Kelm schreibt dazu: „Tersteegenforscher werden die Bestände der Bibliothek Otterbeck, die sich noch aus der Zeit Tersteegens erhalten haben, und den Briefwechsel begrüßen, während Hymnologen alte und selten gewordene Gesangbücher vorfinden."

In stählernen Archivschränken werden auch die Akten, Ablagen und Bücher des Evangelischen Brüdervereins aufbewahrt.

Eine Aufzählung aller Buchtitel ist im Rahmen dieser Dokumentation nicht möglich. Wer jedoch Muße genug hat, in Rölefeld die Bücher in die Hand zu nehmen und sich dabei mit den Schreibern sowie mit dem Inhalt der Literatur zu beschäftigen, der wird überrascht sein von der Vielseitigkeit der Themen, mit denen Gerhard Tersteegen sich auseinandergesetzt hat. Dem Leser der Tersteegen-Briefe begegnen immer wieder Autoren der Bücher aus der Archivbibliothek. Daraus wird deutlich, daß Tersteegen die Bücher nicht nur besessen hat; er hat sie auch gelesen, das Gelesene durchdacht und dazu auf mancherlei Weise Stellung genommen.

Nach allen Überlieferungen ließ Tersteegen sich nie zeichnen oder malen. In unseren Tagen werden jedoch zwei verschiedene Stiche als „Tersteegen-Porträt" angesehen. Eines der Porträts ist im Besitz von Julius Tersteegen in Dortmund. Eine Kopie gehörte zum Bestand der Pilgerhütte. Beide Porträts dürften jedoch Phantombilder sein. Wer sich - abgesehen von diesen historisch nicht gesicherten Bildern - gerne eine Vorstellung davon machen möchte, wie Tersteegen wirklich

---

1 86. Jahrgang; Heft 9-12.

2 Dr. Hans Horn (* 1933).

3 Pfarrer Hermann Kelm (1913-1993).

4 Monatshefte für Evangelische Kirchengeschichte des Rheinlandes; 36. Jahrgang, 1987.

ausgesehen hat, der findet in einem Exemplar von „Das verborgene Leben mit Christo in Gott“ des Bernières-Louvigny[5] in der Archivbibliothek in Rölefeld einen Hinweis. Da steht unter dem Porträt von Louvigny : „So sah ungefähr Tersteegen aus“. Man wird kaum ermitteln können, wie authentisch diese Aussage ist. Aber bei der Seelenverwandtschaft der beiden Männer könnte die Beobachtung des Schreibers zutreffen.

XVII. Nachwort.

Am Ende dieser Dokumentation möchte ich ein Zitat weitergeben, das ich der Festschrift des Evangelischen Brüdervereins[6] entnehme:

„Geschichte ist nicht das unfruchtbare Wiederaufrollen des Gewesenen. Beschäftigung mit der Geschichte ist nicht bloßes Rückwärtsschauen zu untergegangen Zeiten, sondern die Vergangenheit ist ein Schlüssel zum Verständnis der Gegenwart. Mehr noch: etwas von jeder geschichtlichen Periode fließt in die Gegenwart ein. [...] So führt uns die Wiedergabe der Geschehnisse in der Vergangenheit zum Verständnis für die Aufgaben in der Gegenwart und Zukunft.“

In ähnlichem Sinne äußerte sich auch der Ministerpräsident des Landes Nordrhein-Westfalen, Johannes Rau, nach der Lektüre meiner Dokumentation „Gerhard Tersteegen und die Familien Schmitz in Solingen“: „Auch wenn es vielen als fruchtlos und zu mühevoll erscheint, danach zu fragen, wie die Menschen in früheren Zeiten in der Stadt gelebt haben, in der man selber lebt: Wer bedenkt, daß Geschichte immer auch Geschichtetes ist und damit der Boden, auf dem wir stehen, wie Hans von Keler das einmal formuliert hat, der erkennt Zusammenhänge und Verbindungen, Unterschiede und Veränderungen, die Orientierung und Richtung geben können in anderer Zeit.[7]“

So wünsche ich mir für die gegenwärtige Generation und für die, die noch kommen mögen, daß die Geschichte der Tersteegen'schen Pilgerhütte in der Otterbeck und die ihrer Bewohner Hilfe gebe zum Verständnis der Vergangenheit und gleichzeitig Wegweisung in die Zukunft.

5 Bernières-Louvigny (1602-1659).

6 100 Jahre Evangelischer Brüderverein 1850-1950; „Der Säemann“, Juni 1950; Herausgegeben vom Evgl. Brüderverein Tersteegenhaus an der Otterbeck b[ei] Heiligenhaus; S. 70.

7 Persönlicher Brief vom 13.08.1997.

XVIII. Tersteegen-Briefe an Bewohner der Otterbeck

a. Bearbeitungshinweise

Wenn nichts anderes angegeben, sind die Texte zitiert nach „Geistliche und Erbauliche Briefe über das Inwendige Leben und wahre Wesen des Christenthums von weyland Gerhard Tersteegen. Zum gemeinen Nutz gesammlet und ins Licht gegeben.“

Erster Band. I. u. II. Theil, Solingen, zu finden bey Pet. Dan. Schmitz und Chr. Pool, 1773.

Zweiter Band. III. u. IV. Theil, Solingen, zu finden bey Pet. Dan. Schmitz und Chr. Pool, 1775.

Da Wilhelm Weck im „Geistlichen Blumenfeld 9. Teil[1]“ die abgeschriebenen Briefe in der Regel jeweils mit einer Überschrift versehen hat, könnten die Überschriften zu den gedruckten Tersteegen-Briefen auch von Weck stammen.

Bei dem Hinweis „Abdruck nach Handschrift“ konnte noch nicht mit letzter Klarheit ermittelt werden, ob es sich um Original-Briefe Tersteegens oder um Abschriften handelt. Daher wurde auf nähere Angaben verzichtet.

In der Regel ist die Zuordnung van Andels[2] übernommen worden.

Außerdem stand eine Adressatenliste aus dem Nachlaß von Professor Dr. J.F.G. Goeters, Bonn[3] zur Verfügung. Diese Liste enthält die Zuordnung, die sich in Handexemplaren der gedruckten Briefe vorfand bei Adolf Werth[4], Dr. Maximilian Goebel[5], Heinrich Oberhansberg aus Holthausen[6], Anna Maria Deuß[7] aufm Rolsberg [vermutlich von Peter Ronsdorf[8] geschrieben und am 17.11.1776 der A.M. Deuß geschenkt] und Dr. Gerhard Kerlen[9].

Soweit ein Datum bekannt ist, werden die Texte in dieser Reihenfolge abgedruckt. Undatierte Briefe erscheinen da, wo sie aufgrund anderer vorhandener Quellen eingeordnet werden können oder am Ende.

---

1 Archiv Barmen-Gemarke.

2 Cornelis Pieter van Andel: Gerhard Tersteegen, Neukirchen 1973. S. 277-285

3 Archiv der Evangelischen Kirche im Rheinland. Johann Friedrich Gerhard Goeters, Doktor und Professor der Theologie, starb am 20.08.1996.

4 Adolf Werth, Barmen (1839-1915). Begründer des Bergischen Geschichtsvereins Barmen.

5 Dr. theol. Maximilian Friedrich Wilhelm Goebel; ~ 13.03.1811 Solingen; † 13.12.1857 Koblenz.

6 Heinrich Oberhansberg wurde am 24.08.1813 in Mülheim/Ruhr geboren und am 31.08.1813 getauft. Er war das 4. Kind von Hermann Oberhansberg. In 1. Ehe verheiratet (04.03.1836) mit Anna Tinckrath, die am 23.12.1836 starb; in 2. Ehe verheiratet (08.03.1848) mit Margarethe Unterhansberg, die am 20.04.1888 im Alter von 61 Jahren starb. Heinrich Oberhansberg (Gutsbesitzer) starb im Alter von 61 Jahren und 11 Monaten am 24.07.1875. (Daten von Gesamtverband Evangelischer Kirchengemeinden Mülheim; mit Dank für Schreiben vom 28.11.1997).

7 Anna Maria Deus ~ 22.11.1729 Mülheim/Rh.; † 24.11.1780 Wald (heute Solingen), Rolsberg.

8 Johann Peter Ronsdorf aus Wald, heute Solingen: Neffe von Wilhelm Weck (1747-1808).

9 Gerhard Kerlen. Siehe Anm. S. IV.

Da Johannes Ritterskamp zwar auf der Schönenbeck[10] zu Hause war, vorübergehend jedoch in der „Pilgerhütte" lebte, werden die Briefe an ihn auch in dieser Ausgabe veröffentlicht.

Fettdruck in den „Geistlichen Briefen" von 1773/75 ist gesperrt wiedergegeben; unterstrichene Texte in den Handschriften sind auch im Abdruck unterstrichen.

Obwohl vermutlich an die Brüder in der Otterbeck gerichtet, habe ich nicht einbezogen „Zeugniß der Wahrheit die da ist nach der Gottseligkeit". (Am Ende von Teil 1 in Band I der Geistlichen Briefe). Wilhelm Hoffmann[11] und Gerhard Tersteegen haben diese Ausführungen an einen „Freund und Bruder" gerichtet[12]. Max Goebel datiert die Schrift auf das Jahr 1727[13]. In dem Handexemplar der Anna Maria Deuß auf dem Rolsberg[14] in Solingen-Wald ist vermerkt, daß das „Zeugniß der Wahrheit" an Otterbeck à Heiligenhaus gesandt wurde[15].

---

10 Seither wurde angenommen, es handele sich bei dieser Ortsbezeichnung um die „Schönebeck" in Wuppertal-Barmen. Nachdem sich jedoch im Bestand Merz die Anschrift fand: „dem Ehrsamen Freunde Joh. Ritterskamp, Knopfmacher, in der Schönebeck im Hombergischen" darf man davon ausgehen, daß Ritterskamp auf der „Schönebeck" bei Homberg/Ratingen gewohnt hat. Ein Haus in der „Schönebeck" befindet sich heute ca. 3 km östlich von Homberg. Auch Kerlen weist bei dem Brief vom Dezember 1730 hin auf diese Anschrift.

In den Kirchenbüchern von Homberg b. Ratingen habe ich in der fraglichen Zeit keinen Ritterskamp gefunden, wohl aber in Ratingen. Da allein in den in Frage kommenden Jahren 1683-1701 viermal die Taufe eines Johannes Ritterskamp vorkommt, ist die genaue Festlegung schwierig. Naheliegend ist der am 10.07.1689 getaufte Johann Peter, Sohn von Reinhard Ridderskamp, der offenbar - wie viele Tersteegen-Freunde - ledig war. Denkbar ist auch der am 10.08.1700 getaufte Johannes Christophorus Ritterskamp. Mit Sicherheit war Johannes Ritterskamp 1733 auf der Otterbeck. Diese Auffassung vertreten Goebel, Deuß und Kerlen bei Zuordnung des Briefes vom 07.07.1733. Auch bei den Briefen vom 20.04.1735, 12.05.1735, 30.05.1741 und 11.06.1741 wird die Otterbeck als Aufenthaltsort angenommen. 1745 wird Ritterskamp in einem Brief von Johann Lobach aus Krefeld an Johannes Ronsdorf in Wald erwähnt. - Am 09.02.1759 wurde ein Johannes Ritterskamp in Heiligenhaus begraben. Hierbei dürfte es sich mit großer Wahrscheinlichkeit um den Tersteegen-Freund von der Otterbeck handeln.

11 Wilhelm Hoffmann aus Mülheim/Ruhr (1676-1746), Kandidat der Theologie, Freund und geistlicher Berater Gerhard Tersteegens.

12 Siehe hierzu auch: Gerhard Tersteegen - Ich bete an die Macht der Liebe. Hsg. Dietrich Meyer, Gießen 1997. S. 200-210.

13 Goebel III, S. 328 und 343 mit Hinweis auf S. 453 in Geistliche Briefe I, Teil 1, S. 453 „Frau Guion (die vor kaum 10. Jahren gestorben)". Sie starb im Juni 1717. Siehe auch: van Andel: Gerhard Tersteegen. S. 33-35

14 Gem. Erläuterungen zu Solinger Flurnamen von Hans Brangs im Stadtarchiv Solingen hat sich der Name wahrscheinlich in folgender Form entwickelt: Rolantsberg ist aus dem Personennamen Roland entstanden. Aus Roland entsteht die Kurzform Roel mit den Verkleinerungsformen Roelgen, Röltgen, die dann später Familiennamen werden. Da Roel eine Kurzform sowohl für Roland als auch für Ruloff war, zeigt sich vorübergehend später auch die Bezeichnung Rolofsberg.

15 In einer handschriftlichen Adressaten-Liste aus dem Nachlaß Goeters befindet sich der Hinweis auf ein Handexemplar der 4 Teile in erster Auflage mit der Eintragung „von Anna Maria Deuß aufm Ruhlsberg, 1776 den 17. 9[Novem]bris." Anna Maria Deus wird häufig gegrüßt in Briefen an Wilhelm Weck. Es ist denkbar, daß sie auch selbst Briefe im Auftrag von Wilhelm Weck geschrieben hat. Sie wurde in Mülheim am Rhein getauft am 22.11.1729. Ihr Sterbeeintrag findet sich im Sterbebuch der Reformierten Gemeinde Wald unterm 24.11.1780.

b. Texte der Briefe

1.

An **Johannes Ritterskamp** auf der Schönenbeck
Abdruck nach Geistliche Briefe I, Teil 2, Nr. 35

Daß die Einsamkeit, Gebät und Verläugnung zu lieben und zu üben.

In der Gnade GOttes hertzlich-geliebter Freund!

Dein kleines Brieflein habe durch die Freundinnen[16] wohl erhalten, und ist mir lieb gewesen; und obwohl die Zeit zu kurtz ist, will doch deinem Begehren nach etwas zurück schreiben, so wie es GOtt wird geben.

Ich wiederhole demnach die letzt gethane Erinnerungen. Liebe, und übe dich, mehr als bisher geschehen, in der Einsamkeit, im Gebät und in der Verläugnung. Die Einsamkeit ist die Schule der Gottseligkeit. Du bist berufen (denck, welch eine Gnade!) zum gemeinsamen Umgang mit GOtt; derhalben must du allen unnöthigen Umgang mit den Menschen durchaus meyden. Sonderlich muß man, wo man so schwach noch ist, dem Feinde entweichen, und der Welt und deren Creaturen nicht zu nahe unter die Augen kommen, damit wir des Schöpfers Naheseyn nicht aus den Augen verlieren, und die Welt uns nicht verblende, überwinde und wieder einnehme. Man muß die Creaturen nicht zu viel sehen, damit wir auch allgemach ihr Andencken und ihre Liebe verlieren, und so wahre Fremdlinge werden mögen, deren Wandel nur bey GOtt im Himmel ist.

Liebe das Gebät. Dein stetes Geschäfte vom Morgen bis zum Abend sey bäten. Laß dein Hertz und Begierden immer mit GOtt reden in inniger Einfalt; seine Lust ist in den Kindern der Menschen; dencke oft, und so viel möglich stets, mit Liebe und Ehrfurcht an ihn, an seine Gegenwart, und an seine Vollkommenheiten, und opfere dein Hertz mit allem, was du bist, hast, und vermagst ihm öfters in Geist und Wahrheit auf. Alles so hertzlich und aufrichtig, als dir immer möglich ist. Kommst du etwa von dieser kindlichen, aber unglaublich-nützlichen und schönen Uebung durch Schwachheit, oder Untreue ab, so fange nur sanfte und von Hertzen wieder an, und werde hierin nicht müde, wann du schon anfangs keine grosse Frucht und Fortgang darin spühren mögtest. Es ist nicht wahr, daß solch eine Lebens-Art schwer sey. Sie ist dem Geiste leicht und lieblich, und wird zu seiner Zeit wie ein Himmel auf Erden. Man muß nur ein wenig Muth und Geduld haben. Was die besondere und expresse Zeiten[17] zum Gebät und Sammlung anlanget, davon weißst du meine Gedanken schon; sey auch darin getreu, und laß dich durch keinerley Einwürfe der Vernunft oder Trägheit deiner Natur davon zurück halten.

16 Die Identität dieser Freundinnen konnte von mir nicht ermittelt werden.
17 Eigens dafür vorgesehene Zeit.

Die Verläugnung macht das Gebät leicht, und das Gebät hinwiederum die Verläugnung: Uebe dich derhalben auch hierin treulich. Laß es dir lieb seyn, wann du etwa Gelegenheit hast, deinen eigenen Willen, deine Lust, oder einige andere Sache, was und worin es nur immer seyn mögte, um GOttes willen zu verläugnen. Gehe deiner verderbten Natur in allem heiliglich zuwider, auch in den geringsten Dingen; kündige ihr recht den Krieg an. Je enger es dem Fleische fällt, desto freyer und vergnügter wird es dem Geist, mit GOtt und in GOtt zu leben, als in seinem wahren Element. Untersuche oft, was dir etwa am liebsten seyn mögte? Eben das verläugne am ersten, und opfere es tapfermüthig auf, um dein gantzes Hertz, Liebe und Lust deinem GOtt rein und allein zu verspahren in jungfräulicher Keuschheit. Sey getreu an den geringsten Ueberzeugungen seines Geistes; wann auch schon in deinem verderbten Natur- und Fleisches-Willen tausend Widerspenstigkeit darwider aufstünden, so kehre dich nur mit deinem von GOtt geschenckten neuen Gemüths-Willen aufrichtig davon ab; keine Machten der Hölle können diesen zwingen. Dergestalt hältst du es mit GOtt, und GOtt hält es mit dir, der dich zu seiner Zeit von allen Banden erlösen wird. Fleuch sonderlich die Lüste der Jugend, welche das Gemüth so sehr verduncklen, und von GOtt entfernen: Unser Hertz soll auch ein reiner Tempel GOttes seyn.

Brich durch, mein lieber Freund, in allen Stücken, sonderlich in der bewußten Sache, wovon wir letztens mit einander redeten. Warte keinen Augenblick; GOtt fordert hierin ein williges Opfer von dir, und wird dir auch keine Ruhe lassen, bis du auch hierin ihm völlig und aufrichtig Beyfall giebst. Ich sage es noch einmal, laß es dir nicht weis machen, daß GOtt dienen etwas Schweres, Verdriesliches oder Unmögliches sey; stelle es dir vielmehr als ein schönes, liebliches und durch die Gnade GOttes leichtes Leben vor, wie es dann auch dem Geiste ist und wird, wann mans in GOttes Namen recht angreift. Er, der HErr, der dich und mich aus grosser Erbarmung hierzu gerufen hat, gebe auch dir und mir alles, was nöthig ist, um seinem Ruf aufs allergetreueste zu folgen. Womit schliessend verbleibe

Dein geneigter Freund.

Mülheim, den 25. Jun. 1727

P. S. Bäte fleißig; ich werde mein schwaches Seufzen gerne mit dir vor GOtt bringen. Sey nur getreu, damit wir Freude aneinander haben. Grüsse alle Freunde bey Gelegenheit. N. grüsset auch, und sagt, er mögte gern sehen, daß du JESUM hertzlich liebtest.

2.

An **Johannes Ritterskamp,** Schönenbeck
Identisch mit vorstehendem Brief, jedoch eine Handschrift[18] als Vorlage.

Adresse: Dem Geliebten Freunde
Johannes Ritterskamp
Wohnend auf der Schönenbeck mit freunde

Mülheim den 25 Juny 1727

In der Gnade Gottes hertzlich Geliebter freund.

Dein kleines Brieflein habe durch die freundinnen[19] wol erhalten, und ist mir lieb gewesen; Und Obwolen die Zeit kurtz ist, Will doch, deinem begehren nach, etwas zurückschreiben, so wie es Gott wird geben. Ich wiederhole demnach die letztgethane erinnerungen: Liebe, und übe dich |: mehr als bisher geschehen :| in der einsamkeit, im Gebät und in der Verleugnung. Die einsamkeit ist die schule der Gottseeligkeit; du bist beruffen |: denck welch eine Gnade :| zum Gemeinsamen umgang mit Gott, derhalben must du allen unnötigen umgang mit den menschen durchaus meyden: sonderlich Wo man so schwach noch ist, muß man dem feinde entweichen, und der Welt und Creaturen nicht zu nahe unter augen kommen, damit Wir des schöpfers nahe-seyn nicht aus den augen verlieren, und die Welt uns nicht verblende, überwinde und Wieder einnehme; Man muß die Creaturen nicht zu viel sehen, damit wir auch allgemach ihr andencken und Liebe verlieren, und so wahre frembdlinge werden mögen, deren wandel nur bey Gott im himmel ist. Liebe das Gebätt: Dein stetes Geschäffte vom morgen biß zum Abend sey bäten; Laß dein hertz und begierden immer mit Gott reden in inniger einfalt, seine lust ist in den Kindern der Menschen; dencke offt, und so viel möglich, stets mit Liebe und Ehr-furcht an Ihn, an seiner Gegenwart, und an seinen Vollkommenheiten; Und opfere dein hertz mit allem Was du bist, hast und vermagst Ihm öfftters im Geist und Warheit auf; alles so hertzlich und so aufrichtig als dir immer möglich ist; kommst du etwa von dieser kindlichen, aber unglaublich nutzlichen und schönen Ubung, durch schwachheit oder Untreue ab, so fange nur sanfte und von hertzen wieder an, und werde hierin nicht müde, wan du schon keine grosse frucht und fortgang darinn spüren möchtest: Es ist nicht wahr, daß solch eine lebens-art schwer seye; sie ist dem Geiste leicht, lieblich und wird, zu seiner Zeit, wie ein himmel auf erden; man muß nur ein wenig muth und Gedult haben: Was die besondere und expresse zeiten zum Gebät und samlung anlanget,

18 Archiv Barmen-Gemarke
19 Namen der Freunde nicht ermittelt.

davon weist du meine gedancken schon, sey auch darin getreu, und laß dich durch keinerley einwürffe der Vernunft oder trägheit deiner natur davon zurückhalten.

Die Verleugnung macht das Gebätt leicht, und das Gebät hinwiederum die Verleugnung, übe dich derhalben auch hierin treulich: Laß es dir lieb seyn, Wan du etwa gelegenheit hast deinen eigenen Willen, deine Lust, oder einige andere sache, Was und worin es auch immer seyn möchte, Umb Gottes Willen zu verleugnen; Gehe deiner verderbten Natur in allem heiliglich zuwieder, auch in den geringsten Dingen; kündige ihr recht den Krieg an; je enger es dem fleische fällt, desto freyer und vergnügter wird es dem Geist, mit Gott und in Gott zu leben als in seinem Wahren element; Untersuche offt Was dir etwa am liebsten seyn möchte, eben das verleugne am ersten und opfere es tapfermütig auf, umb dein gantzes hertz, liebe und lust deinem Gott rein und allein zu verspaaren, in jungfräulicher Keuschheit; Sey getreu an den geringsten überzeugungen seines Geistes, Wan in deinem verderbten Natur- und fleisches-Willen schon tausend Wiederspentigkeiten, dagegen stünden, so kehre dich nur mit deinem, von Gott geschenckten, Neuen gemüts-willen davon aufrichtig ab, keine machten der höllen können denselben zwingen, dergestalt hältst du es mit Gott, und Gott hält es mit dir, der dich zu seiner Zeit von allen banden erlösen Wird; fleuch sonderlich die lüsten der jugend, welche das Gemüt so sehr verdunckeln und von Gott entfernen, unser hertz soll auch ein reiner tempel Gottes seyn. Brich durch, mein Lieber freund, in allen stücken, |: sonderlich in der bewusten sache, wovon wir letztens miteinander redeten; Warte keinen augenblick, Gott fordert hierin ein williges opfer von dir, Und Er Wird dir auch keine ruhe lassen, biß du auch hierin Ihm völlig und aufrichtig beyfall gebest :|. Ich sage es noch einmal , laß es dir nicht weiß machen, daß Gott zu dienen etwas schweres, verdrießliches oder unmögliches seye; stelle es dir vielmehr als ein schönes, liebliches, und durch die Gnade Gottes, leichtes leben vor, Wie es dan auch dem geiste ist und Wird, Wan man's in Gottes Namen recht angreifft. Er der herr, der dich und mich aus Grosser erbarmung hierzu geruffen hat, Gebe auch dir und mir alles was Nöthig ist, umb seinem ruff aufs aller getreueste zu folgen: Womit schliessend verbleibe dein Geneigter freund

Gerret Tersteegen.

P.S. Bäte fleissig; ich werde mein schwaches seufzen gerne mit vor Gott bringen; Sey nur getreu, damit Wir freude aneinander haben; Grüsse alle freunde bey gelegenheit. Hendrick Sommer[20] grüsset auch, und sagt, er möchte gerne sehen daß du hertzlich Jesum liebtest.

20 Henrich Sommer (1681-1773), Bandweber; auf Empfehlung Hoffmanns seit 1725 Hausgenosse Tersteegens in Mülheim/Ruhr.

3.

An **Elsgen Otterbeck**, Heiligenhaus
Abdruck nach Geistliche Briefe I, Teil 2, Nr. 36

Wie weit uns die Liebe des Nächsten verpflichtet ihm zu dienen; und wie man sich bey Entdeckung unserer Fehler zu verhalten.

In unserem theuren Heylande, JESU CHristo, geliebte Freundin!

Dein Schreiben haben wir wohl erhalten, und ist mir selbiges gar angenehm gewesen. Ich will darauf antworten, was mir GOtt geben wird.

Was angehet dein äusseres Anliegen, so ist es zwar die Wahrheit, daß man seinen Nächsten lieben muß, wie sich selbst; allein es ist keineswegs GOttes Wohlgefallen, daß ich meines Nächsten Wohlfahrt mit meiner eigenen Seele Schaden suchen solle: Dann wo dieses Gesetz GOttes in solchem weiten Sinn zu nehmen wäre, so würden wir immer in der Welt so viel zu dienen und aufzuwarten finden, daß wir GOttes und unserer Seele gar darüber vergessen würden.

Ist also dieses mein einfältiger Rath und Meynung, daß, wann jemand anders, wie du schreibst, zu kriegen ist, der den Leuten helfe, du alsdann deiner Schwachheit wegen nicht nöthig hast, die Stille zu verlassen, und dich in solche Gefahr zu begeben: Können aber die Leute keineswegs zurecht kommen, so kanst du ihnen aus Liebe wohl anbieten, etliche Tage bei ihnen zu seyn, um ihnen aus der Noth zu helfen, da sie dann indessen sich umhören können, daß sie jemand anders kriegen; daß du aber lange da seyn, oder gar immer da bleiben soltest, solches rathe ich durchaus ab. Es ist nichts daß dich darzu verpflichtet.

GOttes Vorsehung hat dich aus der Welt geführet, und müßte man derhalben die Hand GOttes gantz klar in etwas sehen, ehe du Freyheit soltest finden, wieder in die Unruh zu gehen. Die Einsamkeit, das Gebät und der verborgene Umgang mit Gott in Abgeschiedenheit von dir selbst und allen Creaturen, diß ist es, worzu dich GOtt gerufen hat; halte solchen Ruf stets vor Augen, bis du wesentlich darzu gelangest.

Daß dir GOtt die verborgene Heucheley und Verstellungen deines Hertzens einzusehen giebt, solches ist eine grosse Gnade, davor ich ihm von Grund des Hertzens dancke. Die wahre Hertzens-Aufrichtigkeit ist ein sehr wichtiger und nothwendiger Grund aller Heiligkeit. Nur must du dich hüten, daß du nicht zu sehr darüber niedergeschlagen oder beunruhiget wirst, wann du dergleichen Unlauterkeiten in dir vermerckest, sondern mit einem kindlich liebreichen und demüthigen Zukehr zu GOtt in deinem Hertzen solches Elend, ohne allzugrosse Beweglichkeit, dem Herrn bekennen, und so dann deinen Hertzens-Grund in aller Einfalt vor GOttes allsehendes Licht bloß legen, und einige Zeit in möglichster Stille bloß gelegt halten, erwartende, daß GOtt die verborgene Unlauterkeiten möge anzeigen, und auch wegnehmen. Diese einfältige Uebung wird dir, unter GOttes Segen, grossen Nutzen bringen. Du must dich aber sowohl in dieser Uebung, als auch in deinem gantzen Wandel, gar sanfte, kindlich, hertzlich und zu GOTT vertraulich trachten zu halten.

Eben so mach es auch, wann du etwa andere von deinen Fehlern und Unlauterkeiten gewahr wirst, es sey einige Selbst-Liebe, Eigen-Gesuch, Eigenwillen, Lust zur Creatur; oder die Regungen einiger Affecten; oder wann du etwa in Zerstreuung gerathen bist. Kehre dich nur immer mit völligem Willen demüthig und sanfte davon ab, und mit Vertrauen wieder zu GOtt, in aufrichtigem Sinn, um nimmer wieder untreu zu werden, oder einige Unlauterkeit zu lieben; und wann es auch tausendmal auf einen Tag so geschähe, so mach es nur immer wieder so, bis du endlich vester und unverrückter stehen wirst. Halte GOtt immer vor deinen Hertzens-Freund; liebe ihn von gantzem Hertzen; seine Gegenwart und der Umgang mit ihm sey deine eintzige Freude, Trost und Vergnügen auf Erden; er ist besser, als alles, was die Welt geben kan. Unsere Unvollkommenheiten, wann wir sie recht hassen, und davon hertzlich verlangen, erlöset zu seyn, dörfen diese vertrauliche Freundschaft nicht stöhren.

Schließlich bitte ich, daß GOtt die hertzliche und aufrichtige Begierde, ihm zu gefallen, die er geschencket hat, täglich wolle kräftiger, lauterer und inniger machen! So wirst du ihm schon gefallen, und zu seiner wahren Vereinigung zubereitet werden. Dieses ist es, was mir in Eil ist in Gedancken gekommen, dir zu antworten. GOtt wolle selber alles in uns wircken! Welches von Grund des Hertzens wünschet

Dein geneigter Freund in CHristo.

Mülheim, den 30. Juni 1727

4.

An **Johann Heinrich Otterbeck**, Otterbeck b. Heiligenhaus
Abdruck nach Geistliche Briefe I, Teil 2, Nr. 37

Von dem verborgenen Leben mit Christo in GOtt, und von der Verläugnung.

Geliebter Freund und Bruder in Christo!

So eben bekomme ich Gelegenheit nach D[21]. worauf ich schon lange gewartet habe, damit ich dir dem Versprechen nach eines von denen neu gedruckten Büchlein[22] überschicken könne, welches dann hiebey kommt: Ich hab es nicht

21 Vermutlich Duisburg

22 Jean de Bernières-Louvigny: Das verborgene Leben mit Christo in Gott (übersetzt von Gerhard Tersteegen). Frankfurt/Leipzig 1727. Da 1729 im Leipziger Herbstmeßkatalog Böttiger in Duisburg als Verleger erscheint, ist wohl davon auszugehen, daß Tersteegen das im Brief erwähnte Exemplar aus Duisburg von Böttiger mitgebracht hat. Siehe: Peter Jürgen Mennenöh: Duisburg in der Geschichte des niederrheinischen Buchdrucks. Duisburg 1970.

ohne Ursach das verborgene Leben genannt, nicht allein weil es zu einem inwendigen, geistlichen, abgeschiedenen Wandel und verborgenen Umgang mit GOtt eine gute Anleitung seyn kan, sondern auch weil die Wahrheiten, welche der liebe Mann darin vorgestellet verborgen sind, nicht allein der bloß natürlichen Vernunft, sondern auch an manchen Orten wohl auch andern guten Seelen, die etwa noch nicht genug vereinfältiget, oder zu einem solchen Maaß des Lichts und der Erfahrung noch nicht hinan gekommen sind.

Es muß uns aber solches gar nicht irren; ich bin völlig gewiß, daß es kostbare Wahrheiten sind; je mehr wir sie werden in die Uebung bringen, je leichter und angenehmer werden sie uns werden. Das dritte Büchlein[23] sind lauter Sprüche, davon man eben nicht viel auf einmal lesen darf; daß aber ein stilles und gesammeltes Gemüth so wohl bey dem Lesen, als Ausüben derselben erfordet wird, wirst du selber bald mercken können.

Nur guten Muth, lieber Bruder! wir gehen nach der grossen Ewigkeit, und sind berufen, mit GOtt im Geist Gemeinschaft zu haben; was gehen uns Welt und Creaturen an? Nur mit einem vesten und völligen Willen in die Verläugnung unserer liebsten Lüste und Vergnügungen in allen Dingen ausser GOtt, uns hinein gewaget, und mit einem andächtigen eingekehrten Hertzen uns an GOtt gewöhnet; er ist ja unendlich besser als die Creatur und alles, was die Creatur geben kan. Wer ihn in seinem Hertzen findet, gehet mit Freuden hin, und verkauft alles übrige; welches unaussprechlich grosse Glück ich uns allen von Hertzen wünsche.

Ich grüsse dich hertzlich in dem Namen JEsu, unsers gebenedeyten Hohenpriesters, wie auch mit Gelegenheit B. und verbleibe

Dein geneigter Freund und Bruder.

Mülheim, den 17. Dec. 1727

---

23 Hier wird es sich um das „Geistliche Blumengärtlein" handeln, wo im Titel auch das „Verborgene Leben" vorkommt: „Geistliches / Blumen-Gärtlein / Inniger Seelen; / Oder / Kurtze / Schluß-Reimen und / Betrachtungen / Über allerhand Warheiten des / Inwendigen Christenthums; / Zur Erweckung, Stärckung, und / Erquickung in dem / Verborgenen Leben / mit Christo in GOtt; / Nebst einigen Geistlichen Liedern. / Franckfurt und Leipzig / bey Joh. Georg Böttiger, Buchhändl. / Gedruckt im Jahre 1729." Tersteegens Vorrede datiert vom 24. August 1727. Siehe auch: Gesch. d. Pietismus, Band 2. Göttingen 1995. S. 397.

Tersteegen nennt ohne weitere Erklärung „das 3. Büchlein". Wenn die Sendung aus drei Exemplaren bestanden hat, dann könnte es sich bei einem weiteren Buch um das „Handbüchlein der wahren Gottseligkeit" (Jean de Labadie) handeln, das auch 1727 erschienen ist.

5.

An **Johann Heinrich Otterbeck,** Otterbeck b. Heiligenhaus
Abdruck nach Geistliche Briefe I, Teil 2, Nr. 38

Was der Grund, Kern und Zweck der gantzen Gottseligkeit sey.

Geliebter Freund und Bruder!

Sowohl deinen ersten Brief über D. als auch deinen letzteren vom fünften dieses Monats habe wohl erhalten, hätte dir auch vorlängst gern etwas zurück geschrieben, und hab immer auf Gelegenheit gewartet, dir ein Brieflein überschicken zu können.

Verhoffentlich wirst du allda, geliebter Bruder, deines Orts noch in dem grossen und allein nöthigen Werck begriffen seyn, das uns in dieser Zubereitungs-Zeit oblieget, und worzu uns der HErr ins besondere berufen hat, und noch immer berufet, dich nemlich zu üben, allem eigenen Leben, Liebe und Lust an der Creatur und an uns selber in gründlicher Verläugnung abzusterben, um in gelassener Abhänglichkeit und Liebe in GOttes Gegenwart und seligster Gemeinschaft zu leben, durch den kräftigen Beystand seiner Gnade. Dieses Wenige ist der Grund, Kern und Zweck der gantzen Gottseligkeit. Wer nicht auf diesen Grund seine Frömmigkeit bauet, dessen Christenthum stehet auf einem Sand-Grund eitler Gedancken, Einbildungen und Meynungen, und wird, wann die Sturm Winde wehen, übern Hauffen fallen[24]. Wer nicht nach diesem Kern gräbet, und nur denselben in allen äusseren Mitteln, Uebungen und Pflichten meynet und suchet, der wird am Ende sehen, daß er nur eine dürre, ledige, elende Schale und Schein habe, wobey sein ewiger Geist keinen Frieden, noch die geringste Sättigung finden wird. Und wer sich diesen Zweck nicht in allem seinem Thun und Wesen beständig vor Augen stellet, der läuft verdüstert in der Irre, greift oft tausend Wege, Bilder und Uebungen in guter Meynung an, und siehet dann manchmal nach vielen Jahren, daß er nur im Circkel herumgelaufen, und noch eben derselbige ist, der er vor langer Zeit gewesen.

Wohl dem, welchem der HErr die Augen bey Zeiten aufthut, dieses Eintzig-Nöthige lebendig zu erkennen, und der damit seine wenige Lebenszeit zuzubringen trachtet! Nur fein inwendig mit einem kindlich-andächtigen Gemüth auf die verborgene Züchtigungen und Anweisungen des Geistes JEsu Acht gegeben, der uns nach und nach unsere heimliche Anklebungen und Leben in den Geschöpfen, wie auch unsere tief gewurtzelte Selbst-Liebe, Eigenwillen und andere viele Greuel offenbaret: Und sodann dieses alles aus freyer hertzlicher Liebe zu dem HErrn verläugnet und dran gegeben, wie vest es auch dem alten Adam am

24 Siehe Matth. 6, 24-27: vom Hausbau.

Hertzen sitzen mögte; wozu uns der HErr alle nöthige Gnade nicht versagen wird, wann wir sie mit innigem Hertzens-Gebät bey ihm suchen. Und jemehr dann dergestalt alle Lust und Liebe der Welt und allem entzogen wird, desto leichter und süsser wird es immer, sich zu GOtt zu kehren, in seiner Gegenwart und Gemeinschaft zu leben, und recht seine Lust an dem HErrn zu haben[25], der uns dann ja wohl geben wird, was unser Hertz wünschet, nemlich sich selbst mit allen seinen Gütern.

Er, der holdselige treue Menschen-Freund gebe es uns und allen darnach begierigen Seelen wesentlich zu erfahren!

Ich grüsse und umfasse dich in seiner Liebe, wie dich dann auch grüssen Bruder N. und N.. Grüsse auch B. meinetwegen. GOttes Barmhertzigkeit wolle auch ihn wieder zurecht führen, GOtt aufrichtig und von gantzem Hertzen zu suchen. Ich verbleibe

Dein schwacher Mitpilger gen Zion.

Mülheim, den 8. April 1728

6.

An **Johann Heinrich Otterbeck,** Otterbeck b. Heiligenhaus
Abdruck nach Geistliche Briefe I, Teil 2, Nr. 39

Rath, wegen Lesung gewisser Bücher.

Geliebter Freund und Bruder in Christo!

Dein Brieflein vom 3ten dieses, habe richtig erhalten. Ich dancke gleichfalls der göttlichen Vorsehung, die uns einander in dieser Welt hat kennen lassen; vertraue auch dem HErrn, daß es nicht ohne Segen seyn werde. Deswegen thust du wohl und gut daran, daß du, so oft die Liebe oder ein ander Anliegen darzu beweget, entweder nach Gelegenheit einmal überkommest, oder ein paar Zeilen schreibest.

Die Ursach deines dißmaligen Schreibens kommt mir gar nicht thöricht vor, wie du denckest. Es begegnen einem auf dem Wege GOttes bisweilen Dinge oder Anstösse, die in sich selbst klein sind oder scheinen, die aber in ihren Umständen und Folgen wichtig und groß.

Wegen des Lesens oder Nicht-Lesens der bewußten Bücher von N[26]. ist es mir ebenso gegangen: Ich hatte und habe noch gute Gedancken von dem Manne, damals aber noch keine Gelegenheit gehabt, seine Schriften zu lesen; unvermuthet wurden sie mir alle mit einander von einem Lutherischen Prediger[27] zum Lesen und zu kaufen angebothen. Ich las mit vieler Begierde, verstund aber fast

25 Ps. 37,4: Habe deine Lust an dem Herrn; der wird dir geben, was dein Herz wünscht.

26 Ludewig denkt hier an die Schriften von Jakob Böhme. Siehe auch Hansgünter Ludewig: Du durchdringest alles, Düsseldorf 1997. S. 66.

27 Vermutlich Pastor Johann Christoph Hen[c]ke in Duisburg.

nichts, kam auch in Angst und Bestrafung. Ich bätete inbrünstig und viel zu GOtt um Licht und Rath; bald legte ich die Bücher hin, bald las ich sie wieder. Die Unruh und der Zweifel blieben nach wie vor, und hinderten mich nicht wenig: Endlich bracht ich die Bücher zurück, und fand alsbald Erleichterung im Gemüth. Nach einigen Jahren sahe ich unvermuthet wieder ein Tractätgen von ihm, da sahe ich ohne viel Forschens und Scrupulirens[28] mit Vergnügen und Erbauung viel schöne Wahrheiten darin: Jetzt lese ich zwar wenig darin, ästimire[29] sie aber in sich als gut; doch glaube ich, daß viele Gemüther dardurch aufgehalten werden, weil sie sich derselben zu viel, oder nicht recht bedienen.

Ist also meine Meynung, daß du sie gegenwärtig entweder gantz beyseit legen, oder, wanns ohne Unruhe und Mühe geschehen kan, gar wieder zurück schicken sollest; dann ich bin gewiß, daß sie dir gegenwärtig nicht dienlich sind. Die Gnade will jetzt mehr auf dein Hertz und Willen, als auf deinen Verstand wircken, um nemlich alle Lust und Liebe deines Hertzens von allem ab- gantz zu sich zu ziehen, und in sich zu versammlen; und deinen Willen dem göttlichen gantz gebeugt und gelassen zu machen in allen Stücken. Diß ist auch das Haupt-Werck im Christenthum, und deßwegen ist dir jetzt alles, was viel Nachdencken erfordert nicht gut, und was so sehr auf den Verstand gehet, schädlich, und verursachet Angst und Bestrafung, dann es ist deinem jetzigen Stand und Gnaden-Führung nicht gemäß: Und wann wir Mitwürcker GOttes seyn wollen, so müssen sich unsere Wirckungen nach den Zügen und Wirckungen der Gnade richten und bequemen, und nimmer denselben entgegen laufen. Dabey, so muß auch unser verständlicher Theil durch manche Verläugnungen gegangen, und wohl geläutert worden seyn, ehe er auf eine reine und fruchtbare Weise in göttlichen Dingen und Geheimnissen wircksam seyn kan, daß er nicht seine Eigenheiten und tausend falsche Bilder mit untermische. Jetzt brauche andere Bücher. Gott segne dich!

Ich grüße dich und verbleibe

Dein treu-gesinnter Bruder.

Mülheim, den 6. Junii 1728

28 Bedenken.

29 wertschätzen, anerkennen.

7.

An **Johannes Ritterskamp**
Abdruck nach Geistliche Briefe I, Teil 2; Nr. 42

Lieblicher Rath, zum völligen Ausgang aus sich selbst, und leichten Eingang in die Liebe GOttes.

Geliebter Bruder!
Dein Brieflein vom 5ten Novemb. habe zu rechter Zeit erhalten. Es hat nachhero und seit dem mein Gemüth bisweilen vergnüget, so daß ich mich viel leichter als sonst mit dir hab können vereinigen; woran solches eigentlich gelegen, weiß ich nicht. Ich glaube, daß du dasjenige aufrichtig begehrest, was du verlangest, für dich zu bäten, nemlich: Loßgemacht zu werden von allem Sichtbaren, und sonderlich von deiner verderbten Vernunft und Eigenwillen. Weil ich nun weiß, wie so angenehm ein solcher Sinn dem HErrn ist, so hab ich ihm selbiges in Einfalt vorgetragen, eben als wann man bey einem König eine Supplique[30] einbringt, und lesen lässet, etc.. Er wird es gewiß erhören, wann er die Gründlichkeit und Beständigkeit deines Begehrens genugsam wird geprüfet haben.

Du bist demnach völlig resolvirt[31], von nun an mit zu reisen ins Land der Ewigkeit, so nimm dann nun einen aufrichtigen Abschied von allen deinen lieben Freunden, d.i. geliebten Vorwürfen[32], die in dem Lande der Sinnlichkeit wohnen; sage ihnen, daß sie dein Angesicht nicht mehr sehen werden ewiglich. Gieb nicht Acht darauf, daß dieser Abschied von so nahen Blut-Verwandten dir einigen Schmertz bringet; es ist kein Wunder. Nur stehe nicht lange bey ihnen still, sondern wende dich kurtz um, und siehe nicht wieder zurück, so wirds bald vergessen seyn. Ein völliger Ausgang bringt einen leichten Eingang- Ach! da siehe doch genau zu, daß du stäts einen ledigen und freyen Zukehr zu dem HErrn in deinem Grunde bewahrest, so wird dein Gemüth bald erweitert und vergnüget werden in der Innigkeit; und ein besserer Freund, als die sind, von welchen du Abschied genommen, wird dir sodann die Hand bieten, und dich in seine geheime Schlaf-Kammer einführen, da du dich im Frieden nieder legen, und aller verlassenen Freunde, samt der Enge des Weges nicht mehr gedencken wirst. Siehe Ps. 45, 11. und 12.[33]

Begehre nichts, forsche nichts, fürchte nichts; werde wie ein dummes und willenloses Kind, folgende nur dem lieben Unbekannten in aller Stille; seine Fußstapfen sind Reinigkeit, Einfalt und sanftes Wohlseyn. Ach! du Gehei-

30 Bittgesuch.
31 resolvieren = auflösen, beschließen.
32 Objekten, Gegenstand der Verehrung.
33 Höre, Tochter, sieh und neige dein Ohr: vergiß dein Volk und dein Vaterhaus ! Den König verlangt nach deiner Schönheit; denn er ist dein Herr, und du sollst ihm huldigen.

mer, den ich nicht zu nennen weiß, zeuch uns nach dir in dem Geruch deiner Salbe aus uns selbst und aller Creatur, uns mit dir in keuscher Liebe auf ewig zu verbinden! Amen. Gedencke auch meiner vor GOtt, der ich vor gewiß erfahre und weiß, daß ich blind und arm, dennoch auch durch die Gnade bin

Dein aufrichtig-gesinnter Mitpilger.

Mülheim, den - Decemb. 1730.

8.

An **Johannes Ritterskamp**

Abdruck dieses Briefes nach Handschrift[34]

Vorlage beschädigt; fehlender Text aus Geistliche Briefe ergänzt.

Adresse:

Dem Ehrsamen freunde Mülheim [Rest nicht lesbar]
Johannes Ritterskamp
Knopfmacher
in der Schönebeck
im Hombergischen

Geliebter Bruder.

Dein brieflein vom 5ten 9[Novem]ber habe zu rechter Zeit erhalten. Er hat nachhero und sint dem mein gemüt bißweilen vergnüget, so daß ich mich viel leichter als sonst mit dir hab können vereinigen; woran solches eigentlich gelegen, weiß ich nicht. Ich glaube, daß du dasjenige aufrichtig begehrest, was du vor dich zu bäten verlangest, nemlich <u>loßgemacht zu werden von allem sichtbaren, und sonderlich von deiner verderbten vernunft und eigenwillen.</u> Weil ich nun weiß, wie so angenehm ein solcher sinn dem Herrn ist, so hab ich ihm selbiges vorgetragen in einfalt, eben als wan bey einem Könige eine suplicq einbringt und lesen lässet etc. Er wird es gewiß erhören, wan er die gründlichkeit und beständigkeit deines begehrens genugsam wird geprüfet haben.

Du bist demnach dan völlig resolvirt, von nun an mit zu reisen ins land der ewigkeit, so nimm dan nun einen aufrichtigen abschied von allen deinen lieben freunden |: d.i. geliebten vorwürffen:| die in dem lande der sinnlichkeit wohnen; sage ihnen, daß sie dein Angesicht nicht mehr sehen werden ewiglich: Gib nicht acht d[arau]f, daß dieser absch[ied von] so nahen blut-verwandten [dir ein]igen schmertzen [bringet;] es ist kein wunder; Nur stehe nicht lang bey ihnen still, [sondern] wende dich kurtz um, und sehe nicht wieder zurück, so wirds bald vergessen seyn. Ein völliger ausgang, bringt einen leichten eingang: Ach! da sehe

34 Bestand Merz, Engelskirchen.

doch genau zu, daß du stets einen ledigen und freyen zukehr zu dem Herren in deinem grunde bewahrest, so wird dein Gemüt bald er[weitert und] vergnüget werden in der innigkeit; Und ein besserer [fr]eund |: als die sind von welchen du abschied genommen :| wird dich so dan die hand bieten, und dich in seine geheime schlafkammer einführen; da du dich zufrieden wirst niederlegen, und aller verlassenen freunden, sambt der enge des weges, nicht mehr gedencken wirst, siehe psalm [45] 11 u.12.

Begehre nichts, forsche nichts, fürchte nichts, werde wie ein dummes und willenloses kind, folgende nur dem lieben, unbekanten in aller stille, seine fußstapfen sind reinigkeit, einfalt und sanftes wolseyn. Ach! du Geheimer |: den ich nicht zu nennen weiß :| zeuch uns nach dir; in dem geruch deiner salben, aus uns selbst und aller Creatur, uns mit dir in keuscher liebe, auf ewig, zu verbinden! amen. Gedencke auch meiner vor Gott, der ich vor gewiß erfahr und weiß, daß ich blind und arm bin, dennoch auch durch Gnade dein

Aufrichtig gesinnter mitpilger G. Tersteegen.

p. s.
Wie gehets mit deinem äussern,
ist der knecht noch bey dir?
[gr]üsse, wo es zupaß[35] kommt,
[...] Hoffman[36] u[nd] Som[m]er[37] grüssen
[...]h wieder.

9.

An **Johannes Ritterskamp**
Abdruck nach Geistliche Briefe I, Teil 2, Nr. 43

Von dem Nutzen der inneren Abgeschiedenheit.

Geliebter Bruder!

Dein Angenehmes habe erhalten. Sey versichert, daß ich deiner in meiner Schwachheit nicht vergesse, und ob ich gleich so voller Elenden bin, so unterlasse ich doch nicht, mein hertzliches Verlangen nach deinem Fortgang dem HErrn kund zu thun. Laß deinen Grund stets offen seyn gegen GOtt, daß nichts zurück behalten werde, sondern dein Alles ihm ein gantzes Opfer seyn möge. Je weniger man der Natur und Sinnen giebt, desto leichter und gesegneter wird die Uebung des Gebäts. Ein abgeschiedenes Hertz vereinigt sich ohne Mühe mit GOtt, und kan die verborgene Züge seiner Liebe mercken, die man sonst überhö-

35 zupaß = wo es paßt, wo es möglich ist.
36 Wilhelm Hoffmann (1676-1746). Siehe Anm.auf Seite 118.
37 Henrich Sommer (1681-1773). Siehe Anm. auf Seite 122.

ret. Es gehet zwar nicht ohne Beschwerlichkeit und Pein zu, wann ein Kind von der Brust soll abgespehnet[38] werden; dennoch muß es seyn, besonders wann die Milch ungesund ist. Laß los die vergiftete Brust der Eitelkeit; fürchte die kleine Pein nicht. Habe nur deine Lust am HERRN durch beständige hertzliche Einkehr und Anklebung an ihm; Er wird dir endlich geben, was dein Hertze wünschet[39].

Du sagst von deiner Vernunft, daß sie immer sehen, fühlen und empfinden will. Es kommt mir eben vor, als wann ein Blinder, um das Licht zu sehen, den Kopf bald hier, bald dorthin wendete. Ach armer Blindgebohrner! halte deine Augen dem himmlischen Artzt erst stille dar, daß er sie öffne, dann wirst du das Licht gantz natürlich sehen, und ohne so viel hin- und her wendens. Ja, lieber Bruder! kindlich und einfältig müssen wir werden in unserer inneren Uebung.

Die Erfahrung wird dichs lehren, daß, wann wir uns nicht immer wollen hinderen und verwirren, wir auch in diesem Stück gantz willenlos werden müssen, und nichts insbesondere wollen sehen, schmäcken, noch fühlen, damit wir das nicht verliehren, welches mehr ist, als alles, was gesehen, geschmäckt und empfunden kan werden.

Ich schliesse, weil ich Zuspruch[40] bekomme, und opfere dich dem HErrn im Namen JEsu auf. Vergiß auch meiner nicht, und fürchte nicht, daß du mich zu viel beschwehrest: GOtt hat mir genugsame Willigkeit gegeben, in meiner Armuth dir zu dienen, wo ich kan, ob ich wohl selber öfters so gar dunckel und jämmerlich bin, daß es mancher nicht glauben würde, wann ichs sagte. GOtt sey gelobet! in welchem ich dich hertzlich grüsse und verbleibe

Dein schwacher Bruder.

Mülheim, den 1 Jan. 1731

10.

An **Johann Heinrich Otterbeck**
Abdruck nach Geistliche Briefe I, Teil 2, Nr. 44

Des Schreibers Meynung von dem Blutessen.

Geliebter Bruder!

Damit ich dein Angenehmes kürtzlich beantworte, so dienet auf die Frage vom Blut-Essen: Daß, gleichwie ich in verschiedenen anderen Meynungen, also auch in dieser keine göttliche Gewißheit habe, und demnach nichts Absolutes darin determiniren[41] kan, vielweniger einen andern richten darf, der anderst ge-

38 abspehnen = entwöhnen, entfremden.

39 Ps. 37,4

40 Vermutlich will er sagen, daß er Besuch bekommt.

41 bestimmen, entscheiden.

sinnet ist und zu Werck gehet als ich thun mögte. Mich betreffend, so enthalte ich mich des Blut-Essens gäntzlich, folgender Ursachen wegen:

1. Weil ich zweifle, ob es GOtt gefalle, und also lieber das Sicherste wählen will, sonderlich da man andere Speisen genug hat.

2. Weil es nicht nur dem Mosi, sondern schon dem Noah und seinem Saamen, und im Neuen Testament abermal durch den heiligen Geist verbothen ist, und darum nicht bloß ceremoniel[42] zu seyn scheinet[43].

3. Weil es Leib und Seele schädlich und ungesund: Dem Leibe, nach den Grund-Sätzen der Medicin oder Physic; da nach der Oeconomie[44] der Natur die Kraft der Speise im Magen zum Milch-Saft, und vom Milch-Saft anderwärts in Blut verwandelt wird, und also die Speise dardurch ihr höchstes Ziel erreichet: Da nun in der Natur kein Rückgang zu finden ist, so kan kein Blut aufs neue zur Nahrung, Stärckung etc. dienen, sondern eilet zur Fäulung; obgleich diejenige, die unter andern Speisen etwas Wenige nehmen, den Schaden davon so mercklich nicht gewahr werden.

4. Es ist der Seele schädlich; dann obgleich die grobe Materie des Bluts der Thiere nicht eben wieder in unsere Adern mögte geführet werden, so ist dennoch das Leben oder die Seele der Thiere, laut 3 B. Mos. 17, 11. bis 14[45] in seinem Blute, und werden dadurch manche thierische Eigenschaften, Lüsten und Begierden leichtlich mitgetheilet; wie an solchen, die viel mit Schlachten der Thiere umgehen, zu sehen ist; daß sie mehrentheils recht ungeschlachte Menschen sind, und gern oder ungern viel thierische Regungen in sich fühlen müssen. „GOtt hat, sagt J. B.[46] 3. Princ. Cap. 16. § 14. Darum das Blut-Essen verboten, weil das Leben drin stecket, und aber das thieriche Leben nicht in den Menschen gehöret,

---

42 Eine Formsache.

43 1. Mose 9,4: Allein esset das Fleisch nicht mit seinem Blut, in dem sein Leben ist!

3. Mose 3,17: Das sei eine ewige Ordnung für eure Nachkommen, überall, wo ihr wohnt, daß ihr weder Fett noch Blut esset.

3. Mose 17,11-14: Denn des Leibes Leben ist im Blut, und ich habe es euch für den Altar gegeben, daß ihr damit entsühnt werdet. Denn das Blut ist die Entsühnung, weil das Leben in ihm ist. Darum habe ich den Israeliten gesagt: Keiner unter euch soll Blut essen, auch kein Fremdling, der unter euch wohnt. Und wer vom Haus Israel oder von den Fremdlingen unter euch auf der Jagd ein Tier oder einen Vogel fängt, die man essen darf, soll ihr Blut ausfließen lassen und mit Erde zuscharren. Denn des Leibes Leben ist in seinem Blut, und ich habe den Israeliten gesagt: Ihr sollt keines Leibes Blut essen; denn des Leibes Leben ist in seinem Blut. Wer es ißt, der wird ausgerottet werden.

5. Mose 12,23: Allein achte darauf, daß du das Blut nicht ißt.

Apg. 15,28+29: Denn es gefällt dem heiligen Geist und uns, euch weiter keine Last aufzuerlegen als nur diese notwendige Dinge: daß ihr euch enthaltet vom Götzenopfer und vom Blut und vom Erstickten und von Unzucht. Wennn ihr euch davor bewahrt, tut ihr recht. Lebt wohl !

44 Ökonomie = Wirtschaftlichkeit; hier dürfte gemeint sein: natürliches Gleichgewicht, gegenseitiger Ausgleich von Abhängigkeiten.

45 Siehe Anm. 43.

46 Jean de Bernières-Louvigny.

NB. daß sein Geist nicht damit inficiret, oder (wie er am andern Ort sagt) monstrosisch[47] gemacht werde."

5. So binden mich die wichtigen Worte Act. 15, 28. sonderlich[48]: Es gefället dem heiligen Geist; daß ich mirs also auch gern gefallen lasse.

6. Worzu noch kommt die beständige Uebung der ersten Kirche, welche die Art des neuen Bundes doch wohl auch verstanden haben.

So kommt es mir gegenwärtig vor. Giebt mir GOtt mittel- oder unmittelbar wichtigere Gegen-Gründe, so bin ich bereit, meine Meynung zu änderen. Jedoch mache ich mir solch ein Gewissen nicht drüber, daß, wann ich etwa, unwissend, Blut-Würste sollte gegessen haben, ich dann dencken solte, eine Sünde begangen zu haben, weil ich glaube, daß die Sünde eben nicht in diesem blossen Essen, sondern im Ungehorsam und in der Schädlichkeit seiner Auswürckungen gelegen sey. Der Friede GOttes bewahre unsere Hertzen und Gedancken in Christo JEsu, Amen! Ich verbleibe

Dein zu aller Liebe Verbundener.

Mülheim, den 25 Jan. 1731.

11.

An **Georg Hendrik Fischer,** Heiligenhaus
Abdruck nach Geistliche Briefe I, Teil 2, Nr. 45

Wie man auf den sanften Liebes-Zug JEsu mercken, und folgen solle.

Geliebter Bruder!

Dein Angenehmes nebst N. habe erhalten; ich werde, so bald ich kan, nachsehen. Sonst bin gegenwärtig ziemlich schwachen Leibes und Hauptes. Mit A. habe so was gesprochen, was GOtt gab; sie hat mir auch ein und anderes gesagt, doch nicht frey und nicht so particulier[49], als es wohl mögte dienlich gewesen seyn: Inzwischen hab ich ihr sehr abgerathen, sich draussen zu vermiethen, und ihr angerathen, sich unterm Gehorsam zu beugen, und sonst ihre Lüste durch GOttes Gnade zu verläugnen, etc.. GOtt erbarme sich über das arme Kind, und bringe es endlich zurecht! Sonst hat sie sich hier ziemlich stille aufgeführet, daß eben nichts darüber zu klagen finde[50].

GOtt gebe Gnade, einer des andern in der Kraft vor dem HErrn zu gedencken! In JEsu ist alles Heyl, Kraft und Leben. Er, JEsus, ist die eröfnete lautere Liebe und Erbarmung GOttes, welche uns innerlich so nahe ist, und uns mit ihren ver-

47 Monstrosität = Ungeheuerlichkeit, Mißbildung.
48 Siehe Anm. 43.
49 Im einzelnen.
50 Offenbar war sie [Agnes Otterbeck] einige Zeit in Mülheim als Gast bei Tersteegen.

borgenen sanften Zügen in den Grund unserer Seele zu sich hinein locken will. Wohl dem! der in stillem Geiste darauf mercken, und sich diesem Zug gantz lässet, in Abgeschiedenheit von allem Geschaffenen, der wird in JEsu finden alles, was ihm fehlet. Ach! daß alle, die ihr Elend und ihre Ohnmacht mit mir sehen, fühlen und tasten, sich in dieses tiefe Meer der lauteren Barmhertzigkeit mit mir ersencken[51] und ewig verlieren mögten! Dieses ist es, was meine Seele dir, lieber Bruder, und allen deinen Hausgenossen, auch übrigen Bekannten, von Hertzen zuwünschet. JEsus mit uns!

Dein Bruder in Ihm.

Mülheim, den 9. Febr. 1731.

12.

An **Georg Hendrik Fischer,** Heiligenhaus

Identisch mit vorstehendem Brief, jedoch eine Handschrift[52] als Vorlage.

Adresse: Dem Geliebten freunde
Georg Hendr. Fischer
aufr strassen[53]
Hilgenhauß

Geliebter Bruder.

Dein Angenehmes nebst Joh. á Croce etc.[54] habe erhalten, ich werde so bald kan es nachsehen, sonst bin gegenwärtig ziemlich schwaches leibes und hauptes. Mit Agnesgen[55] habe so was gesprochen was Gott gab, sie hat mir auch ein und anderes gesagt, doch nicht so frey und particulier als es wol möchte dienlich gewesen seyn; inzwischen hab ich ihr sehr abgerathen sich draußen zu vermiethen, und ihr angerathen sich unterm gehorsam zu beugen, und sonst ihre lüste, durch Gottes Genade zu verleugnen etc. Gott erbarme sich über das arme kind, und bringe es endlich zu recht! sonst hat es sich hier ziemlich stille aufgeführet, daß eben drüber nichts zu klagen finde.

Gott gebe Gnade einer des andern in der Kraft vor dem herrn zu gedencken! In Jesu ist alles heyl, krafft u[nd] leben. Er, Jesus, ist die eröffnete lautere liebe

---

51 Vgl. Liedstrophe aus „Für dich sey ganz ...“: „Ich will, anstatt an mich zu denken, ins Meer der Liebe mich versenken“.

52 Bestand Merz, Engelskirchen.

53 Entspricht „Otterbeck“.

54 „Das Leben des Johannes vom Kreuz“, im 3. Band von: Auserlesene Lebensbeschreibungen Heiliger Seelen. Dieses Werk erschien erst 1733. Der Plan ist jedoch schon 1731 gefaßt, und in diesem Jahr begannen offenbar auch die Vorarbeiten. Juan de la Cruz (Johannes vom Kreuz) wurde am 24.06.1542 in Avila/Spanien geboren. Er starb 1591 in Ubeda/Spanien.

55 Siehe: Rütger Otterbeck und seine Familie.

und erbarmung Gottes, welche uns innerlich so nahe ist, und mit ihren v[er]borgenen sanften Zügen, in den Grund unserer Seelen uns zu sich hinein locken will: wol dem der im stillen Geiste drauf mercket, und sich diesem Zug gantz lässet, in Abgeschiedenheit von allem geschaffenen! der wird in Jesu finden alles was ihm fehlet. Ach! das alle die ihr elend u[nd] ohnmacht mit mir sehen, fühlen u[nd] tasten, sich in dieses tiefe meer der lautern barmhertzigk[eit] mit mir ersencken u[nd] ewig verlieren möchten! Dieses ist es was meine Seele dir, l[ieber] br[u]d[er] u[nd] allen deinen haußgenossen, auch übrigen bekanten von hertzen zuwünschet. Jesus mit uns.

Dein br[u]d[er] in ihm G. Terstegen.

sage Elsgen[56], sie möchte mir nur fein viel wolle kemmen, wo nicht gewaschen den ungewaschen, sie könnens ja ohne dem wol wichem[57]. Wan ich schon 10 pfund hätte, wäre mirs jetzt lieb. Vielleicht schickt sie mit dem pferd noch etwas mit. adieu. die bekannte lassen grüßen.
d 9 febr. 1731

13.

An **Elsgen Otterbeck**, Heiligenhaus
Abdruck nach Geistliche Briefe I, Teil 1; Nr. 112

Von mancherlei Anfechtungen, und der Nothwendigkeit der inneren Zukehr zu GOtt.

Geliebte Freundin!

So eben bekomme dein Brieflein. Die Zeit wird kaum zulassen, etwas darauf zu antworten. Du schreibst von mancherley inneren und äusseren Anfechtungen; weil du aber nichts sonderliches meldest, so kan auch nur insgemein darauf antworten: Wie daß nemlich unsere Verdorbenheiten auch mancherley sind, die uns eben in - und durch mancherley Anfechtungen, Proben, und Leyden müssen entdeckt und weggenommen werden. Man mercke nur darauf, wann uns einige Anfechtung von Innen oder von Aussen begegnet, ob nicht eben dardurch auch eine gewisse Verdorbenheit in uns angetastet wird; und das macht manchmal der armen Natur solche Noth und Unruh, daß man daher an den herrlichen Nutzen, nach GOttes Endzweck wenig gedencket: Hierher gehöret der Spruch Jac. 1, 2.3.4.[58]. Sonst aber sind wir auch oft von unserer Seiten Schuld daran, daß wir in gefährliche Versuchungen gerathen; wann wir nemlich unserer Sinnen, Ge-

56 Siehe: Rütger Otterbeck und seine Familie.

57 wiegen.

58 Meine lieben Brüder, erachtet es für lauter Freude, wenn ihr in mancherlei Anfechtungen fallt,und wißt, daß euer Glaube, wenn er bewährt ist, Geduld wirkt. Die Geduld aber soll ihr Werk tun bis ans Ende, damit ihr vollkommen und unversehrt seid und kein Mangel an euch sei.

dancken, und unseres Hertzens nicht genug wahrnehmen, und nicht treu sind in der Uebung des Gebäts, nach der Gnade, die GOtt darreicht; wie der Heyland warnet: Wachet und bätet, daß ihr nicht in Anfechtung fallet![59]

Aus Mangel dieser Wachsamkeit den Tag über geräthst du in allerhand Uebereilungen und Fehler, und nimmst vieles in dein Hertz ein, das nicht drein gehöret; daraus kommt Stöhrung; aus der Stöhrung Verdrießlichkeit, Dunckelheit, u.s.w. Da ist dann nun kein Wunder, daß du, sonderlich des Abends, zimlich ungeschickt bist, dich zu GOtt zu kehren; Dennoch muß es nicht unterlassen werden; sondern du must dich mit demüthigem Vertrauen zu GOtt wenden mit deinem Hertzen, in möglichster Vergessung aller Bilder, es sey, daß es mündlich[60], und dann still im Hertzen, oder daß es allein inwendig geschehe, wie du am besten kanst.

Wann du auch gleich nicht soltest stille werden können, so gefällt doch GOtt diese Uebung, und ist nimmer ohne Nutzen; nur mercke dieses: Daß wir uns nimmer gründlich zu GOtt wenden können, oder unser innerster Wille muß sich zugleich gründlich, aber sanfte, von allem abwenden, das er ausser GOtt angenommen hat. Sey doch vorsichtiger den Tag über, und erinnere dich nun und dann des gegenwärtigen GOttes: Habe aber nur Geduld und Beständigkeit, wann dirs gleich nicht so bald gelingen will! Es ist wohl jämmerlich genug, daß du dir etwas darauf einbildest, wann sich was Gutes in dir reget; indessen kehre dich an diese närrische Einfälle nicht viel, daß du deswegen etwas Gutes unterlassen soltest! Du hast genug Elenden, und GOtt genug Züchtigungen, diesen eitlen Sinn zu bändigen. Diese und alle übrige Verdorbenheiten, wovon du schreibest, werden zugleich geschwächet, und endlich vertilget, durch die Eine Uebung des hertzlichen Andenckens, in Vergessung alles anderen: Das laß demnach auch deine vornehmste und stetige Beschäftigung den Tag durch seyn! Versäume aber auch ohne sehr wichtige Ursachen nicht, dich zu gesetzter Zeit zu dieser Uebung abzusondern, welches dir sonderlich nöthig erkenne. Darum sag ichs noch einmal: Sey doch um JEsu willen hierin nicht nachlässig, oder unbeständig! GOtt selbst wird zu allem Gnade geben, welches wünschet

Dein geneigter Freund und Bruder.

Mülheim, den 19 Mertz 1731

---

59 Matth. 26,41 und Markus 14,38.

60 Gemeint: laut beten.

14.

An **Brüder [Freunde] in [auf] der Otterbeck**.
Abdruck nach Geistliche Briefe I, Teil 1, Nr. 113

Was das rechte Grüssen seye.

Wertheste Brüder in der Gnade JEsu!

Da ich eben den zurückgelassenen Brief an Freund D. K. mit der Post wegschikken muß; so habe nicht unterlassen wollen, euch zugleich in Liebe zu grüssen, welches ich dann von Hertzen, und im Namen JEsu zu thun begehre.

Das rechte Grüssen ist ein inniges Zuneigen unserer Wohlgewogenheit und Liebe, oder (wie die Schrift redet) unserer Eingeweide zu einander; es ist das verborgene Handreichen des Geistes, wordurch wir einander, soviel in uns ist, würcklich mittheilen göttliche Gnade, Kraft, Friede und Leben: Dieses Grüssen kann nicht anderst geschehen, als im Namen Jesu, als der im Geist geöffneten Lebens-Quelle, woraus wir im Glauben augenblicklich nehmen müssen und können, was wir einander mittheilen; da wir sonst nichts in uns haben, das wahrlich gut ist, welches wir einander solten mittheilen können, ja auch durch die Eigenheit zu sehr gehalten werden, welche nur für sich selbst sorget, an sich ziehet und vest hält, was ihr angenehm ist: Die göttliche Liebe JEsu aber lehret uns, was sie selber thut, nemlich unaufhörlich wohlwollen, ausfliessen, mittheilen, umfassen u.s.w. und bringt den Geist aus der Enge in die Weite, aus dem Mangel in den Ueberfluß, aus der finsteren Quaal in ein kindliches, paradiesisches Wohlleben des Friedens und der Freude; welches man, wie die Kinder, ohne Besorgung eines Mangels gerne einer dem andern gönt und giebet, zur Verherrlichung GOttes in dem Sohn seiner Liebe.

Nun so begehre ich dann euch, und alle GOttsuchende, die euch der Orten begegnen, zu grüssen nemlich im Namen JEsu, und in den Eingeweiden JEsu Christi, wie es im Grund heisset. Phil 1,8.[61]. Er selbst reiche euch dar, was euch noth ist, auf alle Weise und an allen Orten, daß ihr ihm gefallet, und Friede findet in ihm unverrückt! Oefnet ihm euer gantzes Hertz, daß er es erfülle mit seiner Liebe, welche dem alten Menschen den Tod, dem Neuen aber ewiges Leben, hier und dorten giebet, Amen! Ich bin durch Gnade

Euer armer Bruder.

Mülheim, den 27 May 1731.

61 Phil. 1,8: Gott ist mein Zeuge, wie mich nach euch allen verlangt von Herzensgrund in Christus Jesus.

15.

An **Johann Heinrich Otterbeck**
Abdruck nach geistliche Briefe I, Teil 2, Nr. 46.

Wie man auf dem Weg des inneren Gebäts auch treu und beständig seyn müsse.

Dein Angenehmes bekomme so eben, und war mir lieb, einige Nachricht dardurch von deinem Zustand und Uebung zu bekommen. Ich hab eben nichts Sonderliches darauf zu antworten, als nur, daß mir beydes, dein Sinn und die Art deines inneren Gebäts gut, und deinem Stand gemäß, vorkommen, und glaube auch, du werdest dem HERRN darin gefallen: Dieses letztere Wort kan genug seyn, dich in deinem Weg zu bevestigen, um dergestalt mit geschlossenen Augen dieser Spur treulich und beständig zu folgen. Ich sagte treulich und beständig, weil ich auf guten Grund vermuthe, daß es an diesen Stücken bisweilen fehlet.

Die Treue gegen GOtt erfordert ohne Falsch und in allen Stücken unser Gantzes; sie ist die Unverbrüchlichkeit unserer göttlichen Eheverlöbniß; die Folgung des inneren Zugs oder Führung ohne Nachdencken und Zurücksehen; und eine geduldige Ausharrung in Proben und Leyden. In solchem treuen Sinn hast du dich überhaupt ergeben, und du gehest auch bisweilen ziemlich innig und hertzlich in denselben ein, nach dem Maaß deiner Gnade: Mögtest du aber, lieber Bruder! einmal vor ewig, recht unverrückt und beständig in diesem Sinn werden! Wie jämmerlich ist nicht die Schwachheit und Wanckelmüthigkeit des menschlichen Hertzens! Wer solte es glauben können, daß man zur einen Stunde sich so hertzlich GOTT solte können überlassen, und zur anderen Stunde so gar wieder in sich selbst und allerhand Unlauterkeiten eingehen? Als nur derjenige, der da weiß, daß man zur Zeit der göttlichen Heimsuchung, oder der inneren Sammlung im Lichte der Gnaden stehet, zur Zeit der Auskehr aber im Licht der Natur wandelt, welches die Finsternis selbst ist. Lasset uns keinem Licht trauen, das uns zur Zeit der Auskehr vorleuchten will!

In Ansehung deiner besonderen Uebungen sey auch nicht unbeständig; bleibe nur bey der Ordnung, wie du sie in deinem Schreiben anführest. Gieb der Natur Unlust und der Sinnen Unbändigkeit nicht zu viel nach, welche unter scheinbarem Vorwand so leicht die Zeiten der besonderen Einkehr wollen versäumen oder verkürtzen: Trachte aber auch alles, und sonderlich die Gebäts-Uebung so viel möglich ohne innerlichen Zwang mit hertzlicher Liebe und Geneigtheit zu verrichten. Von Aussen eng; von Innen weit, ist meine alte Regel.

Ich meyne nicht, daß es nöthig seyn wird, zu erinneren, daß deine gewöhnliche Lesungen innig, oder doch von solcher Materie seyn müssen, daß du beym Gebrauch derselben nicht weit aus dem Wege darfst treten: Der Geschmack des Gemüths wird selber darin zur Regel dienen können. GOtt erfülle in dir auch seine theure Verheissung, und locke dich immer gründlicher aus dir selbst und allem Geschaffenen! Er führe dich ein in die süsse Wüste der inneren Einsamkeit, und rede allda freundlich zu deiner Seele. Siehe Hosea 2,14.[62]. GOttes Reden ist Wircken; er redet und wircket lauter Frieden, Unschuld, Einfalt, Freundlichkeit, Liebe, Demuth und alle Tugenden im Hertzen. O wie schön! Er lasse es uns wesentlich erfahren! Gedencke auch meiner! welches ich nicht aus Gewohnheit begehre. Ich grüsse dich im Geist der Liebe und verbleibe

Dein armer Bruder.

Mülheim, den 21. Oct 1731.

16.

An **Johann Heinrich Otterbeck**.
Abdruck nach Geistliche Briefe I, Teil 2, Nr. 47

Ein reisender Freund wird an seine geistliche Reise und Verschmähung alles Sichtbaren erinnert.

Lieber Bruder!

Habe dein Angenehmes richtig erhalten. GOtt sey gelobet, der bis daher geholfen! Er wird es auch ferner wohl machen. Du bist nicht allein auf der Reise äusserlich; du bist es auch in einer andern Absicht, innerlich oder nach dem Geist. Alle reisen durch diese zu jener Welt; aber nicht alle reisen von dieser zu jener Welt; dieses thun allein die Auserwählte und Erkaufte von der Erden: Jene reisen als im Spatzier-Gang, mit Lust, Gemach und Sicherheit, als Wohnende und nicht als Reisende; diese aber reisen als Fremdlinge, als solche nemlich, deren Leben mit Christo in GOtt verborgen ist[63]; die sich aus Liebe zu dem GOtt ihres Hertzens entäusseren alles Lebens und Trostes dieser Zeit, von welcher Seite und unter welchem Schein es ihnen auch mögte angebothen werden; damit sie ewiges Leben, den Sohn GOttes selbst, von nun an im Geiste finden und haben mögen, da sie auch als GOttes Kinder und Hausgenossen, nach seiner theuren Verheissung, 2 Cor. 6,17.[64] von ihm an- und eingenommen werden.

Weil wir dann nun, lieber Bruder, mit einem so heiligen Ruf gerufen sind[65], auch wissen, daß diese Dinge und alle göttliche Verheissungen nicht leere Worte oder Einbildung, sondern Kraft und Wesen sind; wie sollen wir nicht unseren theuren Erlöser mit gefalteten Händen benedeyen und erheben, der uns Unwür-

62 Ich will ihre Weinstöcke und Feigenbäume verwildern lassen, weil sie sagt: 'Das ist mein Lohn, den mir meine Liebhaber gegeben haben'. Ich will eine Wildnis aus ihnen machen, daß die Tiere des Feldes sie fressen sollen. Vermutlich ist jedoch der folgende Vers gemeint: V.16: Darum siehe, ich will sie locken und will sie in die Wüste führen und freundlich mit ihr reden.

63 Kol. 3,3: Denn ihr seid gestorben, und euer Leben ist verborgen mit Christus in Gott.

64 17+18: Darum 'geht aus von ihnen und sondert euch ab', spricht der Herr; 'und rührt nichts Unreines an, so will ich euch annehmen und euer Vater sein, und ihr sollt meine Söhne sein', spricht der allmächtige Herr.

65 2. Tim. 1,9: Er hat uns selig gemacht und berufen mit einem heiligen Ruf.

dige also geliebet hat! Wie sollen wir nicht mit verächtlichen Augen die Schatten-Bilder dieser sichtbaren Welt ansehen, samt allen ihren eingebildeten Ergötzlichkeiten! Ja, wie sollen wir uns nicht ihm und seinem Dienst des Geistes mit Leib und Seele völlig und auf ewig ergeben und widmen, unser Alles ihm in keuscher Liebe verspahrende[66], damit er uns gantz und allein haben möge! Ach wie so sehr sind wir nicht darzu verbunden! Da zudem der HErr durch die geheime Anforderungen seiner Gnade uns beständig dahin weiset und locket. Ja, es wird derjenige, der gesagt hat: Siehe ich bin bey euch alle Tage bis an der Welt Ende[67] sich auch daselbst auf alle Weise als einen solchen bey dir anmelden und erweisen; so bist du nach Leib und Seele genugsam bewahret. Ich bitte ihn darum aus Grund meines Hertzens, umfasse und grüsse dich im Geiste samt allen wahren Pilgern, die du daselbst mögtest antreffen; Ich wolte wohl einige nennen, weiß aber nicht, wo dich dieser Brief wird antreffen. Bruder H. S. [Heinrich Sommer[68]] und andere grüssen auch.

Verbleibe Dein in der Liebe Jesu verbundener.

Mülheim, den 31. Oct. 1731

17.

An **Johann Heinrich Otterbeck**
Abdruck nach Geistliche Briefe I, Teil 2, Nr. 48

Des Schreibers Liebe zu den Berufenen , und vorzügliche Liebe zu den Auserwählten.

In JEsu geliebter Bruder!

Mein Voriges wirst du ohne Zweifel bekommen haben. Auf dein letzteres habe nicht eher, als heute antworten können.—

Dein Andencken ist mir so viel lieber, je nöthiger ichs mir in der Wahrheit zu seyn erkenne und fühle; wie mich dann auch die Barmhertzigkeit GOttes deiner manchmal erinnert. Ach hätte ich so viel Gnade, als ich mir bisweilen in dieser Absicht wünsche! Mir dünckt, ich wolte sie hertzlich gern alle auf meine Mitbrüder ausschütten, damit sie nur mögten bewahret, gesegnet, geheiliget und nach GOttes Wohlgefallen dargestellet werden. Hat mir der HErr diese Liebe zu allen Beruffenen aus Gnaden ins Hertz gegeben, so fühle ich dieselbe noch unvergleichlich-inniger und kräftiger zu den wenigen Auserwählten Seelen, die sich gantz dem Herrn JEsu und seinem Dienst im Geist und Wahrheit gewidmet haben: An diesen Heiligen und Herrlichen auf Erden hat meine Seele allen ihren

66 aufbewahren.
67 Matthäus 28,20.
68 Siehe Anm. Seite 122.

Gefallen, und habe ich vor diesem gar nicht aus einem poetischen Großsprechen, sondern aus innigstem Gefühl meines Hertzens gesungen: O wie lieb ich HErr die Deinen, die dich suchen, die dich meynen! O wie köstlich sind sie mir![69] Ich weiß nicht, welch ein seltsames Gemächte ich bin. Ich bin selbst voller Gebrechen und Elenden, daß mir bisweilen dünckt, ich bin das Elend selbst: Dem ohnerachtet liegt mir die Vollendung solcher auserwählter Seelen so hart an, daß, wann einige unter denen, die mich lieben, es wüßten, ich dencke, sie würden, um mich zu erfreuen und zu erquicken (wann sie es sonst um GOttes willen nicht thäten) sich im Augenblick von allen Vermittlungen zwischen GOtt und unserer Seele abwenden, und mit geschlossenen Augen gantz und auf ewig bloß dem HErrn ergeben.

Warum ich dieses schreibe, weiß ich eben nicht, es müßte dann seyn, daß ich dadurch sowohl dich, als auch mich selbst auf diese Reflexion bringen wolte: daß, wann arme selbstgebrechliche Menschen, die kaum das kleinste Füncklein des göttlichen Lichts und der göttlichen Liebe theilhaftig geworden, die Schönheit und Kostbarkeit des innigen Christen-Lebens also einsehen, und so sehnlich unsere Treue und Heiligung verlangen; wie viel herrlicher und wichtiger unser Beruf und Erwählung nicht in den Augen des allwissenden GOttes seyn müsse; und wie so mütterlich nicht diese ewige Liebe nicht verlangen und warten müsse, uns verstrickte und verstreute Kinder wieder zu suchen und zu sammlen, in seinen seligen Schooß! Lasset uns ihm dann dieses Plaisier thun[70], und uns selbst verlassen, damit er uns gantz haben und beseligen könne ewiglich!

Ach HErr! wann wir dich kenneten, wie wir solten, welche Beweg-Ursache würde unser Hertz mehr rühren und andringen zur innigsten Heiligung, als wann wir hören, daß du es gerne hättest, und wir diese Seligkeit zur Frucht und Belohnung haben würden, daß wir dir also ewig gefallen, und dich erfreuen könten! Mache uns dann selbst eben also, wie uns deine Augen gerne sehen, und erfreue und belustige dich dann ewig in uns, das ist in dem Deinen, daß du in uns wirst geleget haben.

Mülheim, den 13. Nov. 1731

69 3. Strophe von „Jesu, der du bist alleine"; Geistliches Blumen-Gärtlein.

70 Freude machen.

18.

An **Johann Heinrich Otterbeck**
Abdruck nach Geistliche Briefe I, Teil 2, Nr. 49

Von der göttlichen Liebe und deren Eigenschaften.

Lieber Bruder!

So eben bekomme deinen Brief, worauf kaum Zeit habe, zu antworten. —

Mein zweyter Brief an dich wird vermuthlich auch zurecht gekommen seyn. Anlangend meine leibliche Schwachheit, so bleibt es noch fast eben so, als wie du von hier gereiset; und es ist damit so abwechslend, daß ich nicht wohl etwas davon sagen kan. So lang ich still bin äusserlich, so deucht mich, daß mir nichts sonderlichs fehle, ausser daß das Haupt meistens schwer und untüchtig ist; will ich aber etwas anfangen, worzu auch nur wenig Kräften nöthig sind, so bin bald abgemattet, und spühre Hertz-Klopfen, wie auch Glieder- Haupt- und Augen-Schmertzen. Kleine Verdrießlichkeiten (wovon doch eine ziemliche Portion bekomme) bringen eine grosse Alteration[71] in meinem Haupt und Geblüt zuwege, da ich dann froh bin, wann ich nur das Gemüth frey und still behalten kan in dem Frieden GOttes, welcher in allen Anfällen von Aussen und Innen meine eintzige Retirade[72] ist, und sich meinem armen Gemüth auch immer gantz entziehet. Uebrigens spühre wohl daß ich in vielen Stücken nicht mehr die Kraft und Munterkeit der Natur habe, die ich wohl vorhin gehabt: Ich weiß nicht, was ich mehr davon sagen soll, da es zudem immer höher aufgenommen wird, als ichs meyne, oder dencke, daß ich mich befinde.

Ich bitte, die beyde Brüder, P. und C.[73] wie auch des ersteren Hausfrau gar hertzlich meinetwegen zu grüssen: Die Liebe JEsu breite sich immer mehr aus auch in ihrem Grunde, damit sie auch meiner in derselben stets zum Besten gedencken mögen! Ja, diese Liebe überschwemme alles Eigene in uns; sie durchdringe und belebe unsern Grund und alle Kräfte, damit wir süsse Liebes-Früchte bringen mögen, zur Verherrlichung unsers mächtigen Erlösers! Aus dieser göttlichen Liebe allein muß alles wahre Leben in uns kommen; sie ist die Gebährerin aller reinen Tugenden; nichts gilt vor GOtt was durch sie nicht belebet wird: Darum so lasset uns in sie einkehren, oder uns in diesen Ocean hinein wagen, damit alle bittere Kräften der Eigenheit durchsüsset und besänftiget werden, und unser Geist in GOtt lebe ewiglich.

---

71 Gemütsbewegung, Verschlimmerung eines Zustandes.

72 Möglichkeit, sich zurück zu ziehen.

73 Wer sich hinter diesen Initialen verbirgt, kann nur vermutet werden. Naheliegend ist bei P. und seiner Hausfrau: Peter Lomberg, der mit Johann Heinrich Otterbecks Schwester Margareth Gertrud verheiratet war. Bei dem C. könnte es sich um Conrad [Nieß] auf der Otterbeck handeln, der 1721 sein Glaubensbekenntnis abgelegt und 1737 eine Anna Christina Norscheid geheiratet hat.

Dancke vor die Nachricht von der S.[74]. GOtt wird Gnade und Weisheit geben, mich nach seinem Willen darin zu betragen. Ich muß abbrechen, dich und die Brüder daselbst nochmals hertzlich grüssende und umfassende im Geist der Liebe JEsu; In welchem verbleibe

Dein und ihrer aller schwacher und doch aufrichtig-gesinnter Bruder.

Mülheim, den 18. Nov. 1731

Ein Reimgen für Br. P. und C.

Die GOttes-Lieb ist mein Magnet;
Sie zeucht mich sanft doch innig kräftig;
Daß stets der Geist in GOttes Wesen geht,
Er geht und läuft, und ist doch nicht geschäftig;
Er hält sich nur gantz wirck- und willenlos,
Und sinckt also von selbst in GOTTES Schooß.

19.

An **Elsgen [auf der] Otterbeck**
Abdruck nach Geistliche Briefe I, Teil 1, Nr. 119

Von der einfältigen und leichten Kunst recht zu bäten.

Geliebte Freundin in der Gnade GOttes!

Du thust wohl, daß du dich, auf deine Weise, im Gebät übest; fahre darin fort ohne Unterlaß, so kans nicht fehlen, sondern GOtt wird auch an dir seine theure Verheissung wahr machen: Bittet, so wird euch gegeben[75]. Keine Kunst in der gantzen Welt ist einfältiger, und leichter, als recht bäten, ja es ist gar keine Kunst; und, wann wir meynen, wir könten nicht bäten, das ist ein Zeichen, daß wir noch nicht recht verstehen, was bäten sey. Bäten ist, den allgegenwärtigen GOtt ansehen, und sich von ihm besehen lassen. Was ist nun leichter und einfältiger, als die Augen aufzuthun, und das Licht anzusehen, welches uns von allen Seiten umgiebet. GOtt ist uns weit mehr gegenwärtig als das Licht; in ihm leben wir, bewegen wir uns, und sind wir[76]. Er durchdringet uns; er erfüllet uns; er ist uns näher, als wir uns selber sind: Dieses einfältig zu

74 Vielleicht ist Sophia an der Otterbeck gemeint, eine ältere Frau, die 1686 ihr Glaubensbekenntnis abgelegt hat.

75 Matthäus 7,7.

76 Vgl. Apg. 17, 27b - 28a: fürwahr, er ist nicht ferne von einem jeden unter uns. Denn in ihm leben, weben und sind wir.

glauben, und sich dessen einfältig, so gut man kan, zu erinnern, das ist bäten[77]. Und, wie solte es auch schwer fallen, sich von einem so gütigen Artzt besehen zu lassen, der schon besser weiß, was uns fehlet, als wirs selber wissen? Wir haben nicht nöthig, dieses oder jenes zu bringen, uns so oder anderst zu stellen, oder allemal viel zu sehen und zu empfinden, wann wir bäten wollen; sondern wir sollens nur einfältig und kurtz sagen, wie wir sind, und wie wir gern seyn wolten; ja es ist eben nicht allezeit nöthig, daß wirs sagen, sondern wir sollens dem allgegenwärtigen gütigen GOtt nur sehen lassen, aber nicht so obenhin, sondern wir sollen so einige Zeit bey ihm und vor ihm trachten zu bleiben, damit er gleichsam uns recht besehen, und heilen möge. Wir müssen ihm nichts anders sagen noch sehen lassen, als was in uns ist, es mag nun seyn, was es wolle. Findest du dich nun zerstreut, dunckel, unempfindlich, so sage es GOtt einfältig, und laß ihn dieses dein Elend sehen, so hast du recht gebätet. Ist etwa eine natürliche Trägheit oder Schläfrigkeit vorhanden, so ermuntert man sich nun und dann ein wenig, und kehret sich wieder mit Demuth zu GOtt; kan man stehenden Fusses besser munter bleiben, als kniende, so kan man sich dardurch wohl helfen, wann einen die Schläfrigkeit überfiele; in ein Buch zu sehen, ist zu diesem Zweck auch nicht verboten: Kurtz! man muß sich zu der Zeit so gut helfen, als man kan, nur daß man seinen Hauptzweck, nemlich das Gebät, nicht gar darüber versäume, sondern sich immer wieder zu demselben wende. Verläugne viel deinen eigenen Willen und Lüste, so wirst du im Gebät leicht zu recht kommen; welches der HErr in deiner und meiner Seele durch seine Gnade wircken wolle! Verbleibe in Schwachheit

Dein treu-gesinnter Freund.

Mülheim, den 4 Dec. 1731.

20.

An **Johann Heinrich Otterbeck**
Abdruck nach Geistliche Briefe I, Teil 2, Nr. 50

Der Geschmack unterm Lesen ist eine verborgene Kraft und Salbung.

Geliebter Bruder!

Hiebey kommt auf Begehren des P. Lucas Büchlein[78].— Mir fällt über dem Schreiben ein schönes Lied daraus ein, welches pag. 79. stehet, so ich von Alters noch zum Theil auswendig kan, und ein treflich Argument von der Lauterkeit dieser Seele ist. Die Salbung lehre dich reichlich beym Lesen, die vorkommende Wahrheiten, und führe dich, mit mir Unwürdigen, selbst hinein! Der Geschmack,

77 Vgl. das Lied „Gott ist gegenwärtig“.

78 Nicht ermittelt; vielleicht Pastor Lucas zu Delling.

den man unterm Lesen oder Hören einer innigen Wahrheit im Hertzen spühret, ist eine verborgene Kraft der Salbung, wordurch wir zur würcklichen Erfahrung und Genuß derselben als von Ferne angelocket, und der Gewogenheit der ewigen Weisheit gegen unsere Seele versicheret werden: Selig sind wir, wann sie uns so mütterlich ziehet! Und noch seliger, wann wir ihr nachlaufen in dem Geruch dieser Salben!

Mülheim, den 13. Dec. 1731

21.

An **Johann Heinrich Otterbeck**
Abdruck nach Geistliche Briefe I, Teil 2, Nr. 51

Auf die völlige Ergebung an GOtt, folget auch ein völliger Friede.

Lieber Bruder!

Wann die gründliche Ergebung an GOtt völlig ist; so ist auch der Friede oder die Ruhe des Geistes in GOtt völlig da; es ist kein Mittel zwischen beyden: Siehe demnach, wie weit wir noch davon zurück sind! Inzwischen soll unsere Ergebung völlig seyn nach Beschaffenheit unsers Standes: Die Probe davon ist einfältig und leicht. Ausser dem Stand der Versuchungen und Proben liegen einer innigen wohl ergebenen Seele ihre Gemüths-Bewegungen und ihr Wille still und ruhig, als ohne Bewegung; und wann der Wille sich beweget, so thut ers gantz frey und ruhig. Der Grund liegt ziemlich offen und bloß vor GOtt, und kan sich auch eine geraume Zeit also halten ohne Zwang und Mühe; dieses alles aber ist innig, wesentlich, anhaltend, und lauter, nachdem etwa die Ergebung der Seele ist, da sie, sonderlich im Anfang des Weges, leicht daraus versetzet wird, und diese Gemüths-Beschaffenheit kaum so lang anhält, als ihre kleine Zeit der Einsammlung. Ich kan mich mit wenig Worten jetzt nicht vorsichtig genug darin ausdrücken, deswegen kan mans noch sicherer und einfältiger, und zwar meist in allen Ständen auch also prüfen.

Man hält sich ein wenig innig und ruhig vor GOttes Angesicht; thut dann einen sanften und gantz unverstellten Blick auf den so nahen GOtt, um Demselben sehen zu lassen, ob noch was ausser uns, oder in uns, nicht übergeben seyn mögte, mit Bezeugung unserer hertzlichen Willigkeit, alles ihm zu überlassen: In dieser einfältigen Darstellung im Lichte der Wahrheit bleibet man ohne eigenes Forschen und Scrupuliren[79] unverwandt stehen, so lang GOtt Gnade giebt, sich NB sanft und ruhig abneigende von allen widerwärtigen Bewe-

79 Bedenken tragen.

gungen; da dann die Seele immer mehr in ein lauteres GOtt-Meynen eingeführet wird, und also auch in die völlige Ergebung.

Die äussere Strengigkeiten sind gut, so viel sie dem Inneren beförderlich sind; die nöthigste ist die aufrichtige Abgespehntheit[80] unsers Geistes von allem, was GOtt nicht ist; worzu das Wenige und das Schlechte in allem Aeusseren sehr behülflich seyn kan, und mehr als man denckt.

Deine Neigung zur äusseren Stille und Abgeschiedenheit ist gegenwärtig gewiß von der Gnade, woran ich so viel weniger zweifle, weil ein Zug und Neigung zur inneren Stille dabey ist. Ich wolte mir nach Erforderung meines Zustandes eine Regel darin machen, wie lang ich etwa an dem äusseren Werck bleiben wolte, und diese Ordnung so einrichten, daß ich der Neigung des Gemüths immer was reichlich nachgäbe, weil mir dünckt, daß der Geist gegenwärtig einige Stille nöthig hat. Das ruhige Verlangen nach der äusseren Abgeschiedenheit schadet auch nicht unter der Arbeit, weil es vielmehr helfen kan, stets abgeschieden zu bleiben mit der Neigung, wann es eben nicht mit der That geschehen kan.

Von der Beschaffenheit deines Gebäts urtheilest du nach der Wahrheit, daß du dich nemlich durchgehends allzu lang mit der eigenen Wircksamkeit[81] deines Haupts aufhälst: Gantz und immerdar leydentlich zu bleiben, mag dein Stand zwar wohl nicht erforderen; aber daß deine Wircksamkeiten gemäßigter, kindlicher, sanfter werden, und mehr mit dem Hertzen als mit dem Haupt geschehen, das ist nöthig; wie auch, daß deine Haupt- oder fürnehmste Wirckung bleibe, zu sehen und zu warten auf GOtt und dessen Wirckungen in dir, um demselben in allem gelassen zu stehen. Werde nur ein Kind, und gedencke, wie es ihm selber nichts, dem Vater aber alles zutrauet ohne einigen Argwohn. Ein mehreres, wann wir beysammen kommen. Gedencke inzwischen meiner!

Mülheim, den 31. Dec. 1731.

22.

An **Elsgen Otterbeck**
Abdruck nach Geistliche Briefe I, Teil 1, Nr. 121

Dem aufrichtigen Sinn, GOtt zu lieben, schaden keine Abwechselungen. GOtt ansehen, und sich von Ihme besehen lassen.

Adam sterbe, JEsus lebe in uns!

Geliebte Freundin!

---

80 Entwöhnung, Entfremdung.

81 Tätigkeit, Aktivität.

Deine beyde angenehme Brieflein habe erhalten. Es ist mir lieb, daß dein Sinn noch vest bleibet, allem gern zu wollen absagen, und GOtt zu lieben von gantzem Hertzen: Der HErr erhalte und erfülle solches selbst in dir!

Alle Abwechslungen von Licht und Finsterniß, Dürre und Geschmack hindern nichts, so lange dieser aufrichtige Sinn des Gemüths vest bleibet: Und geriethe man etwa (welches GOtt verhüte!) davon ab, so muß man nur mit einem stillen Leydwesen sich wieder dahin kehren; und solches so oft, bis man endlich nicht mehr fället. Bey dem inwendigen, von GOtt geschenckten aufrichtigen, Grund muß man sich am meisten halten, und sich des widrigen Theils nicht annehmen.

Uebrigens wiederhole ich meine vorige Lection: Siehe GOtt an, und laß dich von ihm besehen, sowohl in- als ausser dem Gebät, d.i. stelle dir die unbegreifliche, liebreiche und herrliche Gegenwart GOttes durch den Glauben vor, zu allen Zeiten, und an allen Orten; diesen gegenwärtigen GOtt bäte an, beschaue, bewundere, liebe, und verehre, und halte dich mit ihm, und seinen unendlichen Vollkommenheiten auf, so viel und so gut du kanst; laß ihn sehen, alles was du bist, und was du thust; tue alles vor seinen Augen, ihm zu lieb und Ehren, ohne Neben-Absicht. Was du in dir fühlest, oder siehest, sowohl vom Bösen als vom Guten, da wende die Augen sachte von ab; opfere es dem gegenwärtigen GOtt im Glauben auf, daß er es sehe und beurtheile. Kurtz! du must GOtt und das Seine besehen; und GOtt muß dich und das Deine besehen. Wer viel das Seine, oder sich selbst besiehet, der wird entweder kleinmüthig, oder hochmüthig, wovor uns der HErr bewahren wolle! In welchem verbleibe

Dein geneigter Bruder im Herrn.

Mülheim, den 9 Febr. 1732

23.

An **Georg Hendrik Fischer,** Otterbeck
Abdruck nach Handschrift[82].

Anschrift:
Dem Geliebten freunde
J. Georg Fischer
auf der Otterbeck.

M. d. 6 Mertz 1732

Lieber bruder.

Zur antwort auf dein geliebt[...vianat ?; durch Tintenfleck nicht lesbar]: daß in dem 4ten Gespräch, nach meinem Vermuthen, wol kein anderer Druckfehler seyn

82 Bestand Merz, Engelskirchen.

wird, als daß die buchstaben zu weit von einander gesetzt sind, die doch nur ein Wort ausmachen, alle in, und soll allein heißen; also heißt es nachdrücklicher im frantzösischen: Man müste sich ein-für allemal Gott recht anvertrauen, und sich ihm allein überlaßen, Er werde uns nicht betrügen. Ich dachte diese Gespräche nach dem abschreiben erst zu corrigiren, weil mir die übersetzung mit dem anblick ziemlich[83] vorkam. Die Note so am ende des briefs stehet, ist auszulassen, bey dem anstössigen setze dan tiefe Note: So machte es David, psal. 18:30[84], Christus aber sagt: liebet eure feinde. Ein soldat kan ein Christ werden, solte aber ein Christ wol ein soldat werden wollen, menschen blut zu vergiessen? Diß ist eine andere frage. Herr, führe uns nicht in Versuchung!

Meiner überkunft[85] wegen kan ich nichts melden. Wie gern ichs auch thun wolte: ich bin mehr gebunden als mir lieb ist, muß dennoch stille halten, biß der Herr selber freymacht; deswegen, weil mein überkommen ungewiß, ists am besten, daß mir der bewusten ordnung[86] anlangende noch berichtet werde, was dabey zu erinnern, oder daß du, l[ieber] br[uder] einmal hierhin kommest, welches mir allezeit angenehm seyn wird. Fr[eund] Pauw[87] läßt hertzlich grüssen; seiner frauen Nicht[88], die bey ihm im hause war, ist vor etliche wochen gestorben. Das bestellte confoir[?] wird nicht vergessen werden. ein schlößgen an einem tisch wolte der pastor zu Duisberg[89] haben. Das Buch von der Leade[90] welches Jan.hend.[91] für mich kauffen wolte. erwarte dan auch gelegentlich, nebst dem so aus Holland gekommen. Möchte auch gelegentlich wol einen sack höltzerne Kohlen haben.

Der sinn Jesu nehme uns völlig ein! je mehr wir uns selbst hassen, je mehr wird uns Gott lieben; o, wie lauter ist das Auge, das sich selbst nicht mehr siehet, sondern Gott allein? Der Herr wird helffen, der uns erwählet hat und erwählen will. in Ihm sind wir beysammen, und essen in gemeinschaft von unsern bettelbröcklein. Er segne dich, und Euer gantzes hauß, welches gegrüsset sey von deinem schw[achen]

bruder G. Terst.

---

83 ziemlich = fast, annähernd.

84 Ps. 18,30: Denn mit dir kann ich Kriegsvolk zerschlagen und mit meinem Gott über Mauern springen.

85 Besuch in Heiligenhaus.

86 Offenbar arbeitete Tersteegen bereits zu diesem Zeitpunkt an den Verhaltensregeln für die Hausgemeinschaft in der Pilgerhütte Otterbeck.

87 Freiherr Adriaan Pauw (1672-1745) in Amsterdam, Herr von Heemstede, Rietwijk und Rietwijkeroord. Enger Freund Tersteegens. Mindestens 42 Briefe Tersteegens an ihn sind erhalten. Siehe: van Andel: Briefe in niederländischer Sprache, Göttingen 1982.

88 Pauw war dreimal verheiratet; daher schwer zu ermitteln.

89 Vermutlich Pastor Johann Christoph Hen[c]ke in Duisburg.

90 Jane Leade (1624-1704); englische Böhmistin (Anhängerin von Jakob Böhme) und Begründerin der philadelphischen Sozietät; ihre Schriften erschienen seit Mitte der 1690er Jahre in deutscher Sprache. Siehe auch: Gesch. d. Pietismus, Band 1. Göttingen 1993. Hans Schneider: Der radikale Pietismus im 17. Jahrhundert. S. 391-437.

91 Johann Hendrich Otterbeck. Siehe: Rütger Otterbeck und seine Familie.

p.s. habe keine matte zu deinem Bett bekommen können; nun aber sehe ich hier eine im hauß liegen. Wan du nun noch keine hast, so will sie suchen zu kauffen.

24.

An **Georg Hendrick Fischer,** Otterbeck
Abdruck nach Handschrift[92]

Anschrift:
Dem Ehrsamen freund
G. H. Fischer
auf der Otterbeck

Mülheim d. 20 Mertz 1732

Lieber bruder.

Hierbey kommt die begehrte Matte, was sie kosten soll, habe noch nicht können vernehmen, weil mein bruder[93] nicht zu Hauß ist: Ich weiß nicht ob solche Matten nicht den einen Weg mehr nachgeben als den anderen.

Will auch ein gläßgen dinten[94] mitschicken. Habe dir kein papier gesand weil vernommen daß Joh. hend.[95] postpapier solte haben; da nimm so viel du brauchest, u[nd] laß ers anschreiben.

Ich werde als leichtlich gelegenheit finden, mit dir, l[ieber] br[uder] zu sprechen: komm nur, wannehr du am liebsten wilt; ausserordentliche hindernüsse sehe eben nicht voraus.

Meine arme Gebäter werde dir nimmer wegern[96]; lasset uns keine proben oder leiden förchten, sondern als kenzeichen unserer erwählung vom Herrn annehmen; ich schlage so eben für dich den spruch auf, im buch Josua 10:8.[97] Welchen der Herr versiegeln und erfüllen wolle! Der Schatz der Wesentlichen Gegenwart Gottes in uns ist gar zu köstlich u[nd] hoch, daß er uns ohne proben solt gegeben u[nd] ohne Creutz solt bewahret werden können. nichts wird angetastet als das eigene leben, es sey im Namen Jesu dem gericht u[nd] todt übergeben! Den Gott meinenden Grund u[nd] Willen nimt der Herr, mit unendlichem wolgefallen in sich ein, und beschirmet ihn für alle pforten der höllen. Er allein, soll es seyn, den ich nur von hertzen meyn. Amen für dich u[nd] für mich !

verbleibe der deine im Herrn G. Tersteegen.

---

92 Bestand Merz, Engelskirchen.

93 Vermutlich der leibliche Bruder Johannes Tersteegen (1695-1735).

94 Tinte.

95 Johann Hendrich Otterbeck. Siehe: Rütger Otterbeck und seine Familie.

96 weigern.

97 „Und der Herr sprach zu Josua: Fürchte dich nicht vor ihnen; denn ich habe sie in deine Hände gegeben. Niemand unter ihnen wird vor dir bestehen können.“

p.s.
den gruß von uns allen an euch alle. Ob Elßgen[98] schon jemand ins hauß zu nehmen sprechen wird, weiß ich nicht: sie mag wegen ihrer gefahrtin wol wenig gelegenh[eit] haben allein mit mir zu sprechen. Ich werde nichts mercken lassen, wie ich darin gesinnet bin, wan sie gleich davon spricht, sondern es dem Gebät einverleiben: sonst wan nur das subject oder person nach meinem sinn ist, so habe ursachen gegenwärtig ziemlich darzu zu incliniren[99]: bey unserer zusammenkunft ein mehreres.

25.

An **Joh. Heinrich Otterbeck** [diese Zuordnung van Andels muß korrigiert werden, da wesentliche Teile des Textes identisch sind mit der vorstehenden Handschrift, die eindeutig an **G. H. Fischer** gerichtet ist.[100]]
Abdruck nach Geistliche Briefe I, Teil 2, Nr. 52

Proben und Leyden sind Kennzeichen unserer Erwählung.

Lieber Bruder!

Ich werde leichtlich Gelegenheit finden, mit dir zu sprechen; komm nur, wann du am liebsten willst.

Meine arme Gebäter werde dir nimmer weigern. Lasset uns keine Proben oder Leyden fürchten, sondern sie als Kennzeichen unserer Erwählung vom HErrn annehmen ! Ich schlage so eben für dich den Spruch auf im B. Jos. 10,8. welchen der HErr versieglen und erfüllen wolle !

Der Schatz der wesentlichen Gegenwart GOttes in uns ist gar zu köstlich und hoch, daß er uns ohne Proben solte gegeben, und ohne Creutz solte bewahret werden können. Nichts wird angetastet als das eigene Leben: Es sey im Namen JEsu dem Gericht und Tod übergeben ! Den GOtt-meynenden Willen nimmt der HErr mit unendlichem Wohlgefallen in sich ein, und beschirmet ihn vor allen Pforten der Höllen. Er allein soll es seyn, den ich nur von Hertzen meyn. Amen für dich und für mich!

Mülheim, den 20. Mertz 1732

98 Siehe: Rütger Otterbeck und seine Familie.

99 „inklinieren“ = eine Neigung, Vorliebe für etwas haben.

100 Die Handschriften aus dem Bestand Merz sind erst nach Abfassung des Buches von C. P. van Andel bekannt geworden.

26.

An **Georg Hendrik Fischer,** Otterbeck
Abdruck nach Handschrift[101]

Adresse:
Dem Geliebten freunde
G. H. Fischer
auf der strassen[102]
An der
Otterbeck

Mülheim d. 19 April 1732

Lieber bruder.

Die blechplätger sind gut geschnitten, doch müssen sie auch ja nicht breiter fallen, wan sie wie beykommendes sind, so sind sie am besten. Nur möchten wir noch wol gern |: nebst denen die du dort hast :| ein paar platen zerschnitten haben. Vor deiner abreise[103],- wanns füglich geschehen kan; Weil wir aber nicht wissen von wem die vorige hergekommen sind, so müssen wirs auch an Joh. hend.[104] überlassen, wo er noch etliche bekommen kan.

Vom reisen durchs brandenburgische[105] weist du wol daß ich nichts gewisses rathen kan, solte sonst nicht dencken, daß es gefahr hätte. Es fährt nicht ehender ein schiffer von der ruhr ab, biß künftigen freytag oder samstag über 8 tag, sonst möchtet ihr so wol am sichersten reisen.

Mit Elsken[106] habe noch nicht allein können sprechen, sonst will sehen, wie es mit wahrnehmung der haußregulen inzwischen am besten zu ordiniren[107].

für Agnesken[108] sende eine antwort, wan sie nicht draus könte kommen, mag sie es dir lesen lassen.

Sich selbst zur last seyn, und sich selbst doch tragen müssen, ist ein tapferes leyden; doch kans nicht anders seyn; wir müssen uns selbst mit abscheu und last fühlen, sonst hassen und verlassen wir uns selbst nimmermehr. Mit friedsamer Demut und sanftmut müssen wir uns selbst ertragen lernen, und in solcher Ge-

---

101 Bestand Merz, Engelskirchen.

102 Andere Bezeichnung für die Otterbeck.

103 Fischer stand wohl kurz vor einer Verkaufsreise in die Niederlande. Aber auch Tersteegen bereitete sich vor auf einen Besuch der Niederlande. Er hat diese Reise gemeinsam mit Johann Henrich Otterbeck am 4. Mai 1732 angetreten. Siehe: Ich bete an die Macht der Liebe, Hrsg. Dietrich Meyer, Gießen und Basel 1997. S. 11-34.

104 Johann Hendrich Otterbeck. Siehe: Rütger Otterbeck und seine Familie.

105 Vermutlich ist damit das Territorium Kleve gemeint. Dafür spricht auch der Hinweis auf einen Ruhrschiffer.

106 Siehe: Rütger Otterbeck und seine Familie.

107 einbeziehen, berücksichtigen.

108 Siehe: Rütger Otterbeck und seine Familie.

müts-gestalt uns zum innern pförtgen der Göttl[ichen] erbarmungen hinlegen, ob es dem Herrn etwa gefiele uns aufzuthun, daß wir uns selbst in der Warheit verlassende, in Ihn zu einer glückseligen stunde eingehen möchten. Inzwischen sollen wir auch mit paulo lernen, in reiner liebe ein Wolgefallen haben in schwachheiten,[109], und nicht vergessen uns oft hertzlich im Glauben zu erfreuen. über die Vollkommenheiten unseres Gottes; Cant. 1,4. Wir freuen uns und sind fröhlich über Dir.[110] Unser bester freund hat keinen mangel, Er ist voller tugenden, voller Gnaden, reichthümer und seeligkeiten. Er hat keine gefahr selbige zu verlieren: Ach, welchen trost! Gehe ein, o seele, in die freude deines Herren, in dessen liebe verbleibe ich dein

verbundener br[uder] u[nd] schwacher fürbitter G. Tersteegen

p.s.

die bekannte grüssen auch, dich u[nd] nebst mir Joh. hend, adolf[111] etc.

27.

An **Joh. Heinrich Otterbeck** [auch hier muß die Zuordnung van Andels korrigiert werden, da wesentliche Teile des Textes identisch sind mit der vorstehenden Handschrift an **G. H. Fischer**].
Abdruck nach Geistliche Briefe I, Teil 2, Nr. 53

Wie man sich selbst mit friedsamer Demuth zu ertragen, und über GOttes Vollkommenheiten zu erfreuen.

Lieber Bruder!

Sich selbst zur Last seyn, und sich selbst doch tragen müssen, ist ein tapferes Leyden; kan aber doch nicht anderst seyn. Wir müssen uns selbst mit Abscheu und Last fühlen, sonst hassen und verlassen wir uns selbst nimmermehr. Mit friedsamer Demuth und Sanftmuth müssen wir uns selbst ertragen lernen, und in solcher Gemüths-Gestalt uns zum inneren Pförtgen der göttlichen Erbarmungen hinlegen, ob es dem HErrn etwa gefiele, uns aufzuthun, daß wir, uns selbst in der Wahrheit verlassende, in ihm zu einer glückseligen Stunde eingehen mögten. Inzwischen sollen wir auch mit Paulo lernen, in reiner Liebe ein Wohlgefallen haben an Schwachheiten, und nicht vergessen, uns oft hertzlich im Glauben zu erfreuen über die Vollkommenheiten unsers GOttes. Cant. 1,4. Wir freuen uns, und sind fröhlich über dir[112]. Unser bester Freund hat keinen Mangel; er ist voller Tugenden, voller Gnaden, Reichthümer und Seligkei-

---

109 2. Kor. 11,30: Wenn ich mich denn rühmen soll, will ich mich meiner Schwachheit rühmen.

110 Das Hohelied Salomos Kap.1,4: Wir wollen uns freuen und fröhlich sein über dir. Siehe auch Ps. 31,8: Ich freue mich und bin fröhlich über deine Güte.

111 Siehe zu beiden: Rütger Otterbeck und seine Familie.

112 Siehe Anmerkung hierzu im vorigen Brief.

ten; er hat keine Gefahr, selbige zu verlieren. Ach welcher Trost! Gehe ein, o Seele! in die Freude deines HErrn; in dessen Liebe verbleibe ich

Dein verbundener Bruder und schwacher Fürbitter.

Mülheim, den 19. April 1732

28.

An **Georg Hendrik Fischer,** Otterbeck
Abdruck nach Handschrift[113]

Adresse:
Dem Ehrsamen freund
G. H. Fischer
an der
Otterbeck

Mülheim d. 20 July 1732

Lieber bruder.

Das gesandte habe richtig erhalten. Deine bibeln wird dein Bruder[114] nun mit nehmen, vielleicht wirst du, wan du sie siehest, eine kleine Ubung zur Gedult u[nd] Gelassenheit bekommen, weil sie wieder mein ausdrückliches erinnern mit brettern und krämpfen[115] gebunden sind, es scheint Göttl[iche] Vorsehung wills nimmer, auch so gar in den geringen, nach unserm sinne machen. Nun, GOtt sey gelobet, der uns führen wole nur nach Seinem willen! - Die bände sind sonst gut und starck, kosten nun aber das stück etliche stüber mehr. Jeder theil kostet nun mit band, fracht und unkosten 2 rthl. 14 stüber, sind zusammen 6 rthl. 42 stüber, welches deßwegen nur melde, ob sie dir etwa nicht anstünden, und du gelegenheit hättest, diese wieder zu verkauffen; in welchem fall dir ein anderes exemplar will binden lassen.

Vom leinwad[116] und mütsen will mit br[uder] Hendrich[117] sprechen, und gelegentlich, oder bey meiner überkunft, darüber berichten.

Diese woche werden bibeln fertig, kan also dan C. paßman[118] eine bekommen.

---

113 Bestand Merz, Engelskirchen.

114 Über Fischers Bruder fand ich nur den folgenden Hinweis in dem Brief vom 04.11.1762 von Tersteegen an Evertsen (Archiv Barmen Gemarke): „br[uder] Fischer (dessen Brud[er] und frau hier gewesen, und mit denen er nicht in der Liebe stehet) will auch noch diese Woche hierhin kommen."

115 Metall-Schließen, Krempen.

116 Vermutlich zu lesen: „Leinwand und Mützen".

117 Johann Henrich Otterbeck. Siehe: Rütger Otterbeck und seine Familie.

118 Das Gut Paschmanns wird urkundlich 1387 erstmals erwähnt. Es liegt in der Honschaft Obschwarzbach bei Mettmann. Die Familien Paschmann erscheinen vor allem in den Kirchenbüchern von Mettmann, Linnep-Kettwig, und Homberg b. Ratingen. In Mettmann ist am

Dasjenige anlangende, wozu du bist ersuchet worden, so werde bey meiner überkunft vielleicht etwas darüber zu sprechen gelegenheit haben.

Alles hertzl. verlangen, so uns die ewige Liebe, zur vollendung und zur anlangung in ihrem stillen element einflösset, wollen wir wieder einwenden in seinen Ursprung; durch friedsame gelassenheit und ersenckung in den Grund der Seelen, woselbst alle unlautern begierden ersterben, und alle gute mehr geläutert und zum Wesen gemachet werden. Welch einen todt kostets der eigenwircksamen natur, sonderlich wan die Gnaden-züge was kräftig treiben oder locken, in den Grund einer lautern gelassenheit zu kommen; da doch der Geist in demselben allein die pforte zu seines Vatters haußes u[nd] zum leben finden kan. Es liegt einmal allein an Gotts erbarmen. Gedencke meiner auch im Herrn. dein geneigter

br. G. T.

p.s.
Grüße G. hend., adolf, Elsken, Gott stärcke sie ! u. Agnes[119] Gott stille sie !

29.

An **Joh. Heinrich Otterbeck** [Die Zuordnung van Andels muß korrigiert werden, da wesentliche Teile des Texte identisch sind mit der vorstehenden Handschrift an **G. H. Fischer**].
Abdruck nach Geistliche Briefe I, Teil 2, Nr. 55

Von der friedsamen Gelassenheit.

Lieber Bruder!

Alles hertzliche verlangen, so uns die ewige Liebe zur Vollendung und zur Gelangung in ihr stilles Element einflösset, wollen wir wieder einwenden in seinen Ursprung durch friedsame Gelassenheit und Ersinckung in den Grund der Seelen, woselbst alle unlautere Begierden ersterben, und alle gute Begierden mehr geläutert und zum Wesen gemacht werden. Welch einen Tod kostets der eigenen wircksamen Natur! sonderlich wann die Gnaden-Züge uns kräftig treiben oder locken, in den Grund einer lauteren Gelassenheit zu kommen, da doch der Geist in demselben allein die Pforte zu seines Vaters Haus und zum Leben finden kan. Es liegt einmal allein an GOttes Erbarmen. Gedencke meiner auch im HERRN! Grüsse N. und N. GOtt stille sie!

Mülheim, den 20. Julii 1732

07.06.1703 als Kind von Johannes zu Pasmes und Elseken eine Catherina getauft worden. Sie legte 1717 ihr Glaubensbekenntnis ab und ist vermutlich die hier erwähnte „C. paßman". Der Vater Johannes Paßmans hat am 04.12.1722 gemeinsam mit anderen Gemeindegliedern eine Berufungsurkunde für den neuen Prediger Katterberg unterschrieben. [C. Doll: Geschichte der evangelischen Gemeinde Mettmann, Mettmann 1880. S. 97-99.]

119 Zu den genannten Personen siehe: Rütger Otterbeck und seine Familie.

30.

An **Georg Hendrik Fischer** (handschriftlicher Vermerk: „Vermuthlich an G. H. Fischer da er in Crefeld.“); Abdruck nach Handschrift[120]

Lieber Bruder!

Dein Angenehmes, sammt dem vom Br[uder] Stetius[121] habe vor ein paar Tagen recht erhalten.---

Es freüet mich das der Herr dem l[ieben] Fr[eund] Kauwerts[122] wieder einige Besserung verleihet, da nun die noch künftige Lebzeit |: welche Gott weiß wie lang oder kurz :| Ihm so augenscheinlich vom Herrn geschenket wird, so wird ja sein herz dadurch sich verpflichtet und bewogen finden, auch alle seine Zeit von hertzen dem Herrn zu heiligen, bloß zu seiner Liebe und Dienst: wozu alle nöthige Gnade aus meinem Innersten anwünsche.

Er wird die sonderbahre Güte Gottes zweifelsohne noch mehr preisen und anbäten, nebst uns, da Gott mit andern, die besser als wir sind schneller verfährt, wie dan hierbei bekant mache, daß es dem Herrn gefallen, in der Nacht vor dem Bättag den Fr[eund] Wimmer[123] ohne vorhergehende Kranckheit durch einen Schlagfluß gantz plötzlich in die Ewigkeit zu versetzen, voriges Tages war er noch mit zur Leiche gewesen[124], hatte auch nachher noch gearbeitet, und zur Nacht gespeiset, wiewol Er einige Schmerzen im Arm fühlete, diesen zu stillen, stehet die frau in der Nacht auf, ihm den Arm zu streichen, gibt ihm auch auf sein begehren was weniges von Wacholder-Öhl ein, dreht sich aber um, und stirbt ihr unter der Hand ohne ein Wort zu Reden. Ich bin bey der Frauen gewesen, welche sich gar nicht fassen kan. Nimmbt auch noch nichts zu sich. Gott wolle es an ihrer Seele Segnen, und sie trösten.

Den Brief von Br[uder] Stetius [siehe oben] anlangende, so weiß nicht was darauf Resolviren[125] soll, wan etwa die leüte hier kämen: es ist ein und andres drin, so anstoß geben könnte, welches jedoch nicht regardiren[126] würde, aus Verpflichtung und begierde dem Nächsten zu dienen. Allein ich habe nicht aüsseres

120 Nachlaß Goeters: Nachgesammelte und ungedruckte Geistliche Briefe, 1794. 10.Brief.

121 Luther Stetius ist einer der 6 Männer aus Solingen, die sich - vermutlich 1716 - von Wiedertäufern haben taufen lassen. Sie wurden zu Festungshaft in Jülich verurteilt und aufgrund einer Intervention der niederländischen Generalstaaten 1720 freigelassen. Sie durften jedoch nicht zurück nach Solingen. Luther Stetius und Johann Lobach bewohnten in Krefeld ein kleines Häuschen. Sie standen in enger persönlicher und brieflicher Verbindung mit Gerhard Tersteegen.

122 Tersteegen-Freund in Krefeld; Peter Kauwertz war mit Hubert Raar (Rahr) befreundet; Mitglied der Mennoniten-Gemeinde Krefeld; † 15.08.1747.

123 Tersteegen-Freund in Krefeld.

124 = hatte an einer Beerdigung teilgenommen

125 entscheiden, beschließen.

126 beachten, Rücksicht nehmen.

noch inneres, worauf ich einen Freund hierhin nöthigen könte, sonst nehme ichs von Gott danckbarlich an, wann ich mit einem Freundt ohne mein suchen bekant werde.

Wegen deiner Überkunft werde dan noch nähere Nachricht erwarten, und wann ich nun[?] anders im Stande bin, da die dasigen Freünde einst kommen sehen: sonst hat etliche wochen mein Haupt, und Leibesschwächlichkeit merck-lich angehalten, oder zugenommen, daß ich fast zu nichts mehr nutze, als ein bisgen still sitzen, et vacanne deo[127], wan ichs nur viel und wohl thäte. Gott gebe dir auch daselbst viel Gnade, und Vergnügen in Ihm, auf alle Weise!

Ich habe vor ein Paar Tagen Renty Lebensbeschreibung[128] zu Ende gebracht, und werde vielleicht mit der unvergleichl. Maria von der Menschwerdung[129] künftige Woche wieder anfangen. Bittet Gott um Krafft, Gnade und Seegen, für mich unheiligen, das ich auch heilig werde, so weit der Herr mich zu bringen beliebet. Gewiß der alte GOTT lebet noch, Er kan erretten, alle die zu ihm tret-ten.

|: Man fürchtet zu sehr die völlige Entblössung, deswegen zappeln wir so, die mehresten schlagen und Plagen sich ihr Lebenlang , mit den Elenden Banden der Creatur-Liebe, die sie nur Superficilement[130] und in der idée verläugnen; fast wie man in Engeland, des Pabstes Bild verbrennet, ohne das es dem Pabst wehe thut; Die besten leben verwickelt in ihrer Selbst-liebe, und entsetzen sich für der inne-ren blösse, und ausgang; welches doch der alleinige in daß Göttliche Leben wäre, doch du weißt es besser als ich, weiß auch nicht warum ichs schreibe, vielleicht weil ichs in mir so fühle. Gott Segne uns! In welchem dich hertzlich grüsse, und umfasse, auch alle deine Haußgenossen, Kauwerts Hauß, fr. Hofstadts, Raar Naas Lingen[131], und wo es sonst zu paß kommt.

Dein Schwacher Bruder Gerh. Tersteegen.

Mülheim d. 4. Sept. 1732

127 Zeit haben für Gott.

128 Markgraf von Renty; 3. Lebensbild in: Auserlesene Lebensbeschreibung heiliger Seelen. Geboren 1611 in Beni in der Normandie, gestorben in Paris am 24. April 1649.

129 Maria von der Menschwerdung; 5. Lebensbild in: Auserlesene Lebensbeschreibung heiliger Seelen. Maria Guyard; Geboren am 18. Oktober 1599 in Tours in Frankreich, gestorben am 30. April 1672 in Kanada.

130 Französisch: superficiellement = oberflächlich.

131 Mehr über diese Freunde in: Die Heimat , Krefeld 1933 , Nachlaß Niepoth, sowie im Taufbuch der Mennoniten, (Stadtarchiv Krefeld)

31.

An **Johann Heinrich Otterbeck**
Abdruck nach Geistliche Briefe I, Teil 2, Nr. 56

Anweisung zur inneren Wircklosigkeit, damit der HErr selbst allein wircke.

Lieber Bruder!

Kein Wunder, daß die Natur uns zuwider ist, wann wir ihr zuwider sind ! Laß sie rasen, die Boshaftige! Sie verdienet nicht, daß man ihr Gehör gebe, und noch weniger, daß sich der Geist ihretwegen beunruhige und auskehre.

Mein unmaßgeblicher Rath ist: So wenig als möglich, in Sinnen und Vernunft zu wohnen; der schwache Grund des Inwendigen wird dardurch noch mehr geschwächt: Dabey, so gehet man auf feindlichem Boden, da man manchmal nicht nur das Rasen der natürlichen Kräften höret, sondern auch oft gar von Feinden umzingelt wird, daß kaum Muth und Auskommen gesehen werden kan.

Zum anderen rathe nicht nur Gebät und Sammlung an, sondern auch nun und dann bey und in demselben eine innere Wircklosheit im kindlichen Grunde, als wann du gar nichts hättest, köntest, woltest, und wüßtest, damit der HErr selbst das alles in dir sey und wircke. Das Unsere taugt nicht; das Göttliche muß an dessen Statt kommen. Ich bin selbst voller Finsternissen, sonst wolte ich dir sagen, es wäre jetzt Zeit, dich in diesem letzteren fürnemlich zu üben; für falscher Ledigkeit hättest du dich dabey nicht zu fürchten. Ich befehle mich in dein Gebät! Vergiß dessen doch nicht. GOtt wird uns allerseits Gnade verleihen.

Mülheim, den 25. Sept. 1732

32.

An **Elsgen Otterbeck**
Abdruck nach Geistliche Briefe I, Teil 1, Nr. 127

Ermahnung zur völligen und wiederholten Uebergabe.

Geliebte Freundin!

Wie so glückselig preisest du nicht eine Seele, die sich völlig, und auf ewig GOtt ergeben hat! Darzu wirst du augenblicklich berufen. Will Dunckelheit und Unglaube zweiflen machen, ob du diese Uebergabe wohl je recht gethan hast; so thue selbige dann eben in dem Augenblick so hertzlich, als du kanst, und siehe dich hinführo an als einen Menschen, der gantz GOtt zugehöret. Noch eins; es ist GOtt sehr angenehm, und allen seinen Heiligen eine Freude, wann wir auch nur eine eintzige That der Uebergabe an ihn, und der Verläugnung um seinetwillen ausüben. Ach! so übe dann diese Helden-Thaten unaufhörlich aus, auch wider Willen der Natur, so wird GOtt seine Lust, und alle Heiligen ihre Freude an dir haben, und du wirst selig seyn in dieser That; welches wünschet und bittet

Dein Mitpilger.

Mülheim, den 8 Oct. 1732

33.

An **Georg Hendrik Fischer,** Otterbeck
Abdruck nach Handschrift[132]

Adresse:
Dem Ehrsamen freunde
G. H. Fischer
an der Otterbeck
nebst einem paquet versiegelt

Mülheim d. 21. 9[Novem]bris 1732

Lieber bruder,

Ich komme eben von der reise, da ein paar tage zu Duisberg[133] seyn müssen, kan deßwegen nur weniges schreiben.

Gott sey gelobt ! daß dein äusseres so weit sich gebessert. Weil aber der magen noch so gründlich gereiniget, und wan auch keine dienliche gelegenheit brechen zu lassen, so sende noch was, obs der Herr durch einen andern weg etwa bessern wolte, da Er an keine mittel gebunden ist. Ein paar von fr. pauw[134] seine pillen sende, so des abends vor oder nach dem essen einzunehmen. Den folgenden tag nachdem die pillen ihre gelinde wirckung gethan, nimm vom beykommenden saltz täglich 1 oder 2 stunden vorm essen ein paar messerspitzlein, zur Verzehrung der fieber-materie im magen, wozu auch ein wenig gember[135] gekauet gantz gut thut |: dieser dienet auch br. Adolf[136] :|. Nun will Joh. hend. sagen, ob sichs schicke, daß Er und br. Adolf[137], etliche 8 oder 14 tage, 3 oder 4 köpgens[138] cardebenedicten[139], morgends u[nd] nachmittags, oder morgens allein, beym thee trincken könten. Wan nun das pulver verbraucht, so kanst dan mit ihnen was trincken, zur stärckung des magens u[nd] also auch zur aufhebung der überbleibsel vom fieber, durch Gottes segen. Die Völligkeit des fleisches, kommt

---

132 Bestand Merz, Engelskirchen.
133 Duisburg.
134 Freund Pauw, in Amsterdam; siehe Anm. zu Nr. 23.
135 Ingwer.
136 Wilhelm Adolf Otterbeck. Siehe: Rütger Otterbeck und seine Familie.
137 Johann Hendrich Otterbeck und Adolf; wie vor.
138 Tassen.
139 Kardobenediktenkraut wurde von Tersteegen benutzt bei der Herstellung von Grünöl.

m[eine]s erachtens O[140] [nicht] so sehr vom erstern schwitzen als von dem daß die schweißlöcher noch würcklich geöfnet sind zum schweiß, daher die kälte empfindlich u[nd] schädlich ist. doch wir wollen O [nicht] philosophiren sondern glauben. Gibts sich endlich O [nicht] von selbst mit dem schwitzen, so kan man was dagegen nehmen.

Ich dancke mit dir von hertzen dem Herren, für die Gnade so Er dir erweiset durch die eindrücke seiner Gutheit u[nd] einsicht in das unverstellte, unschuldige kinder-wesen so da allein uns mit diesem Gut uns vereinigen kan. Dergleichen Gnaden sind von denen so du bißher erfahren mercklich unterschieden; diese kommen mehr von innen hervor als von aussen hinein; sie gehen O [nicht] durch die sinne, komme aber wol in die sinne durch empfindl[iche] rührungen, weils dem Gemüte so gar was neues und unverhoftes ist. Du siehest nun in etwa, wie wenig Gott unserer vernunft u[nd] eigenen activität brauchet, uns seine Wahrheiten und sich selbst zu erkennen zu geben. Und wie die tugenden Jesu gar was wesentlicheres u[nd] schöneres sind, als mans jemals hat gedacht. Ich schreibe confus u[nd] mit einer lauffenden feder; du wirst mich aber wol fühlen. Gleichwie du nun dir selbst von diesem nichts gegeben, so halte dich auch dabey in einer unverstellten passivität, u[nd] laß dich nach G[otte]s willen, von s[eine]r gutheit u[nd] von der kinder-gestalt frey durchdringen, damit der Geist u[nd] sinn der in Christo war, gantz u[nd] wesentlich in dich komme. Nimm dich in acht, daß du O [nicht] viel speculirest auf das so der Herr thut, sondern überlaß dich nur, mit geschlossenen augen. Liese doch jetzt kein eintziges buch, so sonderbares nachdencken erfordert.

Die zeit ist hin, darf darum O [nicht] mehr schreiben: der das gute werck in uns angefangen, wolle es in uns vollenden zu seinem preiß[141]! amen. Gedencke mein, ich bin solch ein armer mensch.

Du must noch O [nicht] herüber kommen, biß daß du was besser bist, da mirs sonst lieb seyn würde; auch O [nicht] zu früh u[nd] viel arbeiten. fette speisen schaden u[nd] erwecken das saure sodbrennen im halse. Ich grüsse br[uder] Adolf[142] wiederum, verhoffe sie O [nicht] zu vergessen. Die bekanten grüssen hertzlich. Dein schwacher Br[uder]

G. Tersteegen

ps.
schicke den Anfang des lebens der Maria von der Menschw.[143]. Das übrige soll in zwey drey tage auch fertig seyn. Der halbe boge u[nd] auch was du abgeschrieben muß wol bewahrt werden, daß nichts v[er]lohren gehet, Schreibe nicht zu

---

140 Hier und in der Folge kürzt Tersteegen das Wort „nicht“ ab durch ein „O“ mit einem darüber liegenden Strich.

141 Phil. 1,6 ich bin darin guter Zuversicht, daß der in euch angefangen hat das gute Werk, der wird's auch vollenden bis an den Tag Christi Jesu.

142 Wilhelm Adolf Otterbeck. Siehe: Rütger Otterbeck und seine Familie.

143 Auserlesene Lebensbeschreibungen Heiliger Seelen, Band 1; s. Anm. zu Nr. 30.

geschwind, sondern bedächtlich, damit es auch so viel accurater werde; dan weil mirs aus dem gedächtniß bald wieder entfällt, werd ichs sonst schwerlich wieder corrigiren können, lebe wohl in Gott.

34.

An **Joh. Heinrich Otterbeck** [auch hier muß die Zuordnung van Andels korrigiert werden. Wesentliche Teile des Textes sind identisch mit der vorstehenden Handschrift an **G. H. Fischer**].
Abdruck nach geistliche Briefe I, Teil 2, Nr. 57

Von der Vortrefflichkeit der Kinder-Gestalt in Christo.

Lieber Bruder!

Ich dancke mit dir von Hertzen dem HErrn für die Gnade, so er dir erweiset, durch die Eindrücke seiner Gutheit und Einsicht in das unverstellte unschuldige Kinder-Wesen, welches uns allein mit diesem Gut wesentlich vereinigen kan. Dergleichen Gnaden sind von denen, die du bisher erfahren, mercklich unterschieden; sie kommen mehr von Innen hervor, als von Aussen hinein; sie gehen nicht durch die Sinnen, kommen aber wohl in die Sinnen durch empfindliche Rührungen, weils dem Gemüthe so gar was Neues und Unverhoftes ist. Du siehest nun in etwa, wie wenig GOtt unserer Vernunft und eigenen Activität brauchet, uns seine Wahrheiten und sich selbst zu erkennen zu geben; und wie die Tugenden JEsu gar was Wesentlichers und Schöneres sind, als man jemals hat gedacht. Ich schreibe confus und mit laufender feder, du wirst mich aber wohl fühlen. Gleichwie du nun dir selbst von diesem nichts gegeben, so halte dich auch dabey in einer unverstellten Paßivität, und laß dich nach GOttes Willen von seiner Gutheit und von der Kinder-Gestalt recht durchdringen, damit der Geist und Sinn, der in Christo war, gantz und wesentlich in dich komme. Nimm dich in Acht, daß du nicht viel speculirest auf das, was der HErr thut, sondern überlaß dich nur mit geschlossenen Augen. Lies doch jetzt kein eintziges Buch, das sonderbares Nachdencken erfordert.—
Der das gute Werck in uns angefangen, wolle es in uns vollenden zu seinem Preiß! Amen. Gedencke mein!

Mülheim, den 21. Nov. 1732.

35.

An **Elsgen Otterbeck**
Abdruck nach Geistliche Briefe I, Teil 1, Nr. 128

Aufmercksamkeit auf den heiligen Beruf GOttes. Wie man sich in gewissen Versuchungen zu verhalten.

In der Gnade GOttes geliebte Freundin und Schwester!

Auf dein Angenehmes vom 5ten dieses konte heut-morgen nicht antworten, weil der Treiber nicht so lang hier blieb. Ich sehe dann, wie daß die theure Gnade noch anhält, dich zu reitzen zum göttlichen Wandel, und zur immer völligeren Uebergab an Seine göttliche Majestät. Siehe doch, wie getreu ist GOtt! Und wie so wenig Grund hat der Unglaube, wann er das Gemüth niederschlagen will !

Auf diesen heiligen Beruf GOttes Acht zu geben, und in alle dessen Anforderungen so innig und liebreich einzuwilligen im Verborgenen, ohne einige Unruh oder Verkehrtheit deines äusseren Theils hinein zu lassen, das ist die Art und Weise, wie du dich gegen denselben zu verhalten hast, damit dein gantzes Hertz, und dein gantzer Wille endlich ein Gefangener des HERRN werden; und o! wie frey und glückselig wirst du alsdann seyn!

Deine Versuchungen anlangend, so thust du wohl daran, daß du mir selbige so fort entdeckest; ich sage es niemanden, als nur dem HErrn wieder, was man mir in dergleichen Umständen anvertrauet. Die Einfalt, seine Versuchungen, Sünden und Fehler alsbald zu sagen, ist schon die halbe Genesung: Wir wollens GOtt vortragen; der Feind wird in diesem Stück nichts gewinnen. An deiner Seite ist diß mein Rath: Zu solchen Versuchungen muß man allen Anlaß weislich abschneiden. Wann ein Einfall oder Gedancke kommt, muß man ihn trachten NB. zu vergessen, nicht durch Gewalt, sondern durch ein Nichtaufmercken, solte man gleich durch äussere Geschäfte sich so lang um GOttes willen zerstreuen. Kanst du dennoch nicht frey werden; so erneuere in deinem Gemüth die völlige Uebergabe an GOtt, wodurch du dich ihm zum ewigen Eigenthum verschrieben hast, durch eine sanfte aber innige That der Schenckung deines Gantzen an GOtt, und trachte, dabey so heimlich zu verbleiben. Kommen die Einfälle dennoch wieder, so fahre du auch fort, dich wiederum eben ruhig und hertzlich GOtte aufzuopfern mit deinem inneren Willen. Wann es gar lange währet, und du kanst dich auf keine Weise davon entschlagen; so nimm es als ein Creutz von der Hand des HErrn an, und trag es ihm zu Gefallen, sprechende wie im Blumen-Gärtlein stehet pag. 55. Ach lieber sterben tausendmal,[144] usw. und im 42ten Lied: Noch dennoch will ich sünd'gen nicht etc.[145]

Ja, du hast recht darin, daß du das verderbte Theil, so sich wieder Willen reget, als etwas Fremdes, und das dich nicht angehet, achten und ansehen must: Ach diß ist ein recht wichtiger und nothwendiger Punct, zum inwendigen Frieden zu gelangen. Inzwischen muß der verborgene Mensch des Hertzens mit GOtt seine vertrauliche Unterredung im sanften und stillen Geist halten, welches so köstlich ist vor GOtt: Seiner treuen Führung empfehl ich dich von Hertzen, und verbleibe nebst Begrüssung

Dein schwacher Mitstreiter.

Mülheim, den 8 Dec. 1732

36.

An **Georg Hendrik Fischer,** Otterbeck
Abdruck nach Handschrift[146]

Adresse:
Dem Ehrsamen freunde
G. H. Fischer
an der Otterbeck

Mülheim d 19 x[Decem]ber 1732

Lieber bruder.

Das Leben von Renty[147] habe erhalten, hätte ich nur die theresa[148] noch vollendet |: womit den anfang gemacht,[:|] so könte schon mit dem drucken ein anfang gemacht werden, deßwegen können die hausgenossen ja so lang patience[149] haben, u[nd] mit dem Abends vorlesen so lang sich begnügen lassen, weil sonst fürchte, daß die bogen verlohren gehen oder was dran v[er]dürbe.

Notire mirs einst was du etwa in dem lebenslauf der Maria[150] gern weiter ausgeführet sehen möchtest, weil ich das blädgen worauf den concept geschrieben noch bewahre, u[nd] dan sehen will ob ich noch was beyfüge.

144 Nr. 174: „Ach, lieber sterben tausendmal! Ach, lieber alle Höllen-Qual!" Zitiert nach Ausgabe Lancaster 1828

145 3. Strophe von „Noch dennoch will ich lieben dich".

146 Bestand Merz, Engelskirchen.

147 Auserlesene Lebensbeschreibungen Heiliger Seelen, Band 1. : „Markgraf von Renty"; s. Anm. zu Nr. 30.

148 Auserlesene Lebensbeschreibungen Heiliger Seelen, Band 2. : „Theresa von Jesu". Geboren am 28. März 1515 in Abula in Spanien; gestorben am 4. Oktober 1582 in Alba.

149 Geduld.

150 Auserlesene Lebensbeschreibungen Heiliger Seelen, Band 1 : „Maria von der Menschwerdung". Siehe Anmerkung zu Nr. 30.

Die grosse bibel ist noch nicht hier, erwarte sie doch täglich. Das liebe kindlein Jesus verkläre sich immer mehr u[nd] wesentlicher in unsern hertzen, damit wir dem Vatter wieder gefällig u[nd] mit ihm vereinigt werden. Die Gottheit vereiniget sich mit der menschheit in der allerzartesten kindheit, zu diesem punct muß uns die Gnade hinbringen, wan wir die vereinigung mit Gott und das v[er]lohrene unschuldsbild wesentlich erkennen und erfahren wollen. O wie weit sind Adams kinder davon ab! Und wie sehr sind wir 0 [nicht] verpflichtet unserm erbarmer zu dancken, der uns entartete kinder dahin rüstet und bringen will; und mit aller treue seines ruffs zu warten u[nd] dem uns bloß zu überlassen? er gebe es uns selbst. Amen. Gedencke auch du meiner, wie ichs auch hoffe zu thun. Wan du hierhin komst, so komm 0 [nicht] in den feyertagen, weil alsdan wenig freyheit haben werde. Ich dancke für den guten wunsch in meiner neuen Herberge, Gott wolle ihn erfüllen, ob ich dessen gleich so sehr unwürdig mich erkenne, daß nemlich das H[eilige] kind Jesus in meinem hertzen seine wohnung einnehme: Es wäre mir wol ein trost, daß er im stalle gebohren worden, aber es wird darin weit besser ausgesehen haben als in meinem unreinen hertzen. Es sey ihm jedoch auf ewig geopfert. Grüße alle haußgenossen meinentwegen, und befehle mich auch in ihr andencken.

Dein schwacher mitstreiter G. T.

p.s.
Nächstens zu schicken.
1 ed. thebaci[151]
zwey halbe pfunde gr[ünen] thee
ein schüsselchen wie dasjenige so Elsken mitbringt

37.

An **Elsgen Otterbeck**
Abdruck nach Geistliche Briefe I, Teil 1, Nr. 130

Verhalten unter der Veränderlichkeit des Zustandes.

Geliebte Freundin und Schwester!
Dein Zustand scheint dir veränderlich zu seyn, und ist es auch zum Theil, weil du nicht genug in dem Unveränderlichen bleibest, und dich stets nach dem Theil ansiehest, das nicht anderst als tausend Abwechslungen unterworfen seyn kan. Siehe dich an und wandle nach deinem Grund so, wie du denselben am Ende deines letzten Briefs ausdrückest, nemlich: Ich will doch keine Creatur-Liebe, keine Welt-Liebe, keine Eigen-Liebe, usw. Die-

151 Nach Information von Frau Christa Habrich (21.12.1997) ist der Text wie folgt zu entschlüsseln: „1 £ [Pfund] thebaci: 'Opii thebaici' = Opium aus Theben. Der Kopist hat vielleicht Opii oder dessen Abkürzung nicht verstanden oder weggelassen." Selten steht auch 'thebaico' für 'Kupfer'.

ses sage zu GOtt aber von Hertzen, und bey allen Veränderungen deines Zustandes.

Ja, weil die Creatur-Liebe, Welt-Liebe und Eigen-Liebe nur gar zu lang in unserm Sinn und Hertzen gehauset, daß man auch ihre Bilder und Namen wohl vergessen möchte; So wäre es noch besser zu sagen: HErr! ich will nur dich haben; nur dir gefallen; und dich lauterlich lieben. Mein GOtt, und all mein Gut!

Dieses sage von Hertzen, auch wenn sich das Gegentheil regen will; wann dich Zerstreuungen, Versuchungen, Dunckelheiten, oder was es auch seyn mag, anfallen. Bleibe du bey deinem Grund, so mögen alle Wellen über dein Schifflein schlagen, es hat keine Gefahr. Was du liesest, oder hörest, ist alles für dich, wann dieser Sinn und Grund dardurch kan gestärcket, oder erwecket werden, weiter nicht. Ueberlege nicht und dencke nicht auf andere! Indem du so thust; Thue es einfältig dem HErrn; Ist derselbe mit dir zufrieden, was willst du mehr? Er segne dich !

Dein Mitstreiter.

Mülheim, den 9 Jan. 1733.

38.

An **Elsgen Otterbeck**
Abdruck nach Geistliche Briefe I, Teil 1, Nr. 132

Brüderliche Ermahnung zur Danckbarkeit vor die anhaltende Treue GOttes.

Geliebte Freundin und Schwester!

Mit diesem Wenigen zeige nur, daß mir dein Brieflein angenehm gewesen ist; ob ich wohl nichts Sonderliches darauf zu antworten habe, als nur, daß ich, mit dir, GOtt dancke für seine anhaltende Treue, die Er dir erweiset, und für die Lichter, die Er dir mittheilet. Gedencke, wie sehr du verpflichtet bist, dieser treuen Liebe dein Gantzes in unverstellter Einfalt zu ergeben! Du könntest schon in der Hölle liegen, oder, wie andere, im verstockten Sinn dahin gegeben seyn: GOtt aber hat in Gnaden ein Aufsehen auf dich gehabt; Er hat dich berufen; Er hat dich erwählet von der Erden, daß du seine Freundin und Eigenthum werden sollest; und das ist Ihm ein solcher Ernst, daß Er sich auch so gar durch deine Abweichungen nicht abweisen lässet. Ach! darum sey Ihm abermal und zu tausendmalen ein unwiderrufliches Jawort gegeben aus innig-aufrichtigen Hertzen! Gedencke in deinem Hertzen viel an GOtt und an seine göttliche Vollkommenheiten! O wie schön ist das! die liebreiche und stille Andacht zu GOtt laß deinen Zaum und Zügel seyn im gantzen Wandel! und laß dir keine Zeit lieber seyn, als worinn du mit GOTT allein seyn, und Ihm Gesellschaft leisten kanst. Es sey diß unser ewiges Werck!

Dein Mitpilger.

Mülheim, den 31. Jan. 1733.

39.

An **Joh. Heinrich Otterbeck und Georg Hendrik Fischer,** Otterbeck
Nach einer Abschrift von Ulrich Bister[152].

Adresse:
An den Ehrsamen freund
G. H. Fischer
an der
Otterbeck

Lieber bruder

Deinen Gemüts-Zustand anlangend, so ists gewiß am sichersten und besten, daß darin ruhig trachtest auszuleyden, was darin wieder den Zug der Gnaden und den sinn Deines Gemüts vorkommt, bey diesem letztern Dich so viel möglich haltende, ohne mit furcht oder forschen in das andere zu viel ein zu gehen. Gottes Zug und licht kommt nicht von aussen herein, es entlehnet seine gewißheit und Kraft nicht vom Verstand oder sinnen; es meldet sich im Grunde an, und hat beydes nachdruck u[nd] gewißheit bey sich, welches aber verdunckelt u[nd] verschwindet wan die seele eine deutliche gewißheit [...] in ihrem untern theil suchen will: Gehe derhalben nicht zu viel hinaus ins überlegen, suche keine festigkeit durch bloß verständliche und äussere anweisungen, sondern schleuß wie ein Kind die augen zu, und überlaß Dich dem verborgenen Wesen das so innig nahe ist, und laß die Vernunft zweiffeln so lang sie will; man würde beydes ihr und dem Versucher zu viel ehre erweisen, wan man sich mit ihr ins disputiren einliesse, wir sollen unse[re] argumenten und fundamenten in dem licht des Glaubens suchen, das sich im Grunde der seelen anbeut. Der Zug Gottes zu diesem oder jenem stande des inneren lebens, hat anfangs etwas lieblich reitzendes bey sich, eine anmutige einsicht, eine sehr hertzl[iche] geneigtheit [...] und da hat der gantze untere theil (der einen wiederschein davon bekomt) nichts oder wenig einzuwenden: hernach senckt sich alles tieffer ins innere oder obere theil, da fängt dan der untere theil an seine wiederspenstigk[eit] u[nd] Zweiffelung zu zeigen, weil es bloß stehet, u[nd] noch vom Versucher dazu angereitzet wird. da gebens manche abwechslungen, schüttelungen, ja gar gefahren zur Verrückung des Ziels, wo man nicht ein einfältiges Kind suchet zu bleiben, das sich mit dem

152 Die Transkription von Ulrich Bister ist vermutlich an einigen Stellen fehlerhaft. Da mir die Handschrift nicht zur Verfügung stand, war eine Überprüfung leider nicht möglich.

dunckeln licht des Glaubens im Grunde begnügen lässet. bleibe derhalben so gut und so viel innig u[nd] passiv als Gott gnade gibt, u[nd] sey mit ihm u[nd] seinem willen zufrieden, den Er ist Gut, und auch uns Gut! amen. Ich werde suchen Deinen stand G[ot]t auf zu opfern, u[nd] erwarte von Dir ein gleiches, der ich so jämmerlich bin.

Das Rhynsburgsche manusc[ript][153] erwarte gelegentlich, so bald was abzuschreiben habe will es Dir schicken.

Das löffelkraut[154] ist zwar gut wieder den Scorbut, aber dienet hitzigen naturen nicht. sauerampfer zu kauen würde Dir dienlicher seyn. oder auch eine mundsalbe von 2 loth honig 1 viertel loth myrrhen pulver. ½ virtle loth gebrandten alaun durcheinander gemisch. kanst es erst wol einst mit sauerampfer versuchen. An Annakatrin zu Ostrop[155] habe vielleicht keine Zeit zu schreiben. will sie einmal doch haben daß ich ihr zur erleichterung was soll verschreiben, so gebrauche sie folgende Kräuter wie einen thee morgens u[nd] mittags:

Weissen andern[156]
Roßhub[157],
Ysop[158], von m[j ?]edem ½ hand voll.
Alant-wurtz[159]
Aron-wurtz[160], von jedem 1 loth.

Durcheinandergeschnitten, und wie thee jedesmahl was [...] töpfgen gethan, kan doch gantz kochen aufgeschüttet, und also etliche wochen getruncken werden. Wan sie sich schon nun wol dabey befinden mochte, so wird doch schwerlich die engbrustigk[eit] völlig dadurch gehoben; deßwegen kan ihr nach der Zeit ein kleines träncklein verschrieben werden.

flessen tuch[161] soll erstes tages 1 stück kommen, syet[162] und garn komt hierbey.

---

153 Tersteegen hat die Vorlage zu dem Leben der Maria Guyard, genannt von der Menschwerdung, aus Poirets Nachlaß in Rijnsburg bezogen. Siehe Goeters in: Geschichte des Pietismus Bd. 2, Göttingen 1995. S. 399 und Anm. 97 auf Seite 423: „Vorrede zum 5. Stück über die Ursuline Marie Guyart (de l'Incarnation) in Bd. 1".

154 Cochlearia; früher besonders von Seeleuten gegen Skorbut geschätzt.

Zu allen medizinisch-pharmazeutischen Hinweisen in Tersteegens Briefen siehe Christa Habrich: Heilkunde im Dienst der Seelsorge bei Gerhard Tersteegen in: Evangelische Mystik inmitten der Aufklärung, Hg. Manfred Kock. Schriftenreihe des Vereins für Rheinische Kirchengeschichte Nr. 126, Köln 1997. S. 161-180.

155 Hier könnte es sich um eine Frau in Ochtrop handeln. Im Norden von Duisburg im Ortsteil Overbruch (Walsum) gibt es heute noch die Straßenbezeichnung „Ochtropshof". Ohne weitere Hinweise ist die Identität der Annakatrin nicht zu ermitteln.

156 Konnte nicht ermittelt werden; vielleicht fehlerhafte Transkription.

157 Hier könnte es sich um „Roßhuf" (gemeiner Huflattich) handeln.

158 Lippenblütler, Gewürzpflanze.

159 Korbblütler, Heilpflanze.

160 Aronstab, giftige staudige Waldpflanze.

161 Vermutlich ist ein Vlies-Tuch gemeint.

Das ankommende päcklein An Simon Hereveen[163] soll also in den leinen linten[164] für De Wilde[165] gepackt werden. für De Wilde kanst Du dan, beliebig, in einen pack thun, die 11 pack von dem schmalen lint so da ist, und wovon hierbey noch ein pack kommt, daß ihrer also 12 pack zusammen sind. Und dan nur die 1^ 8 stück schwartz No 45[166] lind. Das übrige breidte lind No 60, so oben auf liegt kan gelegentlich nur hierhin gesand werden.

Jan. hend.[167] Muß nothwendig alles auf eine pasport setzen lassen, und das, Meine nur folgender gestalt auf seine pasport.

25 ½ douz, liene lint. waardig[168] 20 guld.
4 [...] gewerckte zyde[169], wardig 45 guld -
Das pack an De Wilde kan auch gezeichnet werden G. W.
ich grüsse euch alle im gantzen hause, und verbleibe durch Gnade

Euer verbundener in der Gnade G Tersteegen

M[ülheim] den 23 februar 1733

kommen hofus bill[170]
b[g?]rüssen wieder hertzl[ich]

162 „Sayette ist ein schlechter wollener Zeug, der bisweilen mit ein wenig Seide vermengt ist, und zu Amiens gewürcket wird". So in: Joh. Heinrich Zedler: Großes vollständiges Universal-Lexikon, Leipzig und Halle 1742. S. 460. Im Handwörterbuch der Textilkunde von Max Heiden, Stuttgart 1904 [an dieser Stelle ein Dank an das Stadtarchiv Krefeld, das mir den Text zugänglich machte], wird wie folgt erklärt: „Sayette nennt man in Frankreich allgemein alle aus langer Kammwolle verfertigten Zeuge, insbesondere die verschiedenen geköperten und einfachen Wollenzeuge, als Segen, Berkane, Kamelotte, Rasche und Etamine, wie sie in Amiens gefertigt werden. Sodann werden S. die englischen, holländischen und flandrischen Ratinen oder Reveschen genannt, sowie auch die leichten halbseidenen und seidenen Serge." Es dürfte sich in diesem Schreiben um Zubehör zum Weben von Bändern oder Breitgeweben in einer Woll- oder Baumwollmischung mit Seide handeln.

163 Geschäftspartner in den Niederlanden; noch nicht ermittelt.

164 lint = Leinenschmalgewebe, also ein Leinen-Band; niederl. „lint = Band".

165 Geschäftspartner in den Niederlanden; noch nicht ermittelt.

166 Vermutlich ist mit den Nummern die Garnstärke gemeint.

167 Johann Henrich Otterbeck. Siehe: Rütger Otterbeck und seine Familie.

168 Waarde = niederl. „Wert".

169 Gewirkte Seide.

170 Siehe Anm. 152. Leider konnte die Transkription nicht überprüft werden, da der Besitzer des Originals dieses nicht zur Verfügung stellen wollte. Vermutlich muß es hier heißen: „sommer, hofm[ann] bill[eken] [das sind Mülheimer Freunde] grüssen wieder hertzl[ich]".

40.

An **Johann Heinrich Otterbeck**
Abdruck nach Geistliche Briefe I, Teil 2, Nr. 59
[entspricht dem ersten Teil des vorstehenden Briefes]

Daß der Zug GOttes im Grunde, sich durch die Vernunft nicht müsse verdunckelen lassen.

Lieber Bruder!

Deinen Gemüths-Zustand anlangend, so ists gewiß am sichersten und besten, daß du ruhig trachtest auszuleyden, was darin wider den Zug der Gnaden und den Sinn deines Gemüths vorkommt, bey diesem letzteren dich so viel möglich haltende, ohne mit Furcht und Forschen in das andere zu viel einzugehen. GOttes Zug und Licht kommt nicht von Aussen herein; es entlehnet seine Gewißheit und Kraft nicht vom Verstand und Sinnen; es meldet sich im Grunde an, und hat beydes Nachdruck und Gewißheit bey sich, welches aber verdunckelt wird und verschwindet, wann die Seele eine deutliche Gewißheit in ihrem untern Theil suchen will. Gehe derhalben nicht zu viel hinaus ins Ueberlegen: Suche keine Vestigkeit durch blos verständliche und äussere Anweisungen, sondern schleuß, wie ein Kind, die Augen zu, und überlaß dich dem verborgenen Wesen, das so innig nahe ist, und laß die Vernunft zweiflen, so lang sie will; man würde beydes, ihr und dem Versucher, zu viel Ehre erweisen, wann man sich mit ihr ins Disputiren einließ. Wir wollen unsere Argumenten und Fundamenten in dem Licht des Glaubens suchen, das sich im Grunde der Seele anbeut.

Der Zug GOttes zu diesem oder jenem Stand des inneren Lebens hat Anfangs etwas lieblich reitzendes bey sich, eine anmuthige Einsicht, eine sehr hertzliche Geneigtheit, etc. und da hat der gantze untere Theil, (der einen Widerschein davon bekommt) nichts oder wenig einzuwenden: Hernach sinckt sich alles tiefer ins innere oder obere Theil; da fängt der untere Theil an, seine Widerspenstigkeit und Zweifelung zu zeigen, weil er blos stehet, und noch vom Versucher darzu angereitzet wird: Da giebts manche Abwechslungen, Schüttlungen ja gar Gefahren zur Verrückung des Ziels, wo man nicht ein einfältiges Kind suchet zu bleiben, das sich mit dem duncklen Licht des Glaubens im Grunde begnügen läßt. Bleibe derhalben so gut und so viel innig und paßiv als GOtt Gnade giebt, und sey mit ihm und seinem Willen zufrieden; dann er ist gut, und auch uns gut. Amen!

Ich werde suchen deinen Stand GOtt aufzuopfern, und erwarte von dir ein Gleiches, der ich so jämmerlich bin.

Mülheim, den 23. Febr. 1733

41.

An **Johann Heinrich Otterbeck u. Georg Hendrik Fischer**
(Kerlen vermutet , daß der Brief nach Amsterdam geschrieben wurde[171].)
Abdruck nach Geistliche Briefe I, Teil 1, Nr. 134

Christlicher Unterricht an zwey reisende Kaufleute.

Geliebte Freunde und Brüder!

In Hoffnung, daß euch dieses noch in erwünschtem Wohlseyn nach Seel und Leib werde antreffen —

Das Kindlein JEsus, das um unsertwillen hat wollen hinab reisen in Egypten, wolle Ihm auch alle eure Reisen wohlgefallen lassen, und sey euch so kräftig mit seiner Gnade gegenwärtig, daß ihr mehr an Ihn gedencket, als an alle eure Händel, die doch auch nur um seinetwillen sollen unternommen werden.

Die Kaufleute, wenn sie verreiset sind, sinnen nur auf Profit. Lasset auch ihr keine Gelegenheit vorbey gehen, da ihr euch selbst überwinden und verläugnen könnet, und opferet alle Beschwerden und Verdrießlichkeiten demjenigen auf, der wohl ein weit mehreres auf Reisen, und im Umgang der Menschen hat ausgestanden, und uns durch allerhand üben will, weil wir, uns selbst zu üben, gar zu zärtlich sind. Versäumet nicht, nach Möglichkeit einige Zeit zum Gebät auszukaufen, weil ihr viel Gnade nöthig habt, euch unter der Welt unbefleckt von der Welt zu bewahren, und auch das Aeussere zu beurtheilen und zu behandlen nach dem Licht der geschenckten Gnade, und nichts nach dem Sinn der Natur.

Lasset euch düncken, ihr seyd wie ein paar Klosterbrüder, welche auf der Reise und über den Strassen sich nicht schämen, ihre Horas, oder Gebäte, zu lesen: Also macht ihrs auch! Bätet und seyd in inniger Andacht zu GOtt an allen Orten! Dann GOtt ist aller Orten; und Er erwartet solches fürnehmlich von denen, die zu seiner Anbätung im Geist und Wahrheit berufen sind. Sehet! das ist unser Beruf; diß sey auch unser Werck, damit GOttes Gnade an uns nicht vergeblich sey, sondern wir noch in dieser Zeit zu Heiligen und Geliebten GOttes mögen gemacht werden! Amen, o HErr JEsu! —

Der HErr segne alle seine Kinder, und mache sich ihnen und uns täglich mehr bekant! Verbleibe durch Gnade

Euer verbundener Freund und Bruder.

Mülheim, den 3 April 1733

171 G. Kerlen: Gerhard Tersteegen, Mülheim 1853. S. 22 (Das von Kerlen angegebene Jahr muß auf 1733 korrigiert werden).

42.

An **Johann Heinrich Otterbeck und Georg Hendrik Fischer** [172]

Abdruck nach Geistliche Briefe I, Teil 2, Nr. 60

Vortrefflichkeit des Lebens JEsu in uns.

An zwey Reisende.

Ich empfehle euch nochmals der genauen Aufsicht und Leitung des HErrn, so wohl nach dem Inneren, als nach dem Aeusseren. Ich dancke ihm hertzlich, daß bis dahin seine Güte über euch gewesen ist; wünsche auch, daß eure Hertzen in Erkänntlichkeit davon gerühret, und aufs neue zur Verherrlichung GOttes in eurer Heiligung gereitzet werden mögen! GOtt überhäufet uns mit Gütigkeiten ohne Aufhören: Er bezahlet, sagt Theresa[173], unsere Sünden mit lauter Glorie und Gnade, noch in dieser Zeit, damit wir ja glauben sollen, er sey gantz Liebe.

So muß GOtt auch im Aeusseren mit uns Schwachen noch meist sachte Wege gehen; da sonst am allersichersten und wesentlichsten dieser Abgrund der Liebe in dem Abgrund der Seele erfahren wird: O wie freundlich will er sich da eröffnen und uns in sich verschlingen, wo wir unserem Eigenen genugsam entsincken! Ach wie bedrängt ist alles ausser ihm in der Welt! Nur in ihm ist Friede und Verbergung, ja Heiligkeit und Seligkeit zu finden. Darum sollen wir ja in keinem Ding nach eigener Bewegung, Willen oder Absicht zu Werck gehen, und uns immer unverstellter und bloßer ihm lassen, damit nur das Leben und die göttliche Bewegungen, die in dem Inwendigen des Hertzens JEsu waren, auch in uns seyn, und an uns offenbar werden mögen. Ein eintziger Augenblick dieses Lebens JEsu in uns ist höher zu schätzen, als tausend Jahre sonst auf Erden zu leben, wann man gleich Wunder thäte. Diß ist also der gnädigste Wille und Rath GOttes an uns, daß wir forthin nicht mehr uns selbst, sondern dem allein leben sollen, der für uns gestorben und auferstanden ist[174]; diesem Rath GOttes müssen und wollen wir hertzlich und thätlich beypflichten, wahrnehmende dieses unsers Hohenpriesters (Hebr.3)[175] und ihm unser thierisches Leben mit allen dessen Bewegungen zum Opfer darbringende seine theuren Zügen und den Bewegungen seines reinen Lebens auf alle Weise kindlich und innig Platz geben, zur Ausgeburt seines Bildes und rechtschaffenen Wesens in uns, Amen!

---

172 In dem Handexemplar von Kerlen Zusatz: „Aan den Eersamen Vriend J.H. Otterbeck, present tot Amsterdam"; Nachlaß Goeters.

173 Theresa von Jesu in: Auserwählte Lebensbeschreibungen Heiliger Seelen; Band 2.

174 2. Kor. 5,15: Und er ist darum für alle gestorben, damit, die da leben, hinfort nicht sich selbst leben, sondern dem, der für sie gestorben und auferstanden ist.

175 Hebr. 3,1+2: Darum, ihr heiligen Brüder, die ihr teil habt an der himmlischen Berufung, schaut auf den Apostel und Hohenpriester , den wir bekennen, Jesus, der da treu ist dem, der ihn gemacht hat, wie auch Mose in Gottes ganzem Hause.

Abkürtzende verbleibe ich durch GOttes Gnade

Euer verbundener mitreisender Pilger.

Mülheim, den 23. April 1733

43.

An **Johannes Ritterskamp**
Abdruck nach Geistliche Briefe I, Teil 2, Nr. 61

Von der Weisheit GOttes in Mittheilung seiner Gnaden, und daß man ruhig darnach warten müsse.

In der Gnade JEsu geliebter Bruder!

Es ist mir lieb, von deinem Gemüths-Zustand etwas zu vernehmen, und auch dasjenige, was du schreibest. GOtt sey gelobet für seine überschwengliche Langmuth und Erbarmung, der uns abtrünnige Kinder noch nicht gar verstossen will! Er sammlet immer wieder, und mögte uns so gern unabscheidlich bey sich behalten: Aber mich dünckt, als wann er zu unserer Zukehr zu ihm noch nicht trauen dörfte. Er läßt warten, um zu sehen, ob wir es auch wieder machen, wie vorhin und uns abkehren; dann wann solches geschähe nach empfangenen reinen Gnaden und Erfahrungen, so ists allemal weit gefährlicher für uns, und die Rückkehr schmertzlicher. Darum läßt seine Weisheit im Glauben harren, hat aber doch ein gutes Hertz in uns, welches auch aus der verborgenen Beruhigung bey der Sammlung schon abzunehmen ist.

Und warum solte dir dann die Zeit beym Warten lang fallen? Ists nicht besser mit Ruhe warten, als mit höllischer Unruh abgewandt stehen? Ja, worauf warten dann doch deine Sinnen und Natur, daß ihnen die Zeit lang wird? Giebst du ihnen noch Hoffnung zum Leben? Das wäre ja Unverstand und vergeblich; zeige es ihnen und dem HErrn mit der That, daß das Todes-Urtheil allgemein, und unwiderruflich sey, daß von der Seite kein Leben noch Trost mehr angenommen werden solle, und dein Gantzes allein auf GOTT warte in unverstellter Einfalt: Solche keusche Tauben-Augen die können GOtt und dessen Gegenwart sehen. Also warte, und also eile in der Zukunft des HErrn JEsu in dir. Hebr. 10, 36 und folgende[176]. Ihm empfehle ich dich, und mich in dein Andencken verbleibend

Dein verbundener Bruder.

Mülheim, den 7. May 1733.

176 Hebr. 10,36+37: Darum werft euer Vertrauen nicht weg, welches eine große Belohnung hat. Geduld aber habt ihr nötig, damit ihr den Willen Gottes tut und das Verheißene empfangt.

44.

An **Brüder und Schwestern im Bergischen und Mülheim,**
(Eine Person als Empfänger wird nicht genannt.)
von **G. H. Fischer** aus Amsterdam.
Abdruck nach Handschrift[177].

Adresse:
Denen Bekantesten Freunden, Brüdern und Schwestern, so etwa bey gelegenheit um mich fragen, kanst du dieses nach belieben lesen lassen.

Wehrteste Brüder und Schwestern, und bekanteste freunde und freundinnen im Bergischen und Mülheim

Wollt ihr dan auch wissen, wies mir jetzt noch gehet?
Und wie es von aussen und innen doch stehet?
So muß ich diß sagen:
ich hab nicht zu klagen,
Gott hat mich biß hierher sehr liebreich getragen.
Von aussen hat Er mich vor unfall bewahret;
Von innen auch keine Gnade gesparet!

Ich spüre Ihn nah,
So wol hier als da,
Wie schwerlich ich auch die Reise ansah.
Ach könt ich doch innigst mich danckbar erzeigen!
Und kindlich in Demut vor Ihm mich beugen!
Könt ich Ihm recht dancken,
Daß Er mich in Schrancken
Bißhieher so treulich erhalten, ohn wancken.
Es wolle sein Antlitz mich ferner doch leiten,
Auf daß ich treu aller orten und zeiten

Vor Ihm möge leben;
in allem ergeben.
Und stetig den Geist zu Ihm zu erheben.
Ihr Schwestern und Brüder, Ich wünsch euch desgleichen,
Gott wolle uns stetig, was noth ist darreichen;
Er wolle uns führen,
In allem regieren.

177 Bestand Merz, Engelskirchen.

Daß wir sein Angesicht nimmer verlieren.
Amen!

Ich grüsse euch hertzlich alle miteinander, und befehle mich in eure Vorbitte, als ein armer in

Gott Hoffender Fremdling[178].

gegeben Amsterdam d. 15 May 1733

45.

An **Johann Heinrich Otterbeck**

Abdruck nach Geistliche Briefe I, Teil 2, Nr. 58

Brüderlicher Zuruf zur Erneuerung im Dienste GOttes beym Anfang eines neuen Jahres.

Lieber Bruder!

Billig ist es, daß wir mit dem Anfang des neuen Jahrs uns erneuren in dem Dienst, worzu wir berufen sind; ein Dienst im Geist und in der Wahrheit, da nicht nur Lippen und Gedancken, sondern der Geist dasjenige würcklich und in der Wahrheit verrichtet, in der Gegenwart GOttes, was vorhin wohl gesagt und gedacht, aber nicht gethan ist, nemlich dem HErrn zu bekennen, daß Er gut, und die alleinige Ursache alles Guten sey, und ihm zum willigen Opfer in der Wahrheit zu überliefern, was ihm unumschränckt gebühret, nemlich unser Gantzes ohne Ausnahm. Ich vereinige mich hierin mit deinem Sinn und Ausdruck, und mein Innerstes sagt: Amen in JEsu Namen!

Dieser unser holdseliger Heyland, der gekommen ist, zu verkündigen das angenehme Jahr des HErrn, dem sey dieses Jahr und alle dessen Augenblicke geschencket, daß wir im inneren und äusseren Wandel bezeugen mögen, daß es sey ein Jahr des HErrn! Ich grüsse alle Hausgenossen, wünschende, daß GOttes Besuchungen einen Segen im Inneren mögen nachgelassen haben. Suchet alle, euch zu bevestigen in der Gunst des getreuen Freundes in Noth und Tod, von welchem Paulus 2. Tim. 4, 16. und 17. sagt: Sie verliessen mich alle, der HErr aber stund mir bey, und stärckte mich u.s.w. weil schwerere Gerichte erfolgen mögten.

Mülheim, den 9. Jun. 1733

(Vom Inhalt des Briefes her ist anzunehmen, daß es sich beim Datum um einen Druckfehler handelt. Anstelle von „Juni“

178 Initialen der drei Worte: G H F = Georg Hendrik Fischer.

müßte es „Januar“ heißen. Dr. Kerlen hat diese Korrektur handschriftlich vorgenommen.)

46.

An **Georg Hendrik Fischer,** Otterbeck
Abdruck nach Handschrift[179]

Mülheim an der ruhr d 23 7[Septem]ber 1733

Geliebter bruder.

Ob gleich, theils aus mangel der Zeit, theils aber auch wegen leibl[icher] untüchtigk[eit] deine angenehme brieflein nicht eben beantworten können: so hats doch allemal das schwache andencken deines Zustandes vor Gott gestärcket u[nd] erneuert, so oft etwa einige nachricht davon bekommen. Ubrigens traue ichs dem innern führer in aller einfalt zu, daß Ers dir an keinerley nöthigen nachricht zu einiger zeit werde ermangeln lassen: wie ichs dan so hertzlich von demselben bitte. Recommendire[180] nur, demselben auf alle weise raum zu geben, daß Er wircken und sagen könne, was Er will u[nd] nicht was wir wollen; kein geschäfte muß so lieb seyn, die Zeit der einsammlung[181] muß ohne noth O [nicht] unterlassen werden, wegen desselben, oder einiger innern ungeneigtheit: Ein friedsames, sanftes, u[nd] inniges erinnern an den innern freund, leydende alle wiederstrebungen u[nd] zerstreuungen ungestört, mit möglicher überlassung an den Herren, ist wol wircksamkeit[182] gnug für Gegenwärtig. Israel, hoffe auf den Herren, von nun an biß in ewigkeit[183]. Die übersetzte wörter kommen hierbey, so gut es in eil geschehen können. Wegen der pflaster müste noch erst nähern unterricht haben, dan ich so grosse pflaster erst machen müste; so kan auch nicht begreiffen, wie am knie ein so grosses loch seyn könne; darbeneben[184] so muß wissen obs ein Mann oder Weibsperson ist, weil bey unheilbaren wunden mit laxiret[185] werden muß, und dan mit dem windeln vorsichtigkeit gebrauchet werden muß; inzwischen schicke ein anderes gutes pflaster, welches sie so lang brauchen können, u[nd] auch sehen wie es ihnen dabey gehet.

179 Bestand Merz, Engelskirchen.
180 rekommendiren = empfehlen.
181 Einsammlung = Sammlung.
182 Wircksamkeit = Tätigkeit, Aktivität.
183 Psalm 131,3.
184 außerdem.
185 laxieren = abführen (med.).

Wir hätten mit erstem noch gern was mehr blech zu syet[186] geschnitten. Mit br[uder] Hofmann[187] meyne das leben der Gertrud[188] zum abschreiben zu schikken, worauf der Drucker bald wird warten müssen; es ist aber gar O [nicht] groß.

Es sey der herr mit deinem Geiste in allem u[nd] zu aller Zeit ! Amen.

Dein verbundener im herren G. Tersteegen

p.s.

Jan Hendrich[189] |: wie vernehme :| solte wol gern sehen, daß du allein nach Holland reisest; ich hab aber gesagt, daß obs zwar dienlich seyn mögte, daß Euer einer zu hause bliebe[190], so möchte ich dir doch auch O [nicht] zu grosse last auflegen; [... Lücke im Text] dich darzu zu persuadiren[191] der ursache wegen: [... Lücke imText] selbst nach gefallen, wol vortragen.

47.

An **Georg Hendrik Fischer,** Amsterdam
Abdruck nach Handschrift[192]

Adresse:
Dem Ehrsamen freunde
G. H. Fischer
p. Couvert Amsterdam

Mülheim d 22 9[Novem]ber 1733

Lieber bruder.

Dein angenehmes aus dem Haag bekomme soeben, wie dan auch Dein voriges aus Rotterdam zu recht erhalten habe. Weil aber Elsken sehr eilen muß, da Joh. Hend.[193] heut noch antworten soll, so kan nur diß wenige schreiben: Sey versichert, daß ich deiner und deines zustandes nicht vergesse. Zwar ist auf mein Gebät wenig ja nichts zu achten; wegen meiner unwürdigkeit; da ich aber meine arme vorbitte mit des Heylandes Seine vereinige, der ohnedem so geneigt ist zu lieben u[nd] wohl zu thun: so glaub ich doch nicht daß es vergeblich seyn werde.

186 Es muß „Sayette" heißen. Dabei handelt es sich entweder um schlichtes wollenes Zeug, das mit Seide vermischt ist oder um schlechten seidenen oder wollenen Serge. Siehe auch: Zedler: Großes vollständiges Universal-Lexikon, Leipzig und Halle 1742.. S. 460. Tersteegen bestellt hier vermutlich spezielle Bleche, die zum Weben von Bändern oder Stoffen aus Seiden-Mischgeweben benötigt wurden. Siehe Anm. 163.

187 Wilhelm Hoffmann (1676-1746). Siehe auch Anmerkung Seite 118.

188 Auserlesene Lebensbeschreibungen Heiliger Seelen; 1. Band: „Gertrud von Sachsen".

189 Johann Henrich Otterbeck. Siehe: Rütger Otterbeck und seine Familie.

190 Wenn einige vermuten, daß Bäumer auch in der Leitung der Otterbeck gestanden habe, dann war das offenbar zu diesem Zeitpunkt nicht der Fall.

191 überreden.

192 Bestand Merz, Engelskirchen.

193 Elsgen und Johann Henrich Otterbeck. Siehe: Rütger Otterbeck und seine Familie.

Gelobet sey diese Ewig-liebende Liebe, der auch dich so gütig träget auf deiner reise! Es muß Ihm ja allein zugeschrieben werden, was ein wenig gut gehet: dan ausser daß keine Seele sich in die geringste innere gute fassung setzen u[nd] nicht einen guten eindruck hervor bringen kan, mit ihrem besten willen u[nd] vermögen, sondern daß geringst-maaß der übergebung oder anklebung an Gott, eine blosse und sonderbare Gnadenwirckung Göttl[icher] hand ist; so ist es darüber aber dir, l[ieber] br[uder], gar nicht eigen in deiner Natur, recht abgeschieden, aufgerichtet, und in kindlicher Uberlassung zu wandeln, und derhalben so viel mehr als eine Ubernatürl[iche] wirckung u[nd] Gnade des Herrn zu schätzen, was s[eine]r Göttl[ichen] Majestät davon geben möchte. Deßw[egen] ists geschehen, daß dir Gott nun u[nd] dan deine schwachheiten darin erfahren lässet, um so viel mehr alles als Gnade zu schätzen, und derselben lediglich überlassung u[nd] von ihr abhänglich zu bleiben. Sein name sey so hertzlich gebenedeyet in allem! Er ist solch ein guter Gott: ich wolt mich woll ihn mer verschreiben, und an statt Gott allezeit Gut setzen, dan das ist Er.

Der Herr segne dich dan u[nd] sey ferner mit dir auf deinen reisen u[nd] in der fremde! in Ihm umfasse dich hertzlich, samt den freund u[nd] freundinnen Pauw[194], dessen brief aus mangel der zeit jetz unmüglich beantworten kan. Grüsse auch übrige freunde mit gelegenheit.

Wan du die litschen[195] an de Wilde[196] noch nicht gegeben hast, hätte lieber daß sie wieder hieher kämen, weil der freund damit beschweret wird, ich grüsse ihn auch.

Die bewuste bücher kaufe so wolfeil als es seyn kan, mich dünckt 4 f [Gulden] wär ja genug. Wie du es machst wird mirs recht seyn. Das Leben Cathar. Siena[197] |: welches 3 bücher in sich hält, das 1te hat 24 Cap. das II. hat 36. das III. aber 32 Capitel :| wolte ich gerne haben du könst es erst aparte[198] kauffen, u[nd] sehen dan ob Er sich mit den andern besser handeln ließ.

Von Johan Enschede[199] buchhändl[er] in Haarlem hab einen brief bekommen, worin Er einige büchlein verschreibt, wens deine zeit leydet, so gehe zu ihm, u[nd] sage meinen gruß, ich wolte ihm das v[er]langte erstens schicken, und seinen brief, der mehr als 2. monath unterwegens gewesen, beantworten. Er hat

194 Freiherr Adriaan Pauw; siehe Anm. zu Nr. 23.

195 litschen = vielleicht sind Litzen gemeint.

196 De Wilde noch nicht ermittelt; siehe auch Brief Nr. 39.

197 Katharina von Siena wurde 1347 geboren. Sie starb am 29. April 1380. 375 ihrer Briefe wurden 1644 in Paris gedruckt. Tersteegen hat sich um die Quellen für seine Lebensbeschreibung bemüht. Es ist ihm gelungen, ein lateinisches auf Pergament geschriebenes Exemplar von 1415 zu bekommen. Siehe den Vorbericht in: Auserlesene Lebensbeschreibungen, Band 3.

198 vorab.

199 Johan Enschede in Haarlem nicht ermittelt.

ein buch gedruckt, Zilvere Arcke[200] genand, da besehe einmal. Verbleibe dein Verbundener im herren

G. Tersteegen in eile

die bekante grüssen

48.

An **Joh. Heinrich Otterbeck** [die Zuordnung van Andels muß korrigiert werden, da ein Teil des Textes identisch ist mit der vorstehenden Handschrift an **G. H. Fischer**].
Abdruck nach Geistliche Briefe I, Teil 2, Nr. 62

GOtt allein wircket alles Gute im Inwendigen.

Lieber Bruder!
Sey versichert, daß ich deiner und deines Zustandes nicht vergesse. Zwar ist auf mein Gebät wenig ja nichts zu achten wegen meiner Unwürdigkeit: Da ich aber meine arme Fürbitte mit des Heylandes seiner vereinige, der ohnedem so geneigt ist, zu lieben und wohl zu thun; so glaube ich doch nicht, daß es vergeblich seyn werde.

Gelobet sey diese ewigliebende Liebe, die auch dich so gütig träget auf deiner Reise! Es muß ihm ja allein zugeschrieben werden, wanns ein wenig gut gehet: Dann, ausser daß keine Seele sich in die geringste innere gute Fassung setzen und nicht Einen guten Eindruck hervorbringen kan, auch mit ihrem besten Willen und Vermögen, sondern das geringste Maaß der Uebergebung oder Anklebung an GOtt eine bloße und sonderbare Gnaden-Wirckung göttlicher Hand ist; so ist es darbeneben dir, lieber Bruder! gar nicht eigen in deiner Natur, recht abgeschieden, aufgerichtet und in kindlicher Ueberlassung zu wandlen, und derhalben so viel mehr als eine übernatürliche Wirckung und Gnade des HErrn zu schätzen, was Seine Göttliche Majestät davon geben mögte.

Deswegen ists geschehen, daß dich GOtt nun und dann deine Schwachheiten darin erfahren lässet, um so viel mehr alles als Gnade zu schätzen, und derselben lediglich überlassen, und von ihr abhänglich zu bleiben: Sein Name sey so hertzlich gebenedeyet in allem! Er ist solch ein guter GOtt; ich wolte mich wohl immer verschreiben, und anstatt GOtt allezeit Gut setzen, dann das ist er. Der HErr segne dich dann, und sey ferner mit dir auf deiner Reise und in der Fremde! In ihm umfasse dich hertzlich samt dem Freund und Freundin N.

Mülheim, den 22. Nov. 1733

200 Silberne Arche. Keine näheren Hinweise ermittelt.

49.

An **Georg Hendrik Fischer,** Otterbeck
Abdruck nach Handschrift[201]

Mülheim d 24 Mertz 1734

Lieber bruder.

So wol dein gestriges als heutiges schreiben habe wol erhalten. Brud[er] Adolf[202] anlangend, den der Herr segne und erquicke, so sende eine brust Mixtur, welche zu 2 oder 3 mahlen täglich zu gebrauchen, einen löffel voll aufgewärmt; diese vermeyne ich wird den stuhlgang auch nach nothdurft offen halten: solt es nicht geschehen u[nd] die verstopfung bleiben, so nimmt man wenig Honig und klein wenig saltz dabey, kocht es etliche minuten biß mans zu einem Zäpfgen machen kan eines fingers dick, diß wird an einem ende mit öhl naß gemacht, und der patient steckt es bey sich, um also durch dieses äußere Mittel einige öffnng zu bekommen. Von den tropfen im kleinen gläßgen nimmt er einen fingerhut voll, allemahl vorm essen. Wie sichs dan inzwischen verhalten wird werde dan wol vernehmen. Er könt es wol einmal versuchen ob Ihm das öhl in der speise dienlicher wäre als die butter, vielleicht macht es aber daran liegen daß alte u[nd] halb verdorbene butter gebraucht wird.

Augensalbe will sehen ob noch bey meinem bruder bekomme, die meine ist alle auf.

Mit dem angeben der wahre[203] verstehe ichs selbst nicht, hab aber Joh. Hendrich[204] gesagt, er möchte in Holland genau nachfragen was nach recht darin verschwiegen werden dürfte: inzwischen aber dünckt mich ich wolte zwey drittentheil angeben, doch kan ich darin nichts absolutes sagen; ich verstehe mich nicht auf die Welthändel.

Lieber bruder, ich nehme mit theil an deinen jetzigen leyden, und hoffe nicht zu versäumen, deinen Zustand u[nd] umstände dem Herrn im schwachen Gebät darzubringen. Ich glaube du siehest noch zu viel auf dein übel, u[nd] läßt dich auch zu sehr dadurch schrecken: Zur Zeit da die anfälle dieses übels heftig, erhebt sich der abgeschiedene Wille mit einer lautern meynung ruhig in Gott, u[nd] läßt das versuchte theil mit geringacht und Vergessung dar; bleibt auch |: doch ohne anstrengung :| also möglichst erhaben, ohne willens einen blick zu thun auf das versuchte theil, oder die Versuchung geradezu zu bestreiten. Außer den heftigen anfällen aber, und auch zu aller andern Zeit und in allen andern proben, sollte ich rathen, mich vielfältig zu beschäftigen in der kindlichsten, innigsten, hertzlichsten liebes-zuneigung zu Gott in dir, als in deinem <u>Einen</u> Werck; es sey

201 Bestand Merz, Engelskirchen.
202 Wilhelm Adolf Otterbeck. Siehe: Rütger Otterbeck und seine Familie.
203 Für die Zollabfertigung an der niederländischen Grenze.
204 Johann Henrich Otterbeck. Siehe: Rütger Otterbeck und seine Familie.

den daß du von Gott auf eine andere Weise beschäftiget gehalten würdest. Nur getrost, in den guten tagen zeiget Gott daß er uns liebe, und in den leydenstagen sollen wir zeigen, daß wir Ihn lieben. Er wird alle unkosten und maßen geben, zu dem, was Er von uns will gethan, gestritten und gelitten haben. Ich verbleibe in Ihm dein verbundener mitstreiter

G. Tersteegen

Gestern ließ ich zur ader, bekam aber eine ungewöhnlich starcke ohnmacht darauf, als noch nie gehabt, jetzt bin wieder so ziemlich, Gott lob! ich grüße das haußgesinde hertzlich.

50.

An **Georg Hendrick Fischer,** Otterbeck
Abdruck nach Handschrift[205]

Adresse:
Dem Ehrsamen freunde
G. H. Fischer
an der Otterbeck

Mülheim an der ruhr d. 2. Jan. 1735

Im Namen Jesu Geliebter bruder.

So wol dein gestriges, als auch heutiges, und vorhin gesandte briefl[ein] habe wol erhalten, es ist mir allezeit lieb einige zeilen von dir zu bekommen; ob ich wol jetzigen umständen nach, selbige nicht mit der feder beantworten kan, so geschieht es dennoch im geist, da ich auch dich und deinen Zustand, nach meinem armen vermögen, dem H[eiligen] Kindlein Jesu aufgeopfert habe, und aufopferte werde. Lasset uns ohne Vorbehalt für Ihn seyn, dan Er ist gantz für uns; so will Er in uns leben, und wir sollen in Ihn eingehen und von Ihm gantz verschlungen werden: Ach, daß wir uns nur loß liessen, und mit geschlossenen Augen seiner führung und hinein ziehenden liebes-kraft überliessen! Jesus wircke es!.

Grüsse meinentwegen das gantze haußgesinde, und bezeuge ihnen meinentwegen, daß ich sie hertzlich liebe, und im schwachen andencken vor Gott behalte; ich wünsche nichts mehr als sie immer völliger vor Gott, u[nd] inniger in Gott zu sehen: Wie würde michs erfreuen, euch alle vor meinem hingang noch gantz nach Gottes hertzen zu kennen: Jesus segne uns darzu dieses Jahr! gedencket auch meiner. Wir grüssen sämtlich, und ich bleibe durch Gnade

Euer mitbruder G. Tersteegen.

---

205 Bestand Merz, Engelskirchen.

P. S.
Das englische saltz köntest du allenfals so einmal versuchen zu machen. Sonst ist ein freund zu Essen, der andere handgriffe darin hat, und gern unterricht darin geben würde. Laß Agnes[206] nur davon brauchen.

Ich schicke eine Lebensbeschr[eibung][207] zum Abschreiben, so bald du kanst; doch nicht daß du die nöthige ruhe oder Arbeit darüber versäumen solt.
Mein bruder[208] grüsset euch alle hertzlich, und empfielt sich in euer Andencken. Die Krebse waren recht angenehm, wan weiter einige könten gesand werden würde es ihm lieb seyn.
wan in 8 tagen oder in 14 gelegenheit nach Holland ist, möchten wirs gerne wissen. Es soll kein Uhrwerck hierhin, solches ist übel verstanden.
auch mit erster gelegenheit 1 pfund zucker und 1 pfund grünenthee hierher zu senden, wie auch syetten[209] und seyden blech.

51.

An **Johannes Ritterskamp,** Otterbeck
Abdruck nach Geistliche Briefe I, Teil 2, Nr. 77

Wie man sich in Mißhelligkeiten selbst Schuld zu geben.

Geliebter Bruder!

Ich hatte schon etwas von denen Verdrießlichkeiten im Hause gehöret, aber weder Zeit noch Gelegenheit gehabt, darüber zu schreiben. Nun ist mirs lieb, daß es so weit wieder beygeleget worden; vertraue auch, es werde sich ferner schon geben, wo an der einen oder andern Seite noch etwas zurück geblieben wäre: Daran gedencke du aber deines Orts nicht, sondern siehe nur zu, daß deine eigene Dornen durchs Feuer der Liebe verbrennet werden; sencke dich fein tief in diesen Ofen hinein, und scheue die Hitze nicht, so lang bis die Glut dein Element worden ist.

Sey nur innig und getrost, obschon die Flamme alles ergreifen mögte, weil auch in unserem Besten noch verbrennliche Materie ist. In Ansehung anderer, und auch jetzt in Ansehung N. gieb dir selbst in unverstellter Demuth Schuld bey dir selbst; wie dann auch gewiß glaube, daß du durch diese oder jene Unvorsichtigkeiten bisweilen zu Argwohn und Versuchung Anlaß geben magst; in welchem Fall der N. sehr zu entschuldigen, und die Wurtzel des Unkrauts bis in deinen Acker nachzuspühren wäre.

---

206 Agnes. Siehe: Rütger Otterbeck und seine Familie.

207 Auserlesene Lebensbeschreibung heiliger Seelen; Manuskript zu einer der Lebensbeschreibungen.

208 Vermutlich der leibliche Bruder Johannes Tersteegen. Siehe auch Anm. zu Brief Nr. 24 und 52.

209 Sayetten. Siehe Anmerkung zu Nr. 46.

In einer brüderlichen Zusammen-Wohnung giebt es allerhand schöne Mittel zur Prüfung und Heiligung, wobey der Nutz unaussprechlich ist, wann nur das einfältige Aug nicht weiter siehet, als auf GOtt und sich selbst in allen Begebenheiten. — Lasset uns dem eigenen Leben förmlich den Krieg ankündigen, und in keinem Stück favorisiren, damit wir dem HErrn rechtschaffen gefallen, und unser matter Geist zur herrlichen Freyheit der Kinder GOttes[210] durchgeführet werde. Der HErr sey mit deinem Geiste! Gedencke meiner, nicht aus Gewohnheit; ich hoffe ein Gleiches zu thun. Ich grüsse dich in der Liebe und verbleibe

Dein verbundener Mitbruder.

Mülheim, den 20. April 1735

52.

An **Johannes Ritterskamp** [211]

Abdruck nach Geistliche Briefe I, Teil 2, Nr. 78

Welch ein grosses Glück und Gut es sey, zu erkennen und zu wissen, daß GOTT ist der Er ist.

In der Gnade JEsu geliebter Bruder!

Ohne Zweifel wird der liebe Bruder sich wundern, warum in so langer Zeit nicht an ihn geschrieben[212], und seine, doch auch etwas spät, erhaltene Briefe nicht eher beantwortet habe[213]. Ich versichere nur einfältig, daß es nicht aus Mangel der Liebe unterblieben. Der letzte meiner fünf Brüder[214], und der eintzige, der mit mir im Guten harmonirte, ist seither an einer Zehrung[215] gestorben, und haben dessen langwührige Kranckheit, Sterben, und darauf folgende Umstände mir manche Stunde hingenommen; anderer Geschäfte im Dienst des Nächsten zu geschweigen. Selbst bin auch immer kräncklich gewesen, und habe etliche mal dieses Frühjahr solche plötzliche Zusammenziehungen und Schwachheiten im Haupte gehabt, daß die Buchstaben auf dem Papier nicht recht sehen oder setzen

210 Römer 8,21: denn auch die Schöpfung wird frei werden von der Knechtschaft der Vergänglichkeit zu der herrlichen Freiheit der Kinder Gottes.

211 Van Andel läßt den Empfänger offen. A. M. Deuß schreibt: „Johann Ritterskamp à Otterbeck".

212 Angesichts des letzten Briefes vom 24.04.1735 ist diese Bemerkung nicht einsichtig. Da sowohl der Brief vom 24.04. als auch der vom 12.05. nicht als Handschrift vorliegen, muß man die wirklichen Absendedaten offen lassen.

213 Bei Bister/Knieriem: Für dich sei ganz mein Herz und Leben, Gießen und Basel 1997, S. 43/45 wird an dieser Stelle hingewiesen auf einen Brief vom 5. Dezember 1734, den Ritterskamp an Tersteegen geschrieben hat.

214 Johannes Tersteegen, * 1695; † 1. Febr. 1735. Siehe auch: van Andel: Briefe in niederländischer Sprache; Nr. 11 vom 1. März 1735 (sehr ausführlich; auch Hinweis auf den Tod eines Arztes am Beerdigungstag des Bruders), wie auch Geistliche Briefe Band 1; Teil 2, Nr. 75 vom 09.02.1735 an Frau Kohl.

215 Zehrung = Tuberkulose.

konnte, und daher meine Arbeit im Schreiben möglichst mäßigen, und theils gar liegen lassen mußte; da meine und andere Gedancken auf einen Schlagfluß[216] fielen, ob ich gleich nur sieben und dreyßig und ein halb Jahr alt bin. Jetzt habe etliche Tage einen Schnuppen und Brust-Beschwerde gehabt, wordurch mein Haupt in eine solche Entzündung und Schwachheit gesetzt wird, daß kaum ein Brieflein schreiben kan, obs gleich wieder bessert.

Ich weiß nicht, was der HErr mit mir vor hat. Er gebe Gnade, daß wir unsere Seele stets in unsern Händen tragen[217], und die Segel frey enge zusammen gezogen werden, damit wir nicht an- sondern gerade einlaufen, in den Hafen der vollkommenen GOttes-Ruhe. Wann ich in die Ewigkeit eingehe, so gehe ich hinein als ein armer Unwürdiger, der auf eine mehr als gemeine Weise aus Barmhertzigkeit angenommen zu werden vertrauet, ja gäntzlich vertrauet. Inzwischen dancke dem HErrn, daß er mich so lang leben lassen, daß ich ihn erkannt habe, auf eine gewisse und innige Weise; solches darf ich, aller meiner Elenden ungeachtet, nimmermehr läugnen, zum Ruhm der freyen Gnade GOttes; ich wünsche mir eine Ewigkeit, GOtt dafür zu verherrlichen. Ach! welch ein Gut ist es, (alle Empfindungen, Lichter und andere Gnaden-Gaben beyseit gesetzet) nur allein zu wissen: daß GOtt ist derjenige, der Er ist! Ja es ist das ewige Leben, den GOtt zu erkennen[218].

Die Begierde der Menschen, vieles zu wissen, wäre es auch im Geistlichen, ist ein kräftiger Beweiß, daß sie GOtt nicht kennen. GOtt ist auf alle Weise allgenugsam[219]; er kan, er kan allein, er kan völlig, er kan auf ewig die unglaublich-grosse Faßlichkeit unsers Verstandes-Auges vergnügen und beseligen. Dieser eine Vorwurf[220] ohne Vorwurf ist genug, alle andere Vorwürfe sind gantz indifferent[221]; wann sie auch nicht wären, oder in Ewigkeit nicht seyn würden. GOtt ist Wesen; GOtt ist Wahrheit; und solches ist er allein. Es ist ein Non-Ens[222], ein Schatte, aufs best genommen ein Gemählde, so wir zum Vorwurf haben, wanns GOtt selbst nicht ist, den wir umfassen und beschauen.

Ach! welch ein Unterscheid ist es, wann sich die Vernunft von GOtt und dessen Allgenugsamkeit ein Bild geschnitzelt hat, oder aber, wann GOtt selbst sich, und sein herrliches Erkänntniß, der Seele eindrücket! da dieses letztere unmöglich geschehen kan, wo Hertz und Haupt in der Unruh bleiben, und nicht gebührend von anderen Vorwürfen ausgeleeret, und in demüthiger Gelassenheit

216 Schlagfluß = Schlaganfall.

217 Ps. 119,109, alte Luther-Übersetzung: „ich trage meine Seele immer in meinen Händen." Luther 1984: „Mein Leben ist immer in Gefahr."

218 Johannes 17,3: „Das aber ist das ewige Leben, daß sie dich, der du allein wahrer Gott bist, und den du gesandt hast, Jesus Christus, erkennen."

219 Siehe: „Allgenugsam Wesen, das ich mir erlesen ewig hab zum Schatz" in Geistliches Blumen-Gärtlein.

220 Vorwurf = Objekt, Gegenstand.

221 unbestimmt, gleichgültig.

222 Lateinisch = Nicht-Seiendes.

demjenigen nahen Gut zugewandt stehet. Ich schreibe ohne Reflexion[223]. Sat Sapienti! (Genug vor den Verständigen) Einmal lieber Bruder, was sind auch wir? Was ist unser Leben? Was ist unsere Gottseligkeit? Was ist unser Thun und Lassen? Wo nicht dieses Wesen der Grund, Ursprung und das Ziel davon ist. Er weiß es besser als ich, daß es nur Schein und Traum zu nennen. Inzwischen wie leicht läßt man sich verrücken von dem stillen innigen Anhangen an GOtt, von dem Wandel in GOtt, von dem Regard[224] auf GOtt? Man ist nicht genugsam daheim; man gehet in sich selbst zu Werck; man beäuget sich selbst, ohne daß mans öfters weiß. Ich bin bestürtzt darüber, wann ich ansehe, wie so selten unsere Dinge lauter durch die Gnade geschehen. Der HErr drücke uns immer tiefer ein die hohe Nothwendigkeit des genauen Bey- und Innebleibens in ihm! Amen.

Mülheim, den 12. May 1735.

53.

An die **Brüder in der Otterbeck**
Abdruck nach Geistliche Briefe I, Teil 2, Nr. 81

Christliche Erinnerungen an eine beysammenwohnende Brüder-Gesellschaft.

Dem Haus - Gesinde zu N.

Liebe Kinder!

Ich wünsche allen und einem jeglichen unter euch GOttes Gnade und kräftigen Segen ins Hertz! Ich bleib äusserlich schwach, und innerlich bekümmert euretwegen, als wanns nicht wohl mit euch stünde. GOtt lasse doch keinen unter euch in Sicherheit oder Unerkänntniß seines Standes gerathen, und eröfne es derjenigen Seele unter euch, die etwa nicht völlig vor GOtt stehen mögte! Ich liebe alle und jede hertzlich. Wann werdet ihr GOTT, und wann werdet ihr meine Seele erfreuen? Lebet, redet und thut alles als in der Gegenwart dessen, der Augen hat wie Feuer-Flammen, der die innerste Absichten erkennet und alles Unlautere ins Gericht führen wird. Ein jeder prüfe sein selbst Werck! Lasset euch nochmalen das heilige und freundliche Stillschweigen recommendiren[225]. Alle eure Worte lasset GOtte und seiner heiligen Gegenwart geziemend seyn! Seyd so viel in eurem Kämmerlein und in der Gebäts-Uebung, als immer möglich, damit ihr nicht mehr sinnliche, sondern endlich einmal recht innige geistliche Menschen

---

223 Überlegung; vergleichendes prüfendes Denken; Vertiefung in einen Gedankengang.
224 regard (frz.) = Blick.
225 rekommandieren = empfehlen.

werdet. Glaubets, und vergesset es nimmer, daß derjenige unter euch GOtt am meisten liebet, wer sich selbst am meisten hasset. Der Sinn JEsu sey in einem jeglichen unter uns! Er selbst grüsse und segne euch! verbleibe

Euer Hausgenoß und Bruder.

Mülheim, den 5. Aug. 1735

54.

An **Georg Hendrik Fischer,** z. Zt. Rotterdam
Abdruck nach Handschrift[226]

Adresse:
Aan den Eersamen Hrn
Georg Hend. Fischer by Monsr Thomas Schiltman
tot Rotterdam
Op de Hoogstraat[227]

Mülheim an der ruhr, d. 31 Aug. 1736

Gnade und friede von Jesu bewahre und beruhige deine Seele!
In Ihm hertzl[ich] Geliebter bruder.

Dein angenehmes vom 24 dieses habe nebst eingeschlossene zur rechten zeit erhalten, und den so nach Euer Gruß gehörte so gleich bestellen können.

Der Herr sey gelobet, der biß dahin gebracht! Er wird ferner helffen, dan „Gott ist nahe denen die auf Ihn sich lehnen und vertrauen bloß; die als arme sünder, die als schwache kinder, sincken in den schooß, der auch heut noch angelweit offen, und gantz nah uns allen: laß dich gantz drein fallen. Wär ich auf der reise starck und schön u[nd] weise, würd ich irre gehn; starcke sind vermessen; Weise, Gott vergessen; schöne sich besehn: armes kind, sey bloß und blind; tieffer nur in Gott verborgen, laß die Mutter sorgen. Nun ich lieb die kleinheit, hätt ich nur die reinheit die den kindern ziemt! Könt ich so ergeben, grundeinfältig leben wie man kinder rühmt! Jesulein, laß mich allein Dich im grunde lebend sehen, so wirds bald geschehen. Dir will ich mich lassen, Wolst mich gantz umfassen, ewig wohl bewahren; o du schooß der liebe, deinen Zug und triebe laß mich tieff erfahren: Nimm mich ein, und mach mich rein; daß ichs mög in allen sachen wie dein schooßkind machen[228]."

Siehe, lieber bruder, ich war so schwach im Haupt, daß Dir nichts wuste zu schreiben, und mache unvermuthet noch reymen, worin ich Dir vielleicht schon alles gesagt, was ich hab sagen sollen: Gott mache es in uns allen zur warheit und

226 Bestand Merz, Engelskirchen.
227 Keine näheren Angaben ermittelt.
228 „Geistliches Blumen-Gärtlein"; Drittes Büchlein.

wesen! ich werde nicht ermangeln euer in schwachheit eingedenck zu seyn, und versehe mich von euch eben das. Grüsset alle freunde wo ihr komt hertzlich, sonderlich Jgf Cornhard[229], an der ich viel gedencke. Gestern hat Br[uder] Sommer unsern br[uder] Hoffmann nach der Otterbeck gebracht, da er sich eine zeitlang wird aufhalten, wan er gesund bleibt. Etliche tage hero hab ich immer ein flußfieber und starcke kopfschmertzen gehabt: Gott wolle alles segnen! in Ketwig und hierherum grassirt die rothe ruhr. verzeihet mir, daß um eines so schlechten briefs auch porto verursache; du hast es so gewolt. Ich grüsse und umfasse euch beyde[230] im Geist. Jesus segne euch!
in ihm verbleibe

Dein verbundener G. Tersteegen.

55.

An **Georg Hendrik Fischer**
Abdruck nach Geistliche Briefe I, Teil 2, Nr. 109

Wie man sich in Dunckelheiten und Leyden zu verhalten.

Lieber Bruder!

—— Du kanst das Bewußte hernach nur forderen, und was du sonst von mir begehrest; und wann etwas hätte, das mir noch zu lieb seyn solte, dir nicht gerne zu geben, solches mögte (wie mir deucht) selbst nicht gerne behalten. — Dein Weggehen von hier war mir letzt auch gar nicht recht; hätte darum gern gesehen, daß du noch einen Tag hättest gewartet; es hat aber so seyn sollen.

Reflectire[231] vorsetzlich nicht darauf, und bleibe nicht dabey stehen, was in deiner Vernunft und in deinem natürlichen Wesen vorgehet; es gehet dich nicht an, und hat wenig zu bedeuten. Die Dunckelheiten, Fremdigkeit, Beschwerung und Leyden sind indessen nicht gering, so man bey dergleichen Umständen erfahren muß, welche aber unaussprechlich beförderlich seyn können, zum friedsamen Leben des Geistes zu gelangen, wann sich die Seele gebührend dabey aufführet. Im duncklen Grunde liegt die Perle verdeckt[232]. Durch viel Annehmlichkeit und Stöhrung über das, was im untern Theil vorgehet, wie auch durch Ueberlegungen, Unwilligkeit und Anstrengungen, anderst zu wollen seyn, wird alles nur mehr troublirt[233] und verdeckt: Aber durch Vergessen, durch süsse leidsame Vereinigung mit GOttes Wohlgefallen, und bisweilen durch ein sanftes unvermercktes

229 Holländische Freundin.

230 Fischers Begleiter war entweder Johann Henrich Otterbeck oder Adolf Bäumer. Vielleicht war aber auch der Gastgeber Schiltman gemeint.

231 reflektieren = nachdenken, erwägen.

232 Siehe Jesu Gleichnisse vom Schatz im Acker und der kostbaren Perle in Matthäus 13, 44-46.

233 notvoll, unangenehm.

Aufmercken des Glaubens auf GOttes Nahheit in dir, bleibt alles ruhig, und der Wille stirbt, um sich näher mit GOtt zu vereinigen. Liebe die Einsamkeit, aber hüte dich für aller Anstrengung. Leyde und sey zufrieden!

Mülheim, den 30 Nov. 1736

56.

An **Georg Hendrik Fischer**
Abdruck nach Handschrift[234]

Adresse:
Dem Geliebten freunde
Georg Hendr. Fischer
aufr strassen
am Hilgenhauß

M., 30. 9[Novem]ber 1736

Lieber bruder.
Das lateinische büchl[ein] Virtutem Christu Jesin [?] |: welches übersetzte briefe der Anto[i]n[ette] bourignon[235] sind :| hab ich auch schon; Wenn du es sonst nicht zu brauchen weißt, kan mans an Hencke[236] oder Schaermacher[237] wol geben. Wenn ichs nicht vergesse will ich dir die erklärung über die Röm. von Marsay[238] jetzt mit schicken, so du für dich kanst behalten. Das geschriebene zum Verb[orgenen] Leben[239] halte so lang hier liegen biß du hier komst; weil nicht weiß, ob nicht mit dem corrigiren des gedruckten etwas könte nachzusehen haben; du kanst es hernach nur fordern, u[nd] was du sonst von mir begehrest. Und wenn etwas hätte, das mir noch zu lieb seyn solte dir nicht gerne zu geben, solches möchte selbst |: wie mir dünckt :| nicht gerne behalten. bruder Adolf[240] grüsse meynentwegen, man könte das grün-öhl und warmen wein drüber geschlagen zu s[einem] fuß einmal versuchen; thut solches nicht gnug, so will einen andern spirit. mit Joh[ann] hend[rich] [Otterbeck] schicken.

Dein Weggehen von hier, war mir letzt auch nicht gar recht; hätte darum gern gesehen, daß du noch einen tag gewartet, es hat aber so seyn sollen. reflectire

234 Bestand Merz, Engelskirchen. Auszüge dieses Schreibens im vorstehenden Brief Nr. 55.

235 Antoinette Bourignon (1616-1680), Repräsentantin der französischen Mystik; beeinflußte Pierre Poiret (1646-1719). Christian Hoburg (1607-1675) übersetzte ihre Schriften.

236 Johann Christoph Hencke (1700-1780), Pastor in Duisburg.

237 Zu Schaermacher keine näheren Hinweise ermittelt.

238 Charles Hector Marquis St. George des Marsay (1688-1753).

239 Jean de Bernières-Louvigny (1602-1659): Das verborgene Leben mit Christo in Gott; Frankfurt und Leipzig 1728.

240 Vermutlich Adolf Bäumer.

vorsetzlich nicht darauf, noch bleibe dabey stehen, was in deiner Vernunft u[nd] natürlichem Wesen vorgehet; es gehet dir nicht an, und hat wenig zu bedeuten; die dunckelheiten, fremdigkeit, beschwerung, und leyden sind indessen nicht gering, so man bey dergl[eichen] umständen erfahren muß, welche aber unaussprechlich beförderlich seyn können zum friedsamen leben des Geistes zu gelangen, wo die seele sich gebührend dabey aufführet. im dunckeln Grunde liegt die perle des Glaubens verdeckt, durch viel annehmlichkeit und störung über das was im untern theil vorgehet, wie auch durch überlegungen, unwilligkeit und anstrengen anders zu wollen seyn, wird alles nur noch mehr troubliret u[nd] verdeckt. Aber durch vergessen, durch süsse leydsame vereinigung mit Gottes wolgefallen, und bißweilen durch ein sanftes unvermercktes aufmercken des Glaubens auf Gottes Naheit in dir, bleibt alles ruhig, u[nd] der wille stirbt, um sich näher mit G[ot]t zu vereinigen. Liebe die Einsamkeit, aber hüte dich für alle anstrengung: leyde, und sey zufrieden!

Dein bruder G. Terstegen.

57.

An die **Brüder in der Otterbeck**
Abdruck nach Geistliche Briefe I, Teil 2, Nr. 113

Brüderliches Ermahnungs-Schreiben an einige beysammen wohnende Freunde.

An die liebe Hausgenossen zu N.

Ach, ihr liebe Seelen! Wie bin ich euretwegen so bekümmert und betrübt! Ich liebe euch alle hertzlich, und es ist mir eben um dieser Liebe willen gar nicht gleichgültig, wie es um eure Seelen stehet. Hätte ich euch nicht lieb, so wolte ich euch kein Wort sagen; dann ich sage es euch mit Schmertzen, ja mit Thränen, daß ich euch nicht so erkenne und sehe, wie ich euch gern sehen wolte und auch sehen könte, wo ihr anderst die Zeit, die Gelegenheit und die Gnade treulich angewandt hättet, die der HErr euch vor so vielen anderen geschencket hat.

Ich hätte mich nun wohl erst selber in diesem Stück zu erinnern und zu beugen, aber meine Liebe zu euch macht, daß ich mich selbst einmal vergesse, um euch brüderlich zu fragen: Was ist es doch, daß es mit euch nicht weiter gehet? Ach! Es bleibt so in Einem: Erkennen, Zustimmen, Wollen, und doch immer Klagen, und immer dieselbe Schwachheiten und Elenden behalten, die vor Jahr und Tag da gewesen sind; das kan ich nicht so zusammen reimen. Woran liegts doch bey einem Jeden? Sagt mirs doch einfältig! Ist wo ein heimlicher Bann, der geheget wird? So gebt GOTT die Ehre; waget euer Leben, und leget es ungescheut dar, damit ihr euch nicht immer quälet und eure Seelen aufhaltet. Wann ihr zum Gebät, heimlich oder öffentlich, tretet, so geschiehts öfters so träg, als wenn ihr das allernichtsnützigste Werck verrichten soltet. Euer

Zukehr zu GOtt ist so nicht aufgeräumt, und nicht gantz; es muß da was im Wege seyn. Es ist, als wann ich einem was geben wolte, und streckte doch die Hand nicht aus. Es muß da ein freyes Loslassen seyn. In der Verläugnung eurer selbst greift ihr auch nicht zur Sache; ihr kennet und hasset dieses selbst nicht aufrichtig; die offenbare Ausbrüche davon thun euch kaum die Augen auf: Doch, wie können die Ausbrüche vermieden werden, wo man nicht die Wurtzel antastet, und sich recht auf ein sterbendes Leben leget. Ein Christ muß essen, trincken, schlafen, arbeiten, gehen und stehen, reden und schweigen im Tod, und mit einem immerwährenden Ausgang seiner Selbst. Immer findet er sich selbst, aber immer verlieret er sich selbst. Wer eingekehrt wandelt, der wird durch die Liebe ins Sterben geführet; er kriegt in dem Stück offene Augen, sein eigenes Selbst zu sehen, so gar daß ers in anderen nicht mehr sehen kan: Und ach! daran fehlt es euch auch. Es ist da keine hertzliche Fassung, Liebe und Vereinigung untereinander. Keiner glaubt es mit voller Wahrheit und Einfalt, daß alle andere besser sind, als er selbst. Keiner suchet recht, was des anderen ist. Ein jeder besorget sich, aber gar unrecht; man theilet sich einander nicht brüderlich mit auf alle Weise. Man schätzet und liebet sich nicht als Kinder GOttes. Man will sich einander nicht unter die Füsse legen. Das betrübet mich; ja dardurch wird der Geist der Gnaden betrübet in euch. Nehmet mehr wahr die Zucht und Leitung dieses Geistes in euch, und lassets nicht auf Ermahnungen von Aussen ankommen; die kommen und gehen: Werdet aber Nachfolger GOttes, als die lieben Kinder[241]. Viele sehen auf euch da im Hause: Ach daß ihr allen ein Licht im Herrn werden möget!

Dieses Wenige mit laufender Feder, weil die Freunde eilen. Schreibe mir doch, ein jeder ins besondere schlecht und recht, wie es um ihn stehet? Damit ich wisse, was ich an euch habe? weil ich betrübt euretwegen bin. Erfreuet mich dann, und glaubet, daß ich durch Gnade bleiben werde

Euer geringster Bruder, Hausgenoß und Fürbitter.

Mülheim, den 26. Jan. 1737

241 Eph. 5,1: „So folgt nun Gottes Beispiel als die geliebten Kinder."

58.

An **die Freunde in der Otterbeck** [242]

Abdruck nach Geistliche Briefe II, Teil 3; nach Nr. 151 [undatiert]
(Obwohl undatiert, ist es naheliegend, daß Tersteegen diese Regeln mit dem vorstehenden Brief versandt hat. Sie könnten allerdings bereits um 1732 entstanden sein, da Tersteegen schon um diese Zeit das Thema mit G. H. Fischer besprochen hat.)

Noch einige wichtige Verhaltungs-Reglen an eine beysammen wohnende Bruder-Gesellschaft.

N. N.

Es segne euch der Heyland JEsus, daß eure Hertzen erfüllet werden mit seiner Gnade und göttlichem Frieden zur Verherrlichung seines Namens, hier und in der Ewigkeit, Amen!

Hörts doch nicht aus Gewohnheit an, sondern mit Einfalt, Andacht und Geneigtheit, was euch mit hertzlicher Geneigtheit in GOttes Namen erinnert wird. Prüfe sich doch ein jeder dabey, als in der Gegenwart GOttes, und achte es nicht gering!

I.

Gedencket, daß euer Haus und Hertz eine Wohnung GOttes, des Allerhöchsten, seyn soll. Der HErr JEsus selbst will euer Aufseher und Vorsteher, und seine heilige Engel eure Beywohner seyn. Urtheilet daher selbst, mit welch einer Andacht, Stille, Einfalt und Lauterkeit ihr sowohl in eurem Aeusseren, als in eurem Inwendigen, euch zu betragen habt in der heiligen Gegenwart des HErrn, wann er bey euch und in euch bleiben soll, und ihr seiner göttlichen Gunst und seines Segens in eurem Leiblichen und Geistlichen wollet theilhaftig bleiben.

II.

Euer Beruf ist, die Welt und deren Geist in der Wahrheit zu verlassen; eurer verderbten Natur, und allem eurem eigenen Leben beständig abzusterben, und Tag und Nacht mit GOtt umzugehen in euren Hertzen, durch die Uebung des wahren Gebäts. Sehet, welch ein heiliger und seliger Beruf! demselben ergebet

242 Siehe auch: Ich bete an die Macht der Liebe, Hrsg. Dietrich Meyer, Gießen und Basel 1997. S. 35-43.

euch von Hertzen und mit grosser Treue. Diß ist euer Ziel, diß sey auch euer stetiges Werck![243]

III.

Bätet nicht nur zu gesetzten Zeiten, sondern wo ihr gehet oder stehet, oder sitzet. Auch, wann ihr beysammen kommt, so trachtet immer in innigem Verlangen[244] zu GOTT und dessen Gegenwart euch zu unterhalten, eben als wann ein jeder für sich allein mit GOtt im Hause wäre, doch ohne viel äusseren Schein und Gebärden. Und, wann einer den andern anreden will, es sey bey der Arbeit, oder bey anderer Gelegenheit, so gedencke er zuvor: Mein Bruder, oder Schwester ist im Gebät, ich muß ihn nicht stören; damit alle unnöthige Reden selbst von geistlichen Dingen, möglichst vermieden werden.

IV.

Noch eins! Bätet viel und redet wenig. O! das heilige[245], sanfte, freundliche Stillschweigen, welches GOtt und alle Heiligen so sehr geliebet, das lasset euch sonderlich anbefohlen seyn! Der Schwätz-Geist ist eine Zerstöhrung aller christlichen Zusammen-Wohnungen, eine Auslöschung der Andacht, eine Verwirrung der Gemüther, eine Verschwendung der Zeit, eine Verläugnung der göttlichen Gegenwart. Die Liebe, der Gehorsam, oder die Nothwendigkeit müssen euch den Mund öffnen, sonst schweiget immerdar. Selbst im Geistlichen erbauet einander mehr mit einem heiligen Wandel, als mit vielen Worten. GOtt wohnet nur in stillen Seelen, und da muß auch die Zunge stille werden. Sehet die Früchte des heiligen Stillschweigens: es gibt euch Zeit, Kraft, Sammlung, Gebät, Freyheit, Weisheit[246], GOttes Beywohnung, und einen seligen Frieden.

V.

Einer liebe den andern in Aufrichtigkeit, als Gottes Kinder, und glaube auch, daß der andere ihn liebe, wann gleich nichts, ja das Gegentheil davon erscheinet. Einer komme dem andern mit unverstellter Freundlichkeit, Dienstfertigkeit, und Unterwerfung stets zuvor, als wann es dem HErrn geschähe in aller Lauterkeit. In lauterer Absicht auf GOtt helfe einer dem andern seine Last zu tragen, nach Leib und Seel, als wann es seine eigene wäre. Ja mit Freuden und einfältiger Demuth seyd allzeit bereit, einander zu dienen, und gleichsam die Füsse zu waschen[247], in den mühsamsten und verächtlichsten Diensten.

243 Zeller ergänzt hier zwei Sätze, die auch der Handschrift entsprechen: „Und nach dieser Richtschnur muß all euer übriges eingerichtet werden. Vergesset es doch nimmermehr!"

244 Zeller ergänzt „und Andacht".

245 „heilige" fehlt in der Handschrift.

246 „Weisheit" fehlt in der Handschrift.

247 Siehe Johannes 13: Die Fußwaschung Jesu.

VI.

Gedencket an das grosse Wort JESU: Ich bin nicht kommen, daß ich mir dienen lasse, sondern daß ich diene[248]. Darum so erwarte eben keiner von dem andern etwas dergleichen, aus Erkänntnis eigener Unwürdigkeit, nach welcher wir nimmer glauben müssen, daß uns von einiger Creatur zu wenig Gutes und zu viel Leyds angethan werden könne. Ein jeder dencke von ihm selbst in Aufrichtigkeit, daß er der Untreueste, Aermste, Ungeschickteste und Geringste sey, der auch deßwegen billig von allen andern nicht anderst als gering geachtet, und vergessen zu werden begehren muß. Seyd bereit, einander nachzugeben in allem. Einer beuge sich unter den andern, um des HErrn willen, dardurch wird die Innigkeit und Ruhe des Hertzens erlangt und bewahret.

VII.

Meydet allen heimlichen Argwohn. Gebet dem Verkläger der Brüder kein Gehör unter euch, und lasset keinerley Groll oder Widrigkeit bey euch herbergen. Deutet alles, was etwa anstößig scheinen möchte, bey euch selbst und bey andern, zum Besten. Sehet in andern nur das Gute, selbiges zu lieben, GOtt dafür zu dancken, und es nachzufolgen. Mercket aber gar nicht auf ihre Schwachheiten; oder, wo ihr selbige mercket, so befehlet sie GOtt im Gebät, und sodann vergesset es alsbald wieder, es sey dann, daß ihr darüber gesetzt seyd, sie zu erinneren. Wird jemand von einem Fehler oder Verbrechen gegen seinen Bruder übereilet, so gehe er alsobald hin, und bekenne seine Schuld in unverstellter Demuth: Dardurch wird der Satan unter eure Füsse getreten, die Liebe untereinander gebauet, und GOttes Gunst zweyfach wieder zu ihm gekehret.

VIII.

Suchet doch nichts, als die bescheidene Nothdurft im Leiblichen, und hütet euch vor dem subtilen Betrug des Reichthums. Was soll uns der vergiftende Dreck dieser Welt? Sind wir doch erkauft von der Erden, und zur Ewigkeit berufen. Ach! liebet und übet die schöne Tugend der inneren und äusseren Armuth JEsu! der sorget für uns. Liebet um GOttes willen das Wenige, das Schlechte, das Verächtliche, das Unangenehme, das Beschwerliche in allen Dingen, damit ihr innerlich ungehindert im Umgang mit GOtt, und äusserlich vergnügt im Umgang mit einander leben möget.

248 Matth. 20,28: „so wie der Menschensohn nicht gekommen ist, daß er sich dienen lasse, sondern daß er diene und gebe sein Leben zu einer Erlösung für viele."

IX.

Fliehet allen Eigen-Nutz[249], als die größte Pest einer Zusammen-Wohnung. Keiner begehre etwas, das er nicht eben so gern seinem Mitbruder gönnen möchte, ja noch lieber als ihm selbst; dann wir sind berufen, uns selbst zu verläugnen. Keiner habe etwas, weder Grosses noch Kleines, es sey auch was es wolle, daß er nicht alsbald sollte missen, und dem Bruder geben wollen. Sind wir nicht dermassen loß von allem Eigenthum, so sind wir noch Götzen-Diener, und keine wahre Diener GOttes, und müssen entbehren die edle, reine, ruhige Freyheit des Geistes, und ledigen Zukehrs zu GOtt.

X.

Insbesondere glaube ein jeder von euch einfältiglich, daß der Ort, wo ihr jetzt wohnt, der Stand und das Werck sey, worin GOttes Fürsehung ihn gesetzet, und worin ihn GOtt gegenwärtig haben wolle, Ihm darin zu dienen, und in der wahren Heiligung[250] gefördert zu werden, welchen er auch ohne deutliche Erkänntniß des göttlichen Willens nicht verlassen müsse noch[251] wolle. Diß wird euer Gemüth beruhigen, und tausend unnöthige Scruppels schädlicher Ueberlegungen und Zerstreuungen abschneiden, womit euch sonst der Versucher plagen möchte. Diß wird machen, daß ihr nicht nur euren Ort, Stand und Werck, sondern auch alle Beschwerden, Verdruß und was euch sonst begegnet, mit gantz anderen Augen ansehen, und als von GOttes Hand nehmen, und viel freudiger übertragen werdet. Ja, diß wird sehr förderlich seyn zur Liebe und zum Frieden untereinander.

XI.

Bedencke aber ein jeder wohl, und lasse sich durch die Gnade tief eindrucken den eigentlichen Zweck, worzu ihn GOtt insonderheit in dieses Haus geführet habe, nemlich ihm darin zu dienen, und in der Heiligung geübt zu werden. Ihr seyd ja nicht hier, um ruhig und gemächlich nach dem Fleisch und Eigenwillen[252] zu leben, und GOtt zu dienen nach eigenem Sinn und Phantasie; sondern euer Fleisch zu creutzigen samt den Begierden und Gemüths-Bewegungen; eure Natur, Sinnlichkeit, Vernunft, Eigenwill und Selbst-Liebe dem Gericht und Tod zu überlieferen, und also euch selbst gerade entgegen zu wandlen, und GOTT zu lieben in Lauterkeit und Innigkeit. Darzu, sage ich, hat der HErr euch in dieses Haus geführet, daß ihr in Vereinigung eurer Hertzen und Seelen darnach euch bestreben, und mit Gebät und Wandel einander darin behülflich seyn sollet; dann

249 In der Handschrift „Eigenen Nutz".
250 In der Handschrift „Heiligkeit".
251 In der Handschrift statt „noch" „oder".
252 In der Handschrift „eigenen Willen".

wo zwey oder drey in JEsu Namen beysammen sind, da ist er selbst in ihrer Mitten. Sehe ein jeder zu, wie er sich hierin übe? Vergesset diß auch keineswegs, wann GOtt euch hierin üben will, sondern ergreifet vielmehr mit grosser Begierde alle diejenige Vorwürfe[253] und Gelegenheiten, welche GOttes liebreiche Hand darreichet, obgenannte und andere Stücke eures Grund-Verderbens zu entdecken, anzutasten und zu zerstöhren. Willkomm sey euch die Stunde, da GOtt euch einen lieben Freund schickt, der euch euren Feind überwinden hilft! Liebet ja einen solchen Freund von Hertzen. Wer nicht dergestalt ernstlich gesinnet ist, sein eigen Leben dabey zu wagen, der verdienet nicht den Namen eines Christen, und wird weder hier noch anderswo ruhig leben, sondern nur beydes, sich selbst und andere verwirren.

XII.

Nehmet euch in Acht vor Zerstreuung in Sinnen und Vernunft. Da fassen euch tausenderley Versuchungen, auch unter und wider einander. Redet kaum, und beschliesset nichts, so lang ihr so[254] zerstreut seyd, wo ihr nicht eitel Fehler begehen und Unruh anstiften[255] wollet, dann ihr stehet im falschen Licht und in der Confußion der Natur. Lebet eingekehrt im Grunde des Hertzens bey GOTT, wie die unschuldige Kindlein, die keine Vernunft, aber viel Hertz und Liebe haben. Als solche Hertzens-Kinder sauget ihr lauter Liebe aus GOtt; da wird euch alles recht und gut seyn, wie es kommt, und was andere thun oder reden. Ihr werdet gantz Liebe, und Sanftmuth und Freundlichkeit gegen einander werden. Da werdet ihr getrost seyn in kindlichem Vertrauen zum himmlischen Vater, und erfahren, daß seine Gebote nicht schwer sind[256].

GOtt aber selbst gebe euch in allem Gnade, Weisheit und Kraft, damit es von euch in Wahrheit heissen möge: Siehe, wie fein und lieblich ists, wann Brüder einträchtig bey einander wohnen! —— Ja daselbst[257] verheisset und schencket der HErr Segen und Leben, immer und ewiglich[258]. Amen!

---

253 Vorwürfe = Objekte, Gegenstände der Verehrung.

254 In der Handschrift „also".

255 In der Handschrift „anrichten".

256 In der Handschrift „seyn".

257 In der Handschrift „dieselbst".

258 Psalm 133,1.

59.

An die **Bewohner der Otterbeck**
[Brief entspricht Geistliche Briefe I, Teil 2, Nr. 113]
Abdruck nach Handschrift[259]

an die Haußgenossen an der Otterbeck

Ach ihr Lieben Seelen! Wie bin ich Eurentwegen so bekümert und betrübt, Ich liebe euch alle hertzlich und es ist mir eben umb dieser liebe willen gar nicht gleichgültig, wie es umb eure Seelen steht, hätte ich euch nicht lieb so wolte ich euch kein Wort sagen, dann ich sage es euch mit schmertzen Ja mit thränen, daß ich euch nicht so erkenne und sehe, wie ich euch gerne Sehen wolte, und könte, wo ihr anders die zeit die gelegenheit und die Gnade treulich angewendet hättet die der Herr euch vor so viellen andern geschencket hatt. Ich hätte mich nun wohl erst selber in dießem stück erinneren und zu beugen; aber meine liebe zu euch macht daß ich mich selbst einmahl vergesse, um euch brüderlich zu fragen! Was ist es doch, daß es mit euch nicht weitter gehet? Ach es bleibet so in einem! Erkennen zustimmen wollen und doch immer klagen, und immer dieselbe Schwachheiten und elenden behalten die vor Jahr und Tage da gewesen seind. Daß kan ich so nicht zusamen reimen. Woran ligts doch bey einem jeden! sagt mirs doch einfältig. Ist wo ein heimlicher bann der [ge]heget wird? So gebt doch Gott die ehre. Waget euer leben, und legt euch ungescheut dar, damit Ihr euch nicht, immer qwälet, und eure Seele aufhaltet wann Ihr zum Gebätt heimlich oder öffentlich trettet, so geschiehts öfters so träg als wann Ihr daß aller nichts nützigste Werck verrichten soltet. Eure Zukehr zu Gott ist so nicht aufgeräumt, und nicht gantz. es muß da was im Weg sein, es ist als wann ich einem waß geben wolte, und streckte doch die Hand nicht auß. es muß da ein freyes loß lassen sein. Einen willigen geber hat Gott lieb. In der Verleugnung euer selbst grift [greift] ihr auch nicht zur sache Ihr kennet und hasset diesses selbst nicht aufrichtig, die Offenbahre außbrüche davon thun euch kaum die Augen auf: doch wie können die außbrüche vermieden werden, wo mann nicht die wurtzel antastet, und sich recht auf ein sterbendes leben leget Ein Christ muß Essen trincken schlaffen arbeitten gehen und stehen, reden und schweigen im tod, und mit einem immer

---

259 Gemäß Mitteilung des Gesamtverbandes Evangelischer Kirchengemeinden in Mülheim an der Ruhr vom 17.07.1997 waren die Originale kurze Zeit zur Aufbewahrung dort vorhanden. Sie wurden auf Anforderung am 15. Mai 1961 an die Eigentümerin, Frau Dorothea Mellinghoff in Mülheim zurückgegeben. Bei den Archivunterlagen handelt es sich um Kopien der seinerzeit leihweise zur Verfügung gestellten Originale. Der Geschäftsstelle des Gesamtverbandes ist nicht bekannt, wo sich die Originale heute befinden. Diese Mitteilung betrifft auch die „Verhaltungs-Reglen" für die Hausgenossen der Otterbeck. Auf Anfrage berichtet Frau Dr. med. M.L. Mellinghoff aus Langenfeld/Rhld. am 13.11.1997, daß Dorothea Mellinghoff 1975 verstorben ist. Eine Tochter von Dorothea Mellinghoff wurde Anfang November 1997 beerdigt. Eine Enkelin wußte um die Existenz der Briefe. Deren Verbleib ist jedoch unbekannt.

währenden außga[ng] seiner selbst. Immer findet er sich selbst, aber immer verlihret er sich selbst, wer Eingekehret wandelt, der wird durch die liebe ins sterben geführet er kriegt in dem stück offne augen sein eignes selbst zu sehen, so gar da er es in anderen nicht mehr sehen kan. und ach dar fehlt es euch auch! es ist da keine hertzliche fassung liebe und Vereinigung unter einander keiner glaubt mit voller Wahrheit und einfalt. daß alle andern besser sind als er selbst, keiner Suchet recht was des andern ist. Ein jeder besorget sich aber gar unrecht, Mann teihlet sich einander nicht brüderlich mit auf ale weisse; Man schätzet und liebet sich nicht als Kinder Gottes: Man wil sich nicht einander unter die füsse legen daß betrübet mich! Ja dadurch wird der Geist der gnaden betrübt in euch. Nehmet mehr wahr die zucht und leitung dieses Geistes in euch und Lassets nicht auf ermanungen von aussen ankomen die komen und gehen. Werdet aber nachfolger Gottes als die liebe Kinder. Viele sehen auf euch da im hausse, ach daß ihr allen ein licht im Herrn werden möchtet.

Dieses weinige mit lauffender feder Weil die freunde eilen.

schreibe mir doch einjeder ins besonder schlecht und recht wie es um ihn stehet, damit ich wisse was ich an euch habe, weil ich betrübt eurentwegen bin. erfreuet mich dann, und glaubet daß ich durch gnaden bleibe werden euer geneigter brud[er] Haußgenoß und fürbitter

Gerhard TerSteegen

Mülheim d[en] 26. Jan[uar] 1737

60.

An die **Freunde in der Otterbeck**.
Abdruck nach Handschrift[260]

Es segne Eüch der Heyland jeSus das Euere hertzen Erfüllet werden, mit seiner gnade und göttlichen Frieden, zur Verherlichung seines Nahmens hier und in der Ewigkeit amen.

Hörts doch nicht aus gewohnheit an, sondern mit Einfalt andacht und ge-Neigtheit, was Eüch mit hertzlicher geNeigtheit, in gottes Nahmen erinnert wird, prüffe sich doch Ein jeder dabey alß in der gegenWar[t] gottes und achte es nicht gering.

I

gedencket das Eurer hauß und hertz eine Wohnung gottes, des allerhöchsten sein soll, der herr jesus, selbst will Eurer aufseher und Vorsteher und seine Hei-

260 Siehe vorstehende Anmerkung zu Brief Nr. 59. Offensichtlich waren verschiedene Schreiber beteiligt am Text.

lige Engele eüwere beyWohner sein. Urtheilet daher selbst mit welch einer andacht Stille Einfalt und Lauterkeit, ihr so woll in Eüwere Eüßere alß in Eüwerem inwendigen eüch zu betrag Habt, in der heiligen gegenwart des herren, waner bey eüch und in eüch bleiben soll, und ihr seiner göttlichen gunst und seines seegens in Eüwerem Leiblichen und geistlichen wollet theilhaftig bleiben,

II

Eüer beruf ist die Welt und deren geist, in der Warheit zu verlaßen, eürer verderbeten Natur und allem Eüerem eigenen Leben bestendig abzusterben Und nacht und tag mit gott umbzugehen, in Eürem hertzen durch die übung des wahren gebäts. Sehet Welch Ein heiliger und seelger beruf. d[e]mselben ergebet euch von hertzen, und mit großer treüe diß ist eüer Ziel diß sey auch eüer stätiges Werck, und nach dieser richtschnur Mus all eüer übriges eingerichtet werden

Vergeßet es doch Nimmer Mehr

III

Bätet nicht nur zu gesetzten zeiten, sonderen wo ihr gehet und stehet oder sitzet, auch wan ihr beysamet komt, so trachtet immer in innigem Verlangen und andacht zu Gott und deßen gegenwart eüch zu unterhalten, eben als wan ein jeder für sich allein mit gott im hauße wäre, doch ohne Viel äußeren schein und gebärden. Und wan Einer den anderen anreden Will Es sey bey der arbeit oder bey andere gelegenheit so gedenke er zuvor Mein bruder oder schwester ist im gebäth, ich Muß ihn nicht stören, damit alle unNötige reden selbst von geistlichen Dingen Möglichst verMieden werden.

IIII

Noch Eins bättet viel und redet wenig, o das sanfte freündliche stillschweigen welches gott und alle heiligen so sehr geliebet d[as] laß euch sonderlich anbefohlen sein, der Schwetzgeist ist Eine zerstörung aller Christlichen zusamenwohnungen, Eine ausleschung der andacht, Eine verwirrung der geMüther, Eine Verschwendung der Zeit, eine VerleugNung der göttlichen gegenwart.

Die liebe der gehorsam, oder die Nothwendigkeit muß euch den Mund öffenen sonst schweig[e]t immerdahr,

selbst im geistlichen, erbauet einander Mehr Mit Einem Heiligen Wandell alß mit vielen Wortten gott wohnet nur in stillen seelen, und da Muß auch die zunge stille werden,

Sehet die früchte des Heiligen stillschweigens, es gibt Euch Zeit Kraft Sammlung gebäth freyheit, gottes BeywohNung und Einen seeligen frieden.

V

Einer liebe den anderen, in aufrichtigkeit alß gottes kinder, und glaube auch das der andere ihn Liebe. Wen gleich nichts, ja das gegentheil davon Erscheinet, Einer komme dem anderen mit unverstelter freündlichkeit, dienstfärttigkeit und unterWerffung stets zuvor, alß wan es dem herren geschähe in aller [Lücken im Text, *kursiv* ergänzt nach der gedruckten Ausgabe] *Lauter*keit. *In lauterer Absicht* auf Gott, helffe einer dem anderen seine last tragen, nach leib und nach seele alß wan es seine eigene Wäre, ja mit freüden und Einfältiger Demuth, seyd allezeit bereit einander zu dienen, und gleichsam die füße zu Wasch[en] in den Mühsamsten und Verächtlichsten Diens[ten]

VI

gedencket an das große Wort jesu, ich bin nicht kommen das ich mir dienen laße, sondern das ich diene : Darum so erWartte eben keiner von dem anderen Etwas dergleichen aus erkentnuß Eigener unwür[dig]keit

Nach welcher wir Nimmer glauben Müßen, Das uns von Einiger Creatur hie weinig gutes und zu viel Leides angethan Werden könne, Ein jeder denke von ihm selbst in aufrichtigkeit das er der untreuEste ärmste ungeschikste und geringste seye, der auch deswegen billig von allen anderen nicht anders alß gering geachtet und vergeßen zu w[er]den Begehren muß.

Seyd bereit einander nachzugeben in allem. *Einer* beuge sich unter d[*en*] andern um des Herren willen dadurch w[*ird*] die innigkeit und Ruhe des hertzens erlanget und bewahret,

VII

Meidet allen Heimlichen argWohn, gebet dem Verkläger, der brüder kein gehör unter eüch, und laßet keinerley groll oder Wiedrigkeit bey euch herbergen, deutet alles Waß etwa anstößig scheinen Mögte, bey eüch selbst und bey andern zum besten. Sehet in anderen nur das gute. selbiges zu lieben [G]ott dafür zu dancken, und es nachzufolgen.

Merket aber gar nicht auf ihre schwachHeiten, oder wo ihr selbste merket, so befehlet sie gott im gebäth, und sodan vergeßet es also balt wieder. Es sey dan das ihr darüber gesetzt seyd sie zu Erinneren.

Wird jemand von einem fehler oder verbrechen gegen seinen Bruder über eilet, so gehe er also bald hin, und bekenne seine schuld, in unverstellter Demuth, dadurch wird der Satan unter Eüwere füße getretten, die liebe unter einander gebauet und Gottes gunst zweyfach wieder zu ihm gekehret.

VIII

Suchet doch nichts als die Bescheidene nothdurft im Leiblichen, und hütet eüch für den subtilen betrug des reichthums: was soll uns der vergifftende Dreck dieser Welt? Sind wir doch erkauft von der erden und zur Ewigkeit berufen: Ach liebet und übet die schöne tugend der innern und äussern armuth Jesu! Der sorget für uns

Liebet umb Gottes willen, daß weinige daß schlechte, daß verächtliche, daß unangenehme, daß beschwerliche in allen Dingen, damit ihr innerlich ungehindert, im umgang mit Gott und aüßerlich vergnügt im umgang mit Ein ander leben möget.

IX

fliehet allen Eigenen Nutz, alß die gröste pest einer zusammen Wohnung, keiner begehre Etwas, das er nicht eben so gerne seinem Mitt-Bruder gönnen möchte, ja noch lieber alß ih[m] selbst, dan Wir sint beruffen uns selbst zu verleügenen

Keiner habe etWas Weder großes noch Kleines es sey auch was es wolle, das er nicht alsobalt solte Mißen und dem bruder geben Wollen! Sint wir nicht der Maßen loß, von allem Eigenen thun so sint Wir noch götzen Diener, und keine Wahre Diener gottes, U[nd] müßen entbehren die Ed[e]le reine ruhige freyheit des geistes und ledigen zukehr zu gott

X

Ins besonder glaube ein jeder von euch einfältiglich, das der ort wo Ihr Jetzt wohnet, der stand und das werck sey, worin Gottes fürsehung ihn gesetzet, und worinn Ihn Gott gegenwärtig haben wolle Ihm darin zu dienen und in der wahren Heiligkeit gefördert zu werden.

Welchen er auch ohne deütlich erkentnüß des Göttlichen willens nicht verlassen müsse oder wolle. Diß wird Eüer gemüth beruhigen und tausend unnötige Scrupeln Schädlicher überlegungen und Zerstreüüngen abschneiden. Womit euch sonst der Versucher plagen möchte. Diß wird machen, daß ihr nicht nur eüren Ort stand und werck, sondern auch alle Beschwerden, verdruß und was eüch auch sonsten begegnet mit gantz andern augen ansehen und als von Gottes Hand nehmen, und viel freüdiger über tragen werdet.

Ja, diß wird sehr beförderlich sein zur lieb und zum frieden unter ein ander.

XI

Bedencke aber ein jeder wohl, und lasse sich durch die Gnade tief eindrücken den Eigentlichen Zweck worzu ihn Gott insonderheit in dieses hauß geführet habe nemlich ihm darin zu dienen - und in der Heiligung geübt zu werden.

Ihr seyd ja nicht hier üm rühig und gemächlich nach dem Fleisch und eigenen Willen zu leben und Gott zu dienen nach eigenem sinn und fantasie, sondern euer Fleisch zu Creutzigen sampt den begierden und gemüths Bewegungen. Eure Natur, Sinlichkeit, vernunfft Eigen Wille, und selbst Liebe dem gericht und Todt zu überliefferen und also euch selbst gerade entgegen zu Wandeln und GOTT zu lieben in lauterkeit und innigkeit

Dazu sage ich hat der Herr euch in dieses Hauß geführet, daß ihr in Vereinigung eürer Hertzen und Seelen, darnach eüch bestreben, und mit gebätt und wandel einander darin behülfflich seyn soltet: dan wo zwey oder drey in Jesu Namen beysammen seynd da ist er selbst in ihrer Mitten. Sehe ein jeder zu wie er sich hierinnen übe. Vergesset diß auch keines weges, wan GOTT euch hierinnen üben will, sondern ergreiffet vielmehr mit grosser Begirde, alle diejenige vorwürffe und gelegenheiten welches euch GOTTes liebreiche hand darreichet, *ob ge*nante und andre stücke, Eures grund verderbens zu entdecken, an zu tasten, und zu zerstören: Willkommen sey euch die Stunde, da GOTT eüch einen lieben Freund schicket der Euch euren feind überwinden hilfft. Liebet ja einen solchen freund von Hertzen.

Wer nicht der gestalt Ernstlich gesinnet ist sein eigenes Leben dabey zu wagen, der verdienet nicht den Nahmen eines Christen, und wird wieder [muß 'weder' heißen] hier noch anderswo ruhig leben, sondern nur beides sich selbst und andere verwirren.

XII

Nehmet euch inacht vor zerstreüung in sinnen und vernunfft, da fassen eüch tausenderley Versuchungen, auch unter und wieder einander. Redet kaum und beschlisset nichts so lang Ihr also zerstreuet seyd, wo ihr nicht eitel fehler begehen und unruh anrichten wollet: dan Ihr stehet im falschen Licht, und in der Confusion der Natur.

Lebet Eingekehrt im Grunde des Hertzens bey Gott, wie die unschüldige Kindlein die keine Vernunfft, aber viel Hertz und liebe haben:

Als solche Hertzens-Kinder sauget ihr lauter Liebe auß GOTT.

Da wird euch alles recht und gut seyn, wie es kommt und waß andre thun oder reden:

Ihr werdet gantz Liebe und sanftmuth, und freundlichkeit gegen einander werden.

Da werdet Ihr getrost sein in kindlichem Vertrauen zum Himlischen vatter, und erfahren daß seine gebotte nicht schwer seyn:

GOTT aber selbst gebe euch in allem Gnade, Weißheit und Krafft, damit es von *Euch in* warheit *heissen* möge: Siehe wie fein und lieblich ists wan Brüder einträchtig Beyeinander wohnen etc. Ja dieselbst verheisset und schencket der Herr segen und Leben immer und ewiglich Amen.

61.

An **Elsgen Otterbeck**
Abdruck nach Geistliche Briefe I, Teil 2, Nr. 115

Wie man sich in der Einsamkeit und im Gebät zu üben[261].

Geliebte Freundin und Schwester!

Sowohl dein ersteres als letzteres Briefgen habe ich wohl empfangen. Dein Sinn, so wie du ihn ausdrückest, ist mir angenehm, daß du nemlich jetzt nach deinem Inneren gantz begehrest für GOtt zu seyn als sein Eigenthum. Mit diesem Sinn fange dann aufs neue an, damit es doch endlich was Gantzes und Gründliches mit deinem Christenthum werde. Glaube es auch vest, daß GOtt dir gerne alle Kraft darzu geben werde, wann du mit diesem Sinn zu Ihm gehest. Dieser Sinn muß der Grund deines Gebäts in der Einsamkeit seyn, und der muß dich auch begleiten unter allen Menschen und Geschäften, da du immer mit GOtt heimlich must suchen zu werden, und mit stiller Bedachtsamkeit Ihm diesen Sinn must darlegen.

Weil dir die Zeit in der Einsamkeit unnützlich hinzugehen scheinet, so fange es also an: Wann du in die Einsamkeit kommst, opfere dich GOtt hertzlich auf, und bitte Ihn, daß Er dir solches Stündlein segnen und bey dir seyn wolle! Alsdann nimm ein Büchlein, worzu du etwa die meiste Andacht hast, lies darin als in GOttes Gegenwart also bedächtiglich und sachte, daß dir kein eintziges Wörtlein auf die Erde falle; nimm es alles für dich, schmäcke es recht, und laß es in dein Hertz fallen. Wirst du nun inzwischen aufgeweckt, gerühret[262], und mit GOtt oder dessen Gegenwart eingenommen, so lies nicht weiter, sondern gieb solcher guten Rührung Platz, und übe dich im Gebät, das ist in der Beschäftigung mit GOtt, in der Anbätung, Uebergabe, Absage deiner selbst u.s.w. Findest du weiter keine Nahrung bey dem Gelesenen, und vergehet die innere Aufweckung und Andacht auch wieder, so fange wieder als vorhin an zu lesen. Auf eine solche Weise kanst du etwa die Hälfte der Zeit zubringen, die du zur Einsamkeit gewidmet hast; die andere Hälfte bringe nur im Gebät allein zu, ohne zu lesen, so andächtig und so gut du kanst, und achte nicht darauf, ob es Dunckelheit oder Licht, dürre oder schmackhaft sey.

261 Siehe hierzu auch Hansgünter Ludewig: Du durchdringest alles, Düsseldorf 1997. S. 123 - 126.
262 Rührung = Empfindung der göttlichen Gnade.

Ehe du wieder ans Werck gehest, dancke GOtt hertzlich für solche Stunde; fasse eine Resolution[263], GOtt getreu zu seyn, mit Verläugnung deiner Natur und deines eigenen Lebens; bitte GOtt, daß Er mit dir gehe, und dich unter deinen Geschäften nicht verlasse. Gehe dann andächtig mit GOtt wieder hin, und thue deine Geschäfte GOtt zu lieb und Ehren, und in derjenigen Gestalt, wie ich im Anfang dieses Briefes gesagt habe, und hüte dich, daß du deiner Natur und Eigenheit nirgend Nahrung giebest!

Nun kan mein schwaches Haupt nicht mehr. An N. recommendire ich eben eine solche Gebäts- und Lese- Uebung. Ihr müßt beyde eure Sachen nicht so natürlich weg, und als nach der Gewohnheit verrichten, auch nicht die äussere Geschäfte, sondern die Unachtsamkeit und Trägheit der Natur fliehen, und auch die Triftigkeit[264] mäßigen durch die kindliche Furcht GOttes, und durch ein ofterneuertes Andencken an GOttes Gegenwart.

Ich bleibe Euer Mitbruder

Mülheim, den 18. Febr. 1737

62.

An **Adolf Bäumer**

Abdruck nach Geistliche Briefe I, Teil 2, Nr. 118

Liebreiche Ermahnung an einen Bruder, der einen bösen Groll gegen jemand geheget.

Lieber Bruder!

Damit ich auf deinen Brief ein Wort antworte, so ist mir derselbe inso weit angenehm gewesen, weil du darin deinen bösen Groll gegen N. gestehest: Nur hätte gedacht, du würdest mir auch ein Wort von deiner besonderen Uebung des Gebäts, wie du dich gegen GOtt beträgest, und welche Wirckungen du von GOTT in deinem Gemüth erfährest, geschrieben haben, weil doch einmal auf die Aufopferung alles eigenen Lebens, und auf die innige Gemeinschaft mit GOtt, durch Glauben und Gebät, das gantze Christenthum gegründet werden muß.

Dem ist also, lieber Bruder! wie du schreibest; du hättest sollen blind seyn in Sinnen und Vernunft; dann in denselben hat die alte Schlange ihr Spiel, und setzt uns ihren betrüglichen schwartzen Brill auf, daß einem alles schwartz vorkommt, was man in diesem oder jenem siehet; traue doch derhalben nicht weiter diesem Verkläger der Brüder, (Offenb. 12, 9. und 10.[265]) sondern laß ihn auch auf ewig

263 Resolution = Beschluß, feste Entschließung.

264 triftig = treibend, antreibend, drängend; Triftigkeit = Eindringlichkeit, Leidenschaftlichkeit.

265 Offenbarung 12, 9+10: Und es wurde hinausgeworfen der große Drache, die alte Schlange, die da heißt: Teufel und Satan, der die ganze Welt verführt, und er wurde auf die Erde geworfen, und seine Engel wurden mit ihm dahin geworfen. Und ich hörte eine große Stimme, die sprach

verworfen seyn aus dem Himmel deines Hertzens, damit es auch in dir heissen möge: Nun ist das Heil, und die Kraft und das Reich, und die Macht unsers GOTTES worden! Wie es an obgedachtem Ort der Offenbahr[ung] sehr nachdencklich zu lesen ist.

Gewißlich! der süsse, sanfte, unschuldige, aussöhnende Geist JEsu kan unmöglich bleiben in einem Gemüth, wo auch nur dem scheinbarsten Argwohn, oder anderen widrigen Kräften Raum gelassen wird. Werde dann doch, mit mir, immer mehr ein dummes Hertzens-Kind, das alle in kindlicher Liebe umfasset, und, anstatt sich zu bekümmeren, was andere machen, nichts wissen will, als JEsum, und sich mit allen in JEsus Hertz zu ersencken und zu verlieren. Liebe die selige Uebung des Gebäts. GOttes Gegenwart ist eine Sonne der Gerechtigkeit[266]; sie entdecket die subtilste Eigenheit; wer aber als ein kranckes Küchlein nur bleibet unter den Flügeln dieser Gegenwart, der findet daselbst auch alle Genesung. Mal[e]ach[i] 4. Laß dir deinen jetzigen Stand einen recht gesegneten Stand werden, und siehe dich an, als einen, der gantz GOtt angehöret, und berufen ist, durchs Sterben und Gebät ein wahres Kind der Ewigkeit zu werden. Wage deine Eigenheit[267] redlich dabey; laß sie sterben, ohne daß du ihr einige Hertz-Stärckung zukommen lässest; desto weiter und gemeinsamer wird dein Geist mit GOtt werden, in dem unser eintziges und ewiges Leben ist.

Muß wegen Schwachheit des Hauptes und Mangel der Zeit schliessen. Liebet euch ohne Falsch in dem HErrn; es ist gut, daß einer den andern also bald, und auf frischer That um Vergebung bittet, wann was darzwischen kommt; noch besser aber ist es, wann einer dem andern nimmer was zu vergeben hat, sondern alles in Liebe nimmt, was andere machen, und wann man mit seinem eigenen Leben kein Mitleyden hat, wann es ja Schläge bekommt. Ich grüsse dich und die übrige Hausgenossen in der Liebe.

Dein verbundener Bruder.

Mülheim, den 4. Mertz 1737

P. S. Bätet hertzlich für mich!

---

im Himmel: Nun ist das Heil und die Kraft und das Reich unseres Gottes geworden und die Macht seines Christus; denn der Verkläger unserer Brüder ist verworfen, der sie verklagte Tag und Nacht vor unserm Gott.

266 Mal. 3,20: Euch aber, die ihr meinen Namen fürchtet, soll aufgehen die Sonne der Gerechtigkeit und Heil unter ihren Flügeln.

267 Eigenheit = eigenes Wollen.

63.

An **Georg Hendrik Fischer**
Abdruck nach Geistliche Briefe II, Teil 4, Nr. 148 [undatiert]
(Siehe Anmerkung zu dem nachfolgenden Brief)

Woran der Friede GOttes zu erkennen, und wodurch er zu bewahren seye.

Lieber Bruder!

Meine Seele grüsset dich. Aus den Früchten ist genugsam zu schliessen, daß der Friede in dir eine Gabe GOttes und Auswirckung seiner Gegenwart sey; wie auch daraus, weil er unter den Proben und Betrübnissen des äusseren Theils bleibet.

Du fragest: „Wie du dich dabey zu verhalten, um dich dessen nicht in Eigenheit[268] anzumassen?" Darauf ist wenig zu antworten; dann der Friede GOttes ist selbst der beste Führer; er führet in die Einfalt, Abgeschiedenheit, innige Freyheit und Lauterkeit. Heget die Seele nur einiges Anmassen, oder andere Eigenheit, so wird sie troubliret[269], und der Friedens-Grund zugedeckt. Nimm dann nur diesen Frieden an, den GOtt gibt, und wie er ihn gibt, und wo er ihn gibt, so unschuldig, als GOtt Gnade verleihet; und was derselbe verwirft, das verwerfe du auch. Die Angenehmheit ist nur eine zufällige Frucht dieses Friedens, jene kan weichen, und doch dieser bleiben. Der Verstand muß jetzt nicht viel beschäftiget seyn, auch die Sinnen nicht, als nur zur Noth. Die Willenlosheit muß sehr allgemein seyn. Der Friede oder das ruhige Wesen neiget das Gemüth unvermerckt und sanfte zu GOtt, und wircket von Zeit zu Zeit die reineste Aufopferungen an GOttes Majestät.

64.

An **Georg Hendrik Fischer**
Abdruck nach Handschrift[270]
(Hierbei handelt es sich um den vorstehenden Brief aus Geistliche Briefe II, Teil 4, Nr. 148)

Adresse:
An den Ehrsamen freund
G. H. Fischer
an der Otterbeck

---

268 Siehe vorige Anmerkung.
269 troublirt = in Erregung, Aufregung versetzt.
270 Bestand Merz, Engelskirchen.

Lieber bruder,

Meine Seele grüsset dich! Aus den früchten ist genugsam zu schliessen, daß der friede in dir eine Gabe Gottes u[nd] auswirckung seiner Gegenwart sey; wie auch daraus, weil er, unter den proben u[nd] betrübnüssen im äussern theil, bleibet. du fragst wie du dich dabey zu verhalten, um dich dessen nicht in eigenheit anzumassen? O, darauf ist wenig zu antworten, dan der friede Gottes ist selbst der beste führer: er führet in die einfalt, abgeschiedenheit, innige freyheit, u[nd] lauterkeit; heget die seele nur einiges anmassen oder andere eigenheit, so wird sie troubliret u[nd] der friedensgrund zugedeckt. Nimm dan nur diesen frieden an den Gott gibt, u[nd] wie er ihn giebt, und wo er ihn giebt, so unschuldig u[nd] passif als G[ot)t[es] Gnade verleihet, und was derselbe verwirft, das verwerffe du auch. Die angenehmheit ist nur eine zufällige frucht dieses friedens; jene kan weichen u[nd] doch dieser bleiben. der verstand muß jetzt O [nicht] viel beschäftiget seyn, auch die sinnen nicht, als nur zur noth. Die Willenloßheit muß sehr allgemein seyn. Der friede oder das ruhige wesen neiget das gemüth unvermerckt u[nd] sachte zu Gott, u[nd] wircket von zeit zu zeit die reinste aufopferungen an Gottes Majestät. muß schliessen weil die gelegenheit eilet, gedencke meiner vor G[ot]t, als deines armen doch

aufrichtig-gesinten bruders G. Tersteegen

den 3 Juny 1737

p.s.
Mit meinem dorthin kommen stehets noch so wie vorhin. Gibt Gott kräfte, so mag es wol auf wenig tage geschehen, doch ists ungewiß, vielleicht komt inzwischen noch gelegenheit. Die hausgenossen werden von mir gegrüsset.

65.

An **Adolf Bäumer**
Abdruck nach Geistliche Briefe I, Teil 2, Nr. 131

Trost an einen in Leyden und Läuterung stehenden Bruder.

Mein lieber Bruder!

Aus deinem Brief sehe ich deine Gemüths-Beschwernissen, worüber man zwar mündlich näher hätte reden können; allein der HErr ist nahe, der in allem gerne Rath und Hülfe mittheilet seinen krancken und schwachen Schaafen, deren du eines mit bist: und hiemit hab ich dir ja zum Trost und Stärckung ein Grosses, ja genug gesagt. Bist du sein Schäflein, so sorget der gute Hirte für dich, und je kräncker und schwächer du bist, so viel sorgfältiger hat Er dich im Aug' und wird dich gerne in seiner Hand halten, daß dich keine fremde Macht aus derselben reissen wird[271].

Diß ist dann dein Werck, daß du dich mit Gelassenheit und Vertrauen, so kranck und elend als du bist, in des Hirten Hand hinlegest, den guten Hirten bisweilen anblickest, und Ihn übrigens mit dir lässest machen. Sonst kommt mir dein jetziger Stand als eine kleine Läuterung des lieben himmlischen Vaters vor, da Er dich, aus lauter Güte, deinen Mangel, deine Dunckelheit und Untüchtigkeit, ja dein Elend und Verderbniß ein wenig fühlen läßt; worzu die leibliche Umstände mit behülflich seyn sollen, um dich durch eine solche Erfahrung mehr zu demüthigen und zu reinigen von verdeckten Eigenheiten und Uebeln, damit du so viel geschickter seyest, ewig bey GOtt zu wohnen. Da werde du nun ja nicht kleinmüthig bey, sondern freue dich darüber im Glauben, daß GOtt sein Werck in dir fortsetzet[272], hab es hertzlich gern, daß Er dir dein Nichts und Elend entdecket mit Schmertzen; der Vater ist es, der das so thut. Joh. 15[273]. Er will uns klein und rein haben. Sincke, sincke dann in die selige süsse Kleinheit, da du von purer Gnade lebest; laß dich ausführen aus dir selbst; suche und beschaue mit Wohlgefallen in GOtt die Heiligkeit und das Gute, so du in dir selbst nicht findest. O wie liebenswürdig ist unser Nichts und GOttes Allheit! Im Aeusseren, auch in GOttesdienstlichen Uebungen, thue deine Sachen, wie du gewohnt bist, so viel Leibes-Schwachheit zuläßt, wann es gleich scheinet, du thätest es nur aus Gewohnheit.

Im Anfang opfere mit einem Glaubens-Blick dein Thun auf den HERRN auf; im Uebrigen thue dir keine Gewalt an, um andächtig zu wollen seyn. Ich werde dich durch GOttes Gnade dem guten Hirten anbefehlen; thue du doch ein Gleiches! Ich grüsse hertzlich dich und die übrige Hausgenossen und verbleibe

Dein verbundener Bruder.

Mülheim, den 22 Nov. 1737

66.

An **Georg Hendrik Fischer**

Abdruck nach Vaterstädtische Blätter[274], 9. Jahrg. Nr. 21. 31.Mai 1913

„Ein eigenhändiges Schreiben Gerhard Tersteegens vom 3. Mai[275] 1738 an G. H. Fischer auf der Otterbeck im städtischen Museum in Mülheim[276]."

---

271 Joh. 10,27 + 28: [...] und niemand wird sie aus meiner Hand reißen.

272 Phil. 1,6: der in euch angefangen hat das gute Werk, der wird's auch vollenden bis an den Tag Christi Jesu.

273 Joh. 15,2: eine jede Rebe, die Frucht bringt, wird er reinigen, daß sie mehr Frucht bringe.

274 Stadtarchiv Mülheim/Ruhr.

275 Diese Angabe deckt sich nicht mit dem Briefausdruck: „3. März 1738".

Mülheim a. d. Ruhr, 3. März 1738.

Lieber Bruder!

Dein Büchlein und reimen sind mir recht erquicklich: Gott wolle, ja er wird es, alles bestätigen durch s[einen] h[ei]l[igen] Geist, ich Vereinige mich mit diesem deinem sinn Von Hertzen! Gottes treue, und unsere undankbarkeit und untreue sind abgründe, ein abgrund ruft den andern, wie David sagt. Billig rühret, beuget und erwecket es uns, so oft wir dran gedenken. Ach, daß ich mit Dir einem solchen unserm Gott aller Gnaden recht treu seyn möchte! ich erwarte und erbitte es Von s[einer] barmherzigkeit, für Dich und mich. Allein, l[ieber] Br[uder], wenn wir obgemeldte abgründe erblicken, müssen wir uns nicht so sehr darüber bestürtzen, als darin ruhig versenken, so wirkt es, was es wirken muß, nach Gottes absicht. Seelen, die zum recht Geistlichen wohin berufen sind, müssen alle eindrücke, licht und Gnaden möglichst passiv empfangen, und da lassen, wo sie empfangen werden; Wenn solche seelen, das, was Gott im Geist giebt, in guter meynung, zu Viel in die sinnen führen, so wird der Geist dürre und matt. Dergleichen etwas, denck ich, ist dir auch wiederfahren. bißweilen wird die sinnlichkeit, ohne Zuthun der seelen, gerührt zu andacht, zu Vergnügten thränen, dann weiß mans auch nicht wiederstehen; alles aber muß sich endigen, in Weichtigung seiner selbst und leydentlicher Ueberlassung an Gott. Im anfang, und bey seelen, die den ruf nicht haben, gehts anders. Gott ist Gott, unveränderlich in s[eine]r Liebe und in seiner Liebenswürdigkeit. Wir mögens sehen u[nd] fühlen oder nicht, Lasset uns die sache gründen auf den Glauben, Welcher eine Geheime und allgemeine erkenntnis oder Gründeeindruck Gottes ist, wodurch die Seele bewogen wird, sich und alles zu Verlassen, um diesem Verborgenen Guth, allein anzuhangen, so wie Er uns in Christo Nahe ist. Ich kan nicht mehr, und hätte nicht gemeint, so Viel zu können. Gedenke meiner, Deines armen Bruders

G. Tersteegen.

Grüße die Haußgenossen samt und sonders herzlich. Ich bin etliche tage erheblich schwächer.

67.

An **Georg Hendrik Fischer**

Abdruck nach Geistliche Briefe I, Teil 2, Nr. 136 [277]

Gottes Treue und unsere Untreue sind Abgründe. Wie man sich bei Eindrücken der Gnaden und Lichter zu betragen.

---

276 Nach Angaben der Museumsleitung (Nov. 1997) vermutlich im Krieg verbrannt. Somit ist das wirkliche Datum nicht mehr zu ermitteln.

277 Der Brief ist identisch mit dem vorigen Schreiben; nur ist er datiert mit 3. Mai 1738.

Lieber Bruder !

Dein Brieflein und Reimen sind mir recht erquicklich. GOtt wolle, ja Er wird es alles bestätigen durch seinen heiligen Geist! ich vereinige mich mit diesem deinem Sinn von Hertzen. GOttes Treue, und unsere Undanckbarkeit und Untreue sind Abgründe. Ein Abgrund ruft dem anderen, wie David sagt[278]. Ach! daß ich mit dir einem solchem unserem GOtt aller Gnaden recht treu seyn mögte! ich erwarte und erbitte es von seiner Barmhertzigkeit für dich und mich. Allein, lieber Bruder! wann wir obbemelte Abgründe erblicken, müssen wir uns nicht so sehr darüber bestürtzen, als ruhig darein ersencken, so wirckt es, was es wircken muß, nach GOttes Absicht.

Seelen, die zum recht geistlichen Wesen berufen sind, müssen alle Eindrücke, Lichter und Gnaden möglichst paßiv empfangen, und da lassen, wo sie empfangen werden: Wann solche Seelen das, was GOTT im Geist giebt, in guter Meynung zu viel in die Sinne führet, so scheinet der Eindruck sich anfangs zu vermehren; sie werden sehr brünstig[279] oder empfindlich und vergnügt, unvermerckt aber wird der Geist dürre und matt: Dergleichen etwas, denck ich, ist dir auch widerfahren. Bisweilen wird die Sinnlichkeit, ohne Zuthun der Seelen, gerühret zur Andacht, zu vergnügten Thränen etc. dann muß mans auch nicht widerstehen; alles aber muß sich endigen in Vernichtung seiner selbst und leydentlicher Ueberlassung an GOtt. Im Anfang, und bey Seelen, die den Ruf nicht haben, gehts anderst. GOtt ist GOtt, unveränderlich in seiner Liebe und Liebenswürdigkeit, wir mögens sehen und fühlen oder nicht. Lasset uns die Sachen gründen auf den Glauben, welcher eine geheime und allgemeine Erkäntniß, oder Grund-Eindruck GOttes ist, wordurch die Seele bewogen wird, sich und alles zu verlassen, um diesem verborgenen Gut allein anzuhangen, so wie Er uns in Christo nahe ist. Ich kan nicht mehr, und hätte nicht gemeynt, so viel zu können. Gedencke meiner

Deines armen Bruders

Mülheim, den 3. May 1738.

68.

An **Georg Hendrik Fischer**
Abdruck nach Geistliche Briefe II, Teil 3, Nr. 1

Gründliche und liebreiche Unterweisungen an einen krancken Bruder, um nicht auf sich selbst, sondern in allem auf den gecreutzigten JEsum zu sehen.

Mein hertzlich geliebeter Bruder in JEsu!

---

278 Vielleicht denkt Tersteegen hier an Psalm 30,10: Was nützt dir mein Blut, wenn ich zur Grube fahre? Wird dir auch der Staub danken und dein Treue verkündigen? Oder Psalm 6,6: Denn im Tode gedenkt man deiner nicht; wer wird dir bei den Toten danken?

279 brünstig = heftig, leidenschaftlich, inbrünstig, innig.

Ich begehre dich hierdurch hertzlich zu grüssen, und mit Hertz und Feder in deiner jetzigen Schwachheit zu besuchen in dem Geist der Liebe JEsu, welcher deinem Geiste nahe sey! In Ansehung deines Aeusseren wirst du von N.[280] ohne Zweifel die nöthige Medicin und Verhaltungs-Unterricht empfangen haben...

In Ansehung des Inneren, lieber Bruder, preise ich den HErrn, daß Er dir so viel Vereinigung mit seinem Wohlgefallen im Creutze verleihet. Dancke unserm freundlichen Vater mit mir dafür, und sey nur gar kindlich gegen GOtt, der dich geliebet hat. Der Mosaische zagende Gesetzes-Geist dienet nicht auf Golgatha; wanns zum Creutz oder Sterben gehet, muß der gecreutzigte und sterbende JEsus unser Vorwurf[281] seyn, und sein kindlicher Geist der Liebe und des Glaubens uns regieren. Rechne nun nicht lange, ob du auskommest? dein Kopf ist zu schwach darzu. JEsus hats mit seinem himmlischen Vater nach der Strenge seiner Gerechtigkeit abgerechnet, und wir habens mit JEsu, nach dem Reichthum seiner Barmhertzigkeit, abgemacht. Die willige Aufnahme seines Creutzes und Ertödtung unsers eigenen Lebens sind in solcher Rechnung mit eingeschlossen. Er züchtige uns dann, wir wollen schweigen, uns beugen und dennoch lieben durch seine Barmhertzigkeit. Er schmeltze und reinige uns, so bleibt Er doch unser Freund.

Mache keine Ueberlegungen! Jetzt ist es keine Zeit, dich selbst zu besehen. Gib dich hin. Senck dich wie ein kranckes armes Kind in der Mutter Schooß, und leyde da, was, wie und so lang es der Vater will. G O t t i s t G O t t, das ist genug. Suche den Glauben nicht im Kopf, und gib auch nicht Acht auf den Unglauben im Kopf. Auf die thörichte Zweiflungen und Versuchungen des Feindes in der Vernunft Acht geben, ist solchen Fantastereyen zu viel Gewicht und Ehre beygelegt. Solten wir wiederkehren, und abermals (als über eine zweifelhafte Sache) eine Untersuchung anstellen, die schon längst ab- und ausgemacht gewesen ist? Kindische Possen! Frage nicht lang: Ob GOtt ist? Ob diß und das ist? Nur zur Sache gegriffen! Diene GOtt, liebe Gott, ehre und verherrliche GOtt, wäre es auch nur durch gelassenes Leyden, so gut du kanst. Dencke jetzt mehr an gut leyden, als an gut thun! Ja dencke nur an GOtt, und vergiß dich und alle Dinge. Siehe das Lied: G O t t ! d e n i c h a l s L i e b e k e n n e etc.

Mülheim, den 20. April 1739.

280 Vermutlich handelt es sich hier um den Doktor Lauterbach in Gruiten.

281 Vorwurf = Objekt, Gegenstand der Verehrung.

69.

An **Georg Hendrik Fischer**
Abdruck nach Geistliche Briefe II, Teil 3, Nr. 2

Das Verlangen, gantz für GOtt zu seyn, muß nicht durch eigenes Wircken, sondern durch das Leben JEsu in uns ausgewircket werden.

In dem HErrn JEsu hertzlich geliebter Bruder!

Dein sehnliches Verlangen, künftighin ein neues Leben lauter und allein vor GOtt zu führen, ist gewiß von GOtt in dich gelegt: Und deine Einsicht, daß solches allein durch Jesum lebende in dir müsse und könne vollbracht werden, kommt auch gäntzlich mit der meinigen überein. Es ist dann das Werck JESU, und nicht dein eigenes. So gar muß dein sehnliches Verlangen (wann es nicht nur Verlangen bleiben soll) nicht in Heftigkeit ausgehende seyn, sondern sich unvermerckt den Sinnen entziehen, und in den Grund, woraus es entstehet, sich mit heiterer Gelassenheit einneigen, und das Vollbringen dem überlassen, der das Wollen gegeben hat[282]. Du verstehest mich, daß diß nicht nur so ein- für allemal geschehen müsse, und man dann wieder in williger Zerstreuung dahin gehen könne. Nein! soll JEsus in uns leben, so müssen wir aufhören zu leben. Unserer Natur, Sinnlichkeit und Vernunft müssen wir kein Leben mehr lassen, auch derselben Wircksamkeiten[283] mäßigen, und mit Abhänglichkeit von der Gnade damit wircken, wann wir wircken müssen: So machen wir JEsu und seinem Leben in uns Raum; JEsum und sein Leben aber selbst in uns zu erwecken, das ist gar nicht unsers Thuns. Unser Verlangen darnach, senckt sich, wie gesagt, mit Liebe, Freude und Vertrauen einwärts. Dieses einfältige, ruhige Einneigen und Anhangen unterhält man auch den Tag durch, läßt sich die Liebes-Führung JESU recht sanft, abgeschieden, einfältig und lauterlich GOtt-meynend machen; Und, ohne sich voraus ein Bild davon zu machen, wartet man dann in inniger Leidentlichkeit auf die völlige Offenbarung und Ausbreitung JESU und seines Lebens in uns, in eben der Gestalt, worin die Jünger JESU auf dem Söller sassen, und das Pfingst-Fest erwarteten[284]; und suchet überhaupt, selber immer weniger zu thun, und JEsu Wirckungen immer mehr Raum zu lassen. Uebrigens sey kindlich, friedsam und ausgebreitet. Alle strenge und enge Gestalt deines Gemüths hindert. Ueberhaupt magst du wohl incliniren[285], weniger Zerstreuungen, und mehr Einsamkeit zum Gebät zu haben. Sonst aber fange jetzt nicht viel Neues in

282 Phil. 2,13: Gott ist's, der in euch wirkt beides, das Wollen und das Vollbringen, nach seinem Wohlgefallen.

283 Wirksamkeiten = Tätigkeiten.

284 Apg. 1,13.

285 inklinieren = eine Vorliebe für etwas haben.

deinen Uebungen an. Im Grund muß die Erneuerung vom HErrn kommen. Diß mit laufender Feder. Gedencke meiner, wie ich deiner!

Mülheim, den 13. May 1739

70.

An **Georg Hendrik Fischer**
Abdruck nach Geistliche Briefe II, Teil 3, Nr. 3
(Nachfolgend wird unter Nr. 71 der vollständige Brief gemäß Handschrift abgedruckt.

An denselben. Noch einige Verhaltungs-Reglen in Ansehung seines inneren Zustandes.

Lieber Bruder!

Dein Haupt-Grund und Sinn, daß nur JEsus in dir und durch dich leben und wircken, und du demnach alles in seinem lauteren Sinn verrichten mögest, ist gantz richtig: Unnöthig aber, ja hinderlich wäre es, wann du stets währende Reflexionen auf dich selbst machen und dich und deine in- und äussere Thaten auf eine ängstliche, sorgliche Weise besehen woltest, ob und wie weit es alles und jedes also, und in der Lauterkeit geschehe, wie dein Hunger wohl ist? Dieser von dem innig-gegenwärtigen Heylande in dir entspringende Hunger sencke sich nur mit ungezwungener Neigung, süssen Blicken, und kindlichem Erinneren hinein, und hange Ihm so sanft und vertraulich an; und so dann thue frey, was du thust, mit dem Sinn, alles aufs beste und lauterste dem HErrn zu thun, so gut du vermagst und verstehest, ohne dich an Dürre oder Geschmack, Licht oder Dunckelheit zu kehren. Und eben diß ist auch zur Zeit der Einsamkeit in Acht zu nehmen. Deine äusserliche Ordnung ist auch schon gut, finde nichts Sonderliches darwider, nur daß alles ungezwungen und ohne Verwicklung geschehe, und der HErr immer HErr und Meister bleibe, das ist, daß unter und bey aller Uebung von Aussen, du nur eine Uebung habest von Innen, nemlich dem HErrn mit kindlichem Vertrauen, reiner Liebe und willenloser Unterwerfung innig anzuhangen, ohne Kunst.

So liebe GOTT, lobe GOTT, und freue dich in GOTT mit Vergessung alles anderen. Bäte für mich, daß ichs auch so mache!

Mülheim, den 4. Junii 1739

71.

An **Georg Hendrik Fischer**
Abdruck nach Handschrift[286]
(Auszug des Briefes aus Geistliche Briefe II, Teil 3, Nr. 3 vorstehend)

Adresse:
An den Ehrsamen
G. H. Fischer
an der Otterbeck

Lieber bruder.
Dein voriges durch br[uder] Smits[287], als auch gestriges, habe wol erhalten; schwachheit, besuch, und arbeit hindern, daß nicht alle Zeit mit der feder antworten kan, so auch nicht allemahl nöthig ist. Dein haupt-grund u[nd] sinn, daß nur Jesus in dir und durch dich leben u[nd] wircken, und du demnach alles in seinem lautern sinn verrichten mögest, ist ganz richtig. Unnötig, ja hinderlich, aber wäre es, wenn du stetswährende reflexionen auf dich selbst machen, um dich u[nd] deine in- oder äussern thaten auf eine ängstliche sorgliche weise besehen woltest, ob und wie weit es alles und jedes also in der lauterkeit geschähe, wie dein hunger wol ist. Dieser von dem innig gegenwärtigen heyland in dir entspringende hunger, sencke sich nur, mit ungezwungener neigung, süssen blicken, kindliches erinnern hinein, und hange ihm sanfte u[nd] vertraulich an; und so dan thue frey was du thust, mit dem sinn alles aufs beste u[nd] lauterste dem Herrn zu thun, so guth du vermagst u[nd] verstehest; ohne dich an dürre oder geschmack, licht oder dunckelheit zu kehren. Und eben diß ist auch zur zeit der einsamkeit inacht zu nehmen. Deine äussere Ordnung ist auch schon gut, finde nichts sonderliches darwieder; nur daß alles ungezwungen und ohne verwicklung geschehe, und der Herr immer Herr und Meister bleibe. das ist , daß unter und bey aller Ubung von aussen, du nur eine Ubung habest von innen, dem Herrn mit kindlichem Vertrauen, reiner Liebe und willenloser unterwerffung innig anzuhangen, ohne Kunst. So liebe Gott, lobe Gott, und freue dich in Gott, mit vergessung alles andern. bitte für mich, daß ichs auch so mache. br[uder] Pauw[288] lässt dich grüssen. Wegen Agnesken[289] habe Caspari[290] gesagt. Stein [?][291] muß noch persuadirt werden, daß ers freundlich regiere, von [einige Worte nicht lesbar]...die ernstliche scharfe erinnerungen kommen [einige Worte nicht lesbar]...daß die f.

---

286 Bestand Merz, Engelskirchen.

287 Vermutlich Johann Hendrich Schmitz aus Solingen.

288 Tersteegen-Freund in Amsterdam. Siehe Anm. zu Brief Nr. 23 u. Nr. 80.

289 Siehe: Rütger Otterbeck und seine Familie.

290 Konrad Adolf Caspary (1704-1764), Kaufmann in Elberfeld, der 1737 den Grafen von Castell aufgenommen hatte und deshalb vorübergehend in Düsseldorf inhaftiert war.

291 Stein; noch nicht ermittelt.

[Gulden] 22 an Tirion[292] zu Amsterdam ohnbar und längst werden bezahlt seyn, sonst bekomme ich last und leyden davon. dir leg ich auf davor zu sorgen.

beykommende bücher nach Wülfraat[293] haben eil, müssen [...?] über ein paar tag liegen, sonst expres gesandt werden.

Deine Uberkunft hierhin ist mir allezeit angenehm, zwar habe für meine person wenig freyheit und zeit, daß auch dieses nicht überlesen kan. sind die geschäfte nicht gar nothwendig, dan folge nur deiner neigung. Wie stehets mit dem Leben der Magd. von Pazzis [294]? mache solches zu ende, sonst verlierst du zu sehr das bild davon. Ich grüsse dich u[nd] alle die haußgenossen herzlich.

Dein verbundener bruder G. Tersteegen

Mullem. d. 4 Juny 1739

NB. das siebende und letzte theil der berleburger bibel[295] ist hier, wenn es Wineken[296] oder van der Smissen[297] binden soll, dan must du Joh. hend.[298] eines schicken wornachs soll gebunden werden. Ein exemplar, so mit erstem an bruder Weck[299] zu senden, meyne jetzt mit zu senden. das geld dafür nemlich 2 doppelte gulden, muß Weck an dich geben, welches geld samt dem so eure beyde exempl. kosten, insgesamt an Schärmacher[300] muß gegeben werden. so ich dir recommendire. die fracht weiß noch nicht genau. Will jemand sonst ein exemplar noch haben, so wäre es gut, ich hab sie u[nd] verkauf sie für [Rest nicht lesbar]

---

292 Tirion; noch nicht ermittelt.

293 Freunde in Wulfrath konnte ich bis jetzt nicht ermitteln.

294 Maria Magdalena von Pazzis; in: Auserlesene Lebensbeschreibungen heiliger Seelen; Band 3. Geboren 1566 in Florenz, gestorben am 25. Mai 1607 im Alter von 41 Jahre, 2 Monate, 24 Tage.

295 Berleburger Bibel: Bibelwerk aus den Jahren 1726-1742. Achtbändiges Werk, entstanden unter der Leitung des Theologen Johann Friedrich Haug. Siehe: Hans Schneider in: Geschichte des Pietismus Bd. 2, Göttingen 1995. S. 160-162.

296 Wineken; noch nicht ermittelt.

297 Johann van der Smissen, Sohn von Peter von der Smissen aus Maastricht; Buchhändler in Düsseldorf, Elberfeld und Mülheim/Ruhr. Er stand in Verlagsgemeinschaft mit Böttiger und hat verschiedene Tersteegen-Schriften verlegt. Die Generalsynode von Jülich, Kleve, Berg und Mark hat 1743 eine Bücherlotterie van der Smissens verboten. Heirat am 16.07.1728 mit Catharina Meigen aus Solingen. Taufe und Sterbedatum nicht ermittelt. Siehe: Horst Neeb: Gerhard Tersteegen und die Familie Schmitz, Düsseldorf 1997. S. 228.

298 Siehe: Rütger Otterbeck und seine Familie.

299 Wilhelm Weck (1714-1789), Solingen, auf dem Rolsberg. Siehe: Horst Neeb: Gerhard Tersteegen und die Familien Schmitz in Solingen, Düsseldorf 1997.

300 Schärmacher; noch nicht ermittelt.

72.

An **Georg Hendrik Fischer**
Abdruck nach Geistliche Briefe II, Teil 3, Nr. 14

Von dem Unterscheid zwischen dem Stand unter dem Gesetz und unter der Gnade; wie auch zwischen dem wircksamen[301] und leidentlichen[302] Stand.

Lieber Bruder!

Ich bin gar nicht im Stand, viel und deutlich mich zu können erklären: Meine innere Beschaffenheit und äussere Schwachheit lassens beyde nicht zu; und deine Frage ist mit so kurtzen Worten nicht zu beantworten: Die Schriften erleuchteter Seelen[303], die du überflüßig[304] hast, können dich darin besser vergnügen, als mein Schreiben.

Du woltest gerne wissen den deutlichen Unterscheid des wircksamen oder gesetzlichen Zustandes, und des leidentlichen unter der Gnade und dem Geist JEsu. Daß du so gern alles deutlich wilst wissen, ist in der That ein Fehler und Aufenthalt. Deine Sorglichkeit macht, daß du Stützen und Gewißheit suchest in deinem Verstand, und würcklich schon zu viel drauf stützest; und an diese Deutlichkeiten hält man sich dann vest, daß es einem darnach zur Verbildung und Aufenthalt dienet, wann wir eben nicht alles mit unserem vorgefaßten Concept überein bringen können, da doch würcklich alle unsere Begriffe überaus mißlich sind, ehe wir die Sache selbst erfahren. Dieser Ursache wegen, und weil auch die Führungen GOttes so sehr unterschieden sind, so rede und schreibe ich eben nicht gerne so genau von dem Unterscheid der Seelen-Stände, wann ich auch die darzu erforderte Erleuchtung und Tüchtigkeit hätte, so mir doch beydes fehlet. Ich will doch sehen, ob ich etwas sagen kan, es muß aber für dich allein bleiben, dann wegen der Verwirrung des Hauptes bin ich untüchtig, mich auszudrücken.

Es scheint, du nehmest den gesetzlichen und wircksamen Zustand für Einen Stand, und den Stand unter der Gnade Jesu und den leidentlichen Stand auch für Einen Stand, welches doch eigentlich, und nach der Schrift zu reden, sich weit anderst verhält; ob mans gleich in einem höheren Sinn endlich auch wohl so nehmen kan. Der gesetzliche Stand ist Röm. 7. und der Stand in Christo, oder unter seiner Gnade Röm. 8. beschrieben. Einer kan diesen letzteren Stand erlangt haben, und als ein Christ unter der Gnade stehen, und doch noch sehr weit vom eigentlich-leidentlichen Stand entfernet seyn, in welchem die Seele

301 wirksam = tätig, aktiv.

302 leidentlich = passiv, auf eigens Wirken verzichtend.

303 „Auserlesene Lebensbeschreibungen Heiliger Seelen".

304 reichlich vorhanden, im Überfluß.

nicht mehr lebet und wircket, sondern JEsus Christus in ihr. Nachdem die Seele, welche unter der Gnade stehet, GOtt nähert durch die Verläugnung und Gebät, darnach werden auch ihre Wircksamkeiten geistlicher, einförmiger, und nehmen allmählich ab; hingegen bekommen die Einflüsse, oder die Wirckungen GOttes, oder des Geistes JESU, immermehr die Oberhand. Durch kein ander Mittel und Weg gelanget die Seele aus dem wircksamen zum leidentlichen Stand und Leben GOttes, als durch die Verläugnung des Geschaffenen und ihres eigenen Lebens, Willens, Liebe und Verstands, und durchs Gebät. Die einen anderen Weg einschlagen, gerathen in falsche Freyheit und Gelassenheit.

Wer sein Hertz und Vertrauen aufs Geschaffene und sich selbst setzet, der ist weder unter dem Gesetz noch unter der Gnade, sondern in der Natur und ein Welt-Kind. Wer sein Hertz und Vertrauen allein auf GOtt in Christo setzet, der ist ein Christ, der ist unter der Gnade. Sein Hertz zur Creatur[305] kehren, und sein Vertrauen auf Christum wollen setzen, das ist Betrug und falsches Evangelium. Wer sein Hertz, oder Seelen-begierde zwar nach GOtt ausstrecket, und seiner Seelen Rettung suchet, sein Vertrauen aber noch nicht auf Christum setzet, sondern allerhand vornimmt, um sich zu beruhigen und fromm zu machen, der ist unter dem Gesetz, in vieler Arbeit, Gebrechlichkeit, Furcht und Unruhe des Gewissens, oder aber in Eigendückel und eigener Gerechtigkeit. Alle Stände aber haben ihre Stafflen[306], und manchmal ists vermischt und veränderlich bey den Seelen.

Eine Seele, welche anfänglich eine Zeitlang unterm Gesetz gestanden, und nach der Gnade in Christo bußfertig und mit rechtschaffenem Ernst gehungert, bekommt wohl einmal, und öfters gar bald, einen vorübergehenden Anblick von der Süßigkeit der Gnade, welcher bisweilen sehr sinnlich ist: Und da ist die Seele eigentlich noch nicht unter der Gnade des neuen Bundes, und in Christo, wie sie doch wohl meynen möchte, sondern es ist eine Anlockung dahin, eine Stärckung im Kampf der Busse und der Verläugnung der Welt. Bisweilen ist diese Freudigkeit ziemlich selbst gemacht, oder natürlich, also nichts als Einbildung: Es wird aber auch der Seele, nach einem solchen gesetzlichen Anfang, die Vergebung ihrer vorigen Sünden in dem Blut JESU Christi würcklich zugeeignet, entweder durch ein zartes gründliches Vertrauen, oder durch eine mehr ausdrückliche Versicherung; und sodann ist sie nicht mehr unter dem Gesetz, sondern unter der Gnade; sie ist in Christo, zu welchem und zu dessen Sinn, Neigungen und Gemeinschaft sie inniglich geneigt wird.

Sie ist aber nur dem Anfang nach in Christo; sie ist in Ihm noch nicht gewurtzelt und gegründet. Der gantze Proceß der Gleichförmigkeit mit Christi Leben, Leyden, Tod und Auferstehung gehet da erst recht an. Paulus war würcklich in Christo, und doch spricht er noch das, was wir Phil. 3, 8-15. lesen können[307].

305 auf sich selbst vertrauen.

306 Stufen, Ordnungen.

307 Phil. 3, 12-15: Nicht, daß ich's schon ergriffen habe oder schon vollkommen sei; ich jage ihm aber nach, ob ich's wohl ergreifen könnte, weil ich von Christus Jesus ergriffen bin. Meine Brü-

Eine solche Seele, die so dem Anfang nach in Christo ist, ruhet mit ihrem Vertrauen noch nicht gantz und blos in Ihm, sondern noch viel mehr in sich selbst, in den Empfindungen der Gnade, ja in den geschenckten Lichtern, Kräften und Tugenden, welche sie allmählig, als ihr eigen Gut, sich unwissend zueignet. Gehets bey solchen Seelen dann nicht allemal nach Wunsch, sondern in der Dunckelheit und Dürre, dann zagen und zaplen sie wieder, lassen sich wieder unter das Gesetz gefangen nehmen durch tausenderley Furcht, Sorge, Unruh, eigene Vornehmens und Wircksamkeiten, um es wieder gut zu machen, da sie nur mit Hertz und Vertrauen so blos in Christo bleiben solten, ohne Absicht auf das Empfindliche, sich Ihm überlassende, und Ihn für den Ausgang sorgen lassen; und siehe, da fallen sie hingegen nur in eigene Wircksamkeit und Sorglichkeit. GOTT läßt sich dann auch vielfältig wieder herunter, und gibt der Seele wieder was Empfindliches, und dann nimmt Ers auch wieder, damit sie allmählich lerne, sich selbst verlassen, auf Ihn vertrauen, und seinem Geiste freye Hand geben. Und dergestalt werden wohl die meisten mit Abwechslungen gereiniget und zu GOtt geführet.

Andere auserlesene Seelen werden zu seiner Zeit, nachdem sie genugsam bevestiget, wohl scharf gereiniget; ja es gehet recht ernstlich und betrübt her, wann solche Seelen, denen sich GOtt inniglich zu erkennen und zu lieben gegeben hat, und die demnach keine Ruhe noch Vergnügen ausser Ihm haben können noch wollen, nicht nur die empfindliche Gnaden und Mittheilungen, sondern auch die damit gepaart gehende Lust und Leichtigkeit zu allem Guten verlieren, ja ihnen zugleich ihre tief eingedrungene Unart, Eigenheiten und äusserstes Unvermögen, sich zu besseren und zu verwahren entdecket wird; welches bey einigen gar gründlich hergehet, und lange währet. Diß ist der Stand der inneren Läuterungen, welcher dem Stand unter dem Gesetz in vielen Dingen ähnlich scheinet, doch aber sehr weit davon unterschieden ist, wie ich im Brief wider die falsche Freyheiten[308] wo mir recht ist, erkläret habe. Hier muß die Seele aus Noth sich leidentlich hingeben, verlieren und GOtt überlassen: Aber unter dem Gesetz muß sie nach Christo und seiner Gnade schreyen, solche in Demuth erwarten, und inzwischen wircksamer Weise wider das Böse kämpfen. Dieser Stand der Läuterungen ist auch würcklich unterscheiden nach seinen Stafflen, nach den Beschaffenheiten der Seele, und nach GOttes Fürnehmen[309] über ihr. In

der, ich schätze mich selbst noch nicht so ein, daß ich's ergriffen habe. Eins aber sage ich: Ich vergesse, was dahinten ist, und strecke mich aus nach dem, was da vorne ist, und jage nach dem vorgesteckten Ziel, dem Siegespreis der himmlischen Berufung Gottes in Christus Jesus.

308 Hier erscheint die folgende Fußnote: „Siehe den letzten Brief im ersten Theil". Ob Tersteegen hinweisen möchte auf seine Ausführungen in: Zeugniß der Wahrheit die da ist nach der Gottseligkeit wider Einige gefährliche Gründe, die zur Beschönung der falschen Freyheit beygebracht werden; Zur nöthigen Warnung etlicher berufenen Seelen unserer Zeit, abgedruckt in: Geistliche Briefe I, Teil 1, nach Brief 150 ? Siehe auch Cornelis Pieter van Andel: Gerhard Tersteegen. S. 35 f. Wenn Tersteegen tatsächlich Fischer auf diesen - schon 1727 gemeinsam mit Hoffmann geschriebenen - Brief hinweisen will, dann dürfte die Auffassung von F. Augé die richtige sein: „Zeugnis der Wahrheit" sei an die Brüder der „Otterbeck" gerichtet.

309 Fürnehmen = Vorsatz.

solchem Zustande nun findet sichs immer mehr, wie so überaus schwer es fällt, daß ein Mensch der Gerechtigkeit GOttes (welcher allein die Ehre haben will) wahrlich unterthan werde, von allem Vertrauen auf sich und das Seinige abstehe, und sich gantz blos der puren Gnade anvertraue, ohne in Ewigkeit etwas weiter von sich selbst zu erwarten.

Hält aber die Seele diese Läuterungen, Entblößungen und Vernichtigungen nach GOttes Willen aus, und verläßt sich selbst gantz, dann wird sie auch gantz in GOtt eingenommen: Christus wird ihre wesentliche Gerechtigkeit in ihr, und der Grund-Anfang ihres Lebens, und ihrer inneren und äusseren Verrichtungen; sie ist gantz arm, unansehnlich und schwach, und doch auch gantz reich, unüberwindlich und sehr unschuldig; sie ist mit GOtt vereiniget, der in ihr lebt, und sie in GOtt, wie Erfahrene mit mehrerem davon zeugen können.

Diese tiefere Leyden, und die Seligkeit danach, werden sonderlich denenjenigen auserlesenen Seelen zu Theil, welche einen Zug, oder Beruf zum Inwendigen haben, und in demselben zur Vollendung sollen geführet werden. Diesen Zug zum Inwendigen bekommen einige früher, andere später: Gemeiniglich aber entstehet er, nachdem die Seele von dem ersten Ernst und denen darauf genossenen empfindlichen Gnaden-Gaben entblösset ist. Da werden ihr ihre verständliche Nachsinnungen und eigene Wircksamkeiten im Aeusseren und Inneren sehr verleidet und benommen; hingegen findet sie bey sich eine geheime Inclination[310] zur äusseren und inneren Stille und Abgeschiedenheit: Wann sie in einer allgemeinen liebevollen Andacht zu GOtt und dessen Gegenwart bleibet, dann befindet sie sich wohl; will sie was mehr thun durch Nachsinnungen, Anstrengungen oder mündlich Bäten, alsbald ist sie zerstreuet, unruhig und dürre; ihr Innerstes will von allem abgeschieden, und gantz für GOtt seyn, u. s. w. Hält nun die Seele in dem Stilleseyn und Vertrauen dergestalt einfältig aus, so wird sie dadurch grosser und theurer Gnaden fähig; sie liebet also GOtt in ihrer Abgeschiedenheit und Ruhe, und der wird sie wieder lieben, ja sich in ihr offenbaren. Und da wird ihr alles viel reiner wieder geschencket, was sie schiene verlohren zu haben etc.

Nachdem nun aber GOttes Fürnehmen über solche Seelen ist, so pfleget Er selbige nachhero (wie droben berühret worden) noch durch verschiedene Wege der Reinigung, Demüthigungen und des Todes zu seinem reinesten GOttes-Leben, und völliger Vereinigung oder Einheit mit Ihm zu führen.

Ich schreibe so in der Eil, und mit so schwachem Haupt, daß mich kaum besinne; sage deswegen wohl vieles unordentlich, und das zur Sache nicht dienet, wo nicht gar unrichtig; du nimmst nur für dich daraus, was dir dienet und vernichtigest es dann.

Wann man aber nun dir, oder einer anderen Seele die eigene Wircksamkeit und Sorglichkeit abräth; so zielet das im allergeringsten nicht auf eine falsche Gelassenheit, oder ungebundene Fahrläßigkeit. Wann man GOtt sein

310 Inklination = Neigung, Hang.

Hertz giebet, und Ihm sich völlig anvertrauet, dann verlieret man zwar die unruhige Kümmerlichkeit und Sorge für sich selbst, welche aus der Eigenliebe entstehet: Man kan aber nicht GOtt sein Hertz geben, und zugleich in williger Zerstreuung leben. Man hält sich abgeschieden, man liebet das Gebät, man thut äusserlich und innerlich, was man glaubt, GOtt zu gefallen, und Ihm am liebsten zu seyn; man will wohl recht treu und genau in allem seyn, nur muß das kümmerliche Wesen davon: man läßt GOtt für den Ausgang sorgen; man sieht nicht so immer nach sich selber um, stellt nicht tausend Untersuchungen an; nimmt nicht täglich neue Uebungen oder Fürnehmens vor, will sich nicht bald in diese bald in jene gute Gemüths-Fassung selber hinein helfen; sondern man gibt GOtt nach; man trägt alle Gemüths-Beschaffenheiten mit Frieden, auch so gar die Dürre, die Leyden, die Versuchungen und Elenden, GOtt in allem kindlich anbätende, liebende, und verherrlichende mit stillem Geiste. Man will und thut aber nichts Böses; durchaus nicht: Wann solches aber auch würcklich geschähe, oder die Seele meynte, daß es ihr unwissend geschähe, so wird man nicht gleich so gar verzagt, mürrisch und unruhig; man gestehet gern seine Schuld und Elend, und trägt diesen Schmertz und diese Vernichtigung vor GOtt mit Frieden; und also wird aus der Demuth ein reines Vertrauen in GOtt gebohren, da man von sich selbst hinfüro nichts, von GOtt aber alles erwartet.

Siehe, Bruder, ich sage vieles, und vielleicht nichts, das dich vergnüget, mich aber wahrlich noch viel weniger. —— Ich bitte, daß JEsus deine Seele besitze, und dich führen wolle den rechten und besten Weg. Bäte auch für mich, ich habs sehr nöthig.

Bin Dein armer, schwacher Bruder.

Mülheim, den 23. Nov. 1740

73.

An **Georg Hendrik Fischer**
Abdruck nach Geistliche Briefe II, Teil 3, Nr. 15

Von der Beschaffenheit der Leyden, und wie sich darinnen zu verhalten.

Lieber Bruder!

Ich nehme von Hertzen Theil an deinen Leyden, wie sie auch immer seyn mögen. Wann GOtt Lust hat, uns ins Leyden zu setzen, dann muß sich alles darnach schicken, und eine Kleinigkeit kan einem ein Berg düncken, damit wir das Vergnügen nicht haben mögen, das Mitleyden anderer, und unsern eigenen Muth zu sehen. Nur getrost, und immer fort, mein Bruder! Die edle Leydens-Zeit ist kurtz: Wir müssen solche im Glauben köstlich schätzen, und weder uns selbst, noch die Creutzgens viel besehen, sondern uns nur bücken, und immer auf GOtt vertrauen. Ich habs auch die mehreste Zeit von vielen Seiten, so dem HErrn allein bekant. Expresse[311] von solchen Materien etwas zum Trost suchen und lesen wollen, achte unnützlich und bisweilen schädlich. GOtt läßt einem bisweilen wohl etwas angesucht vorkommen, da nimmt mans einfältig an. Wer in den Artickel vom Leyden recht hinein kommt, kans selten mit andern reimen, wovon er lieset. Das Gebät ist eine gute Retirade[312]; selbiges auch etwas zu verlängeren, gehet auch an, nur muß man im Gebät GOtt kindlich zum Vorwurf[313] haben, und nicht vorsetzlich sich selbst und seine Leyden. Wir müssen uns GOtt schencken, und sodann vergnügt seyn mit Ihm, und mit dem, was wir gegenwärtig haben. Vergnügt sage ich, dann alle Unvergnügtheit machet düster und mürrisch, und eine Vermittlung zwischen GOtt und uns. Der innere Grund-Wille aber kan vergnügt seyn, und ruhig mit GOtt einstimmen, und die Natur doch zu eben der Zeit das Gegentheil fühlen; das muß man auch ruhig leyden.

Mülheim, am unschuldigen Kindleins-Tag[314], 1740.

74.

An **Johannes Ritterskamp,** zur Zeit Otterbeck.
Abdruck nach Geistliche Briefe II, Teil 3, Nr. 18

Wie man sich bey Entdeckung seines eigenen Elends zu verhalten.

Hertzlich geliebter Bruder!

So bald ich von deiner Schwachheit gehöret, hab ich dich in brüderlichem Mitleyden suchen zu fassen, wünschende, (wie ich auch noch von Hertzen thue) daß der liebe GOTT auch durch diese Besuchung seinen heiligen und gütigen Endzweck in Ansehung deiner Seele erreichen möge!

Es ist Gnade, wann der HErr dir deine Untreu, Ungestorbenheit und Ungestalt tief entdecket. Die Schwermüthigkeit entstehet aus der Eigenliebe. Vertraue dich dem HErrn völlig an, wie du bist, auf pure Gnade, und übergib dich Ihm und seiner Gnaden-Bewirckung gantz und mit einfältigem Hertzen, damit in dem vielleicht kurtzen Ueberrest deiner Tage gründlich in dir getödtet werde, was von der Natur und eigenem Leben übrig ist, und dein ewiger Geist die dem Volck GOttes verheissene Ruhe noch bey Leibes - Leben erreichen möge! Wage dich gantz dabey; siehe den kleinen Gewohnheiten und Ungestorbenheiten nicht durch

311 expresse = eigens, ausdrücklich.
312 Retirade = Rückzug in die Abgeschiedenheit.
313 Vorwurf = Gegenstand, Objekt der Verehrung.
314 = 28. Dezember 1740.

die Finger; traue deinem argen Hertzen nichts, GOTT aber viel; liebe die Abgeschiedenheit, das Stillschweigen und Gebät. JESUS segne dich!

Dein schwacher Mitbruder.

Mülheim, den 30. May 1741.

75.

An **Johannes Ritterskamp**
Abdruck nach Geistliche Briefe II, Teil 3, Nr. 20

Die Anstrengung müsse nicht im Gebät, sondern in der Verläugnung gebraucht werden.

Geliebter Bruder!

Obgleich sehr schwach bin auf eine Aderlaß, so wolte doch eben melden, daß die Alteration[315] und Aengstlichkeit beym Gebät allerdings eine natürliche Ursache bey dir habe, und durch die geringste Anstrengung vermehret werde. Ich rathe also die Anstrengung der Andacht ab, ohnerachtet es dir vorkommt, dein Gebät seye dann nur so obenhin[316]. Das wird sich ändern, wo du nur vorsetzlich keine Untreu oder Auskehr hegest, sondern die wahre Anstrengung und Gewalt brauchest, welche in der Verläugnung, in der völligen Uebergabe an GOtt, und in der geheimen Vereinigung mit seinem göttlichen Wohlgefallen in- und ausser dem Gebät bestehet. Man kan sich ohnedem öfters auf eine sanfte und doch wahrhafte Weise der Gegenwart GOttes erinnern, und mit ruhiger Ertragung seiner Armuth vor Ihm bleiben.

In Ansehung des Aeusseren rathe eine mäßige Bewegung an, so viel nehmlich der Zustand oder die Kräften leyden ...[Lücke im Text] Ich grüsse hertzlich im HErrn, der deine Seele segne, und gantz zu Ihm gewandt mache!

Dein schwacher Bruder.

Mülheim, den 11. Junii 1741.

---

315 Alteration = Aufregung, heftige Gemütsbewegung.
316 obenhin = flüchtig, oberflächlich.

76.

An **Georg Hendrik Fischer**
Abdruck nach Geistliche Briefe II, Teil 3, Nr. 29

Frage und Antwort: Wie man seine Fehler am ersten verbessern und sich in Unruh und Traurigkeit erheben könne.

In der Gnade JEsu hertzlich geliebter Bruder!

In deinem letzteren fragtest du: Wie werden meine Fehler aufs gewisseste, leichteste und erste verbessert? Und, auf welche Weise muß ich mich erheben, wann mich Unruh und Traurigkeit niederdrücken? Auf deine erste Frage antworte kürtzlich.

Alle deine Fehler werden verbessert durch die Liebes-Vereinigung mit JEsu, und daß du Denselben in dir leben lässest. Ist der Baum gut, dann sind auch die Früchte gut[317]. Von uns ist nichts Gutes zu erwarten. Die finstere, herbe, schwere, peinliche Eigenschaften unsers Wesens werden allein gehoben durch die Liebes-Vereinigung mit JEsu, da uns das göttliche Licht und die göttliche Liebe von Grund auf durchdringen kan. Dein Sorgen und Bemühen, deine Behutsamkeit und Treue, deine Entschliessungen und vermeynte Aufrichtigkeit sind unzulänglich, ja manchmal hinderlich, wann man drauf stützet, sonderlich jetzt und für deine Person, weil sie dich in dir selber aufhalten. Werden dir deine Fehler und Unvollkommenheiten, mittelbar oder unmittelbar, entdeckt, da must du durch Sorgen und Wircken der Sache nicht wollen helfen, sondern ruhig in dein Elend zustimmen, und dich freuen, eine so schöne Gelegenheit zu haben, dich tiefer zu verlassen, und deine Vollkommenheit in JEsu zu suchen. Diß thue dann, so gut du kanst; Entsincke dir und allen deinen Fehlern. Je weniger Aufenthalt und Stütze du in dir selbst findest, desto besser bist du bequem, lauterlich auf GOTT zu vertrauen, und deinen Aufenthalt in Ihm zu suchen, dessen Name allein in uns muß geheiliget werden.

Kanst du dich nicht verlassen, (dann das will der sorgfältige Sinn gern so wirckender Weise ausrichten) dann trage dich mit Stillseyn und Vertrauen: Kanst du dich auch nicht tragen, weil du schwer bist, dann laß dich fallen, ohne umzusehen, wo du hinfällst, und ohne dich deiner selbst mehr anzunehmen. Und diß ist dann auch die Antwort auf deine zweyte Frage, nemlich: In aller Unruh und Schwermüthigkeit ist das beste Erheben, daß du dich nur fallen läßst und hingibst als eine Sache, die nicht mehr dir, sondern einem andern angehöret, und wofür darum auch nicht mehr du, sondern ein anderer sorgen muß und will. Ach! wie so lange sehen wir uns an, und beschäftigen uns

317 Matthäus 12,33: Nehmt an, ein Baum ist gut, so wird auch seine Frucht gut sein; siehe auch Matthäus 7, 16-20.

mit uns selbst! Sollen wir dann nicht endlich GOtt nur ansehen und lieben ohne Absicht auf uns? Da Er uns doch liebet ohne Absicht auf das, was wir sind. Schließlich, Bruder! verlaß dich, trag dich, laß dich fallen, und vereinige dich mit JEsu in reiner Liebe. Daß Er uns gantz besitze und belebe wünschet

Dein verbundener Bruder.

Mülheim, den 22. Sept. 1742.

77.

An **Georg Hendrik Fischer**
Abdruck nach Handschrift[318]
(Text weist Lücken auf wegen eines fehlenden Randstreifens)

Adresse:
An den Ehrsamen
G. H. Fischer
zur
Otterbeck

Hertzlich geliebter bruder.

Auf dein angenehmes berichte in eil, daß zwar des Horii so wol als des Bovilli briefe [Lücke] Clausens wegen, auch in dem Leben der Glaubigen[319] |: so ihr da im Hause habt :| sich befindet [Lücke] aber nicht erinnern kan, ob ich nicht etwas mehr als nur des Horii brief abzuschreiben gewiesen habe, oder ob ich ihn etwa in der Kirchenhist[orie] accurater gedruckt gefunden, so ist besser man warte mit dem abschreiben, biß du den bogen, so ich dir gesandt, entweder wiederbringest oder schickest, damit ich nachsehen könne was ich hab angewiesen. Dan meine [Lücke] historie dir desw[egen] zu überschicken, dünckt mich der mühe nicht werth.

Das Leben des Athanasii[320] in dieser edition deiner K[irchen] H[istorie] ist allerdings Gott[Lücke] und wieder des Verlegers intention hinein gerückt, es

318 Bestand Merz, Engelskirchen.

319 Von Gottfried Arnold, 2 Teile, 1701. Siehe: Max Goebel: Geschichte des christlichen Lebens Band II, Koblenz 1852. S. 698. Diese Bände von Arnold müssen zu Tersteegens Zeiten in der Otterbeck gewesen sein, gehören jedoch heute nicht mehr zur Bibliothek.
Zu „Clausen", „Horii" und „Bovilli" siehe: Gottfried Arnolds / unpartheyischer / Kirchen- und Ketzer- / Historie Dritter Band. Schaffhausen 1742. S. 585/586. Frühere Ausgaben wurden nicht eingesehen.

320 Athanasius war ein Patriarch zu Alexandrien, im Jahre 296 dort von vornehmen Eltern geboren. Um das Jahr 315 soll er sich bei dem berühmten Einsiedler Antonius befunden haben. Hernach hielt er sich zu dem alexandrinischen Bischof Alexandro und half tapfer im Streit gegen die Ari-

beweiset solches nur was der schre[iber] für ein Mann gewesen, nemlich ein Arianischer lästerer, aber keineswegs welch ein Mann Athanasius gewesen, von welchem gewiß Arnold selbst viel anders würde geschrieben haben, wenn seine K[irchen]hist[orie] am ende seines Lebens wäre heraus gekommen. Athanasium halte ich für einen Mann in dessen hertzen die furcht Gottes gewohnet, der die Warheit von der Dreyeinheit wieder unzählig mächtige und bittere feinde vertheidiget, langwierige harte Verfolgungen drüber ausgestanden, und tausend lästerungen durchgehen müssen, die aber grundfalsch befunden worden, welche aber dieser Autor des lebens Ath[anasii] alle aufgewärmet als wenn es wahrheiten wären. Daß Athanasius seine fehler gehabt, und bey so vielem gezänck, bitteren verfolgungen und lästerungen, wol nicht jederzeit in den schrancken der moderation mag geblieben seyn, will ich nicht wiedersprechen; in seinen schriften |: weil sie meist alle streitigkeiten verhandeln :| ist auch für uns nicht so viel, aber das Leben Antonii des Einsiedlers[321], so er beschrieben, als ein augenzeuge und freund des Antonii, ist eine herrliche und sehr erbauliche schrift; das Leben Syncletica[322] soll auch von ihm seyn. das Sambolum[323] ist von Athanasio nimmermehr gemacht,, wie die gelehrten gern gestehen. Antonius hat Athanasium seinen Mantel etc. vermacht, welches dieser Gottes-Mann nicht würde gethan haben, wo er nicht hertz und liebe zu ihm gehabt. etc.

Ich habe fieber gehabt, bin auch noch recht übel auf. Der Herr Jesus segne alles, und bewahr uns beym Eintzig-Nöthigen, und sonderlich zu dieser zeit in inniger veneration[324] und liebe unsers erniedrigten heylandes, damit auch sein Sinn und Er selbst immer völliger in uns seye. phil 2.[325] Amen.

Ich grüsse hertzlich dich, und deine haußgenossen, auch Joh. Ritterskamp[326] gelegentlich, Dein verb[undener] schw[acher] bruder

G. T. St. in eil

M[ülheim] d[en] 27. 7[Septem]ber 1744.

aner. Nach einem wechselvollen Leben zwischen Anerkennung und Verfolgung starb er im Jahr 373. Siehe: J. H. Zedler. S. 2011 / 2012.

321 Antonius ist 251 in Ägypten geboren. Er war Vorsteher einer großen Menge Einsiedler. Er hat gewisse Regeln des Mönch-Lebens geschrieben und ist 356, in seinem 105. Lebensjahr, gestorben. Er hat verschiedene Briefe an den Kaiser Konstantin gerichtet, u.a. zur Verteidigung des Athanasius und zur Rettung vor der Unterdrückung durch die Arianer. Athanasius hat sein Leben beschrieben. Siehe: J. H. Zedler. S. 695.

322 Alexander Syncliticus war ein Rechtsgelehrter aus Nicosia in Cypern. Er kam mit seinen Eltern nach Kreta, studierte in Venedig die griechische Sprache, setzte in Padua seine Studien fort und hatte bereits mit 25 Jahren den Ruf, einer der besten Philosophen und Rechtsgelehrten seiner Zeit zu sein. In Venedig wurde er 1617 Professor des Canonischen Rechts, 1626 Professor des Bürgerlichen Rechts, und 1638 erhielt er die oberste Professor-Stelle. Er starb 1646 im 77. Jahr. Siehe: J. H. Zedler, 1744. S. 778.

323 Zu „das apostolische Symbolum" siehe: J.A. Corvini gründliche Untersuchung der so genannten unpartheyischen K. u. K. Hist. etc. im 3. Band, Schaffhausen 1742. Seite 337

324 Veneration = Verehrung, besonders der katholischen Heiligen.

325 Phil. 2,5: „Seid so unter euch gesinnt, wie es auch der Gemeinschaft in Christus entspricht."

326 Ab 1727 Empfänger mehrerer Briefe Tersteegens. Siehe Verzeichnis der Adressaten.

Was soll ich sagen auf die frage wegen eurer Magd[327]? Von keinem umstande oder ursachen was weiß, auch den Schmal[328] nicht kenne. Kan sie in eurem hauß bleiben! warum will sie dan verändern? Kan sie nicht bleiben? u[nd] sie will wieder haussen wohnen: dan stehts ihr frey, ja ist ihre pflicht zu machen, daß sie bey solchen leuten komt, wobey sie glaubet am wenigsten in ihre Seele zu leyden. Weiter kan nichts darauf sagen; ich grüsse sie.

78.

An **Georg Hendrik Fischer**
Abdruck nach Geistliche Briefe II, Teil 3, Nr. 61

Das Zurücksehen auf sich selbst machet muthloß. Artzney dagegen.

Hertzlich geliebeter Bruder!

Weil ich vermuthe, du seyest noch zu N.; so wollte dich mit eilender Feder hertzlich grüssen. JEsus segne dich ! Du thust nichts, als zurücksehen auf dich selbst; das muß dich ja muthlos und unruhig machen. Wann ichs so gemacht hätte, ich wäre in meinem Elend längst umgekommen; dann ich bin so fromm nicht, als mich einige andere dafür halten: Ich schweige aber, und laß mich noch wohl darzu loben ins Angesicht, damit sie mich nicht noch darzu demüthig schelten. Ich glaube nur dem Licht der Wahrheit, in welchem ich mich heimlich und einfältig vor den Elendesten halte, und verantworte mich nicht, wann andere mich loben. Das Begehen meiner Fehler, vornemlich wanns andern auch bekannt wurde, machte mich vor diesem so kranck, wie du jetzt bist: Hernach wiese man mir eine Artzney dagegen, nemlich die süsse Liebe zur Selbst-Verschmähung die mich allemal, wann ich sie brauchte, wunderbarlich beruhiget und so erquicket hat, daß ich meiner Kranckheit gar darüber vergaß. Man muß aber diese Artzney getrost hinein trincken, und nicht so mit den Lippen lecken, sonst schmäckts gar zu bitter.

Ich schertze nicht; es ist mehr Wahrheit in dem Jetztgemeldeten, als ich sagen kan. Das Zurücksehen auf dich selbst schadet dir mehr, als alle deine Fehler. Gewiß ist der Grund nur Eigenliebe! Aber, warum wirst du über dieser Entdekkung so bestürtzt? Wußtest du dann nicht, daß du ein eigenliebiges Adams-Kind warest, wie ich und andere? Sollte man über solche Entdeckungen melancholisch

---

327 Da Agnes Otterbeck am 11.05.1739 den Godfried Jaspers aus Kettwig geheiratet hat und Elsgen Otterbeck am 14.06.1744 den Stephan Schönebeck aus Homberg, war vermutlich eine fremde Magd eingestellt worden, die noch nicht ermittelt werden konnte. 1753 kam Elisabet zur Kuhlen als Magd.

328 Der Schmal konnte noch nicht ermittelt werden. Im Sterbebuch von Heiligenhaus ist 1784 das Begräbnis einer Sophia Gertrud Schmal zur Ehren eingetragen. „Der Schmal" könnte demnach ein Mann gewesen sein, der auf diesem Hofgut zur Ehren im Angerbachtal gelebt hat.

werden, und nicht vielmehr ein Te Deum laudamus[329] anstimmen, daß uns der HErr eine so theure Gnade in der Erkänntniß unserer selbst mittheilet? Kein Mensch kann das Te Deum laudamus anmuthiger singen, als eine sich selbst erkennende und verschmähende Seele.

Der Schmertz, sagest du in deinem Letzteren, über das, was ich gethan, hält noch empfindlich an. Ich verstehe dieses nicht. Ich weiß nicht, was du gethan hast. Gib dich selbst in GOttes Namen dran! Wir sind keine Sache, die so viel Besehens werth ist. Kanst du dich nicht nach Wunsch dran geben, dann trage dich selbst willig und ruhig, und laß dein inneres Aeuglein süßiglich von dir selbst ab- hinein gewandt bleiben auf den, in welchem dein gantzes Heil ist.

Daß wir elend, böse, und zum Guten untüchtig sind, sollen wir von Hertzen glauben, aber nicht jederman sagen: Aber daß unser GOtt so groß ist, so gut, so selig und in Ihm alles Heyl und Gute ist, das soll unsere Materie[330] seyn, woran wir gedencken, wovon wir reden, und singen, und worin wir uns einig erfreuen. Amen!

Mülheim, den 23. Jan. 1745

79.

An **Georg Hendrik Fischer**
Abdruck nach Geistliche Briefe II, Teil 3, Nr. 65

Daß die Einkehr, Sammlung, Innigkeit und Nahheit GOttes nicht in der Seelen Gewalt, sondern Gnade sey.

Hertzlich geliebter Bruder!

Was in deinem Inwendigen vorgegangen, erkenne ich als GOTTES Werck und Gnade. Erkenne du es auch als sein Werck, aber auch als Gnade; so wirst du dich über deren Bedeckung so viel weniger verwunderen; und sodann wird deren Frucht ewig bleiben; sollte gleich das Empfindliche davon weggehen: Dieses letztere ist vorübergehend, aber nicht das Wesen und die Frucht des inneren Friedens, Glaubens etc. Du siehest, was GOtt im Augenblick vor Veränderung kan wircken, die wir durch keine Treue, Einkehr, Gewalt etc. erwerben können; Er macht alles in uns zu Schanden und desparat[331], und dann hilft Er aus Gnaden.

Die Leichtigkeit, welche der Seelen durch die empfindliche Nahheit GOttes mitgetheilt wird, (so daß ihr nichts leichter ist, als die Einkehr) sollte sie bedeck-

329 Loblied.
330 Materie = Thema.
331 desperat = verzweifelt, hoffnungslos.

ter Weise können glauben machen, daß diese Sammlung, Innigkeit und Nahheit GOttes in ihrer Gewalt wäre, und sie sich in solche setzen könnte, wie sie wollte; um dieser und anderer Ursachen willen ziehet GOtt die Decke wieder ein wenig drüber, damit die Seele erfahre, es sey Gnade, und durch ihr bestes Einkehren nicht zu erreichen. So viel mehr kanst du nun glauben, GOtt habe es gethan, weil du dirs jetzt selbst nicht geben kanst, wann du wilt. Es bleibe dann alles dem HErrn wieder gegeben! Inzwischen weißst du ja nun, daß GOTT ist, und zwar derjenige, der Er ist. Ist es gleich noch kein ausgebohrner bleibender Stand der göttlichen Vereinigung, so hat dir doch GOtt eine Gnade erzeigt, die du in Ewigkeit zu erkennen hast, und die viele in dieser Zeit nicht erlangen, welche besser und treuer sind, als du und ich. Dein Elend und Kleinmüthigkeit hat Ihn mehr darzu gezwungen, als deine Treue.

Du kanst ohne Bedencken, aber auch ohne Scrupuliren[332], glauben, daß du es wieder irgendwo versehen hast. Bewahre indessen die innere Zufriedenheit: Liebe die Abgeschiedenheit, sonderlich die Abgeschiedenheit des Hertzens, worzu die innere Zufriedenheit neiget, so wohl als die liebevolle Einkehr, worzu sie nicht weniger neiget: Untersuche aber nicht viel und genau; sondern dein Glaube, deine Liebe, und dein gantzer Sinn gegen GOTT sey unverändert derselbe, als wie du Ihn so nahe fandest; dann auch GOtt ist in sich selbst und in Ansehung deiner eben so nahe, gut und liebenswürdig, als damals. Bäte für mich; ich thue gern desgleichen.

Mülheim, den 2. März 1745.

80.

An **Georg Hendrik Fischer**
Abdruck nach Geistliche Briefe II, Teil 3, Nr. 67

Nachricht von dem Absterben eines wichtigen Bruders. Beantwortung etlicher wichtigen Fragen, das Inwendige Leben betreffende.

Hertzlich geliebter Bruder!

Durch diese Zeilen muß dir Nachricht geben, daß es dem lieben GOtt gefallen, unsern werthen Bruder P[auw].[333] den 29ten Junii, Morgens zwischen drey und vier Uhr, zu sich in die Ewigkeit über zu nehmen, und ist er Samstags darauf zu H.[334] begraben worden. Die letztere Tage hat er große Benautheit[335] ausgestan-

332 Skrupulieren = Zweifel, Gewissensbisse.

333 Jonkheer Adriaan Pauw, Heer van Heemstede, en van Rietwijk en Rietwijkeroord (1672-1745). Siehe Anm. zu Brief Nr. 23; auch van Andel: Gerhard Tersteegen. S. 83 f.

334 Heemstede.

335 Benautheit = Beklommenheit, Enge; niederl. „Benauwdheid“ = Beklemmung, Angst, Furcht.

den; doch hatte er Sonntags vorher, wie er Dienstags Nacht starb, wegen seines Gemüths, der N. auf Befragen noch zu erkennen gegeben, daß er sich in inwendiger Weite und Ruhe des Gemüths befinde; und uns alle mit einander auch noch hertzlich grüssen ließ. Die Armen verlieren an ihm einen treuen Allmosen-Pfleger, und wir einen werthen Bruder: Doch! wir haben ihn nicht verlohren; sondern, gleichwie die Gemeinschaft des Geistes durch den Tod nicht gebrochen wird; so können wir hoffen, ihn durch GOttes Barmhertzigkeit in Christo bald wieder zu sehen. Amen! Was für eine Stütze ich insbesondere daran verliere, ist dir zum Theil bekannt[336]. Nun, der HErr hats gegeben, der HErr hats genommen, der Name des HErrn sey gelobet! Nichts ist heylsamer und liebenswürdiger, als wann uns Leben und Stütze ausser GOtt genommen wird, weil wir dadurch sehr in Gott gefördert werden können: Die Geschöpfe thun uns also den grösten Dienst, wann sie uns abweisen zu GOtt.[337]

Nun sollte auf deine Fragen, dein Inwendiges betreffend, auch ein wenig antworten: ich will und muß es kurtz thun. Du fragest: Worin besteht der Ausgang aus sich selbst? In der Verschmähung und Vergessung seiner selbst, und in der Ueberlassung an GOtt durch Glauben und Liebe. Wie übet man sich darin? Durch eben dieses; das ist, daß man sich entweder wircksamer, oder leydender Weise verschmähe und vergesse, und mit Liebe und Vertrauen zu GOtt sich kehre. Worin bestehet der Ueber- oder Eingang in JEsum Christum? Und, wie gelanget man dahin? Er bestehet eben darin, worin der Ausgang aus sich selbst bestehet; dann der Ausgang aus sich selbst ist der Eingang in JEsum Christum; und der Eingang in JEsum ist der Ausgang aus sich selbst. Auch gelanget man dahin, durch eben den Weg, und zwar, bald, wann man wircksamer Weise sehr treu ist in der Selbst-Verläugnung, und leydender Weise sehr treu in der süssen Geduld. Was sind für Hindernisse, daß man insgemein so bald nicht dahin gelanget? 1. Die Selbst-Liebe, woraus Vertrauen auf sich selbst, Besehen seiner selbst, Sorge für sich selbst, und Muthlosigkeit wegen seiner selbst entstehen. 2. Die Zärtlichkeit, um welcher willen GOtt viele Seelen nicht recht darf angreiffen, aus Furcht (menschlich zu reden,) daß sie zur Welt wiederkehren, oder durch Muthlosigkeit verderben möchten. Woran liegt es, daß, wann man einiger massen dahin gelanget, man nicht in JEsu Christo bleibet? Eben an der Selbst-Liebe und ihren Früchten; dann siehe, lieber Bruder! durch die Liebe gehen wir in eine Sache ein; durch die Creatur-Liebe in die Creatur, durch die Selbst-Liebe in uns selbst, durch die Liebe GOttes in GOtt. Darum liebe, so wird dir geholfen. Aber, wie komm ich dahin, daß ich liebe? Antwort. Durch Lieben, durch Bäten und durch Warten. Aber, ich fühle keine Liebe GOttes, sondern nur Selbst-Liebe, und finde mich gefangen in mir selbst. Ant-

---

336 Pauw hatte Tersteegen finanziell großzügig unterstützt.

337 Zwei Jahre nach dem Tode Pauws, 1747, kam die Verbindung zur Familie Evertsen in Barmen zustande, die sich positiv auf Tersteegens wirtschaftliche Versorgung auswirkte.

wort. Bekenne dein Nichts gerne; trage dein Elend vor GOtt mit süssem Vertrauen, und dencke mehr an GOtt, und wie du Ihn, den unendlich-guten und grossen GOtt lieben und loben solt, als an dich selbst und an deine Elenden, selbige zu beklagen.

Dieses Wenige, lieber Bruder! schreibe in Eil: Vielleicht ist dirs nicht genugsam. Es ist wahr, ich könnte dirs begreiflicher vorstellen, und distincter[338] antworten: Aber eben das ist dir eine Hinderniß, und kommt aus dem Verderben, daß du alles so distinct und begreiflich haben willst. O! wie so wohl meynen wirs öfters zu begreifen, wie GOttes Führungen gehen! Und dennoch, wann wir selbst in dasjenige kommen, was wir gelesen und begriffen haben, dann können wirs nicht reimen; und wann wirs ja reimen wollen, dann stehet uns öfters unser Begriff im Wege und hindert uns an der Sache selbst. Wir sollen deßwegen hauptsächlich nur zu dem Ende lesen, um unser Hertz zu nähren, zu sammlen, und zu GOtt zu erheben; und im Verläugnen, Bäten und Lieben uns so hertzlich, als wir können, übende, uns und unsern Weg GOtt anbefehlen, ohne immer zu wollen sehen, wie und wo wir sind? Amen!

Mülheim, den 15. Julii 1745.

81.

An **Georg Hendrik Fischer**
Abdruck nach Handschrift[339]

(Anmerkung: Wegen fehlender Ränder bei der vorliegenden Handschrift weist der Text einige Lücken auf. Da der Brief in Geistliche Briefe II, Teil 3, Nr. 67 abgedruckt ist [vorstehender Brief Nr. 80], wurde die Handschrift - wo es möglich war - in eckigen Klammern ergänzt).

Adresse:
Dem Ehrsamen
Georg. Hend. Fischer
zur Otterbeck

franco
biß Coenen-hauß

Hertzlich geliebter bruder.

338 distinkt = verständlich, klar und deutlich abgegrenzt.
339 Bestand Merz, Engelskirchen.

Durch diese Zeilen muß dir nachricht geben, daß es dem lieben [Gott gefallen hat], unseren werthen bruder Pauw[340] d[en] 29. Juny, morgens zwische 3. und [4 uhr zu] sich in die ewigkeit überzunehmen, und ist er samstags darauf zu Heems[tede begra]ben worden. Die letzten tage hat er grosse benautheit ausgestanden, doch hatte [er sonn-]tags vorher |: wie er dinstags in der nacht starb :| wegen seines Gemüts zu der Jfr. [...] auf befragen noch zu erkennen gegeben, daß er in inwend[iger] weite und ruhe des [gemüths] sich befande; liesse uns alle miteinander auch noch hertzl[ich] grüssen. Die armen ver[lieren] an Ihn einen treuen Almosenpfleger und wir einen Werthen bruder. Doch, wir [haben] Ihn nicht verloren, sondern gleichwie die Gemeinschaft des Geistes durch den todt nicht [ge]brochen wird, so können wir hoffen ihn bald wieder zu sehen, durch Gottes Barmhertzigkeit in Christo! Amen. Solte ich dir im vertrauen sagen, daß mir dadurch im äussern eine stütze genommen worden, wodurch mir fast mein gantzer unterhalt besorget wurde: so sagte ich dir die warheit, und was dir zum theil bekant ist. Nun, der Herr hats gegeben, der Herr hats genommen, der Name des Herrn sey gelobet! Nichts ist heilsamer und liebenswürdiger als wenn uns leben und stütze ausser Gott genommen wird, weil [wir] dadurch sehr in Gott gefördert werden können, die geschöpfe thun uns also den grössten dienst, wenn sie uns abweisen zu Gott. Ich hätte dir diese nachricht ehender gegeben, allein ich bin zu Creivelt[341] vorige woche gewesen, u[nd] ist br[uder] Hoffmann freytag wieder mit mir zurück gekommen. Und dan haben mir auch diese umstände vom kranckseyn u[nd] sterben des br[uder] Pauw viel zu schreiben gegeben; anderer hindernüsse nicht zu gedencken. Vermuthlich wird br[uder] Sommer[342] übermorgen als samstag nach Nimwegen, Arnem [Arnheim] & Veenendaal reisen.

Diese nachricht vom todt des br[uders] Pauw hatte schon guten theils an dich geschrieben, wie dein angenehmes mit dem Antim. diaph.[343] bekomme, vor des-

---

340 Siehe Anm. bei Brief Nr. 23 und Nr. 80.

341 Krefeld.

342 Bruder Hoffmann und Sommer. Siehe: Anm. bei „Bearbeitungshinweise" und Brief Nr. 2.

343 Frau Christa Habrich aus Gießen danke ich für die nachstehenden fachlichen Erläuterungen zu den von Tersteegen genannten Arzneimitteln (Schr.v. 14.09.1997):

„Antomonium diaphoreticum ist ein schweißtreibendes Mittel aus Spießglanz (Antimonsulfid) oder Antimonoxid mit Salpeter chemisch umgesetzt. Je nach Rezept hat es verschiedene Zusammensetzung. In jedem Fall war es giftig und mußte mit äußerster Vorsicht angewandt werden. Auch die Tinctura Antimonii war unterschiedlich zusammengesetzt meist aus Brechweinstein mit Alkohol hergestellt, konnte sie viel bis kaum etwas Antimon enthalten. Benutzt wurden diese Mittel bei fiebrigen Infektionskrankheiten, gegen Syphilis usw., manchmal aber auch etwas wahllos eingesetzt.

Das 'Grünöl' ist offensichtlich aus frischen Kräutern hergestellt worden: Diese Kräuter kennen wir auch heute noch unter dem gleichen Namen wie sie von Tersteegen bezeichnet werden. Es handelt sich um Kardobenediktenkraut, Baldrianwurzel und -kraut, Lavendelblüten und -kraut, Tausendgüldenblüten und -kraut, Lungenkraut (dies kann sinngemäß in der fehlenden Textstelle ergänzt werden) und das Johanniskraut und -blüten. Mit 1 halben Pfund Terpentin und 1 Viertel Pfund Weihrauch wurde daraus ein aromatisches, balsamartiges Öl hergestellt, das wahrscheinlich bei Lungenkrankheiten oder Erkältungen eingerieben wurde. Auch gegen rheumatische Schmerzen könnte ich mir eine Wirkung vorstellen. Während Tersteegen bei den anderen Mitsen besorgung ich dancke, und werde ich nun eine zeitlang zukommen. Aber Tinct. Antimonii habe schon mehr als ein jahr bey dir bestellt gehabt, scheint aber du seyest es vergessen, doch habe noch was weniges.

Die kräuter zum grün-öhl kan man dir zwar wol besorgen, ich fürchte aber es werde wieder damit gehen wie vorm jahr, daß sie hier liegen bleiben, und verderben. Dan ein Apotheker hohlt die so nicht auf einen tag, und thut er das gleich, so geschieht das just nicht den tag, da mans gern hat, und geschäh es endlich just auf einen Donnerstag, da ichs dir mit der post könte berichten, so solte sie doch kaum solang guth bleiben. Wie das öhl machen köntest, deßwegen wolte dich vorab fragen, ob dir nicht einige [...], um solche dan erst abzupflücken, wan du die andere bekämest ? ich [...] habest das recept, die Kräuter sind folgende: baldrianwürtz 1 loth [...] kraut 1 handvol. Cardebenedicten, lavendelkraut, tausendgülden, [...] kraut, Johanniskraut u[nd] blumen, jedes 1 ½ handvoll. lavendel-blümlein, und [...] gülden-blümlein. jedes 1 handvol. [...] die blümlein und wurtzel dürften [...] nicht grün zu seyn, Cardebenedict, tausendgülden, lavendel, kennest du wol, auch [...] Johannis-kraut, oder ich kenne es doch, und ist des letztern hier überal gnug [...] finden. Könte man nun dan damit zu recht kommen, da müstest du nur einst [...]gen-kraut und badrian-kraut hier kommen abhohlen, oder schreiben wie ichs dir zuschicken könne, wan ich sie durch den Apotheker pflücken lasse. Das übrige, als therpentin &c hab ich auch, zu deinem dienst; allein, ich nehme wol ½ [?] therpentin und ¼ [?] weyrauch dazu. brauche aber das öhl wenig.

Deine haußgenossen grüsse ich und andere hertzlich. daß Elsken glücklich entbunden, dafür seye Gottes Name gelobet! der auch der kindbetterin ein recht danckbares hertz verleihe! daß aber das töchterlein so bald wieder gestorben, thut mir zwar ihrentwegen leyd, hoffe aber sie werde mit Gottes willen sich zufrieden stellen, als der ohnen allen zweifel voraus gesehen, daß dem kinde ein längeres leben nicht gut würde gewesen seyn[344].

Nun solte auf die fragen, dein inwendiges betreffende, auch ein wenig antworten. Ich will und muß es kurtz thun, weil da vornen besuch sitzt so auf mich wartet, aber wan ich auch viele zeit hätte, und weitlauftig schreibe, so würde es doch wol auf dieses kurtze auskommen. Alle deine fragen lauffen auf eines aus, und auf alle muß ich fast ein und dasselbe antworten: |: worin bestehet der Ausgang aus sich selbst ? In der Verschmähung und Vergessung seiner selbst, und in der Uberlassung in Gott mit Glauben u[nd] liebe. Wie übet man sich darin? Durch eben dieses, d.i. daß man sich entweder würcksamer oder leydendlicherweise

---

teln auf gängige pharmazeutische Präparate zurückgreift, dürfte das 'Grünöl' eher in die Gruppe der Hausmittel einzuordnen sein."

344 Eintrag Heiraten Ref. Gem. Homberg: 14.06.1744: Stephan Schönenbeck, Sohn von Cornelis Schönenbeck u. Elis. weyl. gew. Ehefrau oo Elisabeth Catharina [Elße Catharin] Otterbeck, Rüttgeren Otterbeck u. Agnes Klein-Selbeck nachgel. T. zu Heiligenhaus. Anna Maria ist am 13.07.1745 getauft worden. Den Sterbeeintrag konnte ich nicht ermitteln. Vermutlich ist das Kind am 14.07.1745 gestorben. Ein weiteres Kind der Eheleute wurde am 08.06.1747 in Heiligenhaus getauft: Anna Gertrud. Dieses Kind starb am 28.11.1748. Elßgen wurde am 27.04.1750 in Heiligenhaus begraben.

verschmähe u[nd] vergesse, und mit liebe u[nd] vertrauen zu Gott kehre. Worin bestehet der Uber- oder Eingang in J[esus] C[hristus]? Und wie gelanget man bald dahin? Ja eben diesem worin der ausgang aus sich selbst bestehet, dann der Ausgang aus uns selbst ist der eingang in J[esus] C[hristus]. Und der eingang in Jesum ist der ausgang aus uns selbst. Und man gelanget dahin durch eben den weg. Man gelanget bald dahin, wenn man würcksamer weise sehr treu ist [in] der selbst-verleugnung, und leydender weise sehr treu in der süssen Geduld. Was sind vor hindernüsse daß man insgemein so bald O [nicht] dahin gelanget? 1. Die Selbstliebe, woraus entstehen vertrauen auf sich selbst, besehen seiner selbst, sorge für sich selbst, Mutlosigkeit wegen seiner selbst. 2. die Zärtlichkeit, weßwegen Gott viele Seelen O [nicht] recht darf angreiffen, aus furcht |: menschlich zu reden :| daß sie O [nicht] zur welt wieder kehren, oder durch Mutloßheit verderben. Woran liegt es, daß wenn man einiger massen dahin gelanget, man O [nicht] in J[esus] C[hristus] bleibet? Eben daran, an der Selbstliebe, und ihren früchten. Siehe, l[ieber] br[uder], durch die liebe gehen wir in eine sache ein, durch die Creatur-liebe in die Creatur, durch die selbst-liebe in uns selbst; durch die Liebe Gottes in Gott. Liebe dan, so wird dir geholffen. Aber wie komm ich dahin daß ich [liebe? Antwort] durch lieben, durch bäten, und durch warten. Aber ich fühle keine Liebe [Gottes, sondern] nur selbstliebe; und finde mich gefangen in mir selbst. Antw[ort] bekenne dein [Nichts gerne;] trage dein Elend vor Gott mit süssem Vertrauen; und dencke mehr an Gott [und wie] du ihn, den unendlich grossen und guten Gott, lieben u[nd] loben solt; als an dich [selbst und an] deine Elenden selbige zu beklagen.

Dieses wenige, l[ieber] br[uder], schreibe [ich in eil]. Vielleicht ist dirs O [nicht] genugsam. Es ist wahr, ich könte dirs begreifflicher vorstellen [und] distincter antworten; aber eben das ist dir eine hindernüß u[nd] komt aus dem [verder]ben, daß du alles so distinct und begreifflich haben wilt. O wie so wol meynen wirs [öfters] zu begreiffen wie Gottes führungen gehen, und dennoch, wenn wir selbst kommen in [dasjenige] was wir gelesen u[nd] begriffen haben, dann können wirs nicht reimen; und wenn wirs ja reimen wollen, dan stehet uns öfters unser begriff im wege, u[nd] hindert uns an der sache selbst. Wir sollen dan hauptsächlich nur lesen um unser hertz zu nähren, zu samlen, und zu Gott zu erheben; und im Verleugnen, bäten, u[nd] lieben uns übende so hertzlich wie wir können, uns und unsern weg Gott anbefehlen, ohne immer zu wollen sehen wie u[nd] wo wir sind. Amen. Ich grüsse dich hertzl[ich]. meine haußgenossen thun ein gleiches, und mich in dein andencken befehlende bleibe ich
Dein schw[acher] mitbr[uder]

G. T. St.
in eil

M[ülheim] d[en] 15. July 1745.

Ich meyne du woltest in dem was etwa zum Weg der Warheit[345] mehr kommen könte etwas lesen. Was du an br[uder] Sommer geschrieben deßwegen thut nichts zur sache.

82.

An **Georg Hendrik Fischer**

Abdruck nach Handschrift[346]

(Auch dieser Brief ist unvollständig wegen eines abgerissenen Randstreifens).

Adresse:
Dem Ehrsamen
G. H. Fischer
zur Otterbeck

Hertzlich Geliebter bruder.

Beyde deine angenehme vom 20. und 24ten hab erhalten, aber zum lesen [...] Zeit gehabt. Wann du zum lieben krancken bruder den Müller[347] komst, dan grüsse und küsse ihn hertzlich meinet wegen. Ich hab immer selbst an ihn wollen schreiben, hab aber nicht ge[...]. Ich kan ihn völlig darin beruhigen, nach meiner prüfung vor Gott, daß das unbildliche [...] Wolseyn und tiefer friede, so der Herr ihm zu erfahren giebt, würcklich Jesus und aus Jesus sey, wie sein geist solches selbst nicht zweiffeln kan, wann und so lang er durch dieses allgemeine Wolseyn und frieden im Geist gehalten wird; Er darf sich ohne Kummer und bedencken daran sanft überlassen; und hat sonst nichts bildliches auch von Jesu anzufassen nöthig; müste dan seyn, daß er ohne seyn Zuthun gantz ruhig auf was bildliches geführet werde. Er bleibe bey Jesu, in Jesu gesuncken; und sincke so nackt und arm mit Jesu in die stille ewigkeit, in das Meer der unendlichen erbarmung und Liebe Gottes, ohne [...] selbst umzusehen: Mein Hertze segnet ihn in Jesu Namen! und das thue [...] auch! ja, er wirds thun! Ich hoffe mit Gott seiner nicht zu vergessen, und [...] throne des Lams bald wieder zu finden. Grüsse auch beide seine Kinder.

Ich hab eine sehr schmertzhafte kranckheit mit starcken ausfahren, jücken, [...]dung über den gantzen leib, schon 14 tage, mit fiebern dabey, hab weder nachts [...] noch tages ruh; alle meine geduld komt zu kurtz, du kanst dencken wie meine [...]stelt ist. Dem ohnerachtet hab heut wieder Ubung müssen halten, unter eine [...] menge menschen, als noch nie in einer Ubung gesehen. Weil voriges mahl [...] aus dem hauß gehen musten, weil kein raum mehr war, so hatte

345 Das Buch erschien 1735 und wurde bei den folgenden Auflagen mehrfach erweitert. Es ist eine Zusammenfassung von Tersteegens lehrhaften Prosaschriften.

346 Bestand Merz, Engelskirchen.

347 Bis jetzt nicht ermittelt.

noch wol [...] machen lassen, aber der war dißmal viel zu klein. Gott rathe mir, wie [...] soll.

Ich wolte, daß du für mich einmal das Grün-öhl[348] machtest. Die extracten wirst du nicht vergessen.

brud[er] Sommer[349] ist wieder aus Holland hier, läßt nebst billeken[350] grüßen. [...] in ansehung deiner Creiveltschen reise, bedenckst du nicht, wie das in [...] aussehen würde, wenn du das so mit den schwestern alsbald wieder vornähm [...] reise dahin weiß |: wegen der schwachheit :| noch nichts zu sagen.

Der tractat der Mad. Guion[351] wird wol in 14 tage oder 3.wochen [...] Ich muß schliessen. Es lebe Jesus! gedencke auch meiner, ich grüße hertz[lich]

Dein verb[undener] schw[acher] bruder
G. Tersteegen.

M[ülheim] d[en] 25. July 1751.

83.

An **Elisabet zur Kuhlen,** Otterbeck
Beglaubigte Abschrift eines Tersteegen-Briefes[352]

Adresse:
Der Ehrsamen freundin
Elisabet zur Kuhlen
Gegen
zur Otterbeck

Geliebte fr[eundin] und schwester.

Hierdurch wolte Dich nur hertzlich grüßen, und bezeugen, daß es mir recht lieb sey daß Du dort auf der Otterbeck bist. Von Hertzen wünsche ich Dir Gottes

348 Siehe Brief Nr. 81 vom 15.07.1745.

349 Siehe Anm. bei Brief Nr. 2.

350 Sibylle Elisabeth Emschermann (1709-1788) in Mülheim/Ruhr. Tersteegen bezog 1746 in Mülheim/Ruhr ein Haus, dessen obere Räume er mit Heinrich Sommer benutzte. Die anderen überließ er Sibylle Emschermann, die ihm als Haushälterin 30 Jahre gedient hat.

351 Vielleicht ist hier gemeint: Die heilige Liebe Gottes und die unheilige Naturliebe. Das Buch erschien 1751 bei Schmitz in Solingen.

352 Bestand Goeters; als Anlage zu der Abschrift Schreiben von Pastor Orthmann: „Der Brief Tersteegens, dessen Abschrift hier gegeben ist, stammt nach mündlichen Mitteilungen meines Vaters, des Kaufmanns Friedrich Wilhelm Orthmann in Mettmann (geb. 1807 † 1885) und Kreisen seiner Verwandten, wenn ich nicht irre, sprach er von einer Tante Spieker, von der ich sonst gar nichts weiß. Er ist von diesen Verwandten ihm als ein sehr würdiges Vermächtnis übergeben. Nach seinem Tod ist er mir als dem ältesten Sohn zugefallen. Wittenberg, d. 26. Mai 1913. Orthmann, Pastor."
Elisabet zur Kuhlen kommt vermutlich aus Mülheim/Ruhr. Dort ist von 1715-1731 fünfmal eine Elisabeth von der Kuhlen getauft worden.

segen auf diesem neuen posten! Der Herr stärcke, erquicke und heilige Dich; durch und bei denen neuen lectionen die Dir bey dortigen umständen vorkommen werden! ich habe nun guten muth dabey: sey Du auch in Gott getrost, und werde nicht so bald verzagt, wann gleich ein pröbgen oder beschwer komt. Bruder Sommer[353] wird Dirs schon gesagt haben, daß Du nur nach Deinem besten erkennen die haußhaltung kanst besorgen: Du darfs im äußeren von niemand als vom bruder fischer[354] daselbst abhangen, den andern Brüder gibst du ihr gebühr, weil du nur unter fischer stehest. Solte Dir sonst aber etwas dort nicht recht seyn, dan gräme und schleppe Dich nicht lange damit, sondern sage es Br[uder] fischer; und wan das nicht hilft, dan lasse es mir oder Bruder Sommer sagen, so wollen wir schon rath schaffen. Sey nochmals hertzlich gegrüßet in Jesu, der in Deiner seelen lebe!

Dein schwacher mitBruder G. Tersteegen.

Mülheim an der ruhr d[en] 31 8[Octo]ber 1753

84.

An **Georg Hendrik Fischer**
Abdruck nach Handschrift[355]

Lieber bruder.

Ich sehe mitleidig, daß du auch einen Anfang von der kranckheit scheinest zu haben, und wäre guth gewesen, wann du alsofort polychrest-pillen[356] genommen, thue solches bey erhaltung dieses alsofort etwa 12 stück, und bald darnach von dem theriac den ich hier sende, 20. oder 25. gran, oder bald 1/viertel loth mit ein wenig warmen pontac, ob du sonst den pontac kanst vertragen oder nicht, muß die erfahrung zeigen, einige bekommen schmertzen davon. Etwa 12 oder 14

353 Siehe Anm. zu Brief Nr. 2.

354 Georg Hendrik Fischer, Leiter des Hauses.

355 Bestand Merz, Engelskirchen.

356 Auch diese nachstehenden fachlichen Erklärungen verdanke ich Frau Christa Habrich (Schr. v. 14.09.1997). Siehe auch Anmerkung zum Brief Nr. 81 vom 15.07.1745:

„Polychrest-Pillen wurden nach verschiedenen Vorschriften hergestellt. Die bekanntesten waren die nach Becher. Sie enthielten verschiedene Bitterstoffe, Harze und Aloe, außerdem Schwefel und Terpentin. Sie galten als Allheilmittel gegen Verdauungsstörungen, Koliken, ansteckende Krankheiten usw. Vielleicht hat Tersteegen auch die Polychrest-Pillen nach Joh. Samuel Carl, Friedrich Hoffmann, Stahl, oder die des Halleschen Waisenhauses benutzt. Alle waren ähnlich zusammengesetzt. Theriak ist ebenfalls ein seit der Antike verbreitetes, aus bis zu 80 Bestandteilen zusammengesetztes Mittel, das neben vielen Pflanzen auch Schlangenfleisch und Opium enthielt. Da auch dieses Mittel gegen starke Schmerzen, Vergiftungen und ansteckende Krankheiten genommen wurde, nehme ich an, daß Fischer eine ruhrartige Erkrankung hatte. Dafür spricht auch die Verordnung von Cascarill-Rinde und Blutwurz-Wurzel in Pulverform, sowie die vorgeschlagene Diät. Das Gummi arabicum wurde gegen Durchfall eingesetzt. Pontac ist wahrscheinlich ein Südwein.“

stunden nach der ersten einnahme der pillen nimm nochmals 12. stück |: es sey dan daß alles sich völlig wieder gestillt hätte :| auch noch einmal was theriac dabey. Ubrigens nimm in der zwischenzeit und darnach alle 2, 3, 4 oder 6 stunden 1 Messerspitze des beygehenden pulvers von cascarill und tormentil, auch was gemeine arabische Gumm im trincken, wan nemlich viel schmertzen und schneiden dabey ist, sonst nicht. Schaafgarbenthee mit ein wenig Milch ist guth zu trincken, auch Hammelfleischbrühe und fleisch, sonst habergrütz, gersten, reiß aber alles ohne Coranten gekocht, doch hoffe ich nicht, daß es mit dir schlim wird werden wie mirs vorkommt. Solt es aber wieder vermuthen sich auf diese Mittel nicht bald ändern, dan schicke fort jemand nach Grüten oder laß, nach befinden, br[uder] Lauterbach[357] einmal zu dir begehren. Jesus sey dir inwendig nahe, stärcke im leiden, Glauben und lieben, und erhalte dich noch eine Weile in unserer Gesellschaft. ich breche ab, um diesen nicht länger aufzuhalten, nebst hertzl[ichen] gruß und brüderlicher Umfassung, auch von br[uder] Sommer & billeken[358].

dein schwacher bruder G. Tersteegen.

d[en] 26. 7[Septem]ber 1757

357 Jacob Lauterbach wurde als Kind der Eheleute Johan Luterbach und Sophia Bollenheid am 11.04.1713 in Haan getauft. Am 04.Mai 1743 heiratete er Ermina Sassenhaus. Er gehörte zum Freundeskreis Tersteegens und wurde am 05. März 1773 in Gruiten begraben. Siehe: Horst Neeb, Gerhard Tersteegen und die Familien Schmitz, Düsseldorf 1997. S. 218-220.

358 Sommer und Billeken. Siehe Anm. zu Brief Nr. 82.

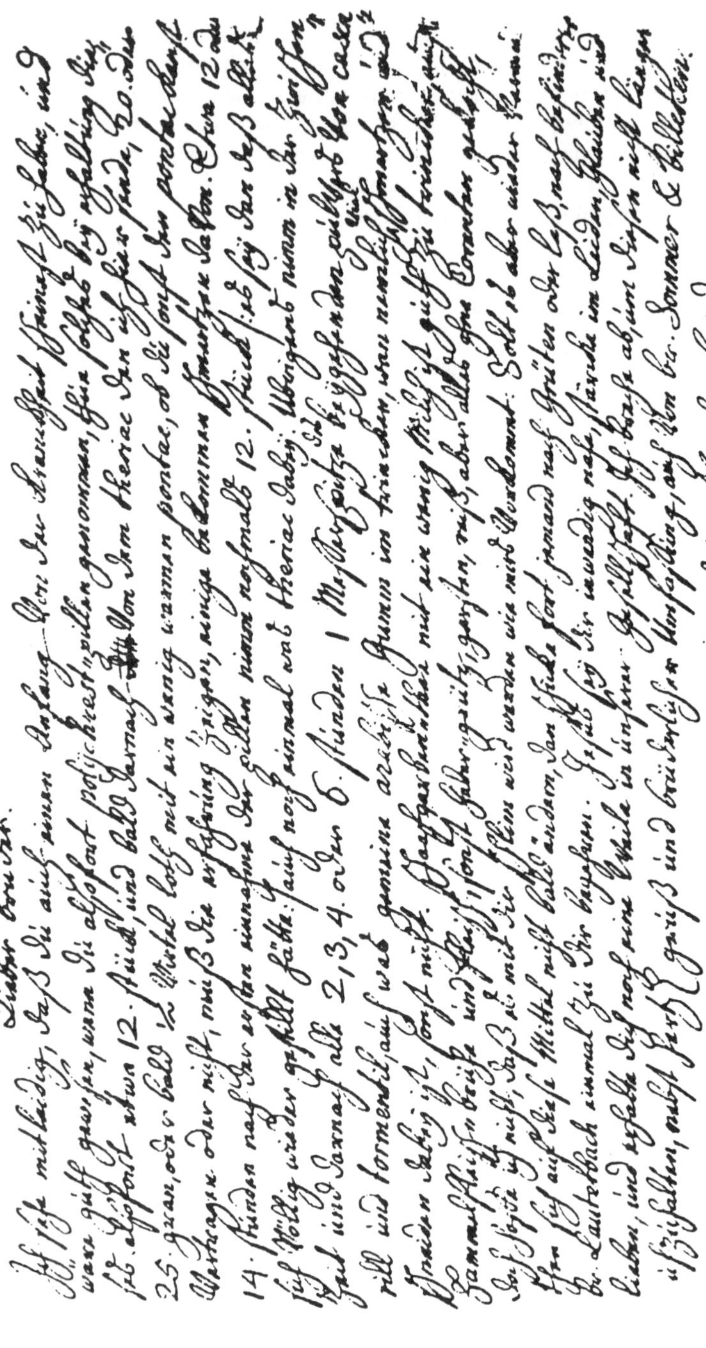

BRIEF AN GEORG HENDRIK FISCHER VOM 26. SEPTEMBER 1757
(Bestand Merz, Engelskirchen)

85.

An **Georg Hendrik Fischer**
Abdruck nach Geistliche Briefe II, Teil 4, Nr. 149 [undatiert]
Siehe Anmerkung zu dem nachstehenden Brief Nr. 86.

Segens-Wunsch an einen krancken Bruder.

Hertzlich geliebter Bruder!

Da ich gerne Nachricht haben wollte, wie es mit dir stehet; so haben die l[ieben] Brüder N. N. sich angebothen, daß einer von ihnen beyden den Bescheid einholen wollte. Wäre ich im Stand, ich besuchte dich selber gern; was nun mit dem kräncklichen Körper nicht thun kan, solches werde um so viel fleißiger mit meinem brüderlich-geneigten Hertzen verrichten, und dich in meiner Armuth unserm mitleydigen Leibs- und Seelen-Artzt JESU Christo aufopfern: Er hat uns, bey seiner Geburt, wollen besuchen als der trost- und heilvolle Aufgang aus der Höhe; dafür werde er ewig von uns angebäten und verherrlichet! Dieser Aufgang aus der Höhe besuche auch dich, mein Bruder! mit holden Blicken auf deinem Krancken-bett; stärcke dein Hertz mit Glauben, Liebe und Geduld, zu leyden nach GOttes Wohlgefallen; Er erleichtere und besänftige dir dein Creutz, und führe seine göttliche Absichten darunter aus, und richte dich, nach seinem gnädigen Wohlgefallen, bald wieder auf, noch ein wenig mit uns zu wallen auf der Pilger-Strasse zur Heimath der stillen Ewigkeit! Amen, JEsu!

Du wirst also dein Christ-Fest auf dem Krancken-Bett zu N. halten müssen: Auch daselbst ist das Kindlein JEsus zu finden. Immanuel, GOtt mit uns, will gern sein Bethlehem (oder Brodhaus) in unserem Inwendigen aufrichten; er will nahen, lieben, mittheilen; aber auch wir sollen nahen, lieben, und uns dem gantz lassen, der allein unser Gantzes ist. Jetzt wird wohl deines Orts Leyden dein GOttes-Dienst seyn, aber leyden mit GOtt, vor GOtt, in stiller Anbätung seines Wohlgefallens.

Alle Mitglieder hieselbst, sonderlich meine Hausgenossen, grüssen dich hertzlich, und nehmen mit mir theil an deinen Leyden, so wir jetzt eigentlich erst vernommen haben.

Ich grüsse dich nochmals im Geist der Liebe und bleibe.

86.

An **Georg Hendrik Fischer,** Gruiten
Abdruck nach einer Handschrift[359]
(Hierbei handelt es sich um den vorstehenden Brief Nr. 85 aus Geistliche Briefe II, Teil 4, Nr. 149.)

Hertzlich geliebter Bruder.

Da ich gern nachricht haben wolte, wie es mit Dir stehet? so haben sich die liebe Brüder Liebel & Worel[360] angebotten, daß einer von Ihnen beyden mir den bescheid einholen wolte. Wäre ich imstande, ich besuchte Dich selber sehr gerne: Was nun mit dem kräncklichen Cörper nicht thun kan, solches werde um so viel fleissiger mit meinem brüderlich-geneigten Hertzen verrichten, und Dich in meiner Armuth unserm mitleidigen Leibs- und Seelen-Artzt Jesu Christo aufopfern. Er hat uns, bey seiner Geburt, wollen besuchen als der trost-und Heil-volle Aufgang aus der Höhe: Dafür werde er ewig von uns angebäten und verherrlichet! Dieser Aufgang aus der Höhe besuche auch Dich, mein bruder, mit holden blikken auf Deinem Krancken-Bette; stärcke Dein Hertz mit Glauben, Liebe und Geduld, zu leyden nach Gottes Wohlgefallen; erleichtere und besänftige Dir Dein Creutz; und führe darunter aus seine Göttliche Liebes-Absichten; und richte Dich bald, nach seinem Gnädigen Gefallen, wieder auf, noch ein wenig mit uns zu wallen auf der Pilgerstrasse zum Heimath der stillen ewigkeit! amen Jesu. Du wirst also Dein Christfest auf dem Kranckenbette zu Grüten halten müssen: auch daselbst ist das Kindlein Jesus zu finden. ImmanuEl, Gott mit und in uns, will gerne sein bethlehem |: oder brodhauß :| in unserem Inwendigen aufrichten; er will nahen, lieben, mittheilen; aber auch wir sollen nahen, lieben und uns dem gantz lassen, der allein unser Gantzes ist. Jetzt wird wol Deines Orts Leiden Dein Gottesdienst seyn, aber Leiden mit Gott, vor Gott, in stiller anbätung seines Wohlgefallens. Alle mitglieder hieselbst, sonderlich meine haußgenossen, grüssen Dich hertzlich, und nehmen mit mir theil an Deinen leiden, so wir eigentlich jetzt erst vernommen haben. Ich grüsse und küsse Dich auch nochmahls im Geist der Liebe, und bleibe durch Gnade

---

359 Archiv der Freien evangelischen Gemeinde Wuppertal-Barmen.

360 Liebel könnte einer der beiden Soldaten sein, denen Tersteegen gem. Brief vom 21.04.1752 an Johann Engelbert Evertsen eine Arbeit vermitteln wollte. Die Soldaten waren Trompeter u.a. in holländischen Diensten und suchten nach ihrem Abschied aus der Armee eine neue Heimat. Jakob Chevalier in Utrecht hatte Tersteegen ein Empfehlungs-Schreiben übermittelt. Zu Chevalier siehe: Geschichte des Pietismus, Band 2, Göttingen 1995. S. 405/406.

Gem. Eintrag im Totenbuch der Ref. Gem. Mülheim/Ruhr kam Anton Worell aus Leutmeritz in Böhmen. Er war ein holländischer Offizier, der in Mülheim seine Pension verzehrte. Worel hat für Tersteegen manchen Botendienst übernommen. Er soll auch in österreichischen Diensten gestanden haben. Siehe: Max Goebel: Geschichte des christlichen Lebens, III. S. 360.

Dein verb[undener] schwacher Mitbr[uder]

Gerh. Tersteegen.

M. den 21. X[Decem]ber 1760

Grüsse hertzlich von mir br[uder]
Lauterbach[361] und übrige hausgenossen.

87.

An **Georg Hendrik Fischer,** z.Zt. Gruiten
Abdruck nach Handschrift[362] (vierseitiges Doppelblatt mit Anschrift auf Seite 4)

Anschrift:
Dem ehrsamen
Georg Hend. Fischer
ge[no]ss[e]. (Anm.: Kürzung. Andere Lesung möglich).
zu
Grüten
mit freund, den
Gott begleite!

1760 Dezember 21 [von anderer Hand geschrieben]

Hertzlich geliebter bruder
Da ich gern nachricht haben wolte, wie es mit dir stehet, so haben sich die liebe brüder Liebel u[nd] Worel angebotten, daß einer von ihnen beyden mir den bescheid einholen wolte. Wäre ich im stande, ich besuchte dich selber sehr gerne. Was nun mit dem kräncklichen cörper nicht thun kan, solches werde um so viel fleissiger mit meinem brüderlich-geneigten hertzen verrichten, und dich in meiner armuth unserm mitleidigen leibs- und seelen- artzt Jesu Christo aufopfern. Er hat uns bey seiner geburt wollen besuchen als der trost- und heil-volle aufgang aus der höhe. Dafür werde er ewig von uns angebäten und verherlichet ! Dieser Aufgang aus der höhe besuche auch dich, mein bruder, mit golden blicken auf deinem kranck[enbet]te (Anm.: Text teilweise verdorben); stärcke dein hertz mit glauben, liebe und geduld, zu leiden nach gottes wohlgefallen; erleichtere un[d] (Anm.: Korrektur) besänftige dir dein creutz und führe darunter aus seine göttliche liebes-absichten; und richte dich bald nach seinem gnädigen gefallen

361 Siehe Anm. bei Brief Nr. 84.

362 Original im Stadtarchiv Mülheim/Ruhr. Bei diesem Brief - gleichen Inhalts wie Nr. 85 und 86 - dürfte es sich um das Original handeln. Transkribiert von Kurt Ortmans.

wieder auf, noch ein wenig mit uns zu wallen auf der Pilgerstraße zum heimath der stillen ewigkeit! Amen Jesu. Du wirst also dein christfest auf dem kranckenbette zu Grüten halten müssen: auch daselbst ist das kindlein Jesus zu finden. Immanuel, Gott mit und in uns, will gerne sein bethlehem - oder brodhauß - in unserem inwendigen aufrichten; er will nahen, lieben, mittheilen; aber auch wir sollen nahen, lieben und uns dem gantz lassen, der unser gantzes ist. Jetzt wird wol deines arts leiden dein gottesdienst sein, aber leiden mit Gott, vor Gott in stiller anbätung seines wohlgefallens. Alle mitglieder hieselbst, sonderlich meine hausgenossen grüssen dich hertzlich und nehmen mit mir theil an deinem leiden, so wir eigenthlich jetzt erst vernommen haben. Ich grüsse und küsse dich auch nochmahls im geist der liebe und bleibe durch gnade
dein verb[undener] schwacher mitbr[uder]
Gerh. Tersteegen

M[ülheim], d[en] 21. Dezember 1760

Grüsse hertzlich von mir br[uder] Lauterbach und übrige hausgenossen.

88.

An **Georg Hendrik Fischer**
Abdruck nach Geistliche Briefe II, Teil 4, Nr. 77

Erweckungs-Brief zum Neuen Jahr.

Hertzlich geliebter Bruder!

Da die Brüder W. und K. zum Besuch dorthin wollen; so habe hierdurch brüderlich grüssen, und sowohl dir, als übrigen lieben Hausgenossen, des HErrn reiche Gnade, Segen und Frieden, zum Beschluß des alten und Anfang des neuen Jahrs von Hertzen anwünschen wollen.

Die balsamische Kräfte des holdseligen Namens JESU müssen unserem Grunde, allen Seelen-Kräften, und dem gantzen Menschen eingeflösset werden zu aller Erneurung.

In der Liebe zu unserem süssen, grossen, innigst-nahen GOtt; (O! wie fremd, wie kalt ist unser Hertz!)

In der reinen hertzlichen Bruder - Liebe; (O! wie gehet nicht jeder in seinem Eigenen dahin!)

In dem Ernst, alles Leben der Natur, der Eigenheit, und alte Gewohnheiten dabey zu wagen; (O! wie zärtlich und wie träg!)

In dem Fleiß zur Hertzens-Sammlung und Gebät; (O! wie nachläßig, wie zerstreut!)

In der munteren Wachtsamkeit wider alle Sichtungen unserer Seelen-Feinde, und bey täglicher Erwartung der Zukunft unsers Bräutigams; (O Sicherheit! O Schlafsucht!)

Endlich zu aller Erneuerung im heiligen Wandel und GOttseligkeit. (O! welche Leute müßten wir längst-Gerufene nicht seyn!)

Erwecket euch dann mit mir, ihr Lieben! und lasset euch erwecken zu diesem heiligen Werck! Vielleicht ist dieses Jahr unser letzteres. Ach! daß doch keiner von uns dahinten bleibe! Suchet und sauget in euch die in JEsu eröfnete und so innig-nah gebrachte Lebens-Quelle, in Abgeschiedenheit von allem betrüglichen Trost der Zeitlichkeit. Fanget heute einst an! Ich will von Neuem anfangen. Ich werde euer gedencken; gedencket ihr auch meiner vor GOtt! Lasset uns, mit einem Wort, also anfangen, wie wir wünschen zu beschliessen, damit wir unserem Könige Ehre, und einer dem andern Trost und Freude machen mögen! Amen JEsu! Ja Amen!

Es ist dieses auch allen übrigen Bekannten daherum von Hertzen und in JEsu Namen zugewünschet.

Euer aller schwacher Bruder.

Mülheim, den 31. Dec. 1764.

89.

An **Georg Hendrik Fischer** [undatiert, vor 1739]

Abdruck nach Handschrift[363]

Adresse:
An brud. Fischer
zur
Otterbeck

Lieber bruder.

Auf dein angenehmes kan kaum, aus mangel der Zeit, dieses wenige antworten:

Reinertz Annemarie[364] anlangende, so weiß nichts anders gegenwärtig zu sagen, als daß sie die tropfen in Gottes namen nur ferner ausgebrauche, und so dan nur warte biß die erndte zu ende ist; wirds dan schlimmer oder nicht besser, so muß man sehen was dan zu thun ist, weil doch jetzt in den hundstagen viel zu gebrauchen nicht dienlich ist.

363 Bestand Merz, Engelskirchen.

364 Tersteegen-Briefe an Anna Maria Reinertz in Briefausgabe I / 143; II / 66; II / 114; II / 117. Gemäß Sterbebuch der Ref. Gemeinde Mettmann wurde A. M. Reinerts am 23.05.1739 begraben.

Fr. Guions leben[365], welches so geheftet 46 stüber kostet, komt hierbey, und auch lebensbeschreibungen[366] für Jan. Hendr.[367] dessen brief jetzt nicht beantworten kan, nur muß Er eine mässigere diät im essen halten, sonderl[ich] bey der Abendmalzeit.

Der blech ist zu syetten[368] riemen gut, hätten aber gerne mehr. Nur müssen wir nothwendig diese woche zu seidenen riemen blech haben: ist nun diese woche keine gelegenheit hierhin, so soll Hendrich künftigen sontag um 11 uhr von hier aus gehen, mit ersuchen, daß einer aus dem hause Ihm den blech auf halbem wege bringe, auch nachricht gebe wanehr etwas nach Holland geschickt werden könne.

Ich nehme theil, lieber br[uder], an deinen leyden, durch J[esu]s Gnade; die Krone ist den überwindern schon weggelegt. Nur unverzagt in dem Herrn: die proben offenbahren das unbekante übel; u[nd] da ists Zeit Gott unsere Liebe zu ihm zu beweisen, darum heist es <u>proben</u>. Du weist daß gewaltsames kopfbrechen schädlich ist: Man nimt nur den sinnen möglichst alle gelegenheit zu reitzenden vorwürffen[369] aus dem wege; der Geist ersucht sich in den liebenswürdigsten Einen Vorwurf sanft, kindlich u[nd] im glauben; erneuert auch als im dunckeln die völlige widmung unserer Liebe an Gott, je mehr das gegentheil gefühlt wird; und so dan leydet man alle störungen ungestört, biß die dunckele wolcken, so uns die warheit verdecket, vorüber sind; die leyden übers böse, sind kenzeichen gnug des verborgenen willens des Gemüths, gedencke meiner wie ich deiner

G. T. in eil

p. s.
Von den losern habe van der smissen[370] geschrieben, mit dem ich sie berechne.

365 Der 1. Teil ihres „Leben von ihr selbst beschrieben“, aus dem Französischen verdeutscht, wurde im Catalogus universalis [UB Wuppertal] zu Ostern 1727 von Sam. Benjamin Walther angeboten.

366 „Auserlesene Lebensbeschreibungen Heiliger Seelen“.

367 Johann Henrich Otterbeck.

368 Siehe Anm. zu Brief Nr. 39.

369 Vorwurf = Objekt, Gegenstand der Verehrung.

370 Vielleicht ging es hier um finanzielle Abwicklungen wegen „Der Frommen Lotterie“. Zu Johann van der Smissen siehe auch Anm. zu Brief Nr. 71.

90.

An **Georg Hendrik Fischer** [undatiert]
Abdruck nach Handschrift[371]

Hertzlich geliebter Bruder Fischer.

Mit Brüderlichem Hertzen grüsse und umfasse ich Dich als vor dem Herrn, nehme hertzlich theil an Deinen leidenden Zustand, und opfere Dich mit aller angelegenheit unserm süssen Heilande auf, wie jetzt also auch sonst, in meinem armen Gebäte: Der Gott des Friedens gebe Deinem Gemüte frieden, geduld, Linderung und allen nöthige segen!

Er, der von den Todten aufgeführet hat den grossen Hirten der Schaffen, unsern Herrn Jesum Christum, durch das Blut des ewigen Testaments[372], der stärcke Dich durch seine allvergnügende Naheit, und führe Dich durch und hinaus; daß auch diese Kranckheit, nach seinem Gnädigen Willen, nicht seyn möge zum Tode, sondern zur offenbahrung seiner Herrlichkeit und unser aller freude! Billeken[373], Sommer und die übrigen grüssen alle hertzlich mit mir.

Dein verbundener schwacher bruder G. Tersteegen.

91.

An die **Brüder in der Otterbeck**
Abdruck nach Geistliche Briefe I, Teil 1, Nr. 61 [undatiert]

Von der Auferstehungs-Kraft JEsu Christi und deren Wirckung.

In dem Blute JESU theuer erkaufte und geliebte Seelen!

Wie wenig freye Augenblicke mir auch in diesem übrig bleiben, so finde ich mich dennoch durch die Gnade gedrungen, euch einige derselben zu schencken, weil mir eure Seelen werth sind in dem HErrn. Ich wünsche euch dann vor dem Angesicht des HErrn den Segen, das Leben und den Frieden, den er durch seine herrliche Auferstehung uns an das Licht gebracht hat. JEsus, der Auferstandene besuchet seine bekümmerte und auf ihn wartende Jünger in allen ihren Hütten und Winckeln; er will auch so gern bey euch mitten eintreten, und sprechen: Friede sey mit euch! Das lasset euch die Gnade doch tief eindrücken, daß JEsus, der Auferstandene, eine Fülle der Kraft, des Segens und Lebens für euch erworben habe; daß demnach kein Jammer so groß sey, da er keinen Rath vor

371 Bestand Merz, Engelskirchen.
372 Siehe auch Anm. zu Brief Nr. 91.
373 Sibylle Emschermann. Siehe Anm. zu Brief Nr. 82.

wissen, und keine Bande der Sünden noch des Todes so hart seyen, die er nicht zerbrechen könne und gern wolle; daß dieser JEsus nahe sey an und in eines jeglichen Hertzen unter euch, und so bereitwillig, hinein zu treten; woran allein alle unsere Heiligung und Seligkeit lieget.

So lasset uns dann zusehen, meine Geliebte! daß uns der HErr nicht vergeblich besuche, sondern daß er uns alle finde mit verschlossenen Thüren unserer ausschweifenden Sinnen und Neigungen, andächtig auf unser Hertz und auf die Gegenwart JEsu in uns; lasset uns wahrnehmen, wie seine Auferstehungs-Kraft sich im Verborgenen anmeldet, alles falsche Leben zu bestrafen, und in den Tod zu führen, damit uns hernach auch sein schönes JEsus-Leben von Innen durchdringen, und in sein Bild vergestalten möge: Darin liegen grössere Schätze aufgeschlossen, als unser dunckler, blöder Glaube noch fassen kan; dennoch ists alles für uns, wo wir uns anderst durch die Schlange nicht abführen lassen, von unserm einfältigen Sinn auf Christum, ihn allein und sonst nichts zu meynen. Ach! dieser Sinn werde völliger und vester in euch allen! Werdet nicht müde; lasset den Muth nicht sincken; am dritten Tag stehet JEsus in Herrlichkeit wieder auf; zwey, drey Tage währet alle Beschwerlichkeit der Jünger JEsu, und wird auch noch in diesem Leben mit hundertfältigem Friede und Freude im heiligen Geist ersetzet; was wird es nicht in jenem Leben seyn, wann wir mit ihm sollen offenbar werden in Herrlichkeit? Das bedencket, damit ihr getrost seyd, das edle Kleinod sterbende zu erkämpfen.

Meine Geliebte ! weil eure beyde Brüder[374] abwesend sind, so habe ich so viel mehr den HErrn gebäten, daß er wolle gegenwärtig seyn, und die Aufsicht über euch haben; so seht dann zu, daß ihr heiliglich wandelt unter der Aufsicht seiner Augen. Versäume keiner unter euch die treue Uebung des Gebäts, auch durch eine oftmalige Absonderung; und damit ihr hierin einander nicht verhindert, so liebet das Stillschweigen, welches GOtt mit seinem Zuspruch segnet. Seyd eingezogen und andächtig zu aller Zeit, besonders wann ihr äusserlich zusammen kommt, damit ihr durch schädliches Herumflattern oder Trägheit den Segen nicht verlieret.

Wo Seelen dergestalt zusammen wohnen, da schadet ein geringer Fehler so sehr, als sonst eine Sünde; weil wir nicht nur unsere eigene Seele, sondern durch Anlaß und böses Exempel auch die Seele unsers Mitglieds in Gefahr setzen. Deßwegen bleibt nahe bey dem HErrn, auf daß gleichwie er ein Licht ist, ihr auch ein Licht werdet in ihm zu vielfältigem Segen! Meinen Schlußwunsch leset Hebr. 13, 20. und 21.[375] welchen der HErr kräftig erfüllen wolle; in ihm bleibe ich

Euer verbundener Mitstreiter.

---

374 Mit großer Sicherheit dürfte einer der beiden Brüder Georg Hendrik Fischer gewesen sein. Bei dem zweiten kann es sich um Adolf Bäumer oder um Johann Henrich Otterbeck handeln.

375 Hebr. 13, 20+21: „Der Gott des Friedens aber, der den großen Hirten der Schafe, unsern Herrn Jesus, von den Toten heraufgeführt hat durch das Blut des ewigen Bundes, der mache euch tüchtig in allem Guten, zu tun seinen Willen, und schaffe in uns, was ihm gefällt, durch Jesus Christus, welchem sei Ehre von Ewigkeit zu Ewigkeit ! Amen.“

92.

An **Adolf Bäumer**
Abdruck nach Geistliche Briefe I, Teil 1, Nr. 62 [undatiert]

Verschiedene wichtige Verhaltungs-Regeln sich gegen die Anreitzungen zur Lieblosigkeit zu waffenen.

Geliebter Bruder!

JEsus Christus, der in allem versucht gewesen, gleich wie wir, ausgenommen die Sünde, auf daß er könte Mitleyden haben mit denen, die versucht werden[376], der schaue auch deine Seele an, mit den Augen seiner Erbarmungen! Ich kan sagen, daß mir der HErr Mitleyden mit dir gegeben hat, und noch gibt in deinen gegenwärtigen Versuchungen von dem Augenblick an, daß ich nur etwas davon vernommen; dann, ob ich wohl mit niemand umständlich genug davon gesprochen habe, und auch dein Brief mir nicht genugsamen Unterricht davon gibt, so hab ich doch von Anfang dem Kind den nemlichen Namen gegeben, den du ihm selbst in deinem Brief gibst, nemlich eine Versuchung, und zwar nicht nur des Feindes, wie du schreibst, sondern auch zugleich des Fleisches und der Vernunft, wovon dir selbst der eigentliche Grund und Ursache noch wohl so klar nicht seyn mag.

Der böse Feind hats gewiß angesponnen, er braucht aber unsern Fleisches- und Vernunfts-Sinn dazu. Wo auch nur zwey GOttsuchende Gemüther beysammen wohnen, da kommt der Feind in die Mitte, und stöhret den Frieden durch böse Reitzungen, oder argwöhnische Eingebungen bey einem, oder dem andern; und auch beym einen durch den andern. Der heilige Antonius sahe den gantzen Erdboden im Gesichte mit lauter feindlichen Stricken bedecket, und wie derselbe gantz bekümmert fragte: Ach! wer wird diesem allem entfliehen? So wurde ihm geantwortet: der von Hertzen Demüthige. Siehe, lieber Bruder! durch dieses enge Löchlein der Hertzens-Demuth kanst du auch gar leicht diesen allen noch künftig vorkommenden Versuchungs-Stricken des Teufels entwischen. Und diese Grund-Säule und Eckstein aller Christlichen Tugenden muß auch euer Haus daselbst vest zusammen halten.

Eine gezwungene Freundlichkeit, Dienstfertigkeit, oder einige andere Liebes-Bezeugungen mit Worten, Gebärden, oder mit der That, dardurch wird nichts ausgerichtet, und dardurch wird auch bey euren gegenwärtigen gehabten Verdrießlichkeiten die Sache nicht gründlich gebessert. Wann man sich allerseits, und ein jeder für sich, in der wahren Demuth gründen läßt, dann fliesset dieses äussere Betragen schon von selbsten: Will man aber ohne solchen Grund sich

376 Hebr. 4,15.

auch noch so freundlich stellen, so thuts doch kein Gut, wohl aber bisweilen Schaden.

Ich will nur auf deine Person kommen, lieber Bruder; und gebe demnach folgende Erinnerungen:

1. Glaube bey dir selbst, und in deinem Gewissen, vor vest und unstreitig, daß keiner im gantzen Haus verkehrter, ärmer, blinder und untüchtiger sey im Leiblichen und Geistlichen, als eben du; Sage solches keinem Menschen, sondern glaube es in aller Einfalt vor GOtt.

2. Aus diesem Grund achte, liebe, diene und hilf, nachdem es die Umstände erforderen, einem jeden von Hertzen, als aller Knecht.

3. Verlange und erwarte aber solches von anderen nicht, sondern vielmehr, daß sie dich verachten, hassen und vergessen; dann, welche Ursache woltest du haben, solches anderst zu verlangen, da du vestiglich glauben must, daß du nichts anders verdienest ?

4. Als einem solchen muß dir in allen Stücken das Geringste, das Wenigste, das Verachteste gut genug, und noch zu viel seyn, weil es doch allezeit noch mehr ist, als du verdienest.

5. Das obige ist Deine Pflicht; was anderer ihre Pflicht ist, darüber bekümmere dich nicht sonderlich, weil du kein Vorsteher des Hauses bist[377].

6. Deute alles zum Besten, was andere reden, oder thun.

7. Wann du einige Lieblosigkeit, oder sonst was Arges, in andern gegen dich merckest, so dencke doch nichts Arges, sondern glaube, daß sie es so böse nicht meynen, sondern daß der Versucher alsdann da sey, dein Gemüth dardurch auszulocken, zu beunruhigen, und zu verstricken; und reiß alsbald dieses Schalcks-Aug aus, durch plötzliche, aber sanfte Abwendung deines Gemüths und deiner Gedancken, von anderen auf deine innere Armuth, oder auf GOttes Gegenwart in deinem Hertzen.

Diese Erinnerungen, siehest du, lieber Bruder! daß sie alle gegründet sind, auf die wahre Hertzens-Demuth; und diese wird erlangt durch das Innere Gebät, oder durch das Innebleiben im kindlichen Grunde, vor GOttes Angesicht. Wann du zerstreut lebest in Sinnen und Vernunft, dann werden dir obige Punckten albern und sehr schwer vorkommen; bleibest du aber besagter massen viel in dir selbst bey GOtt, dann werden sie dir schon leicht und süß vorkommen, oder doch bey treuer Uebung werden. Ich bekenne, daß es sonst harte Lectionen sind, wann mans in Wahrheit üben soll; aber es ist nur hart dem eigenen Leben: Sonst weiß ich, daß es nicht nur ein Weg des Friedens unter einander ist, sondern auch ein Mittel zum gründlichen Frieden unserer Seele in- und mit GOTT. Sey getreu in GOtt, der zu allem das nöthige Licht und Gnade selbst darreichen wolle! Verbleibe in Eil

Dein aufrichtig geneigter Freund und Bruder.

377 Der Auffassung, daß Bäumer mit Fischer Hausleiter gewesen sei, wird hier widersprochen. Zumindest zum Zeitpunkt der Abfassung des Briefes hatte Bäumer keine leitende Stelle.

93.

An **Adolf Bäumer**
Abdruck nach Geistliche Briefe I, Teil 1, Nr. 63 [undatiert]

Unterscheid zwischen der wahren und falschen Stille und Gelassenheit.

Geliebter Freund und Bruder!

So eben bekomme deinen Brief, und will in aller Kürtze so bald darauf antworten, weil es schon spät Abend ist, und ich morgen früh ausgehen will.

Ich sehe aus deinem Schreiben deine äussere Leibes-Schwächlichkeit, womit der HErr dich besucht hat; ich nehme mit Theil daran, und vertraue dem HErrn, daß er dabey alle nöthige Kraft und Segen auch darreichen werde. Daß dein Geist dabey zufrieden ist, solches ist GOttes Gnade, und gantz gut. Unsern innersten Willen mit GOtt und allen seinen Wegen über uns zu vereinigen, ist ein leichtes Mittel zur unverrückten Gemüths-Ruhe, und wobey nimmer weniger Gefahr ist, als wann GOttes Wege über uns dem Willen der Natur zuwider sind, und dieser Wille der Natur auch seine Unzufriedenheit fühlen läßt.

Die Zeiten des Leydens sind auch Zeiten, worinnen wir sollen geübt und probiret werden. Auf deine kleine Zweiflungen will was Weniges antworten. Es ist nemlich manche Art der inwendigen Stille und Gelassenheit, sonderlich ist eine falsche und eine gute.

Wann ein gantz ungestorbener Mensch, der noch mit Willen und Wissen mit seinem Hertzen und Liebe ausser GOtt zur Sünde und Creatur gewandt stehet, dennoch aber die Hände in den Schooß leget, und alles gehen läßt, wie es geht, der steht in einer falschen Gelassenheit: Wann er aber auch dabey seine Gedancken und verständlichen Theil mit Gewalt sammlen und still halten will, in Meynung, als wann er so fromm und innig wäre, so stehet er in einer falschen Stille und Ledigkeit.

Wann hingegen eine Seele mit ihrem innersten und aufrichtigen Willen von allem, was Gott nicht ist, in Wahrheit abgewandt stehet, dabey aber kein Vermögen in sich findet, um sich würcklich und völlig loßzumachen und zu reinigen von allen Anklebungen und Wurtzeln der Sünde und Eigenheit, da sie doch so hertzlich gern, lieber heut als morgen, sich völlig geheiligt wolte sehen, zu welchem Ende sie sich auch GOTT und seines Geistes Wirckungen ergeben hat, und denselben gern still halten wolte, solte es ihr auch manche Leyden von innen und von aussen kosten. Eine also gesinnete Seele hat sich nicht zu fürchten vor falscher Stille und Gelassenheit. Im Gegentheil, wo eine solche Seele, viel auf eine grobe und sinnliche Weise wircken wolte, so begienge sie eine Untreu; sie entzöge sich in etwa denen Wirckungen GOttes, und würde sein Werck nur aufhalten und verwirren. Es bestehet ja unser gantzes Werck in der Verläugnung der Creatur und unserer selbst, und in der reinen Liebe GOttes. Nun dieses alles und noch vielmehr thut eine innige Seele (ein jeder nach seinem Maaß) in der eintzigen That der Einkehrung und stillen Gelassenheit vor GOtt; ob sie schon solches nicht allezeit weiß oder dencket; welches auch keineswegs nöthig ist. Ihr Hertz kehret sich aufrichtig ab, oder ist abgekehrt von allem Geschaffenen; ihr Wille ersincket sich gelassentlich in das unumschränckte Wohlgefallen GOttes; ihr Gemüths-Auge schauet in kindlicher Einfalt nur auf GOtt; den es alleine meynen will; die gantze Liebe umfasset dieses innigst-gegenwärtige Gut als sein Ein und Alles; und so weiter.

Dieses alles, sage ich, wird ausgeübet, und noch weit ein mehreres durch die eine kindliche That der Einkehrung und stillen Gelassenheit; ja diese That wird oft so gar geistlich, einfältig, und so weit von den Sinnen und aller selbst Wircksamkeit entfernet, daß es keine That mehr mag genannt werden, und solches ist das Beste: Weil aber dieses nur ein Werck des Hertzens und Gemüths, und nicht so sehr des Kopfs ist, oder der Sinnen, so können wohl allerhand zerstreuende Gedancken, Dunckelheiten, Versuchungen, ja manchmal Unlauterkeiten da seyn wider Willen, ohne daß sich aber die Seele dessen annehmen, oder sich sehr beunruhigen muß, weil es nicht in ihrer Macht stehet, solches alles zu dämpfen; vielmehr würde sie durch ihr eigenes Wircken alles nur schlimmer machen: Sie muß nur mit ihrem Gemüths-Willen keinen Theil daran nehmen, und dann inwendig in aller Stille, Heiterkeit und Vertraulichkeit mit GOtt bleiben; dann oft ist es dem Feind nur darum zu thun, daß er das Gemüth durch allerhand Furcht, Sorge, Zweifel, einwerfende Gedancken und andere Versuchungen verwirre und heraus locke; und der HErr läßt manchmal solches zu, uns zu üben und zu bevestigen im Inwendigen. Dann dieses ist gewiß, daß, ehe wir recht unwanckelbar werden in diesem inneren Wege, wir durch viele aus- und inwendige Widersprüche und Zweifel probiret werden müssen. Die Einfältigste haben die wenigste Gefahr.

Ich muß schliessen, weil gar keine Zeit mehr habe; ich schreibe so in Einfalt weg, du wirst es alles wohl besser wissen, als ich. Es ist so in Eil geschehen, daß ich mich wohl nicht deutlich genug mag erkläret haben. GOtt segne uns in JEsu, und helfe uns mit einander. Ich grüsse dich hertzlich samt eurer N. GOtt wolle auch ihre Liebe von allem ab, in sich sammlen, und darzu die Leyden lassen gesegnet seyn! Ich verbleibe

Dein schwacher Mitpilger.

94.

An **Adolf Bäumer**
Abdruck nach Geistliche Briefe I, Teil 2, Nr. 27 [undatiert]

Christlicher und sehr tröstlicher Zuspruch an einen Freund auf seinem Todt-Bette.

Mein lieber Bruder!

Findet dich dieses Blatt noch in dem zeitlichen Elende; so besuche ich dich hierdurch zum Abschied auf dem Pilger- und Creutz-Weg, um uns ewig vor GOtt und in GOtt wieder zu finden, welches bald geschehen wird. Setze deine Hoffnung gantz auf die theure Gnade GOttes in Christo JEsu, der gekommen ist, die Sünder selig zu machen[378]. Suche nichts in dir selbst. In JEsu ist es Alles und Ewig, was dich beruhigen und selig machen kan. Alle deine Sünden und Gebrechen, von Kindheit an bis hierhin begangen, sind dir hertzlich leyd. Ja, HErr! das weissest du! Ach, daß ich dich, du GOtt der Liebe, nimmermehr beleidiget, oder deiner Gnade das Geringste in den Weg geleget hätte! Du glaubest, daß GOtt, um seines lieben Sohnes JEsu willen, dir alle deine Sünden und Gebrechen überflüßig könne, wolle und werde vergeben, und mächtig sey, dir zu helfen aus allem deinem Jammer, zu seinem ewigen himmlischen Königreich. O du grosse GOttes Gnade in JEsu! O du gründlich-beruhigendes Blut meines theuren Erlösers, der um meiner Sünde willen gelitten und gestorben am Stamme des Creutzes! An dich glaube ich, auf dich leg ich mich; JEsus! JEsus! In der Ewig-grossen Glut deiner erbarmenden Liebe sind alle meine Sünden, wie kleine Stoppeln. In diese deine JEsus-Liebe will ich mich ersencken, und verlieren wie ich bin, du kanst mich erlösen, du Menschen-Freund!

Du hast dich in deinem Leben JEsu öfters ergeben und anvertrauet, und hast gewünschet gantz und ewig für ihn zu seyn, und ihn allein zu lieben und anzuhangen. Das bevestigest du nun nochmals vor der Thür der Ewigkeit mit einem hertzlichen Amen! Ja JEsu! dein bin ich, dein will ich bleiben im Leben, im Sterben, und in der gantzen Ewigkeit! Du hast mich dir zum Eigenthum erkaufet. Du hast Recht zu meiner Seele; dir händige ich sie wieder ein, als dein Gut; in deine Hände leg ich auf ewig nieder meinen Geist, du getreuer GOtt in JEsu! Bewahre du dieses theure Pfand in deiner Hand! Halte du vest, wie du verheissen hast: Meine Schaafe sind in meiner Hand, und niemand wird sie aus meiner Hand

378 1. Petr. 1,13: „.setzt eure Hoffnung ganz auf die Gnade, die euch angeboten wird in der Offenbarung Jesu Christi."

reissen[379]. Hab ich dich, o du liebenswürdigstes Wesen! schlecht gedienet und geliebet auf Erden; so erwarte ich nun von deiner Barmhertzigkeit eine Ewigkeit, da ich dich vollkommen lieben, dienen und verehren möge mit allen deinen Heiligen. JEsu! ich beuge mich unter deine Zucht; reinige, bereite und vollende mich! Soll dieses sterbliche Leben hinsincken, so bleibe du mein ewiges Leben, und die gantze Herrlichkeit meiner Seelen!

So gehe dann hin im Frieden, mein lieber Bruder, und schaue deinen Heyland; er stärcke, erquicke, und helfe dir durch! Ja, er wird es thun. Er segne dich aus seinem Heiligthum, und begleite dich durch das Thal des Todes, zu dem Leben, das ewig ist! Amen JEsu! Amen JEsus! JEsus Amen! In diesem Namen grüsse und küsse ich dich nochmals von Hertzen, und bleibe durch seine Barmhertzigkeit nun und ewig

Dein treu-verbundener Bruder.

95.

An **Georg Hendrik Fischer**
Abdruck nach Geistliche Briefe II, Teil 4, Nr. 144 [undatiert]

Auf was Weise ein Sünder auf Christi Blut und Gnade vertrauen möge.

Lieber Bruder!

Ob gleich wegen der hiesigen Krancken wenig Zeit habe, so muß doch kürtzlich auf die Frage von N. dieses antworten: Daß zwar das Vertrauen zu der Gnade und Güte GOttes in Christo JEsu gantz gut, und auch für die größste Sünder der eintzige unentbehrliche Weg zum Heil sey; nur müßte auch dabey sein eine Erkänntniß, Bekänntniß, Mißfallen und völlige Abkehr von allen Sünden, und auch der geringsten Untreue, um sich GOtt in Christo in völliger Verläugnung auf ewig zu ergeben. Wer diesen Sinn von GOTT bekommen hat, der mag und muß als ein Mühseliger zur Gnade kriechen, und auf Christi Blut und Gnade ohne Bedencken vertrauen.

Was ihn insbesondere betrift, so kommts zwar darauf nicht an, ob er eine so harte Bestrafung und Angst über seine Sünde und Untreue fühlet, muß sie aber doch hertzlich bekennen und bereuen, so viel er sich deren erinnert; und sonderlich ist er verpflichtet, sich vor GOtt zu beugen, und um Vergebung zu bitten wegen einer gewissen wichtigen Untreue, worüber ich ihn das letzte mal erinnert habe; solche würde seine Seele sehr erleichteren; er wird sich dessen schon zu erinnern wissen; diß sage ihm aber ins geheim. Uebrigens wünsche ihm GOttes

379 Joh. 10,28.

Gnade, Segen und Kraft in seinen Leyden, und wann es zum Sterben gehen möchte, daß ihm GOtt durch JEsu Blut reichlich darreichen möge einen offenen Eingang in sein ewiges Königreich!

96.

An **Georg Hendrik Fischer**
Abdruck nach Geistliche Briefe II, Teil 4, Nr. 147 [undatiert]

Stärckung unter inwendigen Leyden und Dunckelheiten.

N. N.

Ich begehre dich hertzlich in dem Namen JEsu zu grüssen, und dir seinen Segen und Frieden anzuwünschen. Mich deucht, ich habe ein wahres Mitleyden mit dir in deinen jetzigen Leyden und Dunckelheiten, sonderlich seitdem ich dein Letzteres bekommen; dennoch kein solches Mitleyden, daß ich von GOTT sollte begehren dörfen deine völlige Befreyung, als welche kommen wird, wann der göttliche Augenblick wird da seyn.

Nach meinem Licht will und muß ich dir nur diese zwey Worte sagen: daß dein Stand, sonderlich mit Absicht auf diese Finsternissen, nicht allein GOTT nicht mißfalle, sondern recht wohlgefalle; und daß du derhalben nichts zu thun habest, als denselben mit Frieden und Geistes-Willigkeit zu tragen.

Wir sollen nicht die Leyden, sondern die Beleidigung GOttes fürchten. Entweiche, wann du kanst, aller Aengstlichkeit, allem harten, unruhigen, bedrängten Wesen durch eine blosse Vergessenheit und Gelassenheit deines Gemüths. Trage kindlich, was du nicht ändern kanst. Was ist an uns gelegen? Liebe das liebenswürdigste Wesen, bäte ihn an, lobe ihn; freue dich in ihm, dann er ists werth, und verlangets von uns. Dich und deine Hausgenossen grüssende verharre.

97.

An **Georg Hendrik Fischer** [vermutlich 1733; z. Zt. in Leyden[380]]
Abdruck nach Kerlen: Gerhard Tersteegen, 2. Aufl., Mülheim 1853. S. 22

Lieber Bruder,
Gott sei gelobet, der in Seiner Güte nach Seele und Leib noch mit Euch ist! Habt Ihr nicht viel Zeit zur äußern Abgeschiedenheit, oder keine Gelegenheit dazu, so wird Euch die Gnade schon unterweisen, so viel fleißiger die innere Abgeschiedenheit zu suchen und zu bewahren. Lasset uns unsere Liebe und Meinung lau-

380 Der Brief ist an zwei Personen gerichtet: „Wir miteinander grüßen denn Euch beide." Der zweite Bruder war entweder Adolf Bäumer oder Johann Henrich Otterbeck.

terlich auf Gott richten, so sind wir wahre Einsame, die an allen Orten und in allen Dingen nichts finden werden als Gott allein. Der Herr führe uns immer wesentlicher in diese Entblößung und Lauterkeit ein! So dann könnten wir bisweilen ins Cabinet einkehren, da wir gar nichts vom Geräusch dieser Welt würden hören, bisweilen aber in der Vorkammer des göttlichen Willens unsere äußere Beschäftigungen abwarten könnten, und alles Getümmel ohne Annehmlichkeit und Schaden sehen und hören, wo wir nur anders durch das rechte Fenster hinaus sehen, ich will sagen mit reiner Liebe und lauterer Meinung auf Gott. Ihr müßt jetzt in Euern Geschäften, in Euerm Kaufen und Verkaufen auf den Weltmarkt herum wandern, wie Paulus durch die atheniensischen Götzentempel. Act. 17. Wenn die Welt Euch so geschäftig siehet, so wird sie denken Ihr wolltet auch ihren stummen Götzen opfern; solches sei aber ferne von Euch. Richtet Eure Absicht und Liebe lauterlich auf Gott, der Euch aller Orten innig gegenwärtig ist, diesem der Welt unbekannten Gott opfert allein alles auf, wo Ihr seid bei Menschen und wo Ihr gehet über die Gassen, alle Eure Tritte und Schritte, alle Eure Athemzüge, alle Eure Beschwerden, ja alles was Ihr thut und was Ihr seid, müsse diesem wahren Gott gewidmet werden, der nicht ferne ist von einem jeglichen unter uns, sondern in dem wir leben, uns bewegen und sind[381]. Er selbst wirke es wesentlich in Euch und in mir, und halte uns mit Seiner Hand, daß wir bei Ihm bleiben und in keinem anstoßen! Amen. Wir miteinander grüßen Euch beide, und alle übrige gute Freunde, die Ihr gelegentlich sehen möchtet. Verbleibe durch Gnade Euer verbundener Mitpilger

G. Tersteegen.

98.

Von **Georg Hendrik Fischer,** Otterbeck
und Antwort Tersteegens
Abdruck nach Handschrift[382]

Von G. H. Fischer an der Otterbeck
an Tersteegen
Melody: Ach ! was soll ich Sünder machen etc.

381 Paulus in Athen; Apostelgeschichte 17, 16-34.

382 Sammlung einiger geistlichen Poesien in: Noch einige, Nach-gesammelte und ungedruckte Geistliche Briefe, 1794. Nr. 54 und 55. Nachlaß Goeters. S. 178/179.

1.

Ob ich schon bin gantz Elendig,
so hof ich dennoch beständig,
daß die grosse Jesus-Treü
mich noch wird von allem Bösen,
das mich jetzt noch drückt, Erlösen
und mich davon machen frey.

2.

Nur dis ist mein Wunsch und Wille,
daß ich gantz gelassen Stille
halten möchte seiner Hand;
daß er könt in allen Sachen
Was, und wie Er wolte machen;
Er kennt meinen Jammerstand.

3.

Aber dennoch will ich trauen,
bis ich Endlich werde schauen,
daß Er mir mit Hülf erscheint.
Solt Er schon noch was verziehen,
Will ich doch nicht von Ihm fliehen.
Es wird nicht sein böß gemeint.

Antw[ort] auf voriges von Tersteegen

Vorige Melody

1.

Wer sein Elend fühlt und schauet,
und im Elend doch vertrauet,
der wird Endlich werden frey.
Weg mit Eignem witz und Wercke.
Deine Weißheit, deine stärcke
Sey nur deines JESU Treü.

2.

Ihme mußt du gantz ergeben,
willenlos, gelassen leben,
Innig nur in Ihn gewandt.
JESUM liebe, JESUM meine.
Wer nichts will als Gott alleine,
steht in keinem Jammerstand.

3.

Wer dis wünscht und meint aufrichtig,
Dessen Glaubensgrund ist richtig.
Der hat JESUM schon zum freünd;
bleib im hoffen, bleib im trauen,
bis du Jesum selbst wirst schauen.
Was Er thut, ist gut gemeint.

c. Verzeichnis der Adressaten

01	25.06.1727	Johannes Ritterskamp	Bd. 1	II	35	
02	25.06.1727	Johannes Ritterskamp	Handschrift			Gemarke[383]
03	30.06.1727	Elsgen Otterbeck	Bd. 1	II	36	
04	17.12.1727	Joh. Henr. Otterbeck	Bd. 1	II	37	
05	08.04.1728	Joh. Henr. Otterbeck	Bd. 1	II	38	
06	06.06.1728	Joh. Henr. Otterbeck	Bd. 1	II	39	
07	Dez. 1730	Johannes Ritterskamp	Bd. 1	II	42	
08	Dez. 1730	Johannes Ritterskamp	Handschrift			Engelskirchen
09	01.01.1731	Johannes Ritterskamp	Bd. 1	II	43	
10	25.01.1731	Joh. Henr. Otterbeck	Bd. 1	II	44	
11	09.02.1731	Georg Hendrik Fischer	Bd. 1	II	45	
12	09.02.1731	Georg Hendrik Fischer	Handschrift			Engelskirchen
13	19.03.1731	Elsgen Otterbeck	Bd. 1	I	112	
14	27.05.1731	Brüder auf der Otterbeck	Bd. 1	I	113	
15	21.10.1731	Joh. Henr. Otterbeck	Bd.1	II	46	
16	31.10.1731	Joh. Henr. Otterbeck	Bd. 1	II	47	
17	13.11.1731	Joh. Henr. Otterbeck	Bd. 1	II	48	
18	18.11.1731	Joh. Henr. Otterbeck	Bd. 1	II	49	
19	04.12.1731	Elsgen Otterbeck	Bd. 1	I	119	
20	13.12.1731	Joh. Henr. Otterbeck	Bd. 1	II	50	
21	31.12.1731	Joh. Henr. Otterbeck	Bd. 1	II	57	
22	09.02.1732	Elsgen Otterbeck	Bd. 1	I	121	
23	06.03.1732	Georg Hendrik Fischer	Handschrift			Engelskirchen
24	20.03.1732	Georg Hendrik Fischer	Handschrift			Engelskirchen
25	20.03.1732	Joh. Henr. Otterbeck; Korr[384].: G. H. Fischer	Bd. 1	II	52	
26	19.04.1732	Georg Hendrik Fischer	Handschrift			Engelskirchen
27	19.04.1732	Joh. Henr. Otterbeck; Korr.: G. H. Fischer	Bd. 1	II	53	
28	20.07.1732	Georg Hendrik Fischer	Handschrift			Engelskirchen
29	20.07.1732	Joh. Henr. Otterbeck; Korr.: G. H. Fischer	Bd. 1	II	55	
30	04.09.1732	Georg Hendrik Fischer	Handschrift			Goeters
31	25.09.1732	Joh. Henr. Otterbeck	Bd. 1	II	56	
32	08.10.1732	Elsgen Otterbeck	Bd. 1	I	127	
33	21.11.1732	Georg Hendrik Fischer	Handschrift			Engelskirchen
34	21.11.1732	Joh. Henr. Otterbeck; Korr.: G. H. Fischer	Bd. 1	II	57	
35	08.12.1732	Elsgen Otterbeck	Bd. 1	I	128	
36	19.12.1732	Georg Hendrik Fischer	Handschrift			Engeslkirchen

383 Die mit „Gemarke“ bezeichneten Archivalien wurden im Archiv der Evangelischen Kirche in Düsseldorf eingesehen. Bei der Quellenangabe „Nachlaß Goeters“ handelt es sich um Bestände, die ebenfalls in vorstehendem Archiv aufbewahrt werden.

384 Korr. = Korrigiert.

37	09.01.1733	Elsgen Otterbeck	Bd. 1 I 130	
38	31.01.1733	Elsgen Otterbeck	Bd. 1 I 132	
39	23.02.1733	Joh. Henr. Otterbeck und Georg Hendrik Fischer	Entw. Neue Brief-Ed. Dr. Bister	
40	23.02.1733	Joh. Henr. Otterbeck	Bd. 1 II 59	
41	03.04.1733	Joh. Henr. Otterbeck und Georg Hendrik Fischer	Bd. 1 I 134	
42	23.04.1733	Joh. Henr. Otterbeck und Georg Hendrik Fischer	Bd. 1 II 60	
43	07.05.1733	Johannes Ritterskamp	Bd. 1 II 61	
44	15.05.1733	von Georg Hendrik Fischer aus Amsterdam an Brüder und Schwestern im Bergischen und Mülheim.	Handschrift	Engelskirchen
45	09.06.1733;	muß 09.01.1733 heißen Joh. Henr. Otterbeck	Bd. 1 II 58	
46	23.09.1733	Georg Hendrik Fischer	Handschrift	Engelskirchen
47	22.11.1733	Georg Hendrik Fischer	Handschrift	Engelskirchen
48	22.11.1733	Joh. Henr. Otterbeck; Korr.: G. H. Fischer	Bd. 1 II 62	
49	24.03.1734	Georg Hendrik Fischer	Handschrift	Engelskirchen
50	02.01.1735	Georg Hendrik Fischer	Handschrift	Engeslkirchen
51	23.04.1735	Johannes Ritterskamp	Bd. 1 II 77	
52	12.05.1735	Johannes Ritterskamp	Bd. 1 II 78	
53	05.08.1735	Brüder in der Otterbeck	Bd. 1 II 81	
54	31.08.1736	Georg Hendrik Fischer	Handschrift	Engelskirchen
55	30.11.1736	Georg Hendrik Fischer	Bd. 1 II 109	
56	30.11.1736	Geeorg Hendrik Fischer	Handschrift	Engelskirchen
57	26.01.1737	Brüder in der Otterbeck	Bd. 1 II 113	
58	undatiert	Freunde in der Otterbeck	Bd. 2 III nach Brief 151	
59	26.01.1737	Hausgenossen i. d. Otterbeck	Handschrift	Mülheim/Ruhr
60	undatiert	viell. Anhang zu ds. Brief	Handschrift	Mülheim/Ruhr
61	18.02.1737	Elsgen Otterbeck	Bd. 1 II 115	
62	04.03.1737	Adolf Bäumer	Bd. 1 II 118	
63	undatiert	Georg Hendrik Fischer	Bd. 2 IV 148	
64	03.06.1737	Georg Hendrik Fischer	Handschrift	Engelskirchen
65	22.11.1737	Adolf Bäumer	Bd. 1 II 131	
66	03.03.1738	Georg Hendrik Fischer	Abdruck in Vaterstädter Blätter, Mülheim/Ruhr	
67	03.05.1738	Georg Hendrik Fischer	Bd. 1 II 136	
68	20.04.1739	Georg Hendrik Fischer	Bd. 2 III 1	
69	13.05.1739	Georg Hendrik Fischer	Bd. 2 III 2	
70	04.06.1739	Georg Hendrik Fischer	Bd. 2 III 3	
71	04.06.1739	Georg Hendrik Fischer	Handschrift	Engelskirchen
72	23.11.1740	Georg Hendrik Fischer	Bd. 2 III 14	
73	28.12.1740[385]	Georg Hendrik Fischer	Bd. 2 III 15	

385 Anstelle Datum: „unschuldige Kindlein“ = 28.Dezember.

74	30.05.1741	Johannes Ritterskamp	Bd. 2	III	18	
75	11.06.1741	Johannes Ritterskamp	Bd. 2	III	20	
76	22.09.1742	Georg Hendrik Fischer	Bd. 2	III	29	
77	27.12.1744	Georg Hendrik Fischer	Handschrift			Engelskirchen
78	23.01.1745	Georg Hendrik Fischer	Bd. 2	III	61	
79	02.03.1745	Georg Hendrik Fischer	Bd. 2	III	65	
80	15.07.1745	Georg Hendrik Fischer	Bd. 2	III	67	
81	15.07.1745	Georg Hendrik Fischer	Handschrift			Engelskirchen
82	25.07.1751	Georg Hendrik Fischer	Handschrift			Engelskirchen
83	31.10.1753	Elisabet zur Kuhlen	Beglaubigte Abschr. eines Briefes			
84	26.09.1757	Georg Hendrik Fischer	Handschrift			Engelskirchen
85	21.12.1760	Georg Hendrik Fischer	Bd. 2	IV	149	[dort undatiert]
86	21.12.1760	Georg Hendrik Fischer	Handschrift			Unterdörnen
87	21.12.1760	Georg Hendrik Fischer	Handschrift			Stadtarch.Mülheim
88	31.12.1764	Georg Hendrik Fischer	Bd. 2	IV	77	
89	undatiert	Georg Hendrik Fischer	Handschrift			Engelskirchen
90	undatiert	Georg Hendrik Fischer	Handschrift			Engelskirchen
91	undatiert	Brüder in der Otterbeck	Bd. 1	I	61	
92	undatiert	Adolf Bäumer	Bd. 1	I	62	
93	undatiert	Adolf Bäumer	Bd. 1	I	63	
94	undatiert	Adolf Bäumer	Bd. 1	II	27	
95	undatiert	Georg Hendrik Fischer	Bd. 2	IV	144	
96	undatiert	Georg Hendrik Fischer	Bd. 2	IV	147	
97	undatiert	Georg Hendrik Fischer	G. Kerlen, S. 22			
98	undatiert	Gedicht an G. H. Fischer und Antwort Tersteegens	Handschrift			Goeters

Anhang

A. Die Otterbeck in der Forschung

Maximilian Goebel.

Ausführliche Informationen in der Literatur, auf die an erster Stelle zu verweisen ist, finden wir bei Max Goebel in der „Geschichte des christlichen Lebens" Band III.

Im Register werden folgende Seiten angegeben: 350, 357, 377 ff. 391 und 440. Es ist jedoch zu beachten, daß einige Ausführungen Goebels aufgrund der in dieser Dokumentation veröffentlichten Ergebnisse neuerer Forschung zu korrigieren sind.

Goebel hatte im Herbst 1853 eine Reise nach Heiligenhaus unternommen. Beim Besuch der „Otterbeck" war er besonders stark beeindruckt von der dortigen Bibliothek.

Die nachstehend ausgewählten Auszüge aus der älteren und neueren Literatur über die Pilgerhütte mögen repräsentativ stehen für verschiedene andere Autoren, die im Rahmen dieser Veröffentlichung nicht zu Wort kommen können.

Gerhard Kerlen.

Es mag verwundern, daß der Biograph Dr. Gerhard Kerlen kaum auf die Arbeit Tersteegens in der Pilgerhütte eingeht. Nachstehend folgen die wenigen Stellen aus seinem Buch:
Gerhard Kerlen: Gerhard Tersteegen, der fromme Liederdichter und thätige Freund der innern Mission. 1. Auflage Mülheim, 1851. Zitiert nach 2. Aufl. Mülheim an der Ruhr, 1853.

S. 17
„In der deutschen Orthographie war er [Tersteegen] nicht sicher, auch nicht der wohl von ihm als Gehilfe gebrauchte G. H. Fischer (der einen großen Theil des Lebens auf der Otterbeck zubrachte) und spätere Herausgeber seiner Schriften[1], welche einer bessernden Hand bedürfen (außer der letzten)."

1 Einem Brief von Johann Engelbert Evertsen ist zu entnehmen, daß für die Endredaktion der Orgelbauer Johann Engelbert Teschemacher (1711-1782) verantwortlich ist. Siehe auch: Horst Neeb: Gerhard Tersteegen und die Familien Schmitz in Solingen, Düsseldorf 1997. S. 232/233.

S. 21
„Unser Tersteegen warnte später Kaufleute häufig vor den Gefahren eines allzu geschäftigen unruhigen Treibens, z.B. die beiden Freunde Fischer und Otterbeck in einem Briefe, den uns die gedruckte Sammlung (II. 60) mittheilt;[...]“

S. 37
„Er schrieb 1733 an den Freund Fischer auf der Otterbeck von einem Verschreiben in anderer Bedeutung. „Es ist so ein guter Gott. Ich wollte mich wohl immer verschreiben und anstatt Gott allzeit gut setzen, denn das ist Er.“

S. 52
„Der Heidelberger Zollinger, der sich in Einsamkeit in Wald, später auf der Otterbeck, aufhielt, wunderte sich, als er selbst in Mülheim gewesen, nicht mehr darüber, daß soviele zu ihm strömten, obwohl er früher lebhaft sein Befremden darüber geäußert hatte.“

S. 57
„Auf dem Wege von Mülheim nach Elberfeld liegt ein Haus, das der Familie Mühlenbeck gehörte, nahe bei Heiligenhaus, genannt auf der Otterbeck, wo Tersteegen und andre Freunde zu übernachten pflegten; es hieß die Pilgerhütte. Hier lebten Freunde Tersteegens in stiller Zurückgezogenheit und sahen ihn als ihren väterlichen Berather an, der ihnen auch alle Sorgfalt widmete. Das zeigen die Briefe, die er an die Genossenschaft schrieb und eine noch erhaltene Anweisung ihres Lebens außer den in den Briefen abgedruckten. Alles athmet seinen frommen Sinn. Fischer, Otterbeck, Bäumer wohnten daselbst. Der erste nahm, wie schon bemerkt, auch Theil an seinen schriftstellerischen Werken und mochte in der deutschen Grammatik etwas sicherer sein als unser Freund. Dieser hielt dort oft Versammlungen (auch in der Neanderhöhle bei Mettmann) wie solche auch später noch dort stattgefunden. Hunderte von Pilgern fanden sich ein, die alle ihn bei der besonderen Einrichtung des Gebäudes verstehen konnten. (Es ist jetzt dem ev. Brüderverein übergeben).“

S. 112
„Adolph Hülsdell von der Otterbeck schrieb in sein Blumengärtlein den letzten Segenswunsch, der ihm Tersteegen vier Stunden vor seinem Ende gab: ‘Der Herr gebe dir lieber Bruder viel Gnade und Barmherzigkeit, daß du Seinem Rufe getreulich mögest nachfolgen.’ “

P. W. Stursberg.

Wenige Jahre nach Kerlen schrieb P.W. Stursberg nachstehnde Tersteegen-Biographie.
P. W. Stursberg: Das Leben Gerhard Tersteegens, Mülheim a.d.Ruhr 1869.

Ausführungen über die Otterbeck finden wir auf den Seiten 76 - 82. Da sie sich weitgehend an Max Goebels „Geschichte des christlichen Lebens“ orientieren, wird auf eine Wiedergabe des Textes verzichtet.

Johann Victor Bredt.

Bei Joh. Victor Bredt finden wir eine Gegenüberstellung der Heiligenhauser Pilgerhütte mit der in Barmen. Obwohl auch Bredt sich an Max Goebel anlehnt, sollen die nachstehenden Passagen aufgenommen werden.
Joh. Victor Bredt: Geschichte der Familie Siebel, Marburg 1937.

1. Pilgerhütte in Barmen.

S. 172
„Um diese Zeit [Ende der sechziger Jahre des 18. Jh.] erbaute Engelbert Evertsen noch ein weiteres Haus an der westlichen Ecke seines Besitzes von Heinrichs Gut, auf der heutigen Nummer 28. Es war die sogenannte „Pilgerhütte“, welche ein Gegenstück bildete zu den Tersteegen'schen Pilgerhütten in Mülheim an der Ruhr und in der Otterbeck (siehe Seite 185). Hier trafen sich die Tersteegen'schen Freunde zu gemeinsamer Andacht und zu religiösem Gedanken-Austausch; hier wohnten auch die von auswärts kommenden Gäste. In späterer Zeit diente die Pilgerhütte alten Frauen zu beschaulichem Leben [Fußnote 16, Goebel a.a.O. S. 378], offenbar nach allmählichem Aussterben des Freundeskreises.

Die Pilgerhütte war ein bergisches Schieferhaus mit dem typischen „Ausstieg“ in der Mitte. Sie war aber ein Doppelhaus, von dem die eine Hälfte den Zwecken der Pilgerhütte diente, die andere Hälfte später die Wohnung von Engelbert Evertsen wurde. Wie Christian Hermann Siebel berichtet, ist Engelbert in dieser Wohnung der Pilgerhütte gestorben. Vermutlich hat er 1785 nach dem Tode seines Bruders Abraham die bis da gemeinsame Wohnung im Hofeshaus aufgegeben; vermutlich war dieses allmählich abständig geworden.“

2. Pilgerhütte Otterbeck.

S. 185
„Mit Recht wird es als Verirrung angesehen, daß er [Tersteegen] auf einem Besitztum seines Freundes Otterbeck, auf dem gleichnamigen Hofe bei Heiligenhaus, eine „Pilgerhütte“ errichtete. [Fußnote 11, Das Haus steht heute noch und gehört einer religiösen Gemeinschaft. Es enthält noch die Bibliothek der alten Pilgerhütte, außerdem Erinnerungsstücke an Tersteegen und Engelbert Evertsen, insbesondere das einzige Bild von Engelbert Evertsen.] Es war ein direkt klösterlich eingerichtetes Haus, nach der Straße zu mit einer hohen Mauer abge-

schlossen, in dem eine Anzahl von Tersteegianern ein gemeinsames, von der Welt abgeschlossenes Leben führte. Die Regeln waren von Tersteegen persönlich aufgestellt [Fußnote 12, Abgedruckt bei Goebel a.a.O. S. 440 ff.]. Demgegenüber war die in Mülheim errichtete Pilgerhütte nur ein Unterkunftshaus für Tersteegen's Besucher.

Der Kreis der Tersteegianer wuchs mehr und mehr. Es gab Gemeinschaften in Elberfeld, Barmen, Solingen, Haan, Wald und anderen Orten des Bergischen Landes."

S. 187

„Engelbert trug auch die Kosten der Pilgerhütte in der Otterbeck, denn die dortigen Brüder hätten aus ihrem beschaulichen Lebenswandel niemals die erforderlichen Mittel zum Lebensunterhalt gewinnen können. Engelbert faßte sein berufliches Leben völlig im calvinistisch-puritanischen Sinne auf: viel verdienen, aber viel Gutes damit tun !

[...] Auch die Pilgerhütte in Barmen war etwas gänzlich anderes als die in der Otterbeck. Sie war bestimmt für die nach Barmen kommenden Tersteegianer, die dort Unterkunft fanden; sie war kein Kloster sondern ein Hospiz. Sie wurde auch erst nach dem Tode von Tersteegen gebaut, als Engelbert der Mittelpunkt dieser Kreise im Bergischen Lande wurde. Später bewohnte dann Engelbert selbst die eine Hälfte und ließ in der anderen 4 - 8 alte Frauen wohnen [Fußnote 15, Goebel a.a.O. S. 379]. Auch hier aber war der Grundgedanke ein anderer als in der Otterbeck. Es handelte sich nicht um bewußte Weltflucht, sondern einfach um die Versorgung von einigen einsamen und unbemittelten Freundinnen aus dem Tersteegen'schen Kreise, die dann allerdings eine Art Lebensgemeinschaft führten."

Friedrich Nieper.

Friedrich Nieper stellt in seinen kurzen Bemerkungen zur „Otterbeck" eine Verbindung her zu den ehemals in Solingen lebenden Brüdern Abraham und Johann Lobach in Krefeld.
Friedrich Nieper: Die ersten deutschen Auswanderer von Krefeld nach Pennsylvanien, Duisburg 1937 bzw.1940.

S. 232

„Nicht allzuweit von Elberfeld, nahe bei Velbert, hatte sich eine Bruderschaft gebildet, mit der besonders Tersteegen eng verbunden war. Es war die Bruderschaft von der Otterbeck (Anm. 179: „cf. Goebel III S. 377 ff. u.a."). Drei Namen von Brüdern auf der Otterbeck begegnen uns in der Briefsammlung von Johann und Abraham Lobach. Der Besitzer des Ackergutes, 'Freund Otterbeck', der in seinem Besitztum seit 1727 eine Pilgerhütte eingerichtet hatte, war 1737 in Krefeld (Anm. 180: „Nachtrag S. 8 vom 30. September 1737").

Georg Hind. Fischer, der nach Goebel vielleicht der Vorsteher auf der Otterbeck war (Anm. 181: „cf. Goebel III S. 380“), begleitete Otterbeck auf seiner Reise nach Krefeld (Anm. : „Wie Anm. 180; weiter „Einige erbaul. Br.“ S. 93 vom 11. Mai 1740“). Bei ihm wohnte auch ein in den Briefen erwähnter Johann Ritterscamp, der eine Zeitlang zu der Gemeinschaft gehörte. Wir haben einige Briefe Tersteegens an ihn erhalten. (Anm. 183: „Nachtrag S. 18 etwa 1745“).

S. 346
„Auf der Otterbeck, mit der Krefeld, wie wir bei der Untersuchung der Lobachschen Briefe gesehen haben, in Verbindung stand, wurde das möglichst größte Schweigen gefordert. In den Verhaltungsmaßregeln der Bruderschaft heißt es: ‘Betet viel und redet wenig’, oder ‘o das heilige, sanfte, freundliche Stillschweigen’ und an einer anderen Stelle ‘Gott wohnet nur in stillen Seelen und da muß auch die Zunge stille werden (Anm.240: „Verhaltungsmaßregeln der Bruderschaft auf der Otterbeck IV bei Goebel III S. 441.“) “

Lobach-Briefe[2].

Im folgenden werden die erwähnten Zitate aus den Lobach-Briefen wiedergegeben.

1. Johann Lobach aus Krefeld an Wilhelm Weck in Solingen. Brief vom 30. September 1737:
„Mein Bruder Abraham ist Freuden voll wieder zu uns gekommen und seyend mit ihm erfreuet worden über seine Reise und Besuch der dortigen Freunde. Heute ist Freund Otterbeck und Fischer hier hin gekommen und wollen morgen, so der Herr will, nach Düsseldorf und Rees mit ihnen umsehen, ob sie die Arrestanten alda können besuchen, wozu ihnen des Herren Beistand wünsche.“ [Die Gefangenen waren der Graf von Castell (1701-1772) und der Elberfelder Kaufmann Konrad Adolf Caspary (1704 - 1764), die im Anschluß an Predigten des Grafen in Solingen und Elberfeld verhaftet worden sind].

2. Brief von Johann Lobach aus Krefeld an „Georg Hind. Fischer à Otterbeck beim Heiligenhaus den 11ten Mai 1740:
„[...] Gestern habe das Päcklein, nebst Deinem sehr angenehmen Schreiben richtig erhalten. Du verbindest mich aufs Neue mit den zwei Gläsern Grünöhl, weil zu viel ist gegen das, was ich gethan. Doch wann ich die Liebe mit meinem Geringe gegen Dich erweise, nimmbst Du vor was Großes an, welches mich be-

2 „Briefe erbaulichen Inhalts von Johann und Abraham Lobach“, Archiv der Evangelischen Kirche im Rheinland, Düsseldorf (Provinzialkirchenarchiv, Sign. A I, Ic, 11).

schämt und verschuldet hält. werde mit Gelegenheit sehen, ob noch ein Eisen bekommen kann.

Dein angenehmens Schreiben aber kann ich nach Gelegenheit nicht beantworten mit der Feder. Der Herr Jesus, der mit seinen lieben Jüngern in diesen Tagen auf Erden gewandelt und sich selbst Ihnen geoffenbahret und seinen Nahmen und Reich in Ihnen verkläret hat, wolle sich auch in uns verklären, durch seinen Geist der Liebe und Demuth. Von meinem lieben Hausgenossen Stetius und seiner Frau und von Jan grüße Euch Allesamt. Bruder Stetius Frau ist vor 14 Tagen glücklich entbunden von einem wohlgestalten Töchterlein. Sie ist nebst dem Kinde wohl gewesen, doch Gestern und Vorgestern was Fieberlich; doch dem Herrn muß Dank gesagt werden in allen Dingen. Traget uns sämmtlich mit für den Herrn; wir wünschen Besserung zwar doppelte nach Leib und Seele, die Erste mit der Andern ohne Bindung, und erwarte Dich eins hier zu sehen.
Dein lieber schuldiger Bruder Joh. Lobach."

3. Schreiben von Johann Lobach an Bruder Johann Ronsdorf, etwa 1745:
[...]„denkt an Joh. Ritterscamp, so bei Fischer gewohnt"

Giovanna della Croce.

Die Studie von Giovanna della Croce ist gerade darum von besonderer Bedeutung, weil Tersteegen bisher im katholischen Schrifttum wenig Beachtung gefunden hat. Hier aber wird von katholischer Seite der Versuch unternommen, einen Zugang zu finden zu der „mystischen Spiritualität" des „frommen Bandwirkers". Professor Dr. Winfried Zeller hat die Arbeit der Autorin begleitet.

Giovanna della Croce: Gerhard Tersteegen, Neubelebung der Mystik als Ansatz einer kommenden Spiritualität, Frankfurt 1979. S. 31-35.

S. 32
„Die Gründung einer klosterähnlichen Bruderschaft hat verschiedene Urteile hervorgerufen. Van Andel bezeichnet sie 'als eine sehr merkwürdige Sache auf protestantischem Boden' und sucht auf Parallellen im französischen Quietismus hinzuweisen, die Tersteegen richtunggebend gewesen sein können. So nennt er den Markgrafen von Renty, der Arbeitsleute in religiöse Bruderschaften zusammengefaßt hatte. Er weist auf Bernières-Louvigny, der ähnlich der hl. Katharina von Siena um sich eine Gruppe heilsbegieriger Menschen sammelte, und auf Madame Guyon, die eine Gründung einer Gemeinschaft vom Kinde Jesu beabsichtigt hatte. Nach W. Nigg bildet 'die Pilgerhütte', d.h. Tersteegens Gründung, 'im reformierten Protestantismus eine einzigartige Erscheinung' (Anm. 27: 'op., cit., S. 425'). Er hebt hervor, daß Tersteegen so etwas wie ein 'evangelisches Kloster' plante, in freier Neugestaltung des katholischen, traditionellen Mönchtums, und daß ihm dieses Anliegen äußerst wichtig erschien."

S. 33/34

„Ist aber Tersteegens Gründung wirklich so ganz außerhalb des Gewöhnlichen? Die Frage läßt sich bejahen, wenn man ihn als Glied seiner reformierten Gemeinde klassifiziert. Bedenkt man jedoch, wie wenig er sich äußerlich und innerlich mit derselben verbunden fühlte, und wie sehr es ihm darum ging, die Menschen in echter Nachfolge des Evangeliums auf den Weg der Heiligkeit zu führen, wird es verständlich, daß er nach Wegen konkreter Verwirklichung suchte, in denen sich seine eigene Erfahrung und seine tiefen Kenntnisse der christlichen Spiritualität wiederspiegelten. Sein eigener, innerer Werdegang hatte ihm gezeigt, daß eine vollständige Antwort auf die Worte Jesu von der Nachfolge nur in einer Gemeinschaft von Gleichgesinnten möglich ist, die der Welt entschieden abgesagt, und als Ziel die Heiligkeit erwählt hatten. Er selbst wußte, daß er nicht ein solches Gemeinschaftsleben teilen würde, da Gottes Willen ihm seelsorgliche Aufgaben zuerteilt hatte. Aber andere Menschen, die noch frei über ihre Zukunft entscheiden konnten, sollten nicht von dieser Möglichkeit ausgeschlossen werden. Ihnen sollte nicht ein Haus und eine ‘klösterliche’ Familie fehlen, wo sie ganz Gott und ihrem Frömmigkeitsideal leben durften.[...] Der Gedanke des ‘claustrum’ , des Zusammenlebens, der brüderlichen Gemeinschaft, so wie ihn Tersteegen konkretisiert hat, ist echt christlich. Das beweisen heute zahlreiche evangelische Kommunitäten, die in Tersteegen ihren ‘geistlichen Vater’ erkennen können.

Mit seiner Gründung in der Otterbeck liefert Tersteegen ein herrliches Zeugnis christlichen Denkens und Wollens. Wo es um die höchsten Werte geht, um ein reines, aufrichtiges Streben nach Gottinnigkeit und Vollkommenheit, da gibt es nur einen Weg, ganz unabhängig, von welchem Glaubensbekenntnis dieser ausgeht. Wie alle christlichen Ordensgründer war auch Tersteegen vom Wort Jesu angesprochen: ‘Wo zwei oder drei in meinem Namen versammelt sind, da bin ich mitten unter ihnen’ (Matth. 18, 19-20). Das Vereintsein in der Liebe, dieses große ‘soziale’ Erlebnis des Christentums, das ihn selbst aus der Stille des ‘Einsiedlerlebens’ herausgerissen hatte, faszinierte Tersteegen wie alle jene, die sich ganz dem Dienste Gottes und dem Heil der Menschen hingegeben hatten. Es verwirklicht zu haben, ist nur die logische Folge einer bewußten Antwort auf die umwandelnde Kraft des Evangeliums. Tersteegen wäre nicht der Gottesmann Tersteegen gewesen, wenn in ihm der Gedanke einer solchen Verwirklichung gefehlt hätte.

In diesem Licht muß man vom katholischen Standpunkt aus die kleine Gemeinde in der Otterbeck sehen. Es ist verständlich, daß Tersteegen gelitten hat, sein ‘Kloster’ nicht in jener geistlichen Frische und Blüte zu sehen, wie er es gewünscht hätte.“

S. 35

„Die Geschichte der 'Pilgerhütte' zeigt, daß Tersteegen mehrmals energisch eingreifen mußte, um den Frieden wieder herzustellen. [...] Seiner Geduld und seinem unermüdlichen Wort ist es wohl zu verdanken, daß die Brüder langsam menschliche Schwächen und Unvollkommenheiten abstreiften. Aus der Tatsache, daß in den späteren Jahren Stillschweigen über die Otterbeck herrscht, folgert van Andel, die Brüder hätten die richtige Haltung im Zusammenleben gefunden. [Van Andel kannte vermutlich nicht das Tagebuch des Hausvaters Zollinger, der sich mehrfach über Probleme des Zusammenlebens äußert; Ne.]

Nach dem Tode Tersteegens dauerte die Otterbeck noch einige Jahre. Aber mit dem Hinscheiden der Brüder hörte dort das klösterliche Leben auf. [...] Es ist zu bedauern, daß die von Tersteegen ausgeworfene Saat nur spärliche Früchte gebracht hat. Die Zeit war noch nicht reif, um im Protestantismus dem Klostergedanken Raum und Wachstum zu geben. Erst heute vermögen wir den Wert seiner Initiative zu erkennen und zu schätzen."

B. Quellen und Literatur.

Archive (allgemein):

Amsterdam	Gemeentearchief
Berlin	Staatsbibliothek Preußischer Kulturbesitz
Brühl	Personenstandsarchiv Rheinland
Düsseldorf	Archiv der Evangel. Kirche im Rheinland (hier auch Nachlaß Goeters und Bestand Barmen-Gemarke)
	Hauptstaatsarchiv
	Hauptstaatsarchiv, Zweigarchiv Schloß Kalkum
Duisburg	Stadtarchiv
Engelskirchen	Merz; Privatarchiv
Hamburg	Oncken-Archiv [jetzt Elstal]
Heidelberg	Stadtarchiv
	Universitätsarchiv
Heiligenhaus	Stadtarchiv
Krefeld	Stadtarchiv
Moers	Stadtarchiv
Mülheim/Ruhr	Stadtarchiv
Münster	Staatsarchiv
Neukirchen-Vluyn	Archiv der Neukirchener Mission
Overath	G.-Alexander Fülling; Genealog. Archiv
Ratingen	Stadtarchiv
Rheinberg	Amtsgericht / Zentrales Aktenmagazin
Rölefeld	Archiv des Evangelischen Brüdervereins
Siegen Stadtarchiv	
Solingen	Stadtarchiv
Velbert	Amtsgericht / Grundbuchamt
	Stadtarchiv
	Archiv der evangelischen Gemeinde

Kirchenbücher:

Duisburg	alle Konfessionen
Essen-Werden	Evangelische Gemeinde
Gruiten	Reformierte Gemeinde
Haan	Evangelische Gemeinde
Heiligenhaus	Reformierte Gemeinde
	Lutherische Gemeinde
Hilden	Evangelische Gemeinde

Homberg-Ratingen	Evangelische Gemeinde
Kettwig	Evangelische Gemeinde
Linnep	Evangelische Gemeinde
Mettmann	Evangelische Gemeinde
Mülheim/Ruhr	Reformierte Gemeinde
Neukirchen-Vluyn	Evangelische Gemeinde Neukirchener Mission
Ratingen	Evangelische Gemeinde
Rommelshausen	Evang. lutherische Gemeinde
Solingen	alle Konfessionen in allen Stadtteilen
Velbert	Evangelische Gemeinde
Velbert-Langenberg	Evangelische Gemeinde
Velbert-Neviges	Evangelische Gemeinde
Wermelskirchen	Evangelische Gemeinde
Wülfrath	Evangelische Gemeinde
Wuppertal	Freie evangelische Gemeinde Lutherische Gemeinde Wichlinghausen Reformierte Gemeinde Barmen-Gemarke Reformierte Gemeinde Barmen Reformierte Gemeinde Elberfeld Lutherische Gemeinde Elberfeld Evangelische Gemeinde Vohwinkel

Bibliotheken:

Amsterdam	Universiteitsbibliotheek
Bonn	Universitätsbibliothek
Dietzhölztal-Ewersbach	Bibliothek des Theologischen Seminars des Bundes Freier evangl.Gemeinden
Düsseldorf	Universitätsbibliothek
Duisburg	Stadtbibliothek
Köln	Universitäts- und Stadtbibliothek
The Hague, Niederl.	Koninklijke Bibliotheek
Wuppertal	Stadtbibliothek Universitätsbibliothek

Literatur

Ackermann, Helmut: Joachim Neander. Sein Leben - seine Lieder - sein Tal. Düsseldorf 1980
Alderfer, E.G.: Ephrata Commune, Pittsburgh/USA.1985; 2. Aufl. 1995
Andel, Cornelis Pieter van: Gerhard Tersteegen.Neukirchen 1973
Andel, Cornelis Pieter van: Gerhard Tersteegen. Briefe in niederländischer Sprache. Göttingen 1982 (Texte zur Geschichte des Pietismus)
Arnold, Gottfried: Unpartheyische Kirchen- und Ketzer-Historie, 3. Band; Schaffhausen 1742
Bister, Ulrich / Knieriem, Michael (Hg.): Für dich sei ganz mein Herz und Leben. Gießen und Basel 1997
Bredt, Johann Victor: Geschichte der Familie Siebel. Marburg 1937
Buddeberg, E. : Geschichte der reformierten Gemeinde Heiligenhaus. Heiligenhaus 1907
Busch, Wilhelm: Die von Herzen dir nachwandeln. Berlin 1938
Crecelius, W.: Die Herren von Hardenberg, in: ZBGV 8. Band, Jg. 1872
della Croce, Giovanna: Gerhard Tersteegen. Bern 1979
Der Säemann. Eine Wochenschrift für Heimat und Mission. Mehrere Jahrgänge
Dietrich, Wolfgang (Hg.).: Ein Act des Gewissens. Band 1: Erinnerungen an Hermann Heinrich Grafe. Witten 1988
Dietrich, Wolfgang (Hg.) : Ein Act des Gewissens. Band 2: Dokumente zur Frühgeschichte der Freien evangelischen Gemeinden. Witten 1988
Dittmaier, Heinrich: Siedlungsnamen und Siedlungsgeschichte des Bergischen Landes. Bonn 1956
Doll, C.: Geschichte der evangelischen Gemeinde Mettmann. Mettmann, 1880
Donald F. Durnbaugh: European Origins of the Brethren, Elgin Illinois/USA, 4. Auflage 1986.
Donald F. Durnbaugh: Die Kirche der Brüder, Stuttgart 1971.
Donald F. Durnbaugh: Brethren Beginnings, Philadelphia/USA, 1992.
Eckhardt, Martin: Der Einfluss der Madame Guyon auf die norddeutsche Laienwelt im 18. Jahrhundert. Barmen 1928
Engels, Wilhelm: Die Landwehren in den Randgebieten des Herzogtums Berg, in: ZBGV 66. Band, Jg. 1938
Evangelischer Brüderverein: Friedrich Koch in: Der Evangelische Brüderverein in Elberfeld. Jubiläumsschrift 1900
Evangelischer Brüderverein: Festschrift: 100 Jahre Evangelischer Brüderverein 1850-1950. Nr. 1062, 99. Jg.
Evangelisches Lexikon für Theologie und Gemeinde. Bd. 1-3; Wuppertal 1992-1994
Fahne, A.: Die Landwehr, in: ZBGV 14. Bd., Jg. 1878
Forsthoff, Heinrich: Wilhelm Hoffmann, der geistliche Vater Tersteegens, in MRKG 11. Jg. 1917

Geschichte des Pietismus. Band 1. Hg. Martin Brecht, Göttingen 1993
Geschichte des Pietismus. Band 2. Hg. Martin Brecht und Klaus Deppermann, Göttingen 1995
Giffey, Johannes: 50 Jahre Christlicher Sängerbund 1879-1929, kein Erscheinungsort. 1929
Giffey, Johannes Theophil: Aus fünfzigjähriger Geschichte der Freien evangelischen Gemeinde zu Düsseldorf. Witten 1930
Goebel, Max: Geschichte des christlichen Lebens in der rheinisch-westfälischen evangelischen Kirche. Band I - III. Nachdruck der Ausgaben Koblenz 1849, 1852 und 1860. Gießen und Basel 1992.
Heinrichs, Wolfgang: Der Evangelische Brüderverein. SVRKG Nr. 80. Köln 1984
Hohensee, Heinz: Gerhard Tersteegen. Niederrehinischer Mystiker und Gottesfreund. c i s hilinciweg II. Heiligenhaus 1976
Horn, Hans: Der Evangelische Brüderverein. Zur Geschichte eines Missionsvereins zwischen Landeskirche und Freikirchen. MRKG 1975. S. 211-235
Horn, Hans: Jacob Gerhard Engels in: Rheinische Lebensbilder; Band 6; Rheinland-Verlag Köln 1975. S. 169-187
Horn, Hans: Wilhelms Alberts (1823-1865). Ein Vorkämpfer der sog. Brüderbewegung aus dem Oberbergischen. MRKG 1977. S. 167-187.
Hütten, Horst-G.: Die Bauern an den Mettmanner Bächen. Mettmann 1994
Kelm, Hermann: Das Archiv des Evangelischen Brüdervereins. MRKG, 36. Jg. 1987
Kerlen, Gerhard: Gerhard Tersteegen, der fromme Liederdichter und thätige Freund der innern Mission. Mülheim an der Ruhr 1851 und 1853
Kerlen, Gerhard: Tersteegens Gebete für Bergleute und Schiffer. Mülheim an der Ruhr 1855.
Kleeblatt, Wilhelm: Die Otterbeck oder Tersteegens Pilgerhütte. in: Jahrbuch des Kreises Mettmann 1981/82:
Klein, Arthur: „Kloster“ in der Otterbeck - Tersteegens Nachwirkung. in: Macht der Liebe, Hg Hans-Joachim Wolter. Mülheim 1969
Klein, Tim: Gerhard Tersteegen. München 1925
Kock, Manfred (Hg.): Gerhard Tersteegen - Evangelische Mystik inmitten der Aufklärung. Köln 1997. SVRKG Nr. 126
Kötzschke, Rudolf: Rheinische Urbare. 3. Band. Bonn 1917
Lacomblet, Theodor Josef: Archiv für die Geschichte des Niederrheins. Cöln 1867
Ludewig, Hansgünter: Herzensgebet und Pilgerhütte. Gerhard Tersteegen und die Anfänge evangelischer Kommunitäten. in: MRKG 40. Jg. 1991
Ludewig, Hansgünter: Du durchdringest alles. Düsseldorf 1997. Schriften des Archivs der Evangelischen Kirche im Rheinland Nr. 12

Mennenöh, Peter Jürgen: Duisburg in der Geschichte des niederrheinischen Buchdrucks. Duisburg 1970
Meyer, Dietrich (Hg.): Ich bete an die Macht der Liebe. Gießen und Basel 1997
Neeb, Horst: Gerhard Tersteegen und die Familien Schmitz in Solingen. Düsseldorf 1997. Schriften des Archivs der Evangelischen Kirche im Rheinland Nr. 11
Nieper, Friedrich: Die ersten deutschen Auswanderer von Krefeld nach Pennsylvanien. Neukirchen 1940
Nigg, Walter: Wir sind hier fremde Gäste. Wuppertal 1980
Nigg, Walter: Gerhard Tersteegen - Der Verstand des Herzens. Gießen und Basel 1990
Pagel, Arno: Mein Vaterland heißt Ewigkeit. Gießen 1974
Ploennies, Erich Philipp: Topographia Ducatus Montani (1715) Teil 1 u. 2; Hg.: Burkhard Dietz. Neustadt/Aisch 1988. Bergische Forschungen Band XX
Renkewitz, Heinz: Hochmann von Hohenau. Witten 1969
Ritter, Gerd: Velbert - Heiligenhaus - Tönisheide. Ratingen 1965
Roessle, Julius: Gerhard Tersteegen. Wuppertal-Elberfeld 1968
Rosenkranz, Albert (Hg.): Das evangelische Rheinland. 2 Bände, Düsseldorf 1956/58
Rosenkranz, Albert (Hg.): Generalsynodenbuch, Abt.1: 1610-1698. Düsseldorf 1966
Rosenkranz, Albert (Hg.): Reformierte Bergische Synoden. III. Band: 1673-1700. Düsseldorf 1967. SVRKG Nr. 27
Salomon, Alfred: Von allen Dingen freier. Neukirchen-Vluyn 1997
Saxby, Trevor John: The Quest for the new Jerusalem, Dordrecht 1987
Schaffner, Hans (Hg.): Duisburger Konsistorialakten 1721-1792. Köln 1990. SVRKG Nr. 101
Schmitt, Jakob: Die Gnade bricht durch. Gießen 1954
Schrader, Hans-Jürgen (Hg.): Johann Henrich Reitz: Historie der Wiedergebohrnen. Tübingen 1982
Stursberg, P.W.: Das Leben Gerhard Tersteegens. Mülheim 1869
Tersteegen, Gerhard: Geistliches Blumen-Gärtlein inniger Seelen. Lancaster 1828
Tersteegen, Gerhard: Geistliche und erbauliche Briefe. Erster Band: Solingen 1773
Tersteegen, Gerhard: Geistliche und erbauliche Briefe. Zweiter Band: Solingen 1775
Tersteegen, Gerhard: Weg der Wahrheit. Basel 1903
Tersteegen, Gerhard: Auserlesene Lebensbeschreibungen Heiliger Seelen. Band I - III: nach einer Ausgabe aus dem Jahre 1786. CH Uitikon-Waldegg 1984
Wenig, Otto: Buchdruck und Buchhandel in Bonn. Bonn 1968
Werth, Adolf: Über die Höfe im Werth zu Barmen, in: ZBGV 17. Bd., Jg.1881

Wolff, Gottfried: Solus Christus. Wurzeln der Christusmystik bei Gerhard Tersteegen. Gießen und Basel 1989

Mündliche und schriftliche Mitteilungen

Aïre/Genève	Professor Dr. Hans-Jürgen Schrader
Gießen	Frau Professor Dr.Dr. Christa Habrich
Heiligenhaus	Frau Strassen - Zum Kolk
	Herr Küpperbusch
Herborn	Dr. Ulrich Bister
Iserlohn	Pastor August Jung
Lahnau	Helmut Jablonski
Langenfeld	Frau Dr.med. Marie-Luise Mellinghoff
	Günther Schruck
Marienheide	Frau Milli Jansen
Mettmann	Katasterstelle der Kreisverwaltung
Unna	Dr. Wolfgang Dietrich
Waiblingen	Matthias E. Theiner
Waldbröl	Dr. Hans Horn
Wuppertal	Professor Dr. Klaus Goebel
	Dr. Michael Knieriem

Abkürzungen:

HStA	Hauptstaatsarchiv
MRKG	Monatshefte für Rheinische Kirchengeschichte
SVRKG	Schriftenreihe des Vereins für Rheinische Kirchengeschichte
ZBGV	Zeitschrift des Bergischen Geschichtsvereins

C.

Genealogische Übersicht der Familie Rütger Otterbeck (siehe auch IV. Rütger Otterbeck und seine Familie)

Auf den folgenden Seiten werden die Stämme fortgesetzt, soweit ermittelt.

Rütger Otterbeck * ? ± 13.01.1728 (Ref.Heiligenhs.)	oo	Agnes Klein-Selbeck * ? ± 06.09.1730 (Ref.Heiligenhs.)

Kinder:

1) Catharina [Cathrin] Otterbeck * ?	2) Johann Henrich Otterbeck * ?	3) Maria Otterbeck * ?	4) Margareth Gerdruit Otterbeck ~ 12.05.1701 (Ref. Heiligenh.)	5) Agnes Otterbeck ~ 15.10.1703 (Ref. Heilgenh.)	6) Else Catharin Otterbeck ~ 01.11.1704 (Ref. Heilgenh.)	7) Gerhardus Henricus Otterbeck ~ 09.12.1708 (Ref. Heiligenh.)
konf.: 19.10.1708 (Ref. Hlhs.) † ?	konf.: 11.06.1715 (Ref. Hlhs.) ± 16.01.1744 (Ref. Hlhs.)	konf.: 23.10.1715 (Ref. Hlhs.) oo 09.06.1717 Arndt Stiefges, gen. Otterbeck (Ref. Hlhs.) ± 22.08.1722 (Ref. Hlhs.)	konf.: 20.03.1717 (Ref. Hlhs.) oo 20.05.1722 Fritz Peter Lomberg aus Langenberg (Ref. Hlhs.) † ca. 1752-1755	± 30.10.1703 (Ref. Hlhs.)	konf.: 29.09.1723 (Ref. Hlhs.) oo 14.06.1744 Stephan Schönebeck (Ref. Homberg) ± 27.04.1750 (Ref. Hlhs.)	± 28.03.1718 (Ref. Hlhs.)

8) Johann Wilhelm Otterbeck ~ 06.10.1712 (Ref. Hlhs.) ± 12.07.1736, ledig (Ref. Hlhs.)	9) Wilhelm Adolph Otterbeck ~ 29.08.1718 (Ref. Hlhs.) oo 25.09.1742 Anna Gertrud Sanders	9) Forts. aus Mülheim (Ref. Hlhs.) ± 12.05.1795 (Ref. Mülh./Ruhr)

zu 4)

Margareth Gerdruit **Otterbeck**	oo 20.05.1722 (Ref.Hlhs.)	Fritz Peter **Lomberg** † 29.11.1782 (Ref.Mettmann)

Kinder:

Johannes Lomberg ~ 02.03.1725	Sophia Margaretha Lomberg ~ 04.03.1727	Elßgen Lomberg ~ 01.12.1731	(alle Ref.Hlhs.)

zu 6)

Els[ß]e Catharin **Otterbeck**	oo 14.06.1744 (Ref.Homberg)	Stephan **Schönenbeck**

Kinder:

Anna Maria ~ 13.07.1745 (Ref.Hlhs.) † vermutl. 14.7.1745	Anna Gertrud ~ 08.06.1747 (Ref.Hlhs.) ± 28.11.1748

zu 9)

Wilhelm Adolph **Otterbeck** ~ 29.08.1718; ± 12.05.1795	oo 25.09.1742 (Ref.Hlhs.)	Anna Gertrud **Sanders [Zanders]** ~ 01.03.1726; ± 23.01.1794

Kinder:

Anna Gertrud Magdalena * 06.09.1743; ~ 12.09.1743	Anna Maria Elisabeth ~ 01.11.1744	Mattheis ~ 18.01.1746 ± 24.04.1801	Maria Elisabeth ~ 17.08.1752 ± 15.04.1801	(alle Ref.Mülh./Ruhr)

Vielleicht war er ein Bruder des Rütger Otterbeck: Anton von der Otterbeck, der Stammvater vieler Lehrer.
In den reformierten Taufbüchern von Mettmann finden wir am 07.06.1706 die Taufe eines Johannes Otterbeck. Die Eltern waren Anton von der Otterbeck und Catrin. Offenbar ist dieser Johannes Otterbeck identisch mit dem Schulmeister Johannes Otterbeck, der 1788 im Alter von 82 Jahren gestorben ist und am 10.01.1788 in Duisburg-Beeck begraben wurde

Johannes **Otterbeck**	oo	Anna Agneta **Roshoff**, T.v. Adolphus Bernhard Roshoff u. Cathar. Elis. Ringels
~ 07.06.1706	23.12.1736	~ 22.10.1716
(Ref.Mettm.)	(Duisb.-Beeck)	(Ref.Mülh./Ruhr)
± 10.01.1788; 82 J.		± 13.12.1804; 88 J, 1 ¾ M.

Otterbeck war Schulmeister, später auch Ältester.

Kinder:

1)	2)	3)	4)	5)
Maria Catharina	Johann Bernahrdus	Maria Catharina	**Sibilla Helena**	Johan Bernhard
~ 02.11.1737	~ 10.11.1738	~ 30.01.1740	~ 06.08.1742	~ 05.10.1744
P. Maria Otterbeck	P.: Bernhard Roßhoff,	P. Diederich Wever,	P.: Rüttger Roßhoff	P. Joh. Reinh. Neuhaus,
± 22.11.1737	Lehrer zu Dümpten,	Maria Roßhoff,	v. Mülheim, Joh. Adolph	Prediger zu Meiderich
	Sibilla Roßhoff,	Catharina an gen endt	Otterbeck v. Heiligenh.,	
	Christina Otterbeck		Sibilla Gerdr. Roßhoff	
	± 19.02.1739		v. Mülheim	
			oo **Hermann Mühlenbeck**	oo Maria Krabbe aus Mülh.
			28.04.1773 (Dbg.-Beeck)	24.11.1772
			† 11.09.1784 (Ref. Mülh./Ruhr)	† 07.08. ± 12.08.1825

weitere Hinweise unter „**Mühlenbeck**“

6) Johan Henrich ~ 22.01.1747 ± 28.03.1751; 4 J.	7) Peter Conrad ~ 06.10.1749	8) Anna Cornelia ~ 18.04.1752	9) Johann Henrich ~10.03.1756	10) **Johann Henrich** ~ 19.04.1758

alle Ref.Gem. **Duisb.-Beeck**

Johann Henrich **Otterbeck** oo 30.09.1788 (Dbg.-Beeck) Anna Gerdrut **Berndsen** von Holten

Otterbeck war reform. Schulmeister, später Classical-Schulmeister zu Hamborn.

Kinder:

1) Anna Maria ~ 22.12.1788 P.: Johann Hoffmann; Peter in gen furth, Anna Cornelia Otterbeck, Sibilla an gen endt.	2) Maria Catarina ~ 13.01.1791 oo Carl Scholten aus Ruhrrot, 19.12.1823	3) Johann Heinrich Wilhelm ~ 15.02.1793	4) Anna Catharina * 24.07. ~ 30.07.1795 P.: Joh. Otterbeck aus Hochemmerich, Catharina Roßhof aus Mülheim oo Eberhard Brähm, Meiderich 03.12.1820 (Dbg.-Beeck)	5) Heinrich Ludovich * 03.02. ~ 08.02.1798

6) Johann Bernhard [bei Heirat 2. Lehrer der Elementarschule Meurs] * 12.07. ~ 17.07.1800 07.11.1806 P.: Joh. Bernh. Rosshoff Lehrer in Dümpten oo Demoiselle Anna Carolina Hackenberg aus Meurs/Elberfeld 05.03.1823	7) Johann Wilhelm * 22.10. ~ 27.10.1802 oo Mathilde Schu[o]lten aus Marxloh (± 07.07.1853) 09.04.1840 † 16.09. ± 19.09.1872 Lehrer in Schmidthorst	8) Maria Charlotta * 18.05. ~ 27.05.1805 ± 09.06.1805	9) Charlotta * 01.11. ~ ± 25.10.1811

alle Ref.Gem. **Duisbg.-Beeck**

Otterbeck in Hochemmerich

Johannes Bernhardus **Otterbeck**	oo	Maria **Krabbe**
Küster und Schuldiener	24.11.1772	aus Mülheim
~ 05.10.1744		* ca. 1745
(Ref. Dbg.-Beeck)		± 30.09.1795; 50 J.
† 07.08. ± 12.08.1825; 81 J.		

Kinder:

1)	2)	3)	4)	5)	6)
Johannes Hendrich	Anna Catharina	Sybilla Christina	Maria Catharina	Henrich	Peter
~ 22.10.1773	~ 12.04.1776	~ 05.03.1779	* 04.06. ~ 08.06.1782	* 02.05. ~ 07.05.1786	* 12.11. ~ 19.11.1789
	P.: Maria Catharina Roßhoff	P.: Anna Agnes Otterbeck	± 30.09.1801	± 26.07.1791; 5 J.	

Maria Elisabeth Otterbeck [Tochter von Wilhelm Adolph Otterbeck]

Aus der Korrespondenz sind die folgenden Briefe erhalten [Archiv Barmen-Gemarke]:

a) Johann Engelbert Evertsen schreibt an Maria Elisabeth Otterbeck am

07.10.1793 29.01.1794 12.08.1795 08.12.1796 08.06.1797 04.01.1801

b) Sonstige Briefe:

03.08.1778 u. 15.09.1778	Maria Elisabeth Otterbeck aus Saarn an Maria Catharina Bredt in Barmen
02.09.1792	Maria Catharina Bredt an Maria Elisabeth Otterbeck
29.11.1784 u. 06.07.1785	Maria Elisabeth Otterbeck aus Saarn an Johann Engelbert Evertsen in Barmen
03.07.1785	Wilhelm Weck aus Solingen-Wald an Maria Elisabeth Otterbeck in Saarn
18.03.1790	Catharina Lüdorff aus Barmen an Wilhelm Adolph Otterbeck in Saarn

Genealogische Übersicht der Familie Mühlenbeck.

Gerhard **Mühlenbeck**	oo	Christina **Kalthof**
~ 03.06.1727	07.06.1750	~ 13.03.1729
± 06.11.1788	(Ref.Mülh./Ruhr)	± 08.02.1794

Kinder:

1)	2)	3)	4)	5)	6)	7)	8)	9)
Hermanus	Sara	Christina	Catharina	Catrina Gertrud	Gerhard	Henrich	Philippus-Matthias	Mathias
~ 14.01.1751	~ 25.07.1753	~ 19.09.1756	~ 12.04.1759	~ 25.04.1762	~ 13.10.1764	~ 21.07.1767	~ 09.01.1790	~ 20.05.1774
† 12.12. ± 15.12.1825	† ca. 1762							

alle Ref.Gem **Mülheim/Ruhr**

Hermann Mühlenbeck	oo	[Sibilla] **Helena Otterbeck**
~ 14.01.1751	28.04.1773	~ 06.08.1742 (Ref. Dbg.-Beeck)
† 12.12. ± 15.12.1825	(Ref. Mülh./Ruhr)	† 11.09.1784 (Ref. Mülh./Ruhr)
(Ref.Mülh./Ruhr)		

Kinder:

1)	2)	3)	4)	5)
Anna Gerdruit	Anna Christina	Maria Christina	Catharina Wilhelmina	**Wilhelm Adolph**
~ 14.06.1775	~ 12.08.1777	~ 08.02.1779	~ 04.05.1781	~ 15.04.1783
† 08.02.1865	† 03.07.1782	† vor 1825	† 03.07.1782	† 11.11. 1871
± 11.02.1865				± 15.11.1871
89 J 8 M Ev.Gem. Saarn				87 J 7 M 2 T Ev.Gem. Saarn

Wilhelm Adolph und Anna Gertrud Mühlenbeck verkauften am 25. August 1852 die „Otterbeck" bei Heiligenhaus an Hermann Heinrich Grafe in Elberfeld.

D. Namenregister

(Nicht aufgenommen: Namen aus XVIII c., Anhang B, C, sowie bei den Briefen „Mülheim" als Absendeort und „Otterbeck" als Empfängeranschrift.)

Abula/Spanien 163
Achenbach, August 80
Adolf [?] 30, 38
Alba/Spanien 163
Alberts, Wilhelm 75
Alderfer, Everett Gordon 32, 35
Alexandrien 222
Alexandro (Bischof) 222
Altwied 85
Amerika 32, 34, 35
Amsterdam 28, 53, 149, 159, 170, 171, 173, 174, 212, 213
Andel, Cornelis Pieter van 117, 118, 149, 151, 153, 161, 178, 182, 216, 226, 263, 265
Angerbach[tal] 1, 224
Angermund [Angermont] 17, 18, 66
Anselmus, Abt 4
Antonius (Einsiedler) 222, 223
Arius 222, 223
Arnheim 229
Arnold, Gottfried 33, 222
Athanasius 222, 223
Athen 252
Attern, Johanne Friederike Elisabeth (Müller) 86
Augé, F. 216
Augusthof bei Crussow 98
Avila/Spanien 135
Bad Ems 37
Bansemer, Karl Leopold 91, 106
Barmen (heute Wuppertal) VI, 21, 29, 30, 36, 42, 43, 55, 65, 69, 85, 88, 95, 98, 100, 102, 117, 118, 238, 260, 261
Barmen-Gemarke VI, 30, 40, 43, 52, 55, 65, 117, 121, 154
Bartels, Friedrich Wilhelm 80
Basel 152, 182, 190
Batz, Moritz 6
Baumann, Paul 89, 99, 101, 102
Bäumer, Adolf 15, 23, 24, 30, 36, 38, 176, 186, 187, 244, 246, 251, 259
Baumgärtner, Anna Maria 46
Baumgärtner, Jacob 46
Becher (Mediziner) 234
Becker, Peter 33
Beda, Abt 4
Behrens, Notar 60
Beictevein, Theodor 106
Beissel, Conrad 32, 33, 34, 35
Bengel, Johann Albrecht 37
Beni/Normandie 157
Berg und Mark 68
Berg, Herzogtum 17
Bergisches Land III, VI, 9, 20, 21, 37, 69, 81, 107, 173, 261
Berleburg 213
Berlin 68, 86, 98
Bernières-Louvigny 116, 124, 133, 187, 263
Bethlehem 237
Biermann, Amtsger.Rat 109, 112
Binterim, Helene, geb. Grafe 93, 94, 95, 96
Binterim, Theodor 93, 94
Bister, Ulrich 27, 42, 54, 166, 182
Böckers, Elisabeth 14
Bockmühl, Wilhelm Peter 81
Böhme, Jakob 33, 127, 149
Bollenheid, Sophia 235
Bonn 1, 9, 54, 68, 86, 93, 95, 117
Böttiger, Johann Georg 124, 125, 213
Bourignon, Antoinette 187

Bouterwek, Carl Wilhelm 75, 76, 99
Bovilli 222
Bracken 39
Brandenburg 152
Brangs, Hans 118
Bredt, Johann Victor 260
Bredt, Maria Catharina 43, 44, 45, 65
Breuer (Grundbuchamt) 107
Briem, Matthias aus dem 59, 62
Brockhaus, Carl 69
Brockhoff, Maria Christina 40
Broich (heute Mülheim/Ruhr) 2, 72, 73
Brökelschen, Bruder 101
Bruckhaus 59
Brügel (Nachbar der Otterbeck) 56
Bruns, Hans 101
Buchmüller, Elisabeth 67
Buddeberg, Ernst Ludwig IV, 21
Bunge, Heinrich Albert 70, 72, 74, 93
Bünger, Peter 57
Bungert, Heinrich 62
Buscherbruch, Wilhelm 59
Busenhauß, Sibylla [Beel] 12
Butzenhaus 13
Carl, Johann Samuel 234
Carpentier, D. 9
Caspary, Konrad Adolf 212, 262
Castell, Ludwig Friedrich, Graf von 22, 212, 262
Catharina II. (Zarin) 53
Chevalier 238
Christlieb, Theodor 86
Clausen 222
Cleß, Heinrich Friedrich 53
Cleve-Mark 22
Closter, Elßgen vom 9
Co[a]nestoga 33, 34
Coelestinus, Abt 4
Coenenhaus 228
Collenbusch, Samuel 37
Conraitzhuis 2
Cornhard, Jgfr. 186
Corvinus, J.A. 223
Crecelius, Wilhelm 1
Croce, Giovanna della 263
Cruz, Juan de la [Johannes vom Kreuz] 135
Cypern 223
Dahl, Johan im [Dale, Johan im] 44
Dahl, Margretchen im 44
Dahl, Wilhelm im 44
Dahlmann, Johannes 31, 57, 59, 60, 62
Darby, John Nelson 81
Darrenhuis 2
Delling 145
Denkhaus, Helena 14
Denkhausen, Anna Maria zu 41, 65
Denklingen 109
Denver 34
Deu[s]ß, Anna Maria 43, 44, 117, 118, 182
Deutsche (Deutschland) 32, 33
Deytzhaus, Hindrich zu 5
Dhune, Wyrich van 2
Dhünn [Dünn] 8
Dietrich, Wolfgang 75
Dietz, Burkhard 6
Dittmeier, Heinrich 1
Doll, Carl 12, 155
Dordrecht 32
Dormans, Catharina 44
Dorre, Hannes 2
Dortmund VI, 115
Drinnhaus, Johann Peter 68
Duden, Heinrich, Abt 1
Duisburg-Beeck 66
Duisburg IV, V, 6, 7, 8, 9, 17, 36, 124, 127, 149, 159, 261

Duisburg-Hamborn 16
Dümcken [Duymcken; Duymken; Duimckens; Dumken] Johan[n] 2, 3, 4
Dümcken, Anna Maria 4
Dümcken, Hermann 3
Dümcken, Jan 3
Dümcken, Wilhelm 3
Dümckensgut [Duymkenshuiß] 2, 3, 4, 5
Durnbaugh, Donald F. 32, 33, 34
Düsseldorf VI, 3, 4, 6, 8, 9, 17, 18, 19, 22, 28, 31, 36, 52, 68, 69, 71, 80, 88, 89, 89, 92, 106, 108, 109, 112, 127, 201, 212, 213, 235, 258, 262
Düsseldorf-Grafenberg 88
Eberbach/Neckar 32
Eckart, Meister 54
Eckweiler 101
Eggerscheid 88
Ehren, Anna Margreta zur [Gretchen] 41
Ehren, Anna Maria zur 41, 42
Ehren, Entgen zur 42
Ehren, Ermina [Irmgard] zur 42
Ehren, Johannes zur 42
Eickbosch, G. vom 6
Einloiß 2
Einß, Wilhelm zum 18
Elberfeld (heute Wuppertal) IV, 6, 8, 21, 66, 67, 70, 72, 75, 78, 80, 81, 85, 86, 92, 93, 94, 95, 96, 99, 102, 104,106, 107, 212, 213, 259, 261, 262
Ellmann, Hermann 101
Elsner, Wilhelm 93
Emschermann, Sibylle [Billeken] 168, 233, 235, 243
Engels, Wilhelm 17
Engelskirchen 10, 28, 29, 39, 42, 53, 57, 60, 62, 65, 130, 135, 148, 150, 152, 154, 159, 163, 173, 175, 180, 185, 187, 204, 212, 222, 228, 232, 234, 236, 241, 243
Enschede, Johann 177
Ephrata 32, 34, 35
Erkrath IV, 80
Essen 88, 101
Eu, Anna Margaretha aus der 43
Eu, Wittib van der 43
Evertsen, Abraham 260
Evertsen, Familie 227
Evertsen, Isaac 43
Evertsen, Johann Engelbert 30, 31, 36, 40, 41, 42, 43, 52, 55, 57, 58, 60, 65, 154, 238, 258, 260, 261
Eynhuyß, Johan ter 2
Fahne, A. 17
Falckenstein 2
Felten, Johann Wilhelm 80
Ferdinandt, Abt 3
Fischer, an der Otterbeck 40
Fischer, Bruder v. Georg Hendrik 154
Fischer, Georg Hendrik 10, 14, 19, 20, 22, 23, 24, 27, 28, 29, 30, 36, 37, 38, 39, 40, 52, 53, 190, 216, 234, 236, 244, 246, 258, 259, 262, 263
Flandersbach (heute Wülfrath) 1
Flasch, Johann Engelbert 40, 41, 43, 65
Flasche, Diedrich 40
Flasche, Johann Hendrich 40
Fleischbein, von 31
Florenz 213
Fohren 71
Forstmann, Johann Gangolf Wilhelm 22
Frankfurt a.M. 86, 124, 125, 263
Franklin, Benjamin 34
Frankreich 157, 168
Franzosen 55

Friedrich III., Kaiser († 1888) 90
Friedrich Wilhelm, König v. Preußen 70
Genf VI
Gerlach, Eugen 108, 109, 112
Germantown 33, 34
Gernsbach 86
Gerresheim (heute Düsseldorf) 1
Gichtel, Johann Georg 33
Gießen VI, 32, 38, 42, 118, 152, 182, 190, 229
Giffey, Johannes Theophil 80, 86
Goebel, Klaus VI
Goebel, Max IV, 32, 36, 117, 118, 222, 238, 258, 260, 261, 262
Goeters, Johann Friedrich Gerhard VI, 24, 54, 59, 117, 118, 156, 167, 171, 233, 252
Göttingen 32, 125, 149, 167, 238
Grafe Auguste, geb. Simons 93
Grafe, Eduard 93, 94, 95, 96
Grafe, Helene 106
Grafe, Familie Hermann Heinrich 104
Grafe, Hermann Heinrich 66, 68, 69, 70, 71, 72, 74, 75, 76, 78, 79, 80, 92, 93, 94, 95, 99
Grafe, Hermann 92, 93, 94, 95, 96
Grafe, Maria Theresia geb. Neviandt 85, 92, 93
Greifswald 65
Grimm, Jacob (Deutsches Wörterbuch) 28, 55
Groß-Selbeck (Hofgut) 9
Groß-Selbeck, Wilhelm 59, 62, 64
Gruiten (heute Haan) 16, 52, 76, 209, 235, 238, 239, 240
Grünenbach b. Waldbröl 107, 108, 109
Grünendiek [Grünendyk; Grünenteich] Willem zu 5
Grünendyk (Hofgut) 4, 5, 7
Gui[y]on, Madame [Jeanne Marie] 118, 233, 242, 263
Guyard[t], Maria [von der Menschwerdung] 157, 160, 163, 167
Haag, den 176
Haan VI, 39, 52, 67, 68, 235, 261
Haarhaus & Co. 66, 95, 96, 104, 106, 107, 109, 110, 111
Haarlem 177
Haarmann, Friedrich V, 98, 99, 115
Haarzopf (heute Essen) 68
Haberkamp, Catharina 44
Habrich, Christa VI, 164, 167, 229, 234
Hagen 85
Hainchen 31
Halle IV, 29, 168, 234
Hamborn (heute Duisburg) 66
Hamm IV
Hammacher, P. C. 64
Hammerstein, Wilhelm 59, 62
Hammes, Anna Catharina (Frau von Abr. Kreuder) 52
Hanshauß, Cordt zu 5
Hanshauß, Gerhard 5
Hardenberg 1
Hasenkamp, Johann Gerhard 36
Hasselbeck 9
Hattingen 87
Haug, Johann Friedrich 213
Haußmann, Adolf Peter 39
Haußmann, Agnes 39
Haußmann, Christina 39
Haußmann, Diedrich 39
Haußmann, Johann [Jan] Henrich 39
Haußmann, Margaretha 39
Hebron 34

Heemstede 149, 226
Heidelberg 33, 36, 37, 46, 47, 48, 49, 52, 259
Heiden, Max 168
Heiligenhaus [Hilgenhauß] III, IV, 1, 5, 6, 8, 9, 10, 12, 13, 14, 15, 17, 19, 20, 21, 22, 28, 36, 38, 40, 41, 42, 43, 44, 45, 49, 53, 56, 66, 67, 68, 80, 81, 85, 87, 88, 89, 90, 99, 100, 101, 102, 104, 106, 107, 108, 109, 112, 118, 123, 149, 224, 230, 258, 259, 260
Heiligenhauser Landwehr V, 6, 17, 18, 19, 20
Heinrichs, Wolfgang 75
Heintgens, Aleff 2
Heißen (heute Mülheim/Ruhr) 65
Hen[c]ke, Johann Christoph 127, 149, 187
Henckel, Johann 62
Hengstenberg, Prof. Dr. 68
Herbergen 2
Herborn 54
Herdecke 85
Hereveen, Simon 27, 168
Hetterscheidt 1, 2, 3, 4, 16, 60, 66, 67, 71, 85, 92, 93, 95, 107, 108, 110
Heuser, Wilhelm (Pastor) 79, 80, 93
Heyden, Wilhelm zu 56
Hillerscheid 108, 109
Hoeveler 92
Hof, Anna Maria zum 45
Hoff, Ermgard von zum 44
Hoff, Moritz von zum 44
Hoffmann, Friedrich 234
Hof[f]mann, Wilhelm 20, 22, 118, 122, 131, 168, 176, 186, 216, 229
Hofius, Johann Karl Friedrich 79, 82
Hofmann, Maria Sybilla geb. Zollinger 46
Hofstadt, Familie 157
Hohagen (Grundbuch) 107
Hohenau, Hochmann von 32
Hohensee, Heinz 66
Holland 10, 15, 27, 29, 106, 179, 181, 233, 238, 242
Holthausen (heute Mülheim/Ruhr) 117
Holthauser Berg 87
Holtsiepen, Johan 3
Homberg (heute Duisburg) 101
Homberg (heute Ratingen) 14, 21, 40, 64, 65, 118, 154, 224, 230
Horii 222
Horn, Ewald III, 107, 108, 109, 112
Horn, Hans III, VI, 75, 77, 115
Horn, Jacob 2
Hornscheidt, Johann 80
Hülsbeck [Hofgut] 2
Hülsbeck [Hulsbeek] Johann Adolf 4
Hülsbeck, Hinrich 2
Hülsbeck, Lisbeth 4
Hülsbeck, Wirich zu 6
Hülsdell, [Johann] Adolf[ph] 43, 44, 259
Irle, Lothar IV
Iserlohn 67
Jansen, Milli 106
Jaspers, Gottfried 15, 224
Java 89, 106
Jerusalem 32, 84
Jesu, Theresa von 29
Jochums, Wilhelm Heinrich 108
Johann Wilhelm, Kurfürst von der Pfalz 17, 18, 38
Johannes vom Kreuz 29
Johannes, der Schmied (in der Otterbeck) 29, 39
Jülich-Berg 17, 19

Jülich-Kleve-Berg-Mark 8, 213
Jülich 85, 156
Jung, August 67
Kadesch 34
Kaiser, Peter 62
Kalkum (heute Düsseldorf) 4, 92
Kamp, Frieda 91
Kamp, Fritz 89
Kanada 157
Katterberg, Christian Georg (Prediger in Mettmann) 12, 155
Kauwerts[z], Peter 156, 157
Keiser, Frantz Daniel 59, 62
Keler, Hans von 116
Kelm, Hermann 75, 115
Kelpius, Johannes 33
Kempis, Thomas à 51
Kerlen, Gerhard IV, 25, 26, 117, 118, 170, 171, 175, 251, 258, 259
Kettwig [Kettwich] 2, 15, 30, 60, 87, 101, 224
Kiel 94
Kirchberg, Burggraf von 31
Kirchhoff, Erich Hans 100
Klein, Anna Catharina 86
Klein-Selbeck (Hof und Familie) 9, 10, 11
Klein-Selbeck, Agnes 9, 230
Kleinselbeck, Johann 45
Kleinselbeck, Maria Christine 45
Kleinselbeck, Sophia Gertrud 45
Kleinselbeck, Wilhelm 42
Kleve 152
Klopstock, Friedrich Gottlieb 37
Knieriem, Michael 42, 54, 182
Koblenz [Coblenz] IV, 117, 222
Köbner, Julius 79, 82
Koch, Carl Joseph, Notar 68
Koch, Friedrich 95, 96, 98
Kocherscheidt, Gerhard 55, 60, 62
Kock, Manfred 167
Kohl, Anna Maria (Frau des Peter) 182
Kolck[e], Anna 2
Kolcke upm Angeren 2
Köln [Cöln] IV, 1, 8, 48, 54, 75, 79, 85, 86, 95, 108, 167
Konstantin (Kaiser) 223
Kosegarten, Ludwig Gotthard (Konsistorialrat) 43, 65
Köster, Heinrich Bernard 33
Kötzschke, Rudolf 1, 9
Krafft, Wilhelm IV
Kraichgau 46
Krefeld 32, 107, 118, 156, 157, 168, 229, 233, 261, 262
Kreta 223
Kreu[d]ter, Abraham 52, 53
Kreuder, Johann Abraham 52
Krings, Dominicua 59
Krumbeck 59
Krumbiegel, Emil 95, 96
Krupp, Peter Ludwig 60, 62
Kruse, Hans IV
Kufe, Frau 102
Kuhlen, Elisabet zur 24, 45, 224, 233
Kühn-Steinhausen, H, 17
Künzel, Anna, geb. Grafe 93, 94, 95, 96
Künzel, Friedrich 79, 82
Künzel, Johannes 93, 94, 95, 96
Küpperbusch, Albert 88, 89, 91, 97
Kürschner, Eustachius 22
Labadie, Jean de 125
Labadisten 32
Lacomblet 1
Lahn 37
Lancaster 163
Langenberg [heute Velbert] 13, 88
Langenfeld 195
Langenlonsheim 101

Laubeck [Loubeck] 2
Lauterbach, Jakob 52, 209, 235, 239, 240
Lavater, Johann Caspar 37
Leade, Jane 149
Leipzig IV, 29, 55, 124, 125, 168
Leubeck (Ortsteil v. Heiligenhaus) 4, 5, 94
Leubeck (Hofgut) 4, 5
Leubeck [Leybeck], in der [aus der] Johan [Jan] 3
Leubeck, Trin 3
Leubeck, Wilhelm 3
Leu[i]tmeritz/Böhmen 238
Leyden 251
Liebel 238
Liebenzell IV
Limburg [Hohenlimburg ?] 85
Lindermann, Familie 66
Lindermann, Hermann 60, 67
Lindermann, Johann Hermann 67, 68, 81
Lindermann, Lydia 67
Lingen, Familie 157
Link, Theodor IV
Linnep-Kettwig (heute Essen) 87, 154
Litterscheid [vermutlich Hillerscheid gemeint] 109
Lobach, Abraham 261, 262
Lobach, Johann 118, 156, 261, 262, 263
Loepe Gut 2
Lomberg, Elßgen 13
Lomberg, Fritz Peter 13, 15, 143
Lomberg, Johannes 13
Lomberg, Margaretha Gertrud (geborene Otterbeck) 15, 143
Lomberg, Sophia Margaretha 13
Lucas, P. 145
Ludewig, Hansgünter 127, 201
Lüdorf (Magd bei Evertsen) 40
Luterbach, Johan 235
Maastricht 213
Magen, Beate VI
Mainz 48
Malan, Cäsar 77
Mannheim 49, 51
Marburg 101, 260
Maria [?] 31
Maria von der Menschwerdung 29, 30
Marienheide 106
Marsay, Charles Hector Marquis de 31, 187
Massa 34
Meckenstock, Friedrich 67
Meiderich (heute Duisburg) 8
Meigen, Catharina 213
Meisenheim, Johann 62
Meisenkoten, Dieterich 60
Mellinghoff, Dorothea 195
Mellinghoff, Dr. M.L. 195
Mellinghoff, Matthias 59, 62
Mennenöh, Peter Jürgen 124
Merz, Oskar 10, 28, 29, 39, 42, 53, 57, 60, 62, 65, 118, 130, 135, 148, 150, 151, 152, 154, 159, 163, 173, 175, 180, 185, 187, 204, 212, 222, 228, 232, 234, 236, 241, 243
Mettmann 5, 12, 13, 15, 16, 21, 39, 66, 67, 76, 80, 87, 88, 154, 155, 233, 241, 259
Metzger, Georg Wilhelm 60, 62
Metzges, Sophia 45
Meyer, Dietrich VI, 38, 118, 152, 190
Miller, Peter 35
Mintert, Wilhelm 5
Möhlenkamp, L. 80
Müffling 4
Mühlbach 33
Mühlenbeck, [Möhlenbeck] Familie IV, 36, 65, 66, 259

Mühlenbeck, Anna Gerdrut 66, 70, 71, 72, 73, 93
Mühlenbeck, Geschwister 72, 94
Mühlenbeck, Hermann 16, 56, 65, 66, 70, 71
Mühlenbeck, Wilhelm Adolf 46, 62, 64, 66, 68, 69, 70, 71, 72, 73, 93, 95
Mühlenkamp, H. 80
Mülheim-Saarn 31, 57
Mülheim/Rhein (heute Köln) 37, 117, 118
Mülheim/Ruhr IV, 14, 15, 16, 20, 21, 22, 26, 27, 30, 36, 41, 44, 45, 47, 55, 59, 65, 66, 70, 101, 107, 108, 109, 117, 118, 122, 134, 168, 170, 173, 195, 206, 213, 233, 238, 239, 251, 258, 259, 260, 261
Müller [?] (kranker Bruder) 232
Müller, Anna Hulda 89
Müller, Familie 106
Müller, Frau v. Wilhelm 88
Müller, Gottfried Hermann 89, 91
Müller, Gotthilf Friedrich Wilhelm 89
Müller, Helene Emilie 89
Müller, Hulda Wilhelmine 89
Müller, Johann Wilhelm 86
Müller, Martha 80, 86, 88, 89, 90, 91, 101, 104, 106
Müller, Theodor Arnold 37
Müller, Wilhelm 77, 79, 80, 86, 87, 88, 89, 93, 101, 102, 103
München VI
Münster IV
Naas, Johannes 157
Neanderhöhle 259
Nedertuschen 2
Neeb, Horst III, VI, 11, 31, 52, 91, 97, 113, 114, 213, 235, 258
Neukirchen 32, 86, 89, 100, 106, 117
Neustadt/Aisch 6
Neustadt/Orla 60
Neviandt, Carl Wilhelm 76
Neviandt, Heinrich 79, 80, 82
Neviges (heute Velbert) 81, 87
Nicosia 223
Niederlande 38, 53, 152, 156, 168, 179
Niederrhein 1, 124
Niemöller, Martin 89, 100
Nieper, Friedrich 32, 261
Niepoth 157
Nieß, Conrad[us] 6, 143
Nigg, Walter 263
Nimwegen 15, 229
Nordamerika 32
Nordrhein-Westfalen 107, 116
Norscheid, Anna Christina 143
Nuckels am Anger (Hofgut) 2
Nützenberg 67
Ober-Kuhlmann, Hermann 59, 62
Oberbeck, Peter 67
Oberhansberg, Heinrich 117
Oberhansberg, Hermann 117
Oberhausen 98
Ob[er]schwarzbach 67, 154
Oevertuschen 2
Olmesdahl, G. 62
Olpe 8
Orthmann, Friedrich Wilhelm 233
Orthmann, Pastor 233
Ortmans, Kurt 239
Österreich 238
Ostrop, Annakatrin zu 167
Otterbeck [Freund] (Tersteegens) IV, 262
Otterbeck [Otterbach, Otterbeeck, Otterberch, Uterenbeke] (Hofgut) 1, 2, 3, 4, 5, 6, 13
Otterbeck im Backhaus, Heinrich 5, 15
Otterbeck, [Otterbag] Pilgerhütte III, IV, V, 1, 6, 10, 15, 16, 19,

Otterbeck (Pilgerhütte) 20, 21, 22, 23, 24, 27, 28, 29, 30, 31, 32, 36, 37, 38, 39, 40, 41, 42, 43, 44, 45, 48, 49, 50, 51, 53, 54, 55, 57, 58, 59, 60, 61, 62, 63, 64, 65, 66, 67, 68, 69, 70, 75, 77, 78, 79,80, 81, 82, 83, 84, 85, 87, 88, 89, 91, 92, 93, 94, 96, 97, 98, 99, 100, 101, 102, 103, 104, 105, 106,107, 108, 109, 110, 113, 114, 115, 116, 117, 118, 258, 259, 260, 261, 262, 263, 264, 265
Otterbeck, Agnes (Frau von Rütger) 20
Otterbeck, Agnes (Tochter von Heinrich) 15
Otterbeck, Agnes (Tochter von Peter) 15
Otterbeck, Agnes[ß] (Tochtervon Rütger) 13
Otterbeck, Agnes [?] 20, 134, 135, 152, 155, 181, 212, 224
Otterbeck, Anna Christin auf der 12
Otterbeck, Anna Gertrud Magdalena 14, 15
Otterbeck, Anna Maria Elisabeth 14
Otterbeck, Anna Sophia 44
Otterbeck, Anton von der 15, 16
Otterbeck, Arnold in der 12
Otterbeck, Catharina [Cathrin] 10
Otterbeck, Cathrin (Frau von Anton) 16
Otterbeck, Dietrich Wilhelm (Siehe Stieffges) 13
Otterbeck, Eheleute 10, 20
Otterbeck, Els[ß]e Catharin [Elsgen] IV, V, 14, 15, 20, 22, 28, 30, 38, 136, 151, 152, 155, 164, 176, 224, 230
Otterbeck, Familie 66
Otterbeck, Gerhardus Henricus 14
Otterbeck, Hein auf der 3, 4
Otterbeck, Heinrich 15
Otterbeck, Helena [Sibilla Helena] 16, 56, 66, 70
Otterbeck, Jacob uf der 5
Otterbeck, Jan in der 5
Otterbeck, Joh. Henr. 244, 251
Otterbeck, Joh. Henr. 259
Otterbeck, Johan[n] He[i]n[d]rich 10, 14, 15, 19, 20, 21, 27, 28, 29, 30, 38, 39, 57, 149, 150, 152, 153, 154, 155, 159, 168, 171, 176, 179, 186, 187, 213, 242
Otterbeck, Johann Wilhelm 14
Otterbeck, Johann 66
Otterbeck, Johannes auf der 15
Otterbeck, Johannes 15, 16
Otterbeck, Lauw in der 6
Otterbeck, Margareth Gerdru[i]t [Gertrud] 13, 15
Otterbeck, Margret (Frau von Heinrich) 15
Otterbeck, Maria Elisabeth 14, 55
Otterbeck, Maria 6, 10, 12
Otterbeck, Maria (in Mülheim-Saarn) 65
Otterbeck, Mattheis 14
Otterbeck, Matthias 55
Otterbeck, Peter in der 15
Otterbeck, Peter 4, 5
Otterbeck, Rütger [Rötger; Rüdger] [in; ahn; auf] [der] IV, V, 6, 7,
Otterbeck, Rütger 8, 9, 13, 14, 15, 16, 17, 18, 19, 20, 28, 39, 66, 230
Otterbeck, Sophia an der 144
Otterbeck, Sophia auf der 44
Otterbeck, Sophia von der († 1810) 45

Otterbeck, Wilhelm Adolph[f] 9, 14, 15, 30, 153, 155, 159, 160, 179
Otterbeck, Wilhelm in der 6
Otterbeck, Wilhelm 5
Otterbecks Backhaus 5
Otterbick, Lucas 6
Overbruch (Walsum, heute Duisburg) 167
Paashaus, K. 68
Padua 223
Paris 157, 177
Paschmann (Gut u. Familie) 154
Pasmes, Catharina 155
Pasmes, Elseken 155
Pasmes, Johannes zu 155
Pauw, Adriaan 149, 159, 177, 212, 226, 227, 229
Pazzis, Maria Magdalena von 213
Penn, William 33
Pennsylvanien 32, 261
Pfalz 37, 55
Pieper, Pastor 80
Pittsburgh 32
Ploennies, Erich Philipp 6
Poiret, Pierre 167, 187
Pool, Christian V, 117
Preuss, Georg 72
Prüschenck von Lindenhoff 31
Quallenheide 68
R[hy]ijnsburg 167
Ra[a]hr, Hubert 156, 157
Raemenes, Catarin Gertrud 5
Rahm, Carl 95, 96
Ratingen 5, 6, 16, 17, 40, 87, 118
Rau, Johannes 116
Reamstown 34
Rees 262
Reichard und Fohren (siehe auch Fohren) 66
Reinckens, Wilhelm 2
Reinerts[z], Adolf 39
Reinerts[z], Anna Maria 241
Reinerts[z], Margareth 39
Renkewitz, Heinz 32
Renty, Markgraf von 29, 157, 163, 263
Rhein 56, 80, 87, 99
Rheinbaiern 87
Rheinland 4, 8, 9, 110, 111
Ribbeck, August Ferdinand 79, 82
Ridd[tt]erskamp, Johann Peter 118
Ridd[tt]erskamp, Reinhard 118
Rinck, Heinrich Wilhelm 78, 79, 80, 82
Ritter, Gert 17
Rittershaus, Anna Maria 30
Ritterskamp, Johann[es] 20, 24, 30, 36, 38, 118, 182, 262, 263
Ritterskamp, Johannes Christophorus 118
Rochat, Auguste, Louis Philippe 77
Rock, Johann Friedrich 33
Roeber, A. Gregg 32
Roemmerscheidt (Hofgut) 2
Roemmerscheidt, Ludger upm 2
Rölefeld 45, 46, 71, 75, 104, 113, 114, 115, 116
Rolsberg (u.and.Namensformen) 43, 49, 117, 118, 213
Rommel, Wilhelm 60
Rommelshausen 53
Ronsdorf, [Johann] Peter 54, 65, 117, 118
Ronsdorf, Johann 263
Roos, Ernst 79, 82, 84
Rosenkranz, Albert 6, 8, 9
Roshof, Anna Agneta 16, 66
Roßhof, Bernhard 41, 59, 62, 65
Roßhof, Bernhardus Hermann 65
Roßhof, Johann Bernhard 59, 62
Roßhof, Johann Hermann 60, 62
Roßhof, Wilhelm 59, 62, 65
Rotterdam 176, 185

Rügen 65
Rühl, Aktuar 73
Ruhr IV, 36, 80, 99
Ruhrgebiet 85
Rußland 53
Saarn (heute Mülheim) 46, 55, 59, 60, 62, 64, 65, 66, 70, 71, 72, 93, 94
Sachsen, Gertrud aus [von] 29, 176
Sachsen 60
Sanders, Anna Gertrud 14, 15
Sanders, Wilhelmus 14
Sarren 66, 95
Sassenhaus, Ermina 235
Sauberg, Wirich 4
Saxby, Trevor John 32
Sayn-Wittgenstein, Graf von 31
Schae[ä]rmacher 187, 213
Schäfer, Paul Walter 101
Schaffhausen 222, 223
Schallenberg, Fritz 108, 109
Scharrenbeck, Pitter 39
Scheid, St. 54
Schergens, Abraham 67, 79, 85, 86, 87
Schergens, Johannes 86
Schergens, Martha 85
Schergens, Pauline geb. Quitmann 85
Scheuren (Ortsteil von Solingen) 49
Schiltman, Thomas 185, 186
Schmal, Sophia Gertrud zur Ehren 224
Schmidt, Wilhelm 102
Schmitz, Anna Maria Elisabeth 15
Schmitz, Familien 31, 116, 213, 235, 258
Schmitz, Johann Hen[d]rich 15, 212
Schmitz, Johann Peter 10
Schmitz, Johann 51, 233
Schmitz, Peter Daniel V, 117
Schneider, Hans 149, 213
Schoel, Albert 76
Schöne[n]beck (Haus) 118, 119, 121
Schönebeck (Barmen) 118
Schöne[n]beck, Anna Gertrud 14
Schöne[n]beck, Anna Maria 14
Schöne[n]beck, Cornelis 14, 230
Schöne[n]beck, Stephan 14, 224, 230
Schönebeck, Elisabeth 230
Schönebeck (b. Homberg) 130
Schöne[n]beck, Anna Gertrud 230
Schöne[n]beck, Anna Maria 230
Schönstedt, Gerichts-Ass. 73
Schrader, Hans Jürgen VI
Schuffert, Bruder (Wilhelm) 87, 101
Schuffert, Frau 101
Schuirhave 2
Schultz, Christoph August 41, 43, 53, 60, 61
Schultze, Christian 66
Schultze, Martin 60
Schwartenhaus 6
Schwarzenau 33
Schwelm 85
Selbeck, Hans zu 9
Selbeck, Heinrich 9
Selbeck, Jan Wilhelm zu 9
Selbeck, Wilhelm zu 9
Siebel, Christian Hermann 260
Siebel, Familie 260
Siegen IV
Siegerland 31
Siena, Katharina von 29, 177, 263
Sieper, Freund 55
Siepermann, Ernst 89, 102, 106
Siepmann, W. 68
Skrzypczak, Werner 109, 112
Smeth, de (Bankhaus) 53
Smissen, Johann van der 213, 242

Smissen, Peter von der 213
Snettlage 37
Solingen-Wald (Siehe auch Wald) 49, 68, 118
Solingen V, 10, 15, 20, 21, 22, 31, 38, 51, 53, 54, 116, 117, 118, 156, 212, 213, 233, 258, 261, 262
Sommer, Heinrich 24, 27, 45, 58, 122, 131, 168, 186, 229, 233, 234, 235, 243
Sonnborn (heute Wuppertal) 68
Spangenberg, August Gottlieb 34
Spankus, Heinrich 62
Spelldorf (heute Mülheim/Ruhr) 36, 65
Spener, Philipp, Jakob 33
Spieker [?] (Tante v. Orthmann) 233
Sprockhövel 87
Sprungmann, Johann 67
Stahl (Mediziner) 234
Steffens (Magd bei Evertsen) 40
Stein [?] 212
Steinbach (in der Otterbeck) 39
Steinen, Agnes von den 12
Steinen, Friedrich W. von den 76
Steinhaus, Anton 72
Stetius, Frau 263
Stetius, Luther 156, 263
Stiefges [Stieffges], Agnes 13
Stiefges, Anna Cathraina 13
Stiefges, Arndt [genannt Otterbeck] 6, 10, 12
Stiefges, Arnold[us] 12
Stiefges, Beel 12
Stiefges, Conradus zu 12
Stiefges, Diedrich Wilhelm 12, 13
Stiefges, Johann Gerhard 12
Stiefges, Johannes Adolphus 12
Stiefges, Johannes Petrus 12, 13
Stiefges, Johannes Wilhelmus 12, 13
Stiefges, Sophia 12
Stiepeler Holz 87
Stinder, Agnes auf dem 12
Straßburg 33, 54
Strassen-Zum Kolk, Frau 90
Strunck, Friedrich 67
Stuntz, Jakob 33
Stursberg, P.W. 259
Stuttgart 32, 168
Syncliticus, Alexander 223
Tauler, Johannes 54
Tem Wercke 2
Tersteegen, Gerhard III, IV, V, 1, 10, 11, 14, 15, 19, 20, 21, 22, 23, 24, 26, 27, 28, 29, 30, 31, 32, 36, 37, 38, 40, 42, 44, 47, 52, 57, 58, 59, 63, 65, 69, 80, 84, 87, 88, 98, 103, 104, 107, 108, 115, 116, 117, 118, 122, 124, 125, 149, 154, 156, 160, 167, 170, 177, 182, 190, 208, 212, 213, 216 222, 223, 226, 227, 229, 232, 234, 235, 238, 258, 259, 260, 261, 262, 263, 264
Tersteegen, Johannes 150, 181, 182
Tersteegen, Julius 115
Teschemacher, Johann Engelbert 258
Teschen 68
Theben 164
Theresa von Jesu 163, 171
Thomas, Bürgermeister 80
Tinckrath, Anna 117
Tirion 213
Tönisheide (heute Velbert) 17
Tops, Anna Gertraud 41, 65
Tours 157
Ubeda/Spanien 135
Undereick, Theodor 20
Unterhansberg, Margarethe 117
Urdenbach (heute Düsseldorf) 67

Utrecht 238
Va[a]els b. Aachen 93, 94, 95, 106
Valentini, Rudolf von 98
Veenendaal 229
Velbert [Felbert] IV, 4, 5, 6, 8, 9, 12, 13, 17, 19, 53, 60, 62, 66, 67, 71, 78, 80, 81, 92, 99, 100, 101, 103, 104, 107, 109, 261
Vellemer, Witwe 80
Venedig 223
Vetten, Engel[bert] 36
Vieth, Johannes Peter 25
Vieth, Johannes 24, 25
Vitt, Hans Rudi IV
Vluyn 86
Vohwinkel (heute Wuppertal) 75, 93, 89, 101
Voiß, Ludger 2
Voosholz, Johann Wilhelm 68
Waffenschmidt, Horst 108, 109
Waffenschmidt, Johannes 99, 100
Wald (heute Solingen) 10, 15, 21, 36, 43, 47, 49, 50, 51, 52, 65, 67, 117, 118, 259, 261
Waldbröl III, IV, VI, 75, 99, 100, 101, 107, 108, 109, 111
Walther, Samuel Benjamin 242
Wascheit, Fr. 80
Weck, Wilhelm 10, 15, 38, 43, 44, 49, 53, 54, 117, 118, 213, 262
Weitz, P. 18
Wenig, Otto 86
Werden (heute Essen) 1, 3, 4, 9, 103
Wermelskirchen 24, 25, 86, 87
Werth, Adolf 117
Wesoly, Kurt 8
Wichlinghausen (heute Wuppertal) 37
Wies, J. Fr. 67
Wiesbaden 93, 94, 95
Wilde, de 27, 168, 177
Wilhelm I., Kaiser († 1888) 90
Wilhelm II. Kaiser 98
Wilms, Theophil 80
Wimmer 156
Wimmersberg 87, 88
Wineken 213
Winterbach 101
Winzermark 87
Witte, Lieutnant 4
Witten 75
Wittenberg 233
Wolf, Peter Melchior 62
Worell, Anton 238
Worms 48
Wülfrath 76, 87, 213
Wupper IV, 99
Wuppertal VI, 36, 37, 85, 242
Wüstenhof, Kersgen im 5
Zedler, Johann Heinrich 29, 168, 223
Zeller, Winfried 191, 263
Zinzendorf, Graf von 22, 34
Zion-Bruderschaft 35
Zoar 34
Zollinger, Anna Barbara, geb. Coblet 46
Zollinger, Daniel 46
Zollinger, Georg Adam 46
Zollinger, Johann Christoph 36, 7, 44, 46, 47, 48, 49, 50, 51, 52, 3, 54, 56, 57, 60, 259, 265
Zollinger, Maria Catharina, geb. Baumgärtner 46
Zollinger, Valentin 46
Zürich 37
Zwetz, Rudolf 51

Gerhard Tersteegen und die Familien Schmitz in Solingen

Briefe aus den Jahren 1734-1764
kommentiert und herausgegeben
von Horst Neeb

Düsseldorf 1997
(Schriften des Archivs der Evangelischen Kirche im Rheinland Nr. 11)
ISBN: 3–930250–15–2
Ladenpreis: 28, 00 DM

Die Buchbinder und Verleger Johann Schmitz und dessen Sohn Johann Daniel Schmitz in Solingen haben über Jahre die Schriften Tersteegens verlegt. Darum erschien es geboten, Tersteegens Briefwechsel mit der Familie Schmitz zu edieren. Die Ausgabe hat ihren Wert darüber hinaus in den sorgfältigen genealogischen Forschungen des Herausgebers in den örtlichen Archiven.

„Ich mache mir doch als, zu meinem Trost, eine vergnügte Vorstellung davon, daß ich an einer Schrift arbeite, woraus auch Gott, noch nach meinem ableben, könne und werde gelobet werden"

Gerhard Tersteegen in einem Brief vom 7.12.1758 an Johann Schmitz

♦⌘♦⌘♦⌘♦⌘♦⌘♦⌘♦⌘♦⌘♦⌘

♦⌘♦⌘♦⌘♦⌘♦⌘♦⌘♦⌘♦⌘♦⌘

Hansgünter Ludewig

„DU DURCHDRINGEST ALLES"

Gebet im Alltag bei Gerhard Tersteegen

Düsseldorf 1997
(Schriften des Archivs der Evangelischen Kirche im Rheinland Nr. 12)
ISBN: 3–930250–16–0
Ladenpreis: 16, 00 DM

Die religiöse Bewegung, die hinter Tersteegen steht, sieht in dem unablässigen Herzensgebet ihre zentrale Übung. Das Moment der Unablässigkeit erfordert einen davon abhängigen Lebensstil. Zum Leben in der Gegenwart Gottes gehören Gebet und Arbeit gleichermaßen und sogar gleichzeitig. Die Einübung geschieht keineswegs leicht und kurz, obgleich die Übung in der Tat sehr einfach ist. Aber der Übende hat es zunächst mit der ganzen Ungeordnetheit seines Inneren zu tun. Veränderungen an dieser Stelle erfordern Energie und Stetigkeit

Es sind insbesondere Tersteegens Briefe, die deutlich machen, mit wieviel Zielstrebigkeit er in diesem Bereich wirksam gewesen ist. Die vorliegende Untersuchung will Anstöße dazu geben, daß wir unsererseits die Suche nach neuen Formen der Einübung voranbringen. Zumindest möchte sie sichtbar machen, in welch unbekannte Regionen die Reise nach innen vorstoßen kann, wenn sie denn erst einmal begonnen wird.

Die Publikationen des Archivs der Evangelischen Kirche im Rheinland können über das

Archiv der Evangelischen Kirche im Rheinland
Hans-Böckler-Str. 7
40476 Düsseldorf
Tel. 0211/4562–268
Fax 0211/4562–444

bezogen werden

Johannes Schmidlin
„Ein Hundert Geistliche Lieder"
aus dem Blumengärtlein Gerhard Tersteegens
Zürich 1764

Köln 1997 (Faksimile-Edititon des Vereins für Rheinische Kirchengeschichte Nr. 4) ISBN: 3–7927–1681–X
Ladenpreis: 39, 00 DM

Anläßlich des 300. Geburtstages von Gerhard Tersteegen kommt seiner Dichtung eine besondere Aufmerksamkeit zu. Er gilt als der bedeutendste Dichter des Pietismus, sicherlich ist er der bekannteste Vertreter des reformierten Pietismus im Rheinland. Ohne seine Lieder und Spruchdichtung würde sein Andenken heute wohl nur im kleinen Kreis der Frommen gepflegt.

Seine Lieder wurden schon sehr bald nach ihrer Entstehung vertont, und es liegt daher nahe, eine zeitgenössische Vertonung im Nachdruck herauszubringen. Das Werk des aus Zürich stammenden Pfarrers und Musikers Johannes Schmidlin erschien noch zu Lebzeiten Tersteegens und spiegelt die Art des damaligen Musikempfindens wider. Seine Neuvertonung aller 97, in der 5. Auflage des „Blumengärtleins" bekannten Lieder ist heute vergessen, obwohl Schmidlin in der Schweiz beliebt war und bis ins 19. Jahrhundert gesungen wurde.

Der Reiz von Schmidlins Vertonung besteht darin, daß er in der Tradition der Schweiz mehrstimmige Sätze mit Generalbaßbegleitung schrieb. Er wollte die häusliche Andacht durch Sololieder oder schlichte Arien begleiten. Unter den insgesamt 100 Liedern sind zwei vierstimmige Sätze und sechs Solo-Arien, die übrigen Lieder sind für zwei oder drei Stimmen mit Begleitung gesetzt. Sie eignen sich in ihrer schlichten Form für das geistliche Konzert heute in besonderer Weise und dürften durch ihre empfindsame, leicht eingängige Musikalität einer breiteren Öffentlichkeit gefallen. Dem Nachdruck geht eine Neuausgabe im Strube-Verlag München (Edition Strube 1727) parallel, die für den praktizierenden Musiker und Organisten eingerichtet wurde.

Die Faksimile-Editionen des Vereins für Rheinische Kirchengeschichte können ebenfalls über das Archiv der Evangelischen Kirche im Rheinland bezogen werden